'작게 생각하라.' 가장 존경받는 지면 광고 (DDB와 폴크스바겐의 허락 하에 게재)

'뉴욕의 영국 광고사' 1950년대 창업 당시 데이비드 오길비
(오길비 & 매더의 허락 하에 게재)

'어떤 면에서는 매디슨 가가 그 자체로 광고였다.' BBDO의 전설적 크리에이티브 필 듀젠베리, 현대 광고산업을 정의하다. (BBDO의 허락 하에 게재)

'나는 더 좋은 광고를 만들 자신이 있었다.' 포트폴리오를 들고 피치에 나서는 레오 버넷 (레오 버넷의 허락 하에 게재)

덴쓰 빌딩 외관

테스타의 획기적인 피렐리 타이어 광고

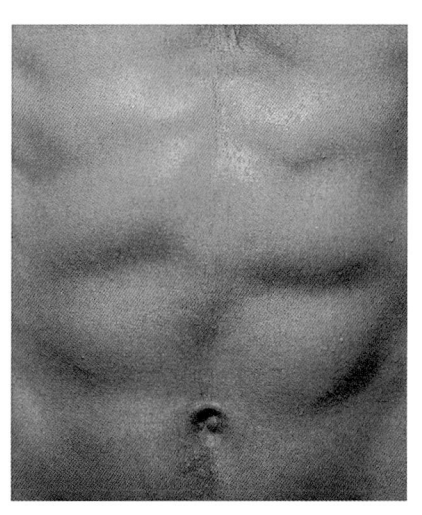

덴쓰 빌딩 옥상에서 바라본 도쿄 (덴쓰의 허락 하에 게재)

광고와 오락의 환상적 결합. 이 광고를 접한 사람은 조너던 글레이저의 기네스 광고에 빠져들었다. (AMV.BBDO와 기네스의 허락 하에 게재)

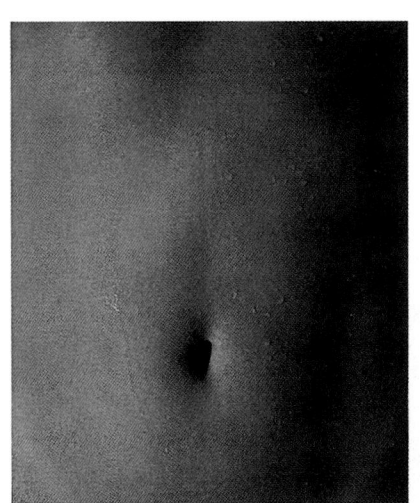

마르셀로 세르파의 소프트 드링크 과라나 포스터 캠페인은 라틴 아메리카 최초의 칸 그랑프리를 수상했다 (마르셀로 세르파의 허락 하에 게재)

'강력한 존재감.' 빌 번버크의 광고사는 크리에이티브 혁명을 촉발했다.
(DDB의 허락 하에 게재)

데이비드 오길비가 만들어낸 광고 아이콘인 '헤더웨이 셔츠를 입은 사람' 그리고 '슈웹스의 화이트헤드 사령관'과 함께 (오길비 & 매더, 헤더웨이, 슈웹스의 허락 하에 게재)

> "I never read
> The Economist."
>
> Management trainee. Aged 42.

『이코노미스트』 광고. 데이비드 애봇의 카피라이팅 재능을 보여주는 광고
(AMV.BBDO의 허락 하에 게재)

이탈리아의 그래픽 및 광고 귀재 아르만도 테스타 (아르만도 테스타의 허락 하에 게재)

'청바지하고 사각팬티 중 어느 것을 더 많이 팔았는지 모르겠다.' 앞으로 다가올 조류를 정의한 BBH의 리바이스 광고 (BBH와 닉 케이먼Nick Kamen의 허락 하에 게재)

영국 BBH의 선도적 광고인 존 헤가티
(젬마 데이Gemma Day의 사진. BBH의 허락 하에 출력)

# 광고판
세계 광고의 역사

ADLand: A Global History of Advertising
by
Mark Tungate
Copyright ⓒ by Mark Tungate 2007
All rights reserved.
published by Kogan Page Ltd.

Korean Translation Copyright ⓒ 2009 E-Shil MBA
Korean edition is published by arrangement with Kogan Page Ltd.
through Corea Literary Agency, Seoul
이 책의 한국어판 저작권은 Corea 에이전시를 통한 Kogan Page Ltd.와의
독점계약으로 도서출판 이실MBA에 있습니다.
신저작권법에 의해 한국 내에서 보호를 받는 저작물이므로
무단 전재와 복제를 금합니다.

A Global History of Advertising

# 광고판
### 세계 광고의 역사

마크 턴게이트 지음 | 노정휘 옮김

이실MBA

**광고판: 세계 광고의 역사**
**지은이** | 마크 턴게이트
**옮긴이** | 노정휘
**처음 찍은날** | 2009년 1월 12일
**처음 펴낸날** | 2009년 1월 19일
**펴낸곳** | 이론과실천
**펴낸이** | 김인미
**등록** | 제10-1291호
**주소** | 121-856 서울시 마포구 신수동 448-6 한국출판협동조합 내
**전화** | 02-714-9800
**팩시밀리** | 02-702-6655
**전자우편** | e-shil@hanmail.net
**값** | 18,000원
**ISBN** 978-89-313-4003-7 13320

*잘못 만들어진 책은 바꿔 드립니다.

인간의 본성은 10억 년 동안 바뀌지 않았습니다. 다음 10억 년도 그럴 겁니다. 바뀌는 건 피상적인 것일 뿐이지요. 변함없이 확실한 한 가지가 있습니다. 인간 본성에 대한 통찰력이 있는 광고인, 사람들을 감동시키고 감화시키는 예술적 재능이 있는 광고인은 성공할 거라는 겁니다.

― 빌 번버크

감사의 글/ 저자의 노트   10~12

# 서문   13
하인과 주인＊광고를 사랑하는 법 배우기＊불가능한 요약
광고업계의 전문용어

## 1   설득의 선구자들   27
광고의 기원＊산업으로서의 면모를 갖추다＊초기의 광고 회사들
미래를 향해 날아가는 화살＊홉킨스의 접근법＊래스커의 두 번째 선택

## 2   전쟁 선전에서 생활 용품으로   49
제임스 월터 톰슨의 유산＊의성어 같은 이름의 광고 회사
30년대 대공황에 맞선 루비컴＊새로운 시각과 음향＊서막의 종료

## 3   매디슨 가의 귀족들   73
뉴욕의 영국계 광고 회사들＊판매의 과학

AD LAND 차례

**4 크리에이티브 혁명** 95

작게 생각하라＊필살 타선＊혁명은 텔레비전을 타고

**5 시카고 방식** 123

느지막한 출발＊별난 성격＊콘플레이크와 카우보이
국제적 도약기＊레오 이후의 삶

**6 영국 패거리들** 143

영국의 핫 숍＊지하실에서 터진 대박＊로우와 그 이후
기획의 달인＊획기적 광고 회사＊사치의 전설이 시작되다
대처 여사의 광고 대행업체

**7 화려한 80년대** 171

계속되는 사치의 전설＊BBH의 청바지 천재
신사 카피라이터＊베니스 해변의 해적＊'1984년' 과 그리고 슈퍼볼

**8 프렌치 커넥션** 199

프랑스 광고의 아버지＊'아니요' 라고 말하는 남자＊자극과 영향
자크가 지은 집＊절대적으로 유럽스러운 TBWA＊파괴의 씨앗

**9 유럽의 아이콘** 227

아르만도 테스타의 그래픽 세계＊이탈리아 스타일의 카피라이팅
피, 스웨터 그리고 눈물＊독일의 수수께끼

**10 미디어 부문의 분사** 253

질베르 그로스의 24 캐럿짜리 아이디어＊물물교환에서 정상으로
시계를 늦추다

**Advertising is show business.**

**11  통합 기업**  **265**

옴니컴 : 빅뱅 * WPP : 세계를 묶어내다
인터퍼블릭 : 사다리를 옆으로 놓다
퓌블리시스 : 나침반을 재조정하다 * 아바스 : 정보시대의 소년

**12  일본의 거인**  **299**

덴쓰의 간략한 역사 * 하이쿠 스타일을 광고하다
축구와 시세이도 * 도전자

**13  대안**  **317**

암스테르브랜드 * 프로페셔널 급진파 * 매디슨에서 벗어나다
브랜드 콘텐츠의 추진

**14  닷컴 붐과 몰락**  **343**

**15  라틴의 영혼**  **351**

브라질에서 온 소년들 1 : 워싱턴 올리베토
브라질에서 온 소년들 2 : 마르셀로 세르파 * 스페인의 지배

**16  국제적 전초 기지들**  **367**

호주에서 가장 인기 있는 광고인

AD LAND 차례

| | | |
|---|---|---|
| **17** | **스타 CF 감독들** 379 | |
| | 팝에서 탄산음료까지 | |
| **18** | **칸에서의 논쟁** 389 | |
| | 칸 뒤의 지휘자*비용 계상 | |
| **19** | **새로운 개척자들** 401 | |
| | 아시아의 창조성*그래서 중국으로 | |
| **20** | **미래의 광고 회사** 415 | |
| | 변화를 꾀하는 거대 광고사들 | |

**결론** 429

참고문헌 433
색인 436

# 감사의 글

이런 프로젝트는 흔히 희망찬 내용을 담은 이메일이나 멀리 떨어진 사무실의 자동응답기에 녹음된 메시지로 시작된다. 이제 그런 메시지에 응답한 분들께 감사의 말씀을 드릴 시간이 되었다. 우선, 프로젝트를 수행하느라 몇 개월 동안 햇빛도 보지 못한 채 일한 나의 멋진 인터뷰 대상자들에게 감사의 뜻을 표한다. 특히 나와 함께 1970년대 런던 광고계의 추억을 나눈 알프레도 마칸토니오Alfredo Marcantonio에게 특별히 감사한다. 제러미 벌모어Jeremy Bullmore는 참으로 매력적인 브리핑을 해준 바 있다.

케이트 웨이크-워커Kate Wake-Walker에게는 그녀의 노련한 네트워크 운영에 감사를 표한다. 『캠페인Campaign』지의 제임스 해밀턴James Hamilton과 로빈 힉스Robin Hicks는 내가 이런 책을 쓰겠다고 말했을 때 웃어넘기지 않고, 자신들이 가지고 있는 사람들의 이메일 주소를 사용하게끔 도와주었다. 퓌블리시스Publicis의 이브 마그낭Eve Magnant은 특히 광고계의 대선배와 인터뷰를 기획하는 데 중요한 역할을 해주었다. 『스트라테지 Strat ies』지의 프랑수와 케모아Fran ois Kermoal는 프랑스와 관련된 장에서 중요한 조언을 해주었다. 『아브사츠비르츠샤프트Absatzwirtschaft』지의 크리스토프 베르디Christoph Berdi는 독일과 관련된 장에서 내게 새로운 시각을 제공해준 바 있다. 『샷츠Shots』지의 린디 스타우트lyndy Stout는 그 잡지의 컨퍼런스에 나를 초대해주기도 했거니와, 광고 제작과 관련된 장에서 유용한 정보를 주었다. 오구치 유키히로Yukihiri Oguchi와 사카모토 남Nam Sakamoto은 도쿄에서 나를 돌봐주었다. 랭커셔 대학의 프랑수와 넬Francois Nel은 대학 도서관을 사용할 수 있게 해주었을 뿐 아니라, 세계광고연구센터WARC와 법률 데이터베이스인 렉시스넥시스LexisNexis와 같은 귀중한 연구 자료들을 사용하게 해주었다. 헤더 보울러Heather Bowler는 언제나처럼 헌신적으로 나를 도와주었다. 에피카Epica의 앤드루 롤린스Andrew Rawlins와 패트릭 태슬러Patrick Taschler는 소중한 조언을 아끼지 않았고, 피에르-에드몽 업스테어Pierre-Edmond Upstairs는 조르주 루아George Lois와의 면담을 주선해주었다. 물론 제럴딘 도르무아G aldine Dormoy의 참을성과 애정이 없었다면 이 일은 끝날 수 없었을 것이다.

그리고 내가 꼭 감사의 말을 전해야 할 사람들이 있다. 필립 버나드Phillippe Bernard, 시타 브룩스Sita Brooks, 에마누엘라 칼데로니Emanuella Calderoni, 체리 카펜터Cheri Carpenter, 에이미 세로니스Amy Cheronis, 캐서린 콜로라Catherine Collora, 줄리에트 다우지Juliet Dowsey, 로이 엘보브Roy Elvove, 마이크 프리데만Meike Friedemann, 로라 그린-윌킨슨Laura Green-Wilkinson, 크리스틴 해니스Christine Hannis, 제시카 하틀리Jessica Hartley, 로잔느 르로이Rosanne Leroy, 나이젤 롱Nigel Long, 애비 로베트Abby Lovette, 안나마리아 마르체지니Annamaria Marchesini, 스티븐 마틴킥Stephen Martincic, 에리카 마르티네즈Erica Martinez, 엘레아노 마스케로니Eleanor Mascheroni, 페오나 메키언Feona McEwan, 제레미 밀러Jeremy Miller, 리처드 모리스Richard Morris, 빌 무어헤드Bill Muirhead, 샐리 오 다우드Sally O'Dowd, 알렉스 파커Alex Parker, 윌리 피터슨Wally Peterson, 새러 폴라드Sarah Pollard, 다니엘라 로마노Daniela Romano, 미란다 솔트Miranda Salt, 루신다 스페라Lucinda Spera, 팻 슬로언Pat Sloan, 애니 토빈Annie Tobin, 다니구치 칸Kan Taniguchi, 레슬리 윌리엄스Leslie Williams 그리고 바바라 비아니Barbara Viani.

## 저자의 노트

적어도 지금까지, 인터뷰 대상자나 관련 인물들의 직급과 소속 회사 등은 맞는 것으로 알고 있다. 그러나 지면의 제약이나 판단 착오에 인해 광고계의 유명 인사들을 빠뜨렸다면 사과드린다. 빠진 분들의 명예는 곧 회복될 것으로 확신한다.

# 서문

하인과 주인*광고를 사랑하는 법 배우기*불가능한 요약*광고업계의 전문용어

### 광고는 쇼 비즈니스다
**Advertising is show business**

**리비에라 해안의 한밤중에는** 매미 소리나 파도 소리가 들리지 않는다. 적어도 이쪽 해안은 그렇다. 칸의 한 비치 클럽에서 파티가 막 시작할 참이다. 잘 차려입은 이들이 인기 많은 DJ 질 피터슨Gilles Peterson이 틀고 있는 하우스 뮤직과 펑크 뮤직에 맞추어 플로어에 입장한다. 커다란 검은색 차양이 달린 천장에서 수정 샹들리에가 흔들리고, 그 밑에는 벨벳으로 감싼 호화로운 소파가 놓여 있다. 매력적인 여성들이 소파 팔걸이에 기댄 채 햇볕에 잘 그을린 남자들을 유혹하고 있다. 그러나 그런 남자들 대부분은, 특히 나이가 지긋한 남자들은 시가를 태우거나 이런 풍경을 바라보는 것에 만족하고 있다. 그리고 그들 중 몇몇은 사업과 관련된 이야기에 열중하고 있다. 플로어 너머에는 밤하늘 아래에서 바텐더들이 음료를 접시에 담고 있다. 대기는 따뜻하고 향기로우며 풍요롭다.

이 파티는 광고 에이전시 회사 중 하나인 레오 버넷Leo Burnett이 개최했다. 이러한 파티는 특별한 이벤트라고 할 수 없다. 매년 벌어지는, 광고업계의 일주일간에 걸친 여름 페스티벌일 따름이다. 레오 버넷과 같은 대형 에이전시는 해변에 화려한 무도회를 열면서 이것을 라 크루아제뜨La Croisette(칸 해변의 이름이기도 함)라 부른다. 해변 위쪽에는 또 다른 대형 에이전시인 DDB의 파티가 열리고 있다. DDB는 무도회의 크기와 인파를 놓고 레오 버넷과 경쟁하고 있다. 대형 에이전시들은 이러한 파티에 15만 달러 정도는 쉽게 쓴다. 그것은 위신의 문제라고 사람들은 말한다. TV 시청자들은 쉽게 흔들리기 마련이며 광고주들은 광고에 쏟는 예산을 줄이려고 하지만, 아직까지 광고업계는 좋은 시절이다. 어찌되었든 광고 에이전시는 여전히 일할 만한 곳이다.

## 하인과 주인

마케팅 그룹 WPP의 회장인 마틴 소렐 Martin Sorrell 은 인터뷰 도중에 "광고는 쇼 비즈니스의 연장이라고 봐야 한다."고 언급했다. 에이전시들은 절대로 궁정의 어릿광대는 아니지만 세계 경제에 크게 기여하고 있는 것 역시 사실이다. 이러한 측면은 왜 많은 에이전시들이 광고주들에게 단순한 서비스 공급자가 아닌 전략적 조언자로 비쳐지길 바라는지 설명해준다.

이 책을 쓰면서 놀란 것 중 하나는 광고주들이 에이전시에게 휘두르는 막강한 권력이다. 광고업계의 거물들이라 할지라도 계약에 실패해서 빈손으로 돌아가거나 광고주를 얻는 두 갈래 길에 서 있기 때문이다. 분명한 것은 광고주가 이들을 호출하면 이들은 저널리스트와의 약속을 가차 없이 깨버린다는 점이다. 심지어 만나기로 약속한 저널리스트가 비행기를 타고 수천 마일을 날아오는 순간에도 에이전시들은 약속을 깨버린다. 문제는 이러한 일이 빈번하다는 점이다. 내가 최근에 책을 쓴 적이 있는 패션업계는 특유의 버릇없음과 접근하기 어렵다는 점에서 유명한 곳이다. 그러나 그러한 패션업계조차도 이처럼 인터뷰 약속을 일방적으로 깨뜨리지는 않았다. 그리고 결국은 광고주가 욕을 먹기 마련이다. 아마도 이러한 상황은 광고주가 모든 권한을 쥐고 있다는 업계 특유의 분위기에서 비롯되는 것으로 보인다. 한 에이전시의 사장은 내게 이렇게 실토했다. "우리는 전화 세 통이면 모든 일이 끝납니다."

우리 소비자들은 업계의 파트너 관계에서 어느 쪽에 권력이 있는지 걱정할 만한 사치를 누리지 못한다. 우리가 아는 것은 단지 이들 광고 에이전시들과 그들의 광고주들이 우리 삶에 지대한 영향을 미친다는 것뿐이다. PVR(Personal Video Recorder, 퍼스널 비디오 레코더, 디지털 비디오 녹화기라고도 불림)과 인터넷이 광고에 대한 TV의 능력에 도전하고 있다. 하지만 정작 브랜드 자체는 우리 일상의 모든 빈틈과 도시 풍경의 모든 균열에 그들의 메시지를 강요한다. 광고는 벽지보다 더 일상적인 풍경이 된 것이다.

그러나 지금까지도 어떠한 광고 기법이 정말 효과적인지에 대한 논쟁은 현재진행형이다. 소매업계의 거물인 존 워너메이커는 이미 100년 전에 모든 광고의 절반만이 효과가 있을 뿐이고, 나머지 절반은 어느 누구도 알지 못한다고 말한 바 있다.(이 인용구는 광고계의 전설인 데이비드 오길비David Ogilvy가 말한 것으로 알려져 있기도 하다. 이 대목은 나중에 언급하겠다.) 렉스 브릭스Rex Briggs와 그렉 스튜어트Greg Stuart가 2006년에 출간한 『어디에 의지해야 하는가?: 대부분의 광고가 실패하는 이유와 성공을 보장하는 방법What Sticks : Why Most Advertising Fails and How to Guarantee Your Succeeds』에서는 광고와 관련된 예산의 37%가 버려진다고 지적하고 있기도 하다.

그러나 대부분의 광고주들은 그들이 지출하는 광고 예산이 화장실의 휴지처럼 쓰인다는 것을 알면서도 여전히 광고에 돈을 쓴다. 브랜드가 넘쳐나는 세계에서 그들은 우리의 정신 속에 그들의 이름을 각인하려는 노력을 그치지 않는다. 미디어 특화 광고 회사인 제니스옵티미디어ZenithOptimedia 사의 자료에 의하면 세계적으로 광고에 쏟아 붓는 돈은 1년에 4천억 달러 이상이며 지속적으로 성장하는 추세다. 광고비용에 대한 끊임없는 논쟁과 잔혹한 정부 조달 부문의 개입에도 불구하고 에이전시들의 화려한 파티는 당분간 지속될 것으로 보인다.

## 광고를 사랑하는 법 배우기

내가 이따금씩 광고업계에 대한 냉소주의를 보일 무렵, 그런 태도는 쉽게 타인들의 표적이 된다는 것을 느꼈다. 대부분의 사람들은 광고에 대해 경멸하는 태도를 보일 수 있다. 그들은 '뻔한 조작' 이라고 투덜댄다. 광고업계의 전문 용어와 심리학적 용어, 애매모호한 용어 들은 이미 1950년대부터 책, 영화, 텔레비전 등에서 꾸준히 대중들을 속여 왔다. 그러나 아직까지 광고업계를 좋아하고 심지어 사랑할 만한 몇몇 이유가 여전히 남아있다.

나는 TBWA Worldwide의 최고경영자인 장-마리 드루Jean-Marie Dru에게 우리가 왜 광고를 사랑해야 하느냐고 단도직입적으로 물어본 적이 있다. 그는 "무엇보다도 제품과 잠재적 고객 사이에 매개체가 항상 존재해야 하기 때문" 이라고 대답했다. 이어 그는 아마도 인터넷의 경우 이러한 매개체의 존재 필요성이 없지 않느냐고 말할 수 있겠지만, 그 경우라도 역시 '인터넷 웹 환경 자체가 매개체' 라고 지적했다. 판매자는 항상 고객에게 다가가기를 원하기 때문이라고. 둘째로 광고는 혁신의 촉매라고 했다. 광고는 경쟁을 자극하고, 수요를 창출하며, 새로운 제품의 개발을 장려한다는 것이다. 광고야말로 자유 경제의 심장에서 가속페달 역할을 한다고.

그는 다음과 같은 말도 덧붙였다. "광고의 주된 역할이라고 말할 수는 없지만, 광고의 또 다른 장점은 보다 자유롭고 다양하며 민주적인 매체에 대한 재원 조달 수단을 모색하게 한다는 점이다."

그의 다른 동료들처럼, 드루는 소비자들이 '좋은' 광고를 향유하고 있다고 생각한다. "나쁜 제품을 좋아하는 사람은 없지만, 제대로 만든 제품은 항상 안목 높은 관객을 찾아내기 마련이다. 나아가 내가 알고 있고 높이 평가하는 에이전시들은 고객들을 존중한다. 무엇보다도, 우리 일은 고객을 이해하는 것이다. 사실상 광고는 그 어떤 산업보다 고객을 존중한다."고 그는 말하고 있다.

광고 에이전시들은 과연 탐욕과 비만, 폐암을 유발하는가? 이는 논쟁거리다. 그들은 과연 우리가 좋아하는 TV 프로그램 사이에 우리가 보고 싶지 않은 쓰레기들을 끼워 넣는가? 오늘날의 광고 건너뛰기ad-skipping 기술(프로그램 중간에 방송되는 광고를 제거하는 기술로, 구미에서는 개인용 비디오 녹화기의 경우 이 기술을 채용하고 있음)로 이러한 불만은 줄어들고 있다. 그들은 대중문화의 작은 보석들을 창조하고 있는가? 가끔 그렇다.

광고는 창조적인 재능의 도약대라고 주장할 수 있다. 광고업계에서 일하는 작가나 영화감독의 명단을 대라면 끝도 없을 정도다. 샐먼 루시디Salman Rushdie, 페이 웰Fay Weldon, 렌 데이튼Len Deighton, 피터 캐이Peter Carey, 앨런 파커 경Sir Alan Parker, 리들리 스콧 경Sir Ridley Scott, 데이비드 핀처David Fincher, 스파이크 존즈Spike Jonze, 미셸 곤드리Michel Gondry……. 프랑스의 광고 회사인 퓌블리시스 콩세이유Publicis Conseil에서 일하는 프랑스인 감독 올리비에 알뜨망Olivier Altmann은 이런 말을 한 적이 있다. "광고업계에서 일하는 것은 보다 창의적이면서 동시에 더 많은 돈을 벌 수 있는 몇 가지 방법 중 하나다."

광고업계에 종사하는 사람을 존경하는 또 다른 이유를 대라고 한다면, 그들은 정말로 열심히 일한다는 점이다. 회사 사무실 구석에 차려진 바에서 테이블 풋볼(나무로 만든 테이블에 축구 선수 미니어처가 연결된 철제봉을 걸고 이 철제봉을 돌리면서 작은 공을 상대편 진영의 골대로 넣는 게임)을 하는 젊은 광고업계 직원의 모습은 딱히 틀린 것은 아니지만, 사실 실제 분위기와는 많이 다르다. 광고업계 종사자들은 정말 오랜 시간 동안 일하며, 사무실의 전등은 거의 꺼지지 않는다. 정말로 기억에 남을 만한 방법으로 제품을 팔 수 있는 '엄청난 아이디어'가 떠오른다는 것은 쉽지 않은 일이기 때문이다. 그리고 물론, 고객은 이러한 엄청난 노력을 요구한다.

데이비드 오길비는 자신의 책 『광고의 오길비 Ogilvy on Advertising』에서 다음과 같이 말한 바 있다. "카피라이터는 항상 공포 속에서 살고 있다. 화요일 아침까지 엄청난 아이디어가 떠오를 수 있을까? 클라이언트가 흔쾌하게 그 아이디어를 사줄까? 그 아이디어가 높은 점수를 얻을 수 있을까? 그 아이디어가 제품을 판매할 수 있을까? 나는 정말로 '이번에는 망할꺼야'라는 생각 없이 광고물을 만들어본 적이 없다."

오길비는 고객 담당 임원이나 에이전시의 사장, 그리고 자신의 고객들 역시 그러한 공포 속에서 살아가고 있다고 말하고 있다.

이런 언급에도 불구하고 광고업계에 대한 동경은 여전히 존재한다. 엄청난 업무의 중압감에도 불구하고 큰 재미가 있는 것처럼 보이기 때문이다. 광고업계 종사자들은 역동적이며 동시에 매력적이다. 광고 회사에서 어지간한 위치가 되면 고급 레스토랑에서 식사를 하며 흥미진진한 장소를 여행하게 된다.

결국 현실은 이렇다. 광고업계는 커튼 뒤에 숨어서 좋은 모습을 연출해내는 다른 업계와 마찬가지 일을 하는 것이다.

## 불가능한 요약

이상하게 들릴지 모르겠지만, 이 책은 그루지야공화국 수도인 트빌리시의 한 선술집 밖에서 나누던 대화에서 시작되었다. 중부 유럽 지역의 광고와 관련된 컨퍼런스가 진행되던 중 나는 한 종군기자와 대화를 나눌 기회를 갖게 되었다. 당시에 나는 내가 지닌 전문지식이 대화 상대이던 종군기자에 비해 너무 사소하다고 생각했다. 그러나 그는 전혀 그렇지 않다고 하면서 '나는 광고가 매력적이라는 것을 알고 있지요. 당신은 아마 가장 힘든 상황에서도 거래를 하려는 인간의 속성에 대해 놀랄 수는 있겠지요. 그리고 광고도 아마 그러한 인간의 속성의 일부가 되겠지요' 라고 덧붙였다.

잠시 침묵이 흐른 후, 그는 나에게 한 가지 질문을 던졌다. "광고의 역사에 대한 책 한권을 소개해 주실 수 있나요?"

나도 역시 잠깐 뜸을 들인 후, '광고의 역사에 관한 책을 읽어본 적이 없다'고 말해주었다. 그러자 그는 탁자 모서리를 탁 치면서 '그렇다면 당신이 써야겠군요. 광고의 역사야말로 당신의 다음번 프로젝트가 되어야겠는 걸요.' 라고 응수했다.

광고 그 자체에 대한 책은 수백 권이 존재한다. 이러한 책들의 대부분은 광고 회사 사장들이 집필한 것이며 대부분 업계 내에서 소화되기 마련이다. 그리고 역시 대부분의 책들은 미국이나 영국의 광고업계를 다루고 있을 뿐, 보다 광범위한 시각에서 쓰인 책은 찾아보기 힘들다.

이러한 현실은 그다지 놀랄 만한 일은 아니다. 광고의 역사에 대해 글을 쓴다는 것이 불가능한 일은 아니지만 엄청난 일이 될 것이기 때문이다. 오랫동안 이런 다소 황당한 프로젝트에 휘말리는 것에 대해 매우 주저해왔다. 그러다가 나는 콜린 존스Colin Jones가 쓴 『파리 : 한 도시의 전기 Pairs : Biography of a City』의 한 구절을 우연히 발견하게 되었다. "역사를 도외시하고는 그 어떤 것도 연관지을 수 없다."

한편 영국의 선두 에이전시 기업 AMV.BBDO의 사장인 실라 스노우볼Cilla Snowball도 나를 자극하는 얘기를 해주었다. 그는 나에게 이렇게 말했다. "분명히, 알아둘 필요가 있는 이야기는 있어요. 고문서 뭉치를 쌓아 놓은 광고 역사 보관 위원회The History of Advertising Trust가 있기는 하지만, 누가 차분히 앉아서 옛날 문서들을 뒤적이고 읽어보겠어요?"

여기에서 키워드는 '읽는다'는 것이다. 나는 보다 협소하고 절충적인 의미에서 '읽는다'는 단어를 사용하기는 했지만, 분명한 것은 그림책이 '보는 것'은 아니라는 것이다. 묵직한 학술서들은 이미 서점에 나와 있으며, 오래된 TV 광고는 이미 인터넷에 축적되어 있다. 유튜브[www.youtube.com, 동영상을 자유롭게 공유할 수 있는 인터넷 사이트 중의 하나]에서 1984나 로더릿Lauderette[담배회사인 Benson & Hedges 사가 제조한 Hamlet 담배 광고 동영상 연작 중 하나]의 동영상을 쉽게 찾을 수 있으며, 심지어 이 광고물에 얽힌 뒷이야기들 역시 어렵지 않게 찾을 수 있다.

나는 백과사전을 쓰고자 한 것이 아니다. 저자가 감당할 수 있고 독자가 이해할 수 있는, 어떤 것을 전달하기 위해 광고업계를 인공위성에서 내려다보는 시각을 취했다. 연대기적 순서를 취하고는 있지만, 가장 유명한 에이전시와 가장 잘 알려진 업계 주요 인사들, 가장 주목받을 수 있는 주제를 포괄하고자 노력했다. 그리고 광고업계가 워낙 독특한 성격을 가지고 있는 곳이기 때문에 업계 내부의 이야기나 일화도 담으려고 했으며, 가능한 한 많은 업계의 전문가들과 인터뷰를 시도했다. 업계의 거물 중에서 인터뷰 내용이 빠져 있는 경우는 그들이 인터뷰를 거부했거나 바쁜 일정으로 도저히 인터뷰할 짬을 내지 못한 경우이다.

이 책을 읽다 보면, 다소 유럽 편향적이라는 느낌을 받을 수 있다. 그런 느낌이 들 수 있는 하나의 요인은 내가 프랑스에 살고 있는 영국 사람이라는 점이다. 그리고 또 다른 요인으로는 실제로 세계 6대 에이전시 그룹 중에서 4개 이상이 미국 회사가 아니기 때문이다. 세계적인 비 미국계 대형 광고 회사는 WPP, 퓌블리시스Publicis, 덴쓰Dentsu, 아바스Havas를 들 수 있는데, 이 중 퓌블리시스와 아바스는 바로 여기 내가 사는 곳, 파리에 소재하고 있다.

## 광고업계의 전문용어

이 책을 쓰면서 떠오른 생각은 자주 나오는 용어를 미리 정리해야겠다는 것이었다. 광고업계의 문외한들에게는 광고업계의 용어들이 당황스러울 수 있기 때문이다. 독자들께서는 이 책의 첫머리부터 온갖 약자가 난무하는 것을 이미 보셨을 것이다. 이러한 약어는 자신들 스스로를 법률가나 건축가와 동렬에 놓기 위해, 아니면 스스로의 자존심을 위해 사용하는 것일 수 있다. 그러나 한편으로 짧은 시간 동안 기억에 남는 브랜드를 만들어내는 특화된 업계에서 이러한 약어의 사용은 어찌보면 근시안적인 정책일 수 있다. 사실 DDB, BBDO, BBH, TBWA 혹은 Euro RSCG와 같은 회사명을 구별해내는 것은 쉽지 않다. 내가 해야 했던 중요한 일 중의 하나는 이러한 문자 뒤에 숨은 사람들을 구별해내는 일이었다.

그러나 집필과정에서 실제로 어려웠던 것은 하나의 광고 회사가 어떻게 돌아가는지를 알아내는 것이었다. 카피라이터는 실제로 뭘 써내는 일을 하는 사람인가? 플래너의 책임은 무엇인가? 광고 에이전시가 실제로 하는 일은 무엇인가? 멀티미디어 환경이 복잡해질수록 구닥다리 직무 명의 대부분은 원래 뜻과의 연관성을 잃어버리거나 완전히 의미가 바뀌게 된다.

어쨌거나 이러한 용어들은 이 책 전체를 편안하게 읽어나가는 데 도움이 될 것이다. 만약 독자가 광고업계의 일원이라면, 이 페이지를 넘겨 놓고 읽어나갈 수도 있고, 꼼꼼히 읽어가면서 혹시 내가 저지를 수 있는 실수를 찾아내는 재미를 느낄 수도 있을 것이다.

광고업계에서 가장 큰 영향력을 행사하는 부류의 사람들은 보통 크리에이티브 부서 creative department에 속해 있다. 에둘러 말하자면 이 부서에 속한 사람들은 광고에 대한 꿈을 꾸는 사람들이다. 이 크리에이티브 부서는 몇 개의 크리에이티브 팀으로 이루어져 있는데, 각각의 팀은 카피라이터copywriter와 아트 디렉터art director, 그리고 몇 명의 주니어 카피라이터와 그래픽 디자이너로 구성되어 있다. 대부분의 광고물들이 글자보다는 직접 보여주는 방향으로 나아가는 추세 속에서 카피라이터의 필요성에 대해 의문을 품을 법도 하다. 그러나 카피라이터의 역할은 단순히 광고문구를 쓰는 것에 멈추지 않으며, 아트 디렉터 역시 단순하게 시각화된 일러스트레이션을 제시하는 것에 그치지 않는다. 사실 이들은 추상적인 고객의 요구를 구체적인 상호 소통을 위한 매력적인 광고물로 변환하는 과정에서 협력한다. 하나의 크리에이티브 팀은 보통 수년간 같이 일하게 되며, 다른 에이전시로 이직할 경우에도 같이 움직인다. 그래서 하나의 크리에이티브 팀이 자기들 스스로를 일컬어 '우리는 오래된 부부와 비슷하다'고 표현하는 것이 어색하지 않은 것이다. 업무 추진 과정에서 크리에이티브 팀은 보통 크리에이티브 디렉터creative director에게 보고하는 것이 상례이다.

   광고업계 특유의 표현으로, 지저분한 크리에이티브 부서와 적대적 관계에 있는 고객 매니저account manager가 존재한다. 점잖은 표현으로 고객 매니저라 불리우는 이들은 실제 성별과 무관하게 그냥 '고객 사람account men'이라 불리기도 하는데, 이들이 하는 일은 고객과의 관계를 잘 유지함으로써 에이전시가 당초 약속을 제대로 이행하고, 때로 위험할 수도 있는 크리에이티브의 아이디어를 보수적인 고객 기업의 마케팅 디렉터가 수용하게끔 노력하는 것이다(고객과 에이전시 사이에서 모호하게 행동하고 투자에 대한 빠른 회수에 집착하는 이들의 행동이 업계의 창의력을 저해한다는 비난을 야기하기도 한다). 어쨌거나 고객 디렉터account director들은 고객의 숫자를 관장하는 역할을 한다.

중요성이 과소평가되고 있는 직무 중의 하나가 플래너planner인데, 이들은 광고업계의 업무 수행 과정에서 소비자의 입장을 대변한다. 플래너는 고객의 행동을 관찰하는 기술을 가지고 있을 뿐 아니라, 특정 고객의 제품이나 서비스에 대한 소비자의 태도를 분석한다. 브랜드가 쥐어 짜낼 수 있는 자그마한 틈새도 발견할 수 있는 능력을 가진 이들은 종종 크리에이티브 팀들이 어떤 경로로 시작해야 하는지에 대한 단서를 제공한다. 이들은 소비자의 기호 변화와 유행을 재빠르게 포착하는 트렌드 워처, 연구원, 그리고 심리학자의 기술을 결합하는 역할을 동시에 수행한다. 이들은 장기적인 목표를 가진 마케팅 캠페인을 전개하도록 자극하는, 이른바 브랜드 전략가의 역할까지도 수행한다.

에이전시가 어떤 일을 할 때, 하나의 과정은 보통 피치Pitch라고 불린다. 광고업계의 잡지를 보면, '에이전시가 고객과의 거래관계에 대한 일련의 피치 리스트를 작성한다'는 문구를 자주 접하게 된다. 에이전시가 하나의 피치를 준비하거나 어떤 캠페인을 구상하는 데 도움을 주기 위해서 고객은 광고를 해야 하는 상품이나 서비스에 대한 자세한 정보가 있는 브리프brief를 건네준다. 거래 금액은 보통 빌링billing이라고 표현하는데, 이 단어는 광고 제작에 들어가는 비용과 수수료를 포함하는 전체 금액을 고객에게 요구하는 금액을 의미한다. 기자들이 흔히 이 숫자에 대한 기사를 써내기는 하지만, 실제 얼마짜리 거래가 이루어지는지는 에이전시와 고객기업만이 알 뿐이다.

한편으로 미디어 플래너media planner는 고객의 광고가 타깃으로 삼고 있는 소비자들에게 가장 크게 영향을 줄 수 있는 시간과 장소를 분석해내는 사람들이다. 미디어 바이어media buyer는 광고가 이루어지는 공간의 구매 과정에서 협상을 이루어내는 사람이다. 이들의 임무는 흔히 에이전시가 수행하는 모든 서비스 과정과 연관되어 있다. 나중에 알게 되겠지만, 미디어 전략은 이러한 서비스를 제공하는 것에 특화된 대형 에이전시가 생겨날 정도로 독자적인 영역을 지닌 부문이 되었다. 이러한 현상의 의미는 앞으로도 상당기간 그 영향력이 지속될 것이다.

다시 크리에이티브 에이전시로 돌아가서, 프로덕션production은 하나의 크리에이티브 팀의 비전을 실현하는 일련의 과정을 의미한다. 이 프로덕션은 외부의 독립 프로덕션 회사와의 연결과정을 의미하기도 한다. 에이전시가 다루는 마감 기한 준수, 송장의 송부 등과 같은 일련의 행정적인 업무들은 트래픽traffic이라고 불린다.

당연한 이야기지만, 거대 광고 에이전시들은 이러한 다양한 기능과 규율을 포괄하는 일련의 과정들 모두를 관장한다. 그러나 이러한 몇몇 전문용어들은 이 책을 통해 여행하는 과정에 언급되는 용어들의 극히 일부일 뿐이다. 이제 보다 많은 상징과 은유를 만나기 위해 가장 논리적인 부분부터 탐색해 보도록 하자.

# 1 설득의 선구자들

광고의 기원＊산업으로서의 면모를 갖추다＊초기의 광고 회사들＊미래를 향해 날아가는 화살＊홉킨스의 접근법＊래스커의 두 번째 선택

정당하게 위임받은 대리인
**The duly authorized agent**

**런던 노팅힐의 뒷골목에서** 마치 도시의 번쩍이는 잔해로 이루어진 둥지에 올라앉은 까치처럼, 의기양양하게 오래된 문서들 사이에서 기분 좋게 앉아 있는 한 사나이가 있다. 그 사나이의 이름은 로버트 오피Robert Opie이고, 그의 다채로운 둥지는 브랜드 광고 포장 박물관The Museum of Brands, Advertising and Packaging이다. 그는 수십만 개의 컬렉션을 자랑하는, 최고의 브랜드 고고학자 중 한 명이다.

작지만 가득 찬 그의 박물관을 둘러보는 것은 다분히 프루스트적인 의미에서 브랜드의 힘을 느끼는 것과 같다[여기에서 '프루스트적인 의미'는 마르셀 프루스트의 대표작 '잃어버린 시간을 찾아서'의 제1권에서 주인공이 어릴 적에 먹어본 차와 과자의 냄새에서 과거를 회상하는 장면에서 유래되어, 과거의 향수에서 브랜드가 가지는 역할이나 의미를 느끼게 하는 것을 뜻한다. 로버트 오피의 인터넷 홈페이지인 www.robertopiecollection.com을 방문하면 이러한 느낌의 일단을 받을 수 있을 것이다]. 저 보드게임, 알겠군! 아 저거 우리 어머니가 쓰시던 가루비누야! 이런 외침 이후에 결국 옛날 TV 광고 동영상 앞에서 꼼짝 않고 서 있는 자신을 발견하게 된다. 이러한 옛날 물건들로 인해 우리 기억의 일부가 마치 눈앞에서 펼쳐지는 것처럼 재현되는 느낌을 갖게 되는 것은 무척 신기한 일이다.

그러나 오피에게는 이러한 박물관이 단순한 노스탤지어 이상이다. 그는 이렇게 말하고 있다. '10대 시절부터 저는 브랜드가 우리 시대를 반영해가면서 지속적으로 적응하는 것에 관심을 가지게 되었습니다. 마켓 리서치 쪽 일을 하던 1970년대부터 저는 소비의 근원을 탐색하고, 소비자 사회의 다양한 증거들을 조사하려 했습니다. 그래서 저는 포르토벨로가Portobello Road[런던 중심 지역의 골동품 시장으로 유명한 거리]의 골동품 상점을 순례하며 오래된 포스터나 포장지를 수집하기 시작했습니다. 이후로 저는 항상 그 거리를 쏘다니고는 하지요.'

오피의 브랜드에 대한 열정은 그가 포스터나 포장지를 '상업적 예술'이라고 말하는 데서도 엿볼 수 있으며 이러한 광고의 중요성을 인식하는 데 경도된 사람들에게 끊임없이 자극받아온 그의 행보에서도 엿볼 수 있다. 그는 다음과 같이 지적하고 있다. '최근까지도 부유한 가문의 어린이들이 무역이나 상업 분야보다는 예술이나 과학 분야를 전공하도록 격려하는 경향이 있지요. 상업으로 일가를 이룬 사람들에게는 항상 따라 붙는 일종의 상처가 있습니다. 광고업계 종사자들에게도 마찬가지인데, 이들이 부를 축적하게 되면 이른바 상업 예술에 의지하게 되고, 보다 높은 명망을 위해서 유명 예술가의 작품을 수집하게 되지요.'

광고는 오피가 말하는 것처럼 '소비자의 행동으로 구성된 직소 퍼즐'에서 결정적인 한 조각이라고 할 수 있다. 그는 이렇게 말하고 있다. '어떤 것이 중요한 이유에 대해 역사적 관점에서 생각해볼 수 있습니다. 상업적인 것이 중요한 예술품이라고 말하기는 어렵습니다. 그러나 광고의 총체적 측면은 중요하다고 말할 수 있습니다.'

## 광고의 기원

도대체 광고는 언제부터 시작되었을까? 고대 이집트인이나 그리스인들이 제품 프로모션의 이점에 대해 무감각했다고 말하기는 어렵다. 폼페이 유적지에서 광고의 초기 형태가 발견되는 것으로 보아, 로마인들은 판매고를 높이기 위한 방법을 알고 있었음이 분명하다. 광고업계의 익살맞은 어떤 사람은 초기 광고 가운데 하나는 매음굴 선전이었을 것이라고 말하기도 한다. 일각에서는 선사시대의 동굴벽화가 광고의 형태 중 하나였을 것으로 주장하기도 한다. 그러나 팔아야 할 물건이 존재하던 때부터, 그리고 거리의 호객꾼이나 나무에 붙여놓은 전단처럼 팔아야 할 물건을 중개할 수 있는 수단이 존재하던 때부터 광고가 존재하기 시작했다고 말하는 것이 안전할 것이다.

물론, 1447년에 독일의 금세공업자였던 요하네스 구텐베르크Johannes Gutenburg가 발명한 인쇄와 활자기술이 등장하면서 광고가 급격하게 발달하게 되었을 것이다. 그러나 광고의 초기 역사에서 주목해야 할 이름은 17세기 프랑스의 의사이자, 기자, 그리고 광고업자였던 테오프라스트 르노도Th phraste Renaudot라 할 수 있다.

1568년 런던에서 부유한 개신교 가족의 일원으로 태어난 르노도는 프랑스의 파리와 몽펠리에에서 의학을 공부했다. 스무 살의 나이에 박사학위를 취득한 르노도는 실제 임상의사로 활약하기에는 너무 나이가 어리다는 사실을 깨닫고 대신 스위스, 영국, 독일, 이탈리아 등지를 여행하기 시작했다. 여행에서 돌아온 그는, 가족 간의 인연으로 앞으로 추기경이 될 리슐리외Cardinal Richelieu[Armand Jean du Plessis de Richelieu, Cardinal-Duc de Richelieu, 루이 13세 당시의 추기경이자 재상. 프랑스 역사에서 위대한 세기 Le Grand Siecle라 일컫는 17세기의 정치인]와 교분을 쌓는 기회를 가지게 되었다. 이러한 행운은 르노도가 앞으로 루이 13세의 궁정의사가 되는데 중요한 역할을 하게 된다.

그러나 르노도는 내과의사이기 이전에 작가이자 철학자였다. 그는 파리의 빈민들을 위해 파리 센 강에 있는 시테 섬에 취업안내 및 광고 사무소bureau de addresses et des rencontres를 설립하였다. 이 기관은 곧 단순한 노동 시장의 기능뿐 아니라 온갖 물건이 거래되고 모든 종류의 다양한 광고가 나붙는 장소가 되었다. 이러한 정보 확산 기능을 확대하기 위해 르노도는 1631년에 『라 가제타 La Gazetta』라는 제호의 신문을 발행하기 시작하였다(가제타라는 이름은 그가 이탈리아 체류 시 발견한 이탈리아 통화 단위의 하나인 가제따 gazetta 에서 따왔다). 그럼으로써 그는 프랑스 최초의 기자이자 개인 광고의 창시자가 되었다.

영국 최초의 광고 대행업자는 1786년 런던의 워릭 스퀘어에 사무실을 열었던 윌리엄 테일러 William Taylor 이다. 이 사무실은 훗날 테일러 & 뉴튼 Taylor & Newton 이라는 이름의 회사가 되었고 자신들의 물건을 팔기 위해 신문을 찍어내기 시작하던 몇몇을 포함한 인쇄업자를 대변하는 광고판매회사의 기능을 하게 되었다.

## 산업으로서의 면모를 갖추다

그러나 광고의 본격적인 역사는 19세기에 들어와서야 자리를 잡게 된다. 앞서 언급한 로버트 오피의 박물관은 영국 빅토리아조 시기를 포괄한다. 대형 광고 그룹인 퓌블리시스는 최근 내부용으로 광고의 초기 역사와 관련된 책을 출판했다. 그 책의 이름은 『1842년생 Born in 1842』이다. 초기의 광고를 다룬 책인 『크리에이티브 디렉터 자료집 Creative Director's Source Book』(1988년에 Nick Souter와 Stuart Newman이 지었다)에 따르면 신문광고는 1849년에 시작되었다(이상하지만 이 최초의 광고는 모자의 치수를 정확하게 재기 위해 머리의 크기를 재는 새로운 방법에 관한 것이었다).

그리고 모두가 인정하는 것이지만, 산업혁명과 함께 광고는 새로운 물결을 타게 되었다. 또한 이 새로운 물결에는 매스 미디어로써 신문의 발흥 역시 일조를 하였다. 기술의 발전으로 이전에는 꿈꾸지 못한 규모로 소비재가 생산되고 포장되었다. 식료품, 의류, 비누 등의 상품이 범람하게 됨에 따라 자기 집 뒷마당에서 생산을 영위하던 제조업자들이 새로운 시장을 모색하는 데 힘을 기울이게 되었다. 이들 제조업자들 중의 일부는 대규모의 소매 연쇄점을 열었고, 다른 일부는 도매업과 중간상을 통해 자신들의 제품을 판매하기 시작했다. 자신들의 제품과 효과를 소비자들의 뇌리에 각인시키기 위해 이들은 제품을 브랜드화하고 본격적인 광고를 시작했다.

당시 영국의 광고업계에서 가장 큰 고객은 피어스 비누Pears' Soap를 생산하던 A&F 피어스A&F Pears였다. 이 회사의 성공은 1862년부터 이 회사와 관계를 맺은 최초의 광고업자 중 하나인 토머스 바랫Thomas J. Barret에 의해 더욱 공고해졌다. 바랫은 당대의 여배우이자 영국 황태자Prince of Wales의 정부로 소문난 릴리 랭트리Lillie Langtry를 광고의 전면에 배치했을 뿐 아니라 당시의 유명 화가인 존 에버렛 밀래이스 경Sir John Everett Millais이 그린, 어린 소년이 커지는 비누거품을 응시하는 그림을 사들여 이 그림에 밀래이스 경이 직접 피어스 사의 비누를 그려 넣게끔 설득하기도 하였다. 다소 좋지 않은 의미도 있지만, 어째든 이 '거품'은 초기 광고계의 일종의 상징이자 성공적인 광고의 전형이 되었다.

토린 더글러스Torin Douglas는 1984년에 출간된『광고를 위한 완벽한 길잡이A Complete Guide to Advertising』에서 다음과 같이 말하고 있다. '캐드버리Cadbury와 프라이Fry와 같은 회사들이 본격적인 제품 포장을 시작했지만, 이 포장은 단순히 제품을 보호하고 원래의 품질을 보존하기 위한 것일 뿐 아니라 제품의 품질을 보장하기 위해 자신들의 이름을 사용하는 것을 확립했다는 점에서 의미가 있다. 소비자가 어떤 기업의 제품을 구매할지에 대해 소매업자에게 일임하는 대신, 이들은 소비자와의 관계를 직접 구축하기 시작한 것이다.'

더글러스가 지적한 것처럼, 광고의 핵심 쟁점이 여기에 제시된 것이다. 어떤 제품을 대중에게 광고함으로써, 제조업자는 판매고를 극적으로 신장시킬 수 있게 된 것이다. '더욱이 광고는 제조업자뿐 아니라 소매업자의 이익도 증가시킴에 따라 제조업자와 소매업자 모두에게 이익이 되는 일이 된 것이다. 한편으로 보다 다양한 브랜드를 선택할 수 있을 뿐 아니라 제품의 품질에 대한 보다 강력한 보장이 제시됨에 따라 소비자에게도 이익이 되는 것이었다.'

한편 산업혁명이 가능하게 된 신기술이 인쇄업계에도 적용됨에 따라, 신문 역시 보다 저렴하게 제작될 뿐 아니라 신문 구독료 역시 저렴해지게 되었다. 소중하게 취급되던 다양한 정보들이 갑자기 모두들에게 공개되기 시작했다. 특히 여성들을 겨냥한 잡지들이 보편화되기 시작했다.

더글러스는 영국 초기의 광고에서 두 가지 결정적인 요소들을 지적하고 있다. '1870년 교육법 Education Act of 1870'으로 영국의 모든 국민들은 초등교육을 받게 되었으며, 이보다 15년 전에 이루어진 신문에 대한 과세 철폐는 엄청난 수의 신문 생산과 판매를 가능하게 하였다. 광고업자들은 처음으로 자신들의 제품을 판매할 수 있는 대량 유통체제를 갖춘 인쇄매체를 갖게 된 것이다.'

해협 건너편의 프랑스에서는 또 다른 매체인 포스터를 통해 광고의 황금시대를 맞게 되었다.(『크리에이티브 디렉터 자료집』에 따르면 이 '포스터'라는 단어는 광고 메시지를 적어 붙일 수 있는 길가의 나무판에서 유래되었다고 한다) 1870년대의 파리에서는 보다 풍부한 색과 넓은 인쇄면을 자랑하는 석판인쇄 lithography의 발전으로 인해, 폴리-베르제르 카바레 Folies-Bergère cabaret의 최초의 포스터를 제작한 인쇄업체인 새 Chaix와 미술가 줄 세레 Jules Chéret가 명성을 쌓게 된다. 발을 높이 차는 무희를 묘사한 이 발랄하고 활기찬 광고는 당시 엄청난 인기를 끌었으며 곧 '세레뜨

Ch rettes'라는 이름으로 유명해지게 된다.

이 세레뜨의 이미지는 라이벌 업체인 물랭루즈Moulin Rouge의 생생한 밤 풍경 묘사로 유명한 앙리 드 툴루즈-로트렉Henri de Toulouse-Lautrec에 의해 보강되었다. '몽마르뜨의 정신'으로 알려진 이 화가는 방탕한 파리 뒷골목 카바레의 일단을 잘 묘사하였다. 아직까지도 우리에게 호소력이 있는 이 포스터는 로트렉이 찬미했던 일본의 미술과 그 맥락이 닿아 있다.

이 시기에 유명했던 또 다른 작가로는 독특한 화풍을 자랑했던 모라비아 출신의 알폰스 무샤Alphonse Mucha를 들 수 있다. 지금은 체코 공화국이라고 불리는 모라비아 출신의 무샤는 크리스마스 휴일 기간 동안에 공연되는 사라 베르나르Sarah Bernhardt의 연극인 지스몬다Gismonda의 포스터를 그리기 전까지는 파리의 가난한 화가였다.(그가 이 일을 맡게 된 이유는 크리스마스 휴일에 시내에 남아 있던 유일한 화가였기 때문이라는 설이 있다) 그 결과는 근사하게 복잡한 문양을 갖는 일련의 그림들이었고, 그의 그림은 극장뿐 아니라 모에 & 샹동Mo t & Chandon 샴페인이나 르페브르 위틸Lef vre Utile 비스킷과 같은 브랜드에도 사용되었고, 광고계에서 아르 누보Art Nouveau 양식을 확립하게 함으로써 무샤 자신에게 부와 명성을 얻는 계기가 되었다. 프랑스 상업자본의 형성과정에서 예술과 광고는 종종 이렇게 맞물리는 관계를 형성하게 되었다.

대서양 건너편에서는 광고가 보다 난잡한 형태로 시작하게 되었다. 전국적인 미국 최초의 광고 중 하나는 '특허 의약품'에 관한 것이었다. 이 광고는 오늘날 서부영화의 친숙한 캐릭터인, 먼지로 뒤덮인 변방의 돌팔이 의사가 파는 약의 효능을 칭송하는 것이었다. 이들 돌팔이 의사들은 광고비를 부담할 정도로 충분한 이익을 내고 있었다. 스티븐 폭스Stephen Fox는 1970년대까지의 미국의 광고사를 제대로 정리한 책인『시대의 거울을 만들었던 사람들The Mirror Maker』(1984)에서 미국의 초기 광고들은 '소비자를 직접 겨냥해서 아주 창의적이고 교묘한 방법으로 판매고를 올리기 위한 것이었으며, 좋건 나쁘건 간에 광고의 잠재력을 보여준 첫 번째 사례라 할 수 있다'고 말하고 있다.

그러나 불행하게도 특히 의약품과 결부된 미국의 광고는 약품과 광고 둘 다에게 해로운 결과를 빚게 되었다.

## 초기의 광고 회사들

미국 최초의 광고 에이전시는 1842년에 볼니 B. 팔머Volney B. Palmer가 설립했다는 것이 업계의 정설로 받아들여지고 있다. '필라델피아 체스트넛 가와 3번가 교차로의 북동쪽 코너'에 위치한 팔머의 사무실은 오늘날 광고 회사 사무실의 초석이라고 할 수 있다. 그러나 팔머는 지역 광고지에 자신에 대해 '매일 광고접수를 받는, 미국과 캐나다의 모든 도시에서 가장 유명한, 신문의 광고 대행을 위임받은 성실한 대리인……'이라고 기술했다.

런던의 윌리엄 테일러처럼, 미국의 팔머 역시 초기의 광고 회사로서 광고주보다는 신문사를 위해 일했던 것이다. 중재자로 행동하면서 이 초기의 회사들은 신문 지면을 판매하고 그 수수료를 받았던 것이다. 끊임없는 부패의 기회에 직면하기도 했던, 이들 초기 광고 회사들의 행동이 의미했던 것은 이들이 크리에이티브의 측면에서는 거의 기여를 하지 못했다는 점이다. 스티븐 폭스는 『시대의 거울을 만들었던 사람들』에서 광고물량을 조금씩 얻어내던 또 다른 에이전시인 대니얼 M. 로드Daniel M. Lord가 당시의 광고에 대해 했던 비판을 인용하고 있다. '젊은이들이여, 광고에 대해 알아갈수록, 정작 그 광고의 내용인 가구업계에 대해서는 알지 못할 것이다.'

특허 의약품 밀매상들에 대한 비난과 결부된, 광고에 대한 부정적 이미지와 함께 초기의 광고업자에게 광고업은 그저 먹고 사는 방편인 직업일 뿐이지 정직한 거래는 아니었던 점을 보여주었다.

광고가 본격적인 산업의 형태를 띠게 된 것은, 미 동부 뉴 잉글랜드 지역에서 발행되는 거의 모든 신문의 광고요율 등의 자료를 면밀하게 수집함으로써 객관적으로 광고주들을 자극했던 보스턴 지역의 광고업자 조지 로웰George P. Rowell이라 할 수 있다. 그러나 정작 로웰의 수입은 신문의 광고 지면을 대량으로 사들여서 개별 광고주들에게 쪼개 파는 것이 대부분이었다. 사업이 본궤도에 이르게 된 1869년에 로웰은 최초의 미디어 목록Media directory을 발간했다. 이 미디어 목록은 미국 내 5천 개 이상의 신문에 대한 일종의 가이드 역할을 했으며, 이들 신문의 발행부수, 광고요율 등에 대한 정보를 담고 있었다.

로웰의 목록이 광고의 신뢰도에 대한 관심을 환기시켰다면, 이 광고산업이 바른 방향으로 나아가게 하는 데는 N.W 에이어 & 선N.W. Ayer & Son의 설립자인 프랜시스 웨이랜드 에이어Francis Wayland Ayer의 공이 크다고 할 수 있다(그는 회사 이름을 아버지의 이름에서 따왔으며, 전형적인 가족기업의 형태로 직관적인 마케팅 전략을 추구했다). 에이어는 상거래 비즈니스에서 투명성을 도입했으며 광고주에게 12.5%라는 고정 수수료를 부과했다. 이 고정 수수료는 나중에 15%로 올라갔으며, 이 비율은 이후 오랜 기간 동안 에이전시들 사이에서 일종의 고정된 표준 수수료율로 인식되었다.

지금까지는 주로 오늘날의 미디어 구매자의 원형이 되는 사람들에 대해 언급했지만, 앞으로는 크리에이티브에 대한 이야기도 해야 할 것 같다. 초기의 광고시장에서 크리에이티브의 역할은 주로 프리랜서 카피라이터가 담당했다. 이 프리랜서 카피라이터 중에서 가장 영향력이 있는 사람은 『애드버타이징 에이지Advertising age』가 일컬은 '크리에이티브 광고의 아버지' (광고의 시대The Advertising Century : http://www.adage.com/century/people) 존 파워즈John E. Powers였다. 이 역사적 인물의 초기 경력에 대해서는 알려진 바가 많지 않지만, 그는 보험 대리인이자 동시에 『더 네이션The Nation』(그는 이 신문의 구독 관련 부서에서 일하기 시작한 것이 확실하다)의 편집인이었고 결국 상업적 광고물의 작가로 활동하게 되었다. 1880년 미국 백화점 업계의 큰손인 존 워너메이커John Wanamaker가 경쟁관계에 있는 백화점 광고에 실린 그의 문안을 보고 그를 낚아채었다. 1890년대 후반이 되자 그는 광고문안을 써주는 것만으로 하루에 1백 달러 이상을 벌게 되었다.

파워즈는 둥근 철제 안경으로 더욱 강조되는 날카로운 눈빛과 깔끔하게 다듬은 구렛나루로 유명한, 과묵하고 냉철한 성격의 소유자였다. 그는 외모에서 정직한 화법의 소유자임을 믿게 했던 것이다. 그러나 사실상 그는 '좋은 광고문안은 다소 공격적이어야 한다'고 주장했다. 그는 사실에 집중했으며, 과장을 좋아하지 않았다. 그가 파산 위기에 몰린 피츠버그의 한 의류업체 광고를 맡게 되었을 때였다. 그는 그의 고객에게 다음과 같이 말했다. '궁지에서 벗어나는 길은 진실을 말하는 것입니다. …… 우리가 파산 위기에서 벗어나는 길은 즉각적인 대량 세일밖에 없기 때문입니다.' 그는 결국 다음과 같은 광고문안을 작성했다. '우리는 파산했습니다. 채권자들이 이 광고를 본다면 당장 우리 목에 밧줄을 걸려고 덤빌 것입니다. 그렇지만 당신들이 우리의 물건을 사준다면, 우리는 돈을 들고 채권자들을 만날 수 있습니다. 그렇지 않다면 우리는 궁지에 몰리게 되겠지요.' 이 광고의 솔직함에 감명 받은 소비자들이 구름처럼 몰려들은 것은 물론이다.

파워즈의 성공은 독자적인 에이전시 사무실을 차린 찰스 오스틴 베이츠Charles Austin Bates라는 주목할 만한 카피라이터에게 영향을 미쳤다. 스스로를 '광고 제작자'로 자리매김한 베이츠는 광고업계의 전문지인 『활자공의 잉크Printer's Ink』에 매주 고정 칼럼을 쓰는 최초의 광고 전문 비평가이기도 하였다. 스스로를 자랑하는 측면이 강하기는 했지만, 어쨌거나 그는 광고의 역사에서 뺄 수 없는 결정적인 인물임과 동시에 그의 사무실은 창조적 노력의 산실이 되었던 것이 사실이다.

광고업계 발전의 한가운데에는 어네스트 엘모 콜킨스Earnest Elmo Calkins라는 이름이 존재한다. 카피라이터로 시작한 콜킨스는 광고 디자인을 광고주에서 에이전시의 영역으로 옮겨놓은 사람들 중 하나이다. 어릴 적 앓은 홍역의 후유증으로 청각을 잃었지만, 시각적 감각이 천부적으로 뛰어났던 콜킨스는 당시 개최된 광고문안 대회에서 우승을 하게 되었고 당시 이 대회에서 심사를 맡았던 찰스 오스틴 베이츠의 눈에 띄어 1897년 베이츠 에이전시에서 일하게 되었다. 콜킨스는 이 에이전시에서 곧 두각을 나타내기는 했지만, 이 에이전시의 미술부 소속 직원들과 충돌을 빚게 되었다. 자신이 쓴 카피의 디자인을 개선하지 못한다는 사실에 좌절하게 된 콜킨스는 산업 디자인 부서의 야간조로 자리를 옮기게 되었다. 그는 환상적인 광고문안으로는 더 이상 충분치 않으며 소비자들이 가던 길을 멈출 정도로 공격적인 비주얼 광고가 필요하다는 결론에 이르게 되었다.

베이츠가 자칫 비용이 많이 들 수 있는 이러한 이론에 동의하지 않았기 때문에, 콜킨스는 베이츠의 사무실에서 신사업 분야를 담당했던 랠프 홀든Ralph Holden과 함께 자신의 에이전시를 차리게 되었다. 클라이언트의 광고를 단순히 배치하는 것에서 벗어나 클라이언트의 광고를 디자인하기 시작한 콜킨스 & 홀든Calkins & Holden은 광고업계 최초의 크리에이티브 전문 광고 회사가 되었다.

## 미래를 향해 날아가는 화살

유럽의 광고업자들은 특정한 브랜드를 위한 포스터를 디자인할 때 종종 화가들을 고용했었지만, 당시 미국에서는 20세기 초기부터 나타나기 시작한, 상업적 동기로 등장한 일러스트레이터의 새로운 세대가 전면에 부상하기 시작했다. 이 일러스트레이터들이 창조한 이미지는 아직까지 주류라 보기는 어려웠다. 그렇지만 이 시기에 이르러 최초로 광고가 대중문화에 영향을 미치게 되었다.

이 시기의 가장 극적인 사례는 '애로우 칼러 & 셔츠Arrow Collar & Shirts' 사의 광고였다. 이 회사는 콜킨스 & 홀든 사와 계약하고 있었으며, 콜킨스 & 홀든 사의 일러스트레이터인 조셉 크리스티안 레이엔데커Joseph Christian Leyendecker는 점잖은 '애로우 맨Arrow man'의 이미지를 만들어냈다. 이들은 곧 대박을 터트리게 되었다. 레이엔데커의 일러스트레이션은 소비자로 하여금 그 이전에는 상상하지 못했던 이미지와 공명되었기 때문이다. 레이엔데커는 독일에서 태어난 이민자로 그의 부모들은 1882년에 미국으로 망명했다. 그는 10대 시절에 광고의 세계와 접하게 되었으며, 시카고의 인쇄업체에서 견습공으로 일하였다. 한편 레이엔데커는 시카고 예술 학교Art Institute of Chicago의 저녁 반에 등록했다. 1896년에 그는 재능 있는 화가였던 그의 형 프랭크Frank와 함께 파리의 가장 유명한 학교에서 2년 동안 공부를 했다. 1905년에 그는 C&H에서 급료를 받게 되었으며 『콜리어Collier's』와 『새터데이 이브닝 포스트The Saturday Evening Post』와 같은 잡지에서 확고한 명성을 쌓게 되었다.

그러나 레이엔데커가 애로우 사에서 쌓은 영웅담은 이전의 현상과는 다른 것이었다. 그가 만들어낸 이미지는 어떤 팬이 보낸 편지에서 만들어낸 것이다. 그 이미지는 키가 크고 멋지며 나무랄 데 없이 차려 입은,

그러면서도 빳빳한 새 셔츠의 칼라 위로 세속에 무관심한 광대뼈를 지닌 사나이의 이미지였다. 이러한 이미지는 당시 젊은 청년들이 되고 싶었던, 그리고 당시 여인들이 같이 시간을 보내고 싶었던, 그런 청년의 이미지로써 아직까지도 진부하지 않은 표현이었던 것이다. 이러한 이미지는 아마도 그의 예술 전부를 관통하는 열정을 의미하는 것이었을 수 있다. 그의 첫 번째 애로우 사 모델은 평생에 걸친 작업 동료이기도 했던 찰스 비치Charles Beach였다. 레이엔데커는 켈로그Kellogg 사나 아이보리 비누Ivory Soap 사의 광고 일러스트레이션도 작업하였으나 이후 25년 동안 광고업계에서 브랜드의 가치 제고와 미적인 우아함이라는 측면에서 이전의 애로우맨을 따라오지는 못했다.

    콜킨스 & 홀든 사와 이 회사의 협력자들은 미술 부문에 새로운 감성을 불러일으켰지만, 광고문안과 관련된 기술은 여전히 진화 중이었다. 사실상 소비자가 꼭 사야 할 '이유reason why'를 설명하는 광고는 제너럴 모터스General Motors 사의 시어도어 맥마너스Theodore MacManus에 의해 실현된, 보다 시적이거나 특별한 분위기를 자아내는 형식의 광고와 여전히 경쟁하고 있었다. 맥마너스는 생필품을 팔기 위해 애타게 호소하기보다는 잠재적 소비자에게 부드럽게 접근하는 방식을 선호했으며, 실제로 맥마너스 최고의 카피이기도 했던 이러한 접근방식은 캐딜락 자동차와 같은 사치스러운 제품의 구매를 호소하는 데 적합했다.

    한편으로, 시카고에 소재한 에이전시인 로드 & 토머스Lord & Thomas의 정열적인 젊은 중역인 앨버트 래스커Albert Lasker는 다혈질의 캐나다 출신 카피라이터 존 E. 케네디John E. Kennedy와 함께 '카피라이팅 학교'를 운영하고 있었다. 수년간의 경험을 통해 케네디는 이 로드 & 토머스 사가 자신의 도움이 절실하게 필요한 상황임을 주장했으며, 래스커는 이러한 케네디의 설득에 결국 넘어갔다. 그러나 불행하게도 사회성이 서툴렀던 케네디는 결국 로드 & 토머스 사의 새내기 카피라이터들을 제대로 가르치지 못하는 상황에 봉착하고 있었다. 스티븐 폭스는 『시대의 거울을 만들었던 사람들』에서 '결국 그는 래스커가 자신의 메시지를 전달하게끔 했다'고 언급하고 있다.

파워즈 스타일의 직설적인 화법, 자유분방한 대문자와 이탤릭체를 사용하는 특이한 타이포그래피가 결합된 케네디의 방법은 '마치 바퀴가 하나밖에 없는 마차에 올라탄 것과 같은 느낌을 주는 변덕스러운 리듬에도 불구하고 눈을 사로잡는' 것이었다.

완고함과 예측불허, 관리능력 부재와 같은 개인적 성격 탓에 한참 능력을 발휘할 시기였던 케네디는 결국 2년이 지나 로드 & 토머스 사를 사직하고 프리랜서로 전향할 수밖에 없었다. 그의 후임으로 클로드 홉킨스 Claude C. Hopkins가 오게 되었고, 그는 곧 광고업계의 전설이 되었다.

## 홉킨스의 접근법

클로드 홉킨스는 광고의 목적이 물건을 팔기 위한 것임을 부인하지 않았다. 오히려 그는 흔쾌하게 이를 인정하기까지 했다. 홉킨스는 이러한 목적에 부응하는 기술을 부단히 연마했으며, 1927년에 출간된 자신의 자서전 『광고업계에서의 나의 인생My Life in Advertising』에서 자신의 스타일을 '연출된 세일즈맨 정신'이라고 표현했다. 그는 광고를 하기 이전과 이후의 상황에 대한 리서치를 신봉했으며, 판매고에 영향을 주지 못하는 광고는 쓸모없는 것이라고 주장했다.

사진에 비쳐지는, 다듬은 콧수염과 둥근 안경, 그리고 대머리의 홉킨스는 다소 완고하며 무관심한 모습으로 다가온다. 그러나 실제의 그는 훌륭한 광고장이라면 가시적인 성과를 내야 한다고 믿는 대중영합주의

자였다. 광고업계에 미친 그의 공헌은 아마도 기독교적인 억압적 훈육에 대한 반대로 설명될 수 있는, 그의 독서와 저술 그리고 밤낮을 가리지 않은 그의 고민에서 찾아볼 수 있을 것이다.

클로드는 1866년 디트로이트에서 태어났다. 기자 생활을 했던 그의 아버지는 그가 열 살 나던 해에 세상을 떠났으며, 이후 그의 양육은 신앙심이 돈독한 어머니에게 맡겨졌다. 클로드의 어머니는 아들이 목사가 되기를 희망했으나 클로드 자신은 열여덟 살이 되던 해에 더 이상의 기독교 교육을 거부했고, 결국 자유에 도전했다. 미시건 주의 그랜드 래피즈에서 그는 카펫 청소기를 제작하는 비셀Bissel이라는 기업에 취업했으며, 여기에서 처음으로 전혀 다른 청중들에게 전혀 다른 내용의 설교를 시작하게 되었다.

사서로 취업했지만 그는 제품에 대한 설명이 부족하게 표현된 이 회사의 브로슈어를 다시 쓰는 임무를 맡게 된다. 원래 이 회사의 브로슈어는 당시 카피라이터의 선구자라 할 수 있는 존 파워즈John E. Powers가 쓴 것이었다. 그러나 클로드 홉킨스는 파워즈의 명성에 굴하지 않았다. 홉킨스는 이렇게 말했다. '파워즈는 카펫 청소기에 대해 아는 것이 없었어요. 그는 우리의 시장 환경에 대해 연구를 거의 하지 않았으며, 회사가 당면한 문제에 대해 몰랐던 것입니다. 결국 그는 카펫 청소기에 대해 가정주부가 원하는 바를 한 순간도 연구하지 않은 것이지요.' 그는 제품에 대한 철저한 이해만이 카피라이터의 펜 끝에서 잠재적인 소비자들이 수긍할 수 있는 강력한 광고 문구를 만들어낼 수 있다고 생각했던 것이다.

비셀 사에서 거둔 성공을 발판으로 홉킨스는 육류와 관련 제품을 판매하는 스위프트 & 컴퍼니Swift & Company의 시카고 사무실로 자리를 옮겼다. 홉킨스는 그의 책에서 106명의 지원자 중 106번째 명단에 있던 자신이 어떻게 광고 매니저 자리를 얻게 되었는지 말한 바 있다. 그는 광고매니저가 되는 법을 알고 있는 모든 광고 회사에게 그 방법을 묻고 나서는, 스위프트 사에게 카피라이터로서 자신의 재능이 있음을 보여주는 관련 자료를 보내주겠다고 말했다. 다음 단계로 그는 지역 신문에 원고료를 받지 않고 단지 자신의 사진을 싣는 조건으로 광고에 대한 컬럼을 연재했다. 기사가 연재될 때마다, 그는 기사를 스크랩해서 스위프트 사에 보냈다. 결국 당시 홉킨스를 면접했던 I. H. 리치<sup>I. H. Rich</sup>는 그를 쓰지 않을 수 없었다.

스위프트 사에서 홉킨스가 거둔 첫 번째의 성공은 코토수<sup>Cotosuet</sup>라고 불렸던, 제과 과정에서 버터 대신 쓰이는 소기름 제품에 대한 광고였다. 제품의 효과를 보여주기 위해, 홉킨스는 엄청난 크기의 케이크를 주문하고 이 케이크를 한 백화점의 창문에 진열했다. 그의 신문광고는 이 거대한 케이크의 주요 성분을 강조하는 고객을 부각시켰다. 이 거대한 케이크가 극적인 판매고 신장의 완벽한 본보기가 된 것은 물론이다.

시카고에서 프리랜서로 일하던 시기에 홉킨스는 광고 역사의 이정표로 남을 또 다른 기술을 개발했다. 맥주 회사인 슐리츠<sup>Schlitz</sup>사와 고용계약을 맺고 일하면서 그는 다른 주류회사와 마찬가지로 증기로 병을 세척한다는 사실을 알게 되었다. 그러나 어느 주류회사도 이러한 정보를 광고에 사용하지 않는 상황이었다. 홉킨스의 날카로운 펜촉은 슐리츠 사의 병은 '증기로 병을 세척한다' 는 사실을 부각시켰으며, 이 광고는 슐리츠 사가 마치 다른 경쟁 회사보다 제품의 순도와 위생을 더욱 신경 쓴다는 듯한 느낌을 불러일으키기에 충분했다.

이것이 바로 홉킨스 접근법의 핵심이라 할 수 있다. 광고를 맡았던 모든 제품들에 대해 그는 경쟁회사와 차별화될 수 있는 독특한 요소를 발견해내었던 것이다. 그는 이렇게 말하고 있다. '이미 이 제품으로 점령된 지역에 가서 단순하게 "내 제품을 사라."고 요구할 수 없다. 그런 전략은 모든 사람들이 싫어하기 마련이다. 기존의 브랜드에서 당신의 브랜드로 바꾸라고 사람들에게 요구하려면 뭔가 특별한 서비스가 뒤따라야 하는 것이다.' 홉킨스는 이러한 전략을 '선점권pre-emptive claim'이라 불렀다. 1950년대에 테드 베이츠 & CoTed Bates & Co에서 일했던 로써 리브스Rosser Reeves의 손에 의해 이 전략은 '고유한 판매 계획Unique Selling Proposition, USP'으로 정리되었다. 리브스는 이 아이디어를 극단으로 밀고 나가, 제품 각각의 USP를 단순한 슬로건으로 합쳐가는 방식을 사용하기도 했다.

어쨌든 홉킨스가 구사한 준 과학적인 광고 전략은 주목을 끌게 되었다. 슐리츠 사를 위한 홉킨스의 작업은 절대 금주주의자이자 한 잡지사의 출판인이었던 사이러스 커티스Cyrus Curtis의 눈에 띄게 되었다. 광고 회사인 로드 & 토머스Lord & Thomas 사의 앨버트 래스커Albert Lasker와 기차에서 만난 커티스는 래스커에게 맥주를 좋아하지 않는 카피라이터를 소개해 줄 것을 요청했다.

래스커는 이 말을 듣고 1907년 홉킨스에게 로드 & 토머스 사로 옮길 것을 제안했다. 그러나 이러한 제안은 홉킨스에게 쉽게 받아들여지지 않았다. 왜냐하면 당시 홉킨스는 프리랜서 생활에 만족하고 있었으며, 나중에 스스로 밝힌 바와 같이 직장생활이라는 '노예 상황'에 처하기 싫었기 때문이다. 래스커는 홉킨스에게 파격적인 프리랜서 제안을 하기에 이른다. '나에게 광고문안 세 개만 주게나 …… 그리고 자네 부인은 길거리에 굴러다니는 자동차 중 어떤 것이든 손끝으로 가리키기만 하면 되네. 그 차는 내가 사줌세.' 결국 홉킨스는 주당 1천 달러라는 당시에는 상상하기 힘든 고액 임금으로 마침내 래스커와 계약을 하기에 이른다. 나중에 그의 연봉은 18만 5천 달러에 이르게 된다.

이렇게 편안한 일자리였지만, 일에 중독된 홉킨스의 결과물은 거침이 없었다. 그는 즉각적인 반응을 이끌어내는 다양한 광고기법을 실험했으며, 마침내 전단조각$^{cut-outs}$[판촉 광고나 전단지 좌측이나 우측 모서리 일부에 인쇄된 할인쿠폰]과 다양한 쿠폰의 마법사가 되었다. 이러한 광고기법은 광고의 독자층을 파악하는 귀중한 기법이 되었다. 펩소덴트$^{Pepsodent}$라는 이름의 치아청결제품 리서치 과정에서 그는 치석을 '발견' 했으며, 이 치석을 제거하는 방법을 제시하는 최초의 광고를 만들어내기도 했다. 이러한 상상력으로 그는 결국 펩소덴트의 지분 일부를 사들였으며, 그가 일군 막대한 부의 기초를 이루게 되었다. 이러한 성과는 전적으로 그의 카피라이팅 능력에 기인한 것이었다.

그러나 홉킨스가 광고의 천재였다 하더라도, 그의 화려한 캐리어의 일부는 그의 상사였던 앨버트 데이비스 래스커$^{Albert\ David\ Lasker}$의 역할이 컸다고 해도 과언이 아니다.

## 래스커의 두 번째 선택

광고의 아버지라는 명칭을 받을 만한 사람들이 몇 명 있기는 하지만, 앨버트 래스커를 현대 광고의 진정한 아버지라 칭하는 것에 대해 이의를 제기할 역사학자는 드물 것이다. 아이러니컬한 일이지만, 래스커의 최초 직업은 광고가 아니었다. 그는 기자가 되기를 원했는데, 별로 큰 힘 안 들이고 사람들에게 어떤 것을 팔 수 있는 천부적인 능력에도 불구하고, 경력 전체를 통틀어서 기자라는 직업에 대한 그의 동경은 지속되었다. '내가 아는 한, 정상적인 사람이라면 앨버트 래스커에게 반대하지는 못한다' 고 홉킨스는 말한 바 있다. '래스커는 이 세상에서 마땅히 해야 할 것에 대해 명령했으며, 사장들과는 친구로 지냈다. 그가 원하는 것이 그에게 금지된 적은 없었다.'

래스커의 아버지는 독일에서 미국으로 이민을 왔으며, 오랜 기간 동안 열심히 일한 끝에 텍사스 주의 갤브스톤에서 커다란 식료품 사업을 했다. 앨버트는 8명의 자녀 중 셋째로 1880년 5월 1일에 태어났다. 어려서부터 기자의 소질을 보였던 앨버트는 고작 열두 살이 되던 해에 주간 신문지를 창간했으며, 고등학생 시절에 이미 지역 신문사에서 일을 하기 시작했다. 그의 꿈은 뉴욕의 대형 신문사에서 기자로 일하는 것이었다.

아메리칸 헤리티지 잡지에 실린 일련의 기사에 따르면(최근 한 인터넷 사이트에서 몇몇 새로운 사실을 밝히기도 하였다), 1954년 12월에 래스커는 우연한 기회에 광고업계에 뛰어들게 되었다. 이 기사에서 래스커는 '아버지는 내가 신문기자가 되는 것을 매우 두려워하셨다. 왜냐하면 당시에는 (사실 이것은 과장이 아니었다) 대부분의 신문기자들이 엄청난 술고래였기 때문이다. …… 나는 효성이 지극한 사람으로 가급적이면 아버지의 뜻을 따랐으며, 아버지는 신문기자의 길 대신 보다 편한 분야로 진출하기를 원하셨고, 결국 시카고에 있는 로드 & 토머스 광고 회사에 들어가게 되었다. 그는 로드 & 토머스 사에 취업을 희망하는 편지를 써 보냈고, 로드 & 토머스 사 측에서는 래스커에게 3개월 시한의 견습직원을 제안했었다. 그들은 내가 어떻게 하는지 지켜보고 싶었던 것이다.'라고 쓴 바 있다.('월스트리트의 역사Wall Street History', StocksandNews.com, 2005년 2월 4~18일자)

다니엘 M. 로드Daniel M. Lord와 앰브로즈 L. 토머스Ambrose L. Thomas에 의해 1881년에 설립된 광고 에이전시인 로드 & 토머스 사는 신문 지면에 단순히 광고를 배치하는 역할을 마감하고 광고 크리에이터로서의 입지를 다지고 있었다. 이들의 대형 고객 중에는 맥주 회사인 안호이저 부시Anheuser Busch사도 있었다. 그러나 젊은 래스커에게는 마루청소나 재떨이 비우기와 같은 시시한 일만 주어졌다. 이러한 일에 흥미를 잃은 래스커는 대도시의 경박한 삶에 경도되었다. 주당 10달러에 불과한 급료를 보충하기 위해 그는 도박에 손을 대기 시작했다. 결국 그는 주사위 도박에서 수백 달러를 잃고야 말았다.

'그 상황에서 나는 열심히 생각을 하기 시작했다. 나는 매우 동정적인 성품을 지닌 토머스 씨에게 가서 내가 처한 상황을 설명했다. 그 당시에 나는 무엇 하나 팔아본 경험이 없었지만 진정한 세일즈맨 정신에 부합하는 일을 한 것 같았다. 나는 토머스 씨에게 당시에는 정말 큰돈인 5백 달러를 선불로 줄 것을 요청했다. 토머스 씨는 나와 함께 도박장에 가서 내가 진 빚을 모두 갚아주었으며, 나는 이 돈을 갚기 위해 로드 & 토머스 사에서 일해야만 했다.' 고 그는 술회했다.

사실, 래스커는 회사에 진 빚을 빨리 갚기 위해 당시 회사 동료가 회사를 떠나게 되면서 담당자가 없어지게 된 인디애나 주, 오하이오 주, 미시간 주의 판매 구역을 달라고 회사에 요청했다. 일감을 물어오지 않으면 주당 10달러만 받겠다는 래스커의 제안에 감명 받은 앰브로즈 토머스는 이 제안을 받아들였다. 이제 래스커는 본격적으로 광고 일을 하게 되었던 것이다.

『아메리칸 헤리티지 American Heritage』와의 인터뷰에서 그는 다음과 같이 회고 하고 있다. '당시 나에게는 체력, 헌신성 그리고 행운이라는 세 가지 자산이 있었지. 내 나이 열아홉 살 이후에 내가 거둔 첫 번째 성공은 당시 토머스 씨가 나에게 준 영업구역 중의 하나인 미시간 주의 배틀 크리크에서 거둔 성공이라 할 수 있었거든 …… 그 지역에 3천 달러짜리 광고주가 있었던 것인데 …… 물론 행운도 있었고 …… 당시 나는 에너지와 결단력으로 뭉쳐진 젊은이였고, 일을 꾸려나가는 내 주변의 사람들이 있었지 …… 내가 처음으로 일을 하러 나간 그날, 내 전임자가 열심히 영업을 하던 그 구역에서 내가 3천 달러짜리 일을 받아오게 된 거야 …… 내 전임자는 좋은 사람이었지만 "좀 더 가깝게" 다가가지는 못했던 것이지.'

분명한 것은 '전임자가 열심히 일궈놓은 밭에서 단지 거두기만 했다'는 래스커의 겸손한 말에도 불구하고 그는 꾸준히 실적을 올렸으며 존 케네디나 클로드 홉킨스와 같은 천부적 재능과 결부되어 결국 이 에이전시 회사에서 최고의 위치에 오르게 된 것이다. 한편으로 래스커는 광고업계에 변화의 바람을 몰고 왔다. 당시 대부분의 광고 회사들은 두 명 정도의 카피라이터를 두는 정도였지만, 래스커는 10명 정도의 카피라이터로 구성된 전담 조직을 만들었다. 그는 회사가 전개하는 광고 캠페인의 효과를 면밀하게 관찰하고, 고객 기업의 판매고가 신문이나 잡지 같은 광고매체의 조합과 지면의 배치에 따라 어떻게 변화하고 성공적인 결과를 나타내는지 꾸준히 추적했다. 1904년에 로드 & 토머스 사는 래스커를 회사의 공동경영자로 선임했다. 깔끔하게 차려입고, 속사포처럼 말을 빨리 하며, 반짝이는 아이디어로 무장한 래스커는 탄탄대로를 질주했다. 1912년에 그는 마침내 로드 & 토머스 사의 사장이 되었다. 래스커의 지휘 하에, 마침내 광고는 본격적인 현대화의 길에 접어들게 된 것이다.

그러나 유럽에서 광고업은 아직도 산업으로서의 형태를 잡아나가는 과정에 있었으며, 아직도 악역을 맡는 과정에 있었다.

## 2 전쟁 선전에서 생활 용품으로

제임스 월터 톰슨의 유산 * 의성어 같은 이름의
광고 회사 * 30년대 대공황에 맞선 루비컴 * 새로
운 시각과 음향 * 서막의 종료

우리는 젊은이들을 전쟁에 팔아넘긴 셈이다
**We sold the war to youth**

20세기로 넘어가는 **영국의** 상황은 낙관주의가 지배했던 미국과는 달랐다. 대서양 건너 미국에서는 새로운 사회를 형성하는 데 기여하는 이민자의 물결과 함께 경기 호황이 구가되고 있었지만, 영국에서는 보어 전쟁[1899~1902년 사이에 발생한, 남아프리카 지역의 네덜란드계 보어인들이 세운 트란스발 공화국을 합병하기 위한 전쟁], 빅토리아 여왕의 서거, 여성 참정권 확대 논란 등으로 심각한 사회적 변화를 겪던 시기였다. 특히 여성 참정권 확대를 위한 움직임의 경우 광고에 적극적으로 의지하는 움직임을 보였다. 여성사회정치동맹Women's Social and Political Union의 일원이었던 힐다 댈러스Hilda Dalas는 여성참정론자들의 색깔로 희망과 다산을 뜻하는 녹색, 위엄을 뜻하는 자주색, 그리고 순결을 뜻하는 흰색을 사용하여 충격적인 일련의 포스터를 만들었다. 댈러스는 여성참정운동이 최고조였던 1910년과 1911년에 슬레이드 미술학교Slade School of Fine Art[런던대학University College of London에 속한, 1826년에 세워진 미술대학]에 재학 중이었다.

제1차 세계 대전이 발발하게 되자, 광고는 지원병 모집에 사용되었다. 1914년 당시 영국의 국방장관이던 키치너 경Lord Kitchener은 매서운 눈빛으로 손가락을 내밀면서 '조국의 군대에 합류하라join your country's army'고 다그치는 내용의 포스터를 만들었다. 뒤이어 1917년 미군은 단호한 눈매의 엉클 샘이 손가락을 가리키며 말하는, 비슷한 모습의 유명한 포스터 '나는 그대의 입대를 원한다I want YOU for US army'를 만들게 된다. 다소 죄의식을 불러일으키는 형태의 이러한 모병 광고는 세계 도처에서 발견된다. 독일병사는 포스터에서 비난의 손가락과 함께 '너도 제국군에 합류해야 한다'고 다그쳤으며, 이탈리아에서는 아예 주먹을 휘두르는 모습의 포스터가 나붙었다.

당시 미국의 선전 부서는 공공정보위원회Committee on Public Information를 설립하고, 청중이 있는 곳이면 어디에서든지 참전의 당위성에 대해 연설하는 역할이 주어진 '4분 연사four minute men'를 양성하여 잔인할 정도로 효율적인 선전 통로를 만들었다. 스티븐 폭스는 『시대의 거울을 만들었던 사람들』에서 당시 공공정보위원회가 광고에 쏟아 부은 돈의 규모는 1백50만 달러 규모에 달한 것으로 말한 바 있다.

전쟁이 끝나게 되자, 이러한 선전 책략에 협력했던 몇몇들은 양심의 가책을 느끼게 되었다. 엉클 샘이 그려진 '나는 그대의 입대를 원한다'는 제목의 포스터의 제작에 참여했던 제임스 몽고메리 플랙James Montgomery Flagg은 다음과 같이 술회하고 있다. '젊은이들을 전쟁터의 총알받이로 내보내는 포스터를 만드는 데 우리의 재능을 쓰는 것에 대해 저항하기에는, 당시 우리 나이가 너무 많거나 아니면 너무 겁을 먹은 상황이었다. …… 결국 우리는 젊은이들을 전쟁에 팔아넘긴 셈이다.'

혼란 속에서도 중립국 스위스에서 한줄기 빛이 존재하기는 했다. 당시 스위스의 취리히는 평화주의자, 탈영병, 우상파괴주의자 그리고 예술가들의 집합지인 '거대한 요양소' 구실을 했다. 이들은 이러한 집단들의 정신적 지주 역할을 했던 독일의 시인 휴고 발Hugo Ball을 중심으로 모이게 되었다. 그는 한 선술집의 뒷방에서 카바레 볼테르Cabaret Voltaire라는 모임을 조직했다. 이 모임은 다소 자유주의적이고 때로 무정부주의적인 미술 작품의 전시, 독서, 무도회 혹은 아마추어 수준의 연극 등을 포괄하고 있었다. 이 모임은 결국 다다Dada라고 알려진 일종의 예술 운동을 야기했다. 이 다다라는 이름은 휴고 발이 불-독 사전에서 우연히 뽑아낸 말로 불어나 독일어로 '어린이들이 타고 노는 목마' 혹은 '다음에 보자'는 뜻을 가지고 있다.

그러나 잠시만 주의를 딴 데로 돌려보면, 이미 '다다'라고 이름 붙여진, 쥐리히 소재의 베르그만 & 컴퍼니 Bergman & Company 사의 헤어 토닉 제품 광고에서도 어원을 찾을 수도 있다. 어쨌든, 모든 인류가 고통을 겪을 당시에 이런 허영에 대한 비난이 있었다는 것을 말하지 않을 수 없는 노릇이다. 광고 캠페인이 과연 20세기의 가장 영향력 있는 예술 운동 중의 하나를 촉발시켰는지에 대한 질문은 여전히 유효할 것이다.

## 제임스 월터 톰슨의 유산

제1차 세계 대전이 끝나게 되자, 대서양을 사이에 둔 두 사회는 황폐해졌으며, 이러한 상황에서 시작된 사회구조는 이전과는 전혀 다른 것이었다. 물론 이러한 언급이 광고가 그 동력을 완전히 잃고 좌초했다는 뜻은 아니다. 오히려 반대로 당시의 광고업자들은 그 자신들이 전쟁 시기에 효과적으로 사용했던 다양한 광고기법들을 개선시켰으며, 실제 제품 브랜드에 대한 서비스의 질을 제고하는 데 적용했다.

이 시기의 미국을 주름잡던 광고업자는 제임스 월터 톰슨 J. Walter Thompson 이었다. 그는 비록 20세기를 걸쳐 빛나는 성취를 이루어냈지만, 사실상 그의 성공요인은 19세기에 그 연원을 두고 있었다.

제임스 월터 톰슨은 1847년 매사추세츠 주의 피스필드에서 태어나고 오하이오 주에서 자랐다. 남북전쟁 시기 끝자락에 해군 복무를 마친 그는 뉴욕에서 본격적인 사회생활의 첫발을 내디뎠다. 1868년에 그는 윌리엄 칼튼 William J. Carlton 이 운영하는 작은 광고 회사에 취직했는데, 이 광고 회사는 여전히 신문이나 잡지의 광고란에 단순히 광고를 배치하는 수준의 업무를 취급하고 있었다. 톰슨은 광고 물량이 얼마 되지 않는 상황에서 신문보다는 잡지가 보다 안정적이라는 상황을 파악하게 되었고, 잠재적으로 잡지가 보다 효과적인 매체가 될 것으로 판단했다. 따라서 톰슨은 잡지 광고를 특화하기 시작했고, 톰슨 자신만의 고객으로 잡지 부문에서 안정적인 수익을 형성하게 되었다. 이 회사에 들어온 지 10년 만에 그는 기업 가치로 5백 달러, 가구 및 집기 가치로 8백 달러를 합쳐 총 1천 3백 달러에 회사를 인수하고, 회사 정문위에 'JWT'라고 자신의 이름을 새겨 넣었다.

매너 좋고, 푸른 눈에 갈색 턱수염을 길러 호감 가는 외모를 갖춘 톰슨은 고객들 사이에서 '제독The Commodore'이라는 별명을 얻게 되었다. 그는 고객의 니즈에 부응하여 특화된 직원들을 선발하였으며, 고객과의 거래만 전담하는 부서도 만들어내었다. 곧 그는 광고의 지면 배치 외에도 광고 디자인까지 포함하는 완벽한 서비스의 제공을 시작했다. 톰슨은 시카고, 보스톤, 신시내티에 이어 심지어 런던에까지 사무실을 개설함으로써 해외로 진출한 최초의 미국 광고 회사가 되었다. 이러한 다양한 방법을 동원하여 톰슨은 최초의 현대적 광고 회사를 설립한 것이다.

톰슨이 광고업계에 발을 들여놓은 지 48년이 지난 1916년, 그는 건강상의 문제와 식어버린 열정을 핑계로 자신의 권좌를 스탠리 레저Stanley Resor에게 넘긴다.

신시내티에서 태어난 레저는 프록터 & 갬블Procter & Gamble의 사내 광고 에이전시에서 일하던 그의 형 월터의 도움으로 광고업계에 입문하기 전까지만 해도 은행업무에서 공구회사의 세일즈맨에 이르기까지 다채로운 직업에 도전했었다. 레저는 톰슨이 경영하는 회사에 들어오면서 자신의 회사경력과 인생에 큰 영향을 준 젊은 카피라이터인 헬렌 랜스다운

Helen Lansdowne을 만나게 된다. 한편으로 레저는 혁신에 대한 열정과 특유의 고객 응대 방식, 자연스러운 분위기의 조성과 같은 자신만의 특성을 쌓아나가게 된다. 톰슨이 1908년 신시내티에 지점을 개설하던 당시 고용되었던 레저는 곧 톰슨의 눈에 띄게 되었다. 헬렌 랜스다운 역시 이 무렵에 카피라이터로 채용되었다.

랜스다운은 당시 남성들의 세계였던 카피라이터 직업에 충격을 준 최초의 여성이었다. 그녀는 그야말로 전례가 없는 방식으로 광고 캠페인 전개를 대형 고객들에게 제의했고 이중에는 프록터 & 갬블 사도 있었다. 다양한 여성 제품들을 많이 생산하는 기업을 위해, 그녀는 천부적인 카피라이팅 능력과 함께 면밀한 시장 조사를 병행했다. 스티븐 폭스는 우드베리Woodbury 사의 비누제품 광고를 예로 들면서 다음과 같이 설명하고 있다. '1910년에 JWT에 입사하게 된 랜스다운은 8년만에 거래금액을 1,000%나 뛰게끔 광고를 만들었다.' 랜스다운이 만들었던 이 광고는 젊은 연인의 모습 한 켠으로 '만지고 싶은 피부the skin that you love to touch' 라는 문구를 넣음으로써 성적 유혹을 광고에 구사한 최초의 사례를 만들어내었다. 랜스다운은 레저와 함께 회사의 경영에 대한 통제력을 행사하기 시작한 지 1년 뒤인 1917년 뉴욕에서 레저와 결혼을 하게 된다.

JWT는 여러 가지 측면에서 현대적인 면모를 갖추게 되었다. 레저는 최초로 대학출신(예일대 출신) 직원을 둔, 그리고 소비자를 얕보는 투로 말하는 당시의 광고어투를 거부한 최초의 에이전시 사장으로 종종 언급된다. 그의 광고 타겟은 고학력의 재력 있는 소비자들이었다. 그는 일종의 '광고 대학'을 만들기 위해 연구자들과 심리학자들을 고용했으며, 이 회사의 광고 업무는 과학적인 정교함과 함께 진행되었다. JWT의 광고에는 당대의 영화계 스타들도 출연했지만 다른 한편으로는 제품의 효능을 테스트하는 박사와 과학자들도 참여한 것이다.

이 회사의 직무서열 역시 이전의 광고 회사들과는 다른 형태를 띠고 있었다. 레저는 문자 그대로 사무실 문이 항상 열려 있는 사장이었다. 당시에 그는 사무실에서 돌아가는 모든 일에 간섭하는 일을 때려치우는 대신, 업무를 진행하면서 어떤 문제가 생길 경우 지체 없이 자기 사무실에 들어올 수 있도록 했다. 대신, 고객 관리 담당자들은 일군의 핵심 고위 임원이 직접 관리하도록 했다. 그리고 주중에 일어나는 시급한 사안들은 매주 목요일 점심시간에 비공식적으로 개최되는 경영진 회의에서 논의 되었다.

헬렌 레저의 천부적인 크리에이티브 능력과 결합된 스텐리 레저의 경영 기술로, JWT는 가장 성공적인 광고업체가 되었다(1947년에 JWT는 광고 수주 물량이 1억 달러를 넘게 되었다). 제너럴 모터스의 수주 물량 덕분으로 1930년대 대공황을 넘겼던 이 회사는 유럽과 아프리카, 아시아, 라틴 아메리카 등 세계 곳곳에 지점을 개설했고, 이러한 세계 곳곳에 설치된 지점은 이 회사의 성장세를 가속화하는 첨단 네트워크로 기능하게 되었다.

위세에 걸맞게 이 회사는 1927년에 석조건물인 그레이바Graybar 빌딩으로 사무실을 이전했으며 얼마 후 당시에는 세계에서 가장 큰 사무실 건물인 그랜드 센트럴 스테이션Grand Central Station 빌딩으로 이전했다. 위압적인 아르데코 풍의 고층빌딩인 이 건물은 배를 닮은 장식과 화려한 입구 장식으로 유명했다.

JWT 사무실의 내부 장식은 헬렌 레저가 맡았다. 작업공간은 벽이 아닌 세공된 쇠창살로 나뉘어졌으며, 모든 직원들은 11층의 창문에서 보이는 멋진 풍경을 공유할 수 있었다. 벽은 미술품을 걸기 위해서만 존재했으며, 헬렌은 여성만으로 구성된 별도의 카피라이터 팀을 거느리고 있었다. 한편 조용한 독재자 스탠리 레저는 귀족풍으로 꾸며진 사무실에서 이 회사를 통치하고 있었다. 그러나 정작 식당은 18세기 메사추세츠 주 농장의 부엌 분위기를 냈는데, 이러한 장식은 이 부부의 목가적 취향을 반영하는 것이었다.

## 의성어 같은 이름의 광고 회사

코미디언 프레드 앨런Fred Allen은 BBDO라는 이름이 마치 '계단으로 굴러 떨어지는 트렁크가 내는 소리와 비슷하다는 것'을 알아낸 것으로 유명하다. 1940년대 당시 이 회사의 이름은 배튼, 바튼, 더스틴 & 오스본 Batten, Barton, Durstine & Osborn이라는 긴 이름을 가지고 있었다. 그리고 BBDO 이전에는 BDO라고 불리웠다.

이 BBDO와 관련된 가장 단순한 사실로는 브루스 바튼Bruce Barton이 당대에 가장 유명한 광고업자였다는 것이다. 목사의 아들이었던 바튼은 1924년에 『아무도 모르는 남자The Man Nobody Knows』라는 제목의 '현대적인' 예수의 전기를 썼는데 이 책은 2년 동안 미국에서 베스트셀러가 된 적이 있다. 이 책에서 바튼은 '비즈니스 세계의 밑바닥에서 헤매고 있는 12명을 선발하여 세계를 제패하는 기업의 조직원으로 변모시키는' 최고의 광고업자로 예수를 묘사했다. 바튼은 자신에게 광고를 의뢰했던 기업들에게 대중과의 커뮤니케이션 이전에 기업 내부의 '혼'과 소통해야 한다고 충고한 바 있다. 자신의 조직에 대한 믿음 없이 어떻게 남에게 설교할 수 있겠느냐는 것이다. 『애드버타이징 에이지』의 한 기사에는 '바튼은 비즈니스란 관심에서 경외감으로 그 경계를 넘어가는 것이라는 관점을 가지고 있다'는 구절이 있다('광고의 진정한 신봉자Advertising's true beliver', 3 August 1999).

바튼은 『콜리어 위클리Collier's Weekly』 기자로 사회생활을 시작했다. 그 잡지사에서 그는 교육서 시리즈를 출간하는 하버드 고전선Havard Classics사와 같은 광고주들에게 가끔씩 카피를 써주기도 했다. 이후에 그는 제1차 세계 대전의 슬로건 작성 작업에 관여하게 되었고, 이 와중에 광고업자들인 알렉스 오스본Alex Osbourn과 로이 더스틴Roy Durstine을 만나게 되었다. 이 삼인방은 연합 전쟁 노동 캠페인United War Work campaign[YMCA, YWCA, 미 가톨릭 전쟁위원회, 유태인 복지위원회, 구세군 등의 종교 및 사회단체가 1차 대전 당시 전쟁의 대의를 지키기 위해 다양한 활동을 전개하던 일련의 캠페인을 의미함]에서 기획 관련 일을 같이 진행했다. 1918년 오스본과 더스틴은 새로 개업한 광고 회사에 바튼을 초빙했다. 바튼 스스로는 기자라고 생각하고 있었음에도 불구하고 결국 이 초빙을 수락했다.

BDO의 초기에는 제너럴 일렉트릭이나 제너럴 모터스, 던롭과 같은 굴지의 기업들을 고객으로 삼는 데 성공했다. BDO는 매디슨 가 383번지에 널찍한 새로운 사무실 건물로 이사하게 되었는데, 이 건물에는 또 다른 광고 회사가 이미 자리 잡고 있었다. 그 회사는 바로 조지 배튼 컴퍼니George Batten Company였던 것이다.

많은 광고업계의 선구자들과 마찬가지로 조지 배튼George Batten은 19세기 말에 혼자서 경영하던 광고 회사로 시작했다. 그러나 그는 최초로 광고 회사 내에서 직접 인쇄를 했으며, 독자들의 주의를 환기하는 단순하고도 평범한 기법을 신봉하는 광고업자였다. 배튼은 1918년 사망 당시 이미 상당히 큰 규모의 광고 회사를 운영하고 있었다. 1923년에 조지 배튼 컴퍼니는 BDO와 본부 사무실을 공유하고 있었으며, 당시 조지 배튼 컴퍼니의 임직원수는 246명에 달했다. 결국 조지 배튼 컴퍼니는 1928년에 BDO와 합병했으며 3천2백만 달러의 거래금액을 올리는 업계 최고의 기업이 되었다.

JWT나 BBDO의 유례없는 성공이 보여주는 것처럼, 1920년대는 그야말로 광고가 본격적으로 성장하는 시기였다. 런던에서는 화이트 시티White City[런던 시내 BBC TV 센터가 소재한 지역]에서 개최된 국제 광고 박람회가 개최되면서 본격적인 광고의 시대가 개막되었다. 당시 박람회를 소개하는 포스터에는 복잡하게 얽힌 런던의 지하철을 보여주고 있는데, 이 포스터에 묘사된 승객으로 당시 친숙한 광고 캐릭터들이 등장하고 있다. 이 캐릭터 중에는 당시 영국에서 미쉐린 맨Michelin Man으로 알려진 무슈 뱅둠Monsieur Bibendum[미쉐린 타이어의 로고 캐릭터인, 타이어로 구성된 남자 광고 캐릭터를 뜻함], 비스토 키즈Bisto Kids[만화가 윌프 오웬Wilf Owen이 만든, 영국의 식품회사 Visto의 광고 캐릭터로 등장한 소년을 뜻함], 축음기에서 나오는 주인의 목소리를 듣는 강아지 니퍼Nipper the HMV dog[그라모폰 축음기 회사의 로고에 사용된, 축음기에서 나오는 주인의 목소리 HMV(His Master's Voice)를 듣는, 테리어 종의 강아지 그림 로고를 뜻함] 그리고 조니 워커 블랙 라벨의 병에서 발견되는 빨간 코트를 입고 걸어가는 사나이(이 캐릭터는 1909년에 만화가 톰 브라운Tom Browne이 최초로 그렸다) 등이 포함되어 있었다. 브랜드가 대중의 의식 속에 들어오게 된 것이다.

다시 미국으로 시선을 돌려보면, 고가 상품에 대한 할부판매제도hire purchase가 도입됨에 따라 새로운 소비자층들이 출현하게 되었다. 라디오 판매는 1922년에 6천만 달러 수준에서 20년대 말에 이르면 8억 5천만 달러로 급증하게 되었고, 길거리에 쏟아져 나오는 자동차는 1920년대 10년 동안 6백만 대에서 2천3백만 대에 이르게 되었다. 1928년에 포드Ford 사는 자사의 자동차 모델을 기존의 모델 T에서 모델 A로 변경하면서 신제품 출시에 따른 광고를 N.W. 에이어N.W. Ayer사에 맡기게 된다. JWT의 해외 네트워크 확장이 제너럴 모터스에 의해 가속화된 것처럼, 에이어 사의 해외 진출은 포드 사에 의해 촉발되었고, 런던, 상파울로, 부에노스아이레스 등에 지사를 설립하게 되었다. 속도는 느리지만 이들 대형 회사들은 해외로 착실하게 보폭을 넓히게 된 것이다.

다른 한편으로, 이 시기는 다년간에 걸친 안정적인 수입원을 확보함으로써 산업의 위상을 견고하게 만든 시기이기도 하였다. 이 수입원은 다름 아닌 담배회사였다. 당시 미국에서는 캐멀Camel 담배를 제조하는 R.J. 레이놀즈R. J. Reynolds사, 체스터필드Chesterfield 담배를 제조하는 리겟 & 마이어스Liggett & Myers사, 그리고 럭키 스트라이크Lucky Strike 담배를 제조하는 아메리칸 토바코American Tobacco사 등이 담배시장의 전통적인 남성 고객들을 상대로 치열하게 경쟁했다. 그러나 이들 회사들은 이전까지는 사회적으로 공식적인 흡연 층으로 인정받지 못하던 젊은 신세대와 개화된 여성들을 대상으로 하는 시장이 있음을 간파했다. 이 회사들은 여성을 대상으로 하는, 다소 왜곡된 마케팅 노력을 기울이기 시작했다. 캐멀 담배 포스터에 실린, 관객을 응시하는 여인의 모습이나 체스터필드 담배 포스터에 실린, 담뱃불을 붙이는 남자에게 '담배 연기를 내 앞으로 불어도 되요Blow some my way' 고 말하는 여인의 모습 등을 통해 왜곡된 판촉활동을 전개한 것이다. 어쨌든 이러한 당시의 사회 윤리로 납득하기 어려웠던 접근에도 불구하고 1923년에 총 흡연인구의 5% 수준이던 여성 흡연자의 비율이 10년 뒤에는 무려 18%로 증가하게 되었다.

그러나 이러한 새로운 시장이 창출한 막대한 이윤에도 불구하고 광고회사들은 다가오는 금융공황에서 스스로를 지킬 정도로 체력이 강화된 상태는 아니었다.

## 30년대 대공황에 맞선 루비컴

광고 회사인 다시D'Arcy 사가 만들어낸 가상의 이미지인, 코카콜라의 제복인 빨갛고 하얀 색의 제복을 입은 산타클로스(이후로 이 제복은 산타클로스의 공식 복장이 되었다)는 1931년 미국의 황량한 거리에서 유일하게 활기찬 모습을 제공하고 있었다. 당시 미국의 실업자는 8백만 명에 달했는데, 이 실업자 수는 1년 사이에 곱절이나 늘어난 것이었다. 1929년 10월 월스트리트에서 시작된 미국의 금융대공황은 미국 경제를 산산조각 냈으며, 이 여파는 서구 전체를 공포에 떨게 했다. 특히 당시 채무가 많았던 독일은 직접적인 충격을 받고 있었다. 1932년에 다우존스지수[미국 증시 수준을 가늠하는 대표적인 미 증시 지표 중의 하나]는 89%나 하락했으며 1954년까지도 이전 수준을 회복하지 못할 정도로 하락폭이 컸다.

누구라도 그랬겠지만, 당시 광고 회사들은 어려운 경제상황에도 불구하고 여전히 웃는 표정을 짓고 있었으며 낙관론을 설파하고 있었다. 이들은 '금방 좋아질 거야'라고 말하고 있었다. 그러나 스티븐 폭스가 말한 것처럼, 당시 앨버트 래스커 조차도 로드 & 토머스 사에서 받는 연봉의 25%가 삭감되었으며, 결국 50명이 넘는 직원을 해고하는 상황에 내몰렸다. BBDO 사는 가급적이면 직원을 해고하지 않고 어려운 국면을 넘기기 위한 노력을 기울였으나 곧 너무 많은 임직원을 거느리는 상황에 봉착하게 되었다. 물건을 팔기는 점점 더 어려운 상황이 되었으며, 광고에는 성적인 묘사가 더욱 강조되었다. 살기 힘든 시절을 보내는 시민들에게 광고는 점점 더 경멸의 대상이 되었으며 마침내 시민들은 더 이상 광고를 볼 여유를 찾지 못하게 되었다. 1920년대의 좋았던 시절은 지나가고 광고는 과거의 요염한 매력을 발산하지 못하게 되었다.

그러나 이 수렁 속에서 두 개의 신생 광고 회사가 나타나고 있었다. 하나는 1935년에 새로 문을 연, 1층 안내 데스크에 항상 사과가 가득 든 바구니를 놓고 있는 레오 버넷Leo Burnett사 이고, 다른 하나는 영 & 루비컴Young & Rubicam사이다. 이 회사는 1923년경에 설립되었지만, 대공황의 기간 동안에도 순이익을 창출하던 회사였으며 다른 한편으로 당시 광고업계에 큰 충격을 주는 기법을 개발한 회사이기도 하였다.

레이몬드 루비컴Raymond Rubicam은 당시 상황에서 좌절한 상태에 빠진 기자였다. 1892년 뉴욕 브루클린에서 태어난 그는 여덟 형제 중의 막내로 자랐으며, 그가 다섯 살 되던 해에 아버지는 폐결핵으로 사망했다. 루비컴의 어머니는 당시 형제들을 모두 돌볼 수 없었기 때문에, 결국 그는 양부모와 함께 오하이오, 덴버, 텍사스 등지를 떠돌아다녔다. 총명하지만 교육을 많이 받지 못한 루비컴은 열다섯 살에 학교를 그만두고 다양한 직업을 가지게 되었다. 세일즈맨부터 호텔의 짐꾼까지 다양한 직업을 전전하던 그는 결국 무임승차 기차를 타고 동부로 가게 되었다. 그는 결국 자신의 고향 근처인 필라델피아에 자리 잡게 되었고 짧은 이야기와 기사들을 써내는 기자일을 하게 되었다.

당시 그는 한 여인과 사랑에 빠지게 되었는데, 가족을 이루려면 지금 상태보다 훨씬 수입이 많아야 한다는 현실에 직면하게 되었다. 자동차 판매사원으로서의 불만족스러운 상황을 잠깐 겪은 후, 루비컴은 당시 발생 초기 상태에 있던 광고 산업을 주목하게 되었다. 그는 몇 개의 담배 광고문안 예제를 들고 당시 전화번호부에 최초로 등재된 광고 회사인, 심술궂은 광고업자로 유명한 F. 월리스 암스트롱F. Wallis Armstrong의 사무실에 무작정 찾아갔다. 암스트롱은 처음에는 이 풋내기 카피라이터가 한번 보자는 제안을 받아들이기는 했지만, 루비컴은 정작 9일이나 사무실 입구 벤치에서 암스트롱을 보지 못하고 기다리게 되었다. 마지막 날 결국 루비컴은 포기하고 집으로 돌아갔으며, 이러한 푸대접에 대해 그가 생각하는 것이 무엇인지를 묘사하는 편지를 보내게 된다. 루비컴은 나중에 이 편지가 '즉각적인 인터뷰 제안이 들어오거나 아니면 제대로 한 대 얻어맞을 요량으로 쓴 것'이라고 술회한 바 있다('마케팅의 리더Leaders in Marketing', 『마케팅 저널Journal of Marketing』, April 1962). 결과적으로 이 편지에서 루비컴의 작문 능력은 제대로 빛을 발했으며, 암스트롱은 루비컴을 즉시 불러들여 고용하게 된다.

결국 루비컴은 구닥다리 인간인 암스트롱의 휘하에서 숨겨진 재능이 빛을 볼 기회를 갖게 되었고, N.W. 에이어 사로 옮기기 전까지 전래의 카피라이팅 기법을 습득하게 된다. 당시 에이어 사의 고객인 스타인웨이 피아노Steinway Piano 사의 광고에서 루비컴은 유명한 광고문안을 만들게 된다. 그 카피는 피아노를 '영원불멸의 악기The Instrument of Immortals'로 묘사한 것이다. 이후에 그는 제약회사인 E.R 스큅E.R. Spuibb 사를 위해 쓴 광고문안인 '모든 제품에 포함된 귀중한 성분은 바로 이 제품을 만든 회사의 명예이자 성실함입니다The priceless ingredient of every product is the honour and integrity of its maker.'로 유명세를 다시 한번 타게 된다.

에이어사 시절에 루비컴의 가장 절친한 친구는 역시 암스트롱의 사무실에서 에이어사로 자리를 옮긴, 붙임성 있는 고객 담당 직원인 제임스 오어 영James Orr Young이었다. 이들은 어느 순간부터 에이어 사의 답답한 전략에 한계를 느끼게 되었고, 필라델피아의 인디펜던스 스퀘어를 함께 산책하다가 마침내 자신들의 회사를 만들기로 결심하게 된다.

영 & 루비컴Young & Rubicam사(이하 Y&R)는 1950년대의 '크리에이티브 혁명'을 불러일으킨 그야말로 광고업계에서 가장 자유분방한 회사 중의 하나였다. 정식 교육을 제대로 받지 못한 루비컴답게, 그는 직원을 선발할 때에도 고등교육을 받은 사람보다는 재능이 있는 괴짜나 반항아들을 선호했다. 아침 10시 이전에는 출근하는 사람이 거의 없는 이 사무실은 '단결gang-ups'이라는 단어로 더 잘 알려진, 커피와 담배연기 자욱한 한밤의 크리에이티브 시간으로 유명했다.

역설적이게도 이 회사가 거둔 최초의 광고 캠페인은 포스텀Postum이라고 알려진, 카페인이 제거된 커피 대용품 광고였다. 포스텀에 대한 이전의 광고는 신경과민이나 불면증, 소화불량 등의 부작용을 가진 커피의 대안으로 의학적 접근을 시도했었다. 그러나 이러한 광고는 별다른 호응을 얻지 못했고, 루비컴은 고객에 대한 연구를 시도한 결과, 고객들은 음료를 원한다는 사실을 밝혀내었다. 이러한 결과에 따라, 이전에는 누구도 생각하지 못했던, 포스텀의 향이 매력적이라는 사실에 주목한 것이다. 결국 Y&R은 잠자리에서도 마음 놓고 마실 수 있는 부드럽고 맛있는 음료라는 내용으로 새롭게 잡지 광고를 전개했다. 포스텀의 판매고는 폭증하기 시작했고, 이 브랜드를 소유한 제너럴 푸드General Food 사는 Y&R에게 뉴욕으로 사무실을 옮기게 되면 더 많은 일감을 주겠다는 제안을 하게 된다. 결국 Y&R은 뉴욕으로 이전하게 되었다.

Y&R은 크리에이티브한 광고 회사라는 명성을 얻었지만, 정작 루비컴 자신은 가장 환상적인 크리에이티브라 하더라도 그것은 항상 탄탄한 연구결과에 기반해야 한다는 것을 강조했다. '사실에 기반을 둔 아이디어'는 그가 믿는 종교의 주문이 되었다. 그는 모든 광고업자들은 '경쟁자들보다 시장에 대해 더 잘 알기 위해 노력해야 하며, 모든 사람들에게 공감을 줄 수 있는 방식과 상상력으로 카피 라이터와 작화가들의 손에 의해 이러한 시장에 대한 지식을 전달할 수 있도록 하는 것'을 목표로 해야 한다고 말했다.

이러한 아이디어를 발전시키기 위해, 루비컴은 연구에 조예가 깊은 학자들을 채용했다. 조지 갤럽George Gallup은 노스웨스턴 대학Northwestern University의 광고 및 언론학 교수였다. 그는 잡지계에서 선두를 달리는 잡지들의 특성, 특히 독자에게 가장 큰 영향을 미치는 잡지 광고의 특성에 대한 연구를 통해 이미 광고계에서는 스타급의 대우를 받고 있었다. 갤럽은 대다수의 광고가 제품의 경제성이나 효율 등에 초점을 맞추고 있지만 정작 독자들에게 호소력이 있는 광고는 제품의 품질이나 허영심, 섹스어필 등에 초점을 맞추고 있다는 점을 발견했다. 다른 광고 회사들은 스스로 연구자들의 영역을 침범하려고 노력했지만 오히려 루비컴은 갤럽과 같은 학자들에게 다양한 실험을 할 수 있는 공간을 제공함은 물론 재정적 지원 역시 아끼지 않았다.

Y&R 산하에서 갤럽은 다른 광고 회사들의 시샘을 받는 마케팅 리서치 부서를 설립했다. 다른 한편으로 미국 전역에서 최소한 4백 명 이상의 인력이 Y&R을 위한 필드 리서치 작업을 수행했으며 어떤 광고가 제대로 효과를 발휘하고 그 이유가 무엇인지에 대한 배경 정보를 수집했다. 이후에 갤럽과 루비컴은 '교회와 여성 클럽churches and women's club'에서 청취인단을 모집하여 라디오 프로그램의 반응을 모니터링할 수 있는 절차를 고안하게 된다. 처음에는 설문지와 필기도구로 청취자들의 선호도를 기록하였으나 이후에 제너럴 일렉트릭General Electric 사는 광고 회사의 요구를 수용할 수 있는 기계 설비를 Y&R에 제공하게 된다. 1935년에 갤럽은 Y&R 조직 내에서 미국 여론 연구소American Institute of Public Opinion를 창설하고 1958년에는 독자적인 갤럽연구소Gallup Organization를 설립한다.

한편 영은 1934년 루비컴에게 경영권을 양도하고 회사를 그만두게 된다. 영은 루비컴보다 나이가 많을 뿐 아니라 항상 회사보다는 자신의 가족들과 시간을 보내기를 원했기 때문이다.

그러나 루비컴은 새로운 시대를 대비해 회사를 확장하는 것을 멈추지 않았다. 치밀한 연구에 기반한 강력한 아이디어의 도출이라는 그의 성공 전략은 미국의 경기후퇴기와 전쟁 기간에도 그 효력을 잃지 않았다. 거래금액 규모는 급성장하여 1927년에 6백만 달러 수준이던 거래금액이 1935년에는 1천2백만 달러, 1937년에는 2천2백만 달러 수준으로 신장세를 더해갔다. 루비컴이 조기은퇴를 계획하던 1944년에 이 회사의 일 년 거래금액은 5백만 달러에 달했다. 그는 후회 없이 회사를 그만뒀고 본격적인 저술활동을 할 계획을 세웠다. 그러나 짧은 기간 동안 언론 관련 일을 하다가 루비컴은 결국 저술활동이 매우 고역스러운 일이라는 결론을 얻게 되었다. 이러한 결론을 내리게 된 배경에는 오랜 기간에 걸친 번잡한 분위기의 광고 회사 경력 때문에 고립된 환경에서 수행하는 저술활동을 지속하기 어려웠던 측면이 작용했을 것이다.

## 새로운 시각과 음향

1930년대 영국에서 포스터 형태의 광고는 종종 고급 예술의 한 장르로 치부되기도 했다. 이러한 경향은 쉘Shell 사의 광고 담당 매니저인 잭 베딩튼Jack Beddington에 의해 더욱 고무되었다. 보헤미안 기질을 다분히 가지고 있었던 베딩튼은 1928년 쉘 사에 들어오기 전까지 10년 동안 중국 상하이에서 일했다. 그는 쉘 사의 온정적 기업 분위기를 십분 활용해서 자신의 예술적 관심을 광고에 적용시켰다. 그 결과 화물트럭 옆 공간에 광고공간을 만들어낼 뿐 아니라 쉘 사의 수송선을 아예 움직이는 화랑으로 변모시키기까지 하였다. 오랫동안 그레이엄 서덜랜드Graham Sutherland[1903~1980, 영국의 초현실주의 화풍을 이끌던 화가. 유리나 섬유 디자인, 포스터 디자인 등도 했다], 카렐 웨이트Carel Weight[1907~1997, 교외 풍경 등을 주로 그린 영국의 화가] 그리고 초현실주의자인 한스 슐케Hans Schleger[1898~1976, 1930년대에서 1970년대에 걸쳐 영국의 그래픽 디자인을 이끌던 화가. 모더니즘에 입각한 디자인과 함께 과감한 초현실주의적 디자인을 도입했다] 풍의 이미지를 도입했다. 그는 디자인 포스터 초기의 선두적인 아티스트이자 런던 지하철의 광고 담당 매니저였던 프랭크 픽Frank Pick[1878~1941, 런던 지하철에 디자인을 도입한 아티스트. 최초의 지하철이자 최초로 통합 디자인 개념을 내세운 런던 지하철에서 사용하는 로고인 roundel logo를 고안함]의 영향도 받았다.

당시는 유럽의 아티스트들이 대거 유럽으로 몰려들던 시기이기도 했다. 1938년에 N.W 에이어는 '카상드르Cassandre'라는 이름으로 더 잘 알려진 프랑스 출신 포스터 아티스트인 아돌프 무롱Adolphe Mouron에게 포드 V8 자동차 이미지 구현을 맡겼다. 당시 카상드르는 프랑스에서 과감하고 미니멀리즘[기교나 각색을 배제한 미술, 음악, 디자인 및 패션 분야의 흐름]에 입각한 아르 데코Art Deco[1920~30년대 프랑스 파리 지역을 중심으로 전개된 장식 미술의 한 유파] 디자인이 가미된 변형 포스터 광고로 이미 전설이 되어 있었다. 1936년에 이미 그는 뉴욕의 현대미술관Museum of Modern Art[MoMA라는 약칭으로 더 잘 알려진, 뉴욕에 소재한 미술관. 주로 근대 회화와 현대 산업 미술의 정점이라 평가되는 작품들을 소장한 것으로 유명하다]에서 개인전을 개최하기도 하였다. 이 전시회가 있은 후, 카상드르는 포드 사의 제의로 동공에 V8이 새겨진 초현실적인 눈이 그려진 포스터 디자인을 제작하게 된다. 종종걸음을 걷는 행인을 응시하는 거대한 눈동자는 빅 브라더[조지오웰의 소설 1984에 나오는 감시 장치를 말함]를 연상하게 된다. 이 포스터는 당시 강력하게 떠오르는 사진에 의해 점차 대체되는 일러스트레이션의 영역을 방어하기 위한 일종의 탄원으로도 보인다.

　이러한 일러스트레이션의 영역에서 가장 획기적인 작업을 했던 사람 중의 하나로 스털링 게첼J. Stirling Getchell을 들 수 있다. 1930년대라는 모진 시기에 성공적으로 살아남을 수 있었던 몇 안 되는 중요한 사람들 중의 하나인 게첼은 자신의 독특한 라이프스타일에 약한 심장이 견디지 못해 결국 마흔하나라는 젊은 나이로 요절하게 된다.

　로드 & 토머스Lord & Thomas사와 JWT 사를 거쳐 게첼은 1931년에 독자적인 회사를 설립하게 된다. 그의 방법은 당대에 가장 뛰어난 사진 작가를 고용해서 이들 사진 작가들이 제공하는 이미지를 중심으로 아주 충격적이고 선정적이며 톡톡 튀는 문구와 강렬한 헤드라인으로 광고를 제작하는 것이었다.

그가 제작한 포스터 중 가장 유명한 것은 1932년에 시제품을 내놓은 크라이슬러Chrysler 사의 플리머스Plymouth 자동차 광고였다. 이 포스터에는 당시 크라이슬러 사의 창업주이자 사장인 월터 크라이슬러Walter P. Chrysler 가 자동차의 펜더 부위에 발을 올려놓고 다음과 같이 외치고 있다. '이 3대 자동차 회사를 보라Look at ALL THREE.' 크라이슬러는 이 포스터를 보는 사람들에게 당시 미국의 양대 자동차 회사인 포드와 제너럴 모터스 사가 만드는 자동차와 당당히 경쟁한다는 것을 보여주고 있다. 이러한 관습을 거부하는 '정직한' 호소력이 플리머스 자동차 판매고에 큰 영향을 미쳤음은 물론이다.

게첼은 아예 '픽처Picture'라는 이름의 잡지도 창간했다. '뉴스 스타일의 그림을 광고에 도입한 선구자로 잘 알려진 게첼은 여성 합창단원의 일상이나 번개의 위험, 동물의 이상한 식습관, 터키풍 욕조를 사용하는 사람에게 일어날 수 있는 일과 같은 주제를 일러스트 형식으로 보여주기 위한 작업을 시작했다.'고 당시 라이벌 잡지 회사라 할 수 있는 『타임Time』은 다소 경멸스러운 어투로 게첼의 새로운 잡지를 소개하고 있다('게첼의 픽쳐지Getchell's Picture', 1937년 12월 27일자). 당시 게첼에게는 이러한 잡지 사업이 자신의 광고 회사에서 자신의 고객을 위한 작업을 하고나서 남는 시간에 할 수 있는 일 중 하나였다. 그러나 게첼은 어렵고 힘든 시기를 대비한 과감한 새로운 형태의 광고 유형을 뒤로 한 채 세상을 떠나고 말았다.

그러나 광고에서 사진의 도입이 진화라고 한다면, 광고업계에서 기술 혁명은 이미 진행되고 있었다. 불과 얼마 지나지 않아 광고 메시지를 전달할 수 있는 새로운 방식들이 속속 도입되었기 때문이다. 이러한 방식은 보다 강력한 매체들의 등장과 결합되어 더욱 효과를 발휘하게 되었고, 오늘날의 시각에서 보자면 기술변화에 가장 빠르게 적응한 광고 회사들이 가장 큰 이익을 얻는 것이라고 해석할 수 있다.

당시 미국에서는 라디오가 새로운 광고 비즈니스의 매체로 떠오르기 시작했다. 1922년 초반, 미 전신전화회사American Telephone & Telegraph 소유로 WEAF라는 호출부호를 가진 뉴욕의 방송국이 설립되었으며, 이 방송국은 당시 10분짜리 광고에 1백 달러를 받았다. 1926년에 이 WEAF는 NBCNational Broadcasting Company로 진화했다. CBSColumbia Broadcasting System가 다음해에 출범했으며, 대서양 건너 영국에서는 1922년에 광고방송이 없는 BBC가 출범하게 된다. 그러나 미국에서 라디오 방송은 라디오 프로그램을 제작하기 위한 자금줄이 철저하게 광고주의 손에 있는, 상업방송의 형태를 띠게 된다. 이 시기는 럭키 스트라이크 댄스 오케스트라Lucky Strike Dance Orchestra[1928~1931년 동안 NBC라디오의 전파를 타고 방송된 라디오 쇼 프로그램. 라디오 쇼 프로그램의 본격적인 형태를 제시했으며, 매주 토요일 밤 10시부터 60분 동안 인기가요 위주의 편성을 했었다. 담배회사인 럭키 스트라이크 사의 후원으로 제작되었음]의 노랫가락 사이로 '전통적인 가족관계를 방해하는' 상업방송에 대한 낮은 목소리의 불평들이 제기되기 시작한 시기이기도 했다.

이러한 새로운 매체는 몇몇 광고 회사의 성가를 드높이는 구실도 했다. 당시 라디오 회사 직원이라고 하면 이를테면 오늘날 정보통신업체의 직원들처럼, 관습에 얽매이지 않고 현대적인 사람으로 간주되었다. 벤튼 & 보울즈Benton & Bowles라는, 당시에 파산위기까지 몰렸던 한 광고업체는 맥스웰 하우스 쇼보트Maxwell House Showboat라는 라디오 버라이어티 쇼 제작에 관여하게 되었는데, 이 일로 라디오 방송 전문가라는 명성을 얻게 되고 단 1년만에 거래금액이 무려 85%나 급등하는 현상을 빚기도 했었다.

그러나 정작 라디오 업계에서 선두주자는 '소웁 오페라Soap Opera(혹시 독자들이 모를까 봐 하는 얘기인데, 이 소웁 오페라라는 이름은 주로 세제를 제조하는 기업들이 후원했던 라디오 드라마였기 때문에 붙여진 이름이다)'의 창시자인 프랭크 허머트Frank Hummert라고 할 수 있다. 역설적이지만 다소 과묵하고 사교스럽지 못한 성격을 가진 허머트는 라디오 광고계의 귀재라 할 수 있다. 그는 로드 & 토머스Lord & Thomas사에서 매체 캠페인 관련 일을 하다가 1927년에 블래킷 & 샘플Blackett & Sample(나중에 블래킷-샘플-허머트Blackett-Sample-Hummert로 사명을 변경함)로 자리를 옮겼다. 당시 광고를 받는 라디오 쇼의 표준적인 형태는 주로 여성을 겨냥해서 수다스럽게 가사와 관련된 다양한 정보를 전달하는 것이었다. 그러나 허머트는 흥미진진한 신문 연재기사와 같은 형태의 실험을 감행했다. 당시 협력자이자 나중에 아내가 된 앤 애쉰허스트Anne Ashenhurst와 함께 허머트는 '연속극'을 기획하고 대본을 쓰는 한편, 직접 프로그램을 제작까지 했다. 이 연속극은 수년간 방송을 타기도 했다. 아침식사 대용의 시리얼 제조회사인 휘티Wheaties 사의 후원으로 제작된 잭 암스트롱Jack Armstrong 모험극 시리즈는 1931년 첫 방송을 타기 시작했으며, 이후 다양한 형태를 거쳐 1950년대 초반까지 방송되었다. 세제업체인 옥시돌Oxydol 사가 후원한 마 퍼킨스Ma Perkins라는 드라마는 무려 37년 동안이나 전파를 타기도 했다. 열렬한 라디오 청취자들 덕에 1937년에 허머트는 광고업계 최고의 부자로 자리 매김할 수 있었다.

## 서막의 종료

제2차 대전이 발발하면서 광고는 다시 전쟁으로 복귀했다. 광고는 이제 참전에 따른 사기 진작을 위해 사용될 뿐 아니라 가장 치열한 전쟁 국면에서도 브랜드 인지도를 제고하기 위해 광고 회사들은 온갖 방법을 구사하기 시작했다. 요즘 같으면 역겨울 만한 방법으로 제품 광고는 전쟁과의 연관성을 주장했다. 예를 들면 이런 식이다. 전투기 엔진을 조립하는 데 사용되는 부품 납품업체이기 때문에 캐딜락은 '외적의 침략을 막아내는 선봉'이라는 것이다. 그리고 '우리의 군대가 승리하는 속도를 더욱 높일 수 있는 군수품'이기 때문에 텍사코Texaco 사의 휘발유를 써야 한다는 것이다. 이러한 광고 취향에 부합할 수 있는 그림은 달려오는 독일 군들에게 퍼붓는 폭탄이 터지는 섬광이 그려진 이미지였던 것이다.

영국은 이런 문제에 좀 더 세심하게 대처한 편이다. 프라이Fry 사의 코코아 광고를 보면, 전투기 조종사가 비행기 조종석에 들어가면서 '배짱이 생기는 물질이 풍부한 음식!Rich in nerve food!'이라고 외치는 그림이 그려져 있다[저자는 'nerve food'가 정확히 어떤 것인지 아는 독자는 편지 한 장 띄워 주시기 바란다고 본문에 적고 있다. 역자 역시 nerve를 배짱 정도로 번역할 수밖에 없었다. 전투에 참가하는 조종사에게 가장 필요로 하는 특성이 신경과민이나 뻔뻔함보다는 배짱이어야 할 것이라는 논리적 연역 때문이었다]. 보다 경쾌한 어구로는, 영국인 특유의 침착함에서 영감을 얻은 S. H. 벤슨S. H. Benson 사의 '아하, 나의 기네스 맥주My Goodness, my Guiness' 광고를 들 수 있다.(한 포스터를 보면, 정비병 하나가 자신의 맥주를 뺏기 위해 공중에서 급강하하는 동료 전투기 조종사로부터 자신의 맥주를 지키기 위해 뛰어가는 모습이 그려져 있다)

어디나 마찬가지지만, 영국도 정부의 목소리는 주로 광고를 통해 전달되었다. 당시 가장 흔하던 슬로건은 간첩행위의 공포에 대한 것이거나('부주의한 대화가 생명을 위협한다Careless talk cost lives') 부족한 배급식량난을 타개하기 위해 채소 경작을 장려하는 내용('승리를 위해 밭을 일구자Dig for victory')들이었다. 이외에도 등화관제에 대한 대비나 손이 닿는 곳에 항상 가스 마스크를 비치할 것을 권고하기도 했다.

『시대의 거울을 만들었던 사람들』에서 스티븐 폭스는 전쟁 시기에 미국의 광고업계가 기증한 광고는 10억 달러에 이를 것으로 추산한 바 있다. 그는 브루스 바튼의 말을 다음과 같이 인용하고 있다. '우리는 물론 진실을 말한 것은 아닙니다. 단순히 그림이나 사진을 설명하거나 정부의 주장을 세련되게 표현한 것이지요. …… 전쟁 중에는 이러한 행동이 건전하고 애국적이며 도덕적이었습니다.'

한편으로 레오 버넷은 제2차 세계 대전이야말로 현대 광고가 가지고 있는 힘을 보여주는 결정적 계기였다고 말하고 있다. '정부는 미국처럼 땅덩이가 넓은 나라에서 광고가 아주 효율적인 매체가 될 뿐 아니라 국민들에게 강제적이 아닌 자발적으로 어떤 일을 수행하게 하는 데 있어서 유용한 도구가 될 수 있다는 혁신적인 생각을 하게 됩니다. 광고를 통한 홍보, 그 자체로도 나쁜 것이 아니었고요.' 그러면서 그는 '광고는 그 자체를 드러나게 한다 advertising revealed itself to itself.'고 주장했다. 그리고 덧붙이기를 '많은 사람들은 …… 자신들이 속한 사회에 도덕적 의무가 있다는 것을 깨닫게 되고는, 자신들이 가지고 있는 기술들을 사회를 위해 사용하게 됩니다.'

1941년에는 NBC의 자회사인 WNBT가 처음으로 상업 TV 방송을 하게 된다. 그러나 2차 대전이 시작되면서 1년 뒤에는 최소 방송시간이 주 15시간에서 4시간으로 줄어들게 된다. 전쟁이 끝난 이후에도 광고 회사들은 이 새로운 매체의 가능성을 높게 평가하고는 있었지만 어떻게 해야 할지에 대해서는 확신을 가지지 못한 상태였다. 1949년에 레오 버넷은 국립 TV 위원회 National Television Council 에서 다음과 같이 말했다. 'TV는 가장 강력한 마약 중의 하나라고 생각합니다. 그렇게 생각하는 이유는 우리가 포도주병을 따기 전에 무의식적으로 손을 흔드는 것처럼 그렇게 무의식적으로 젖어들 것이기 때문입니다.'

그러나 보다 냉철한 사람도 있었다. 1946년에 BBDO에서 브루스 바튼으로부터 전권을 위임받은, 카리스마 넘치는 아일랜드 사람인 벤 더피 Ben Duffy는 TV에 열광하고 있었다. 스티븐 폭스에 따르면, 1949년에 이미 더피는 TV라는 새로운 매체에 접근하기 위해 4백만 달러를 퍼붓고 있었고 BBDO의 TV 전담 부서 인원을 12명에서 1백50명으로 늘려놓았다. 1949년에 미국 전역에서 TV광고에 지출된 돈은 1천2백만 달러 정도였는데 3년이 지나자 TV광고액은 1억 5천8백만 달러로 급증하였다. 광고계에서 차지하던 라디오의 위상을 이제는 TV가 확고하게 거머쥐는 양상이 보이게 된 것이다.

# 3 매디슨 가의 귀족들

뉴욕의 영국계 광고 회사들 * 판매의 과학

광고 회사는 무시무시한 인간들에 의해
경영되는 것이다
**Creative organization are led
by formidable individuals**

**비행기를 타고 뉴욕으로** 오는 동안, 내 손에는 두 개의 책이 들려 있었다. 하나는 밴스 패커드Vance Packard가 1957년에 지은 『숨겨진 설득자들The Hidden Persuader』라는 책과 다른 하나는 마틴 메이어Martin Mayer가 1958년에 지은 『미국, 매디슨 가Madison Avenue, USA』라는 책이다. 나는 책 중에서도 종이가 노랗게 변색되고 장정이 낡은 오래된 초판본 서적을 좋아한다. 이 초판본 서적에서 그 당시의 풍경이나 상황이 가장 그럴듯하게 재현될 수 있다고 생각하기 때문이다. 사월의 어느 오후 나는 매디슨 가[뉴욕 맨해턴 동쪽으로 약 10km에 걸친 거리로 광고 회사와 방송국이 밀집한 거리를 일컬음]를 걷다가 커피 한잔을 사 들고는 패커드가 쓴 책을 펼쳐 보았다. 이 책의 첫 장에는 푸른색 잉크로 '1960년 크리스마스, 뉴욕'이라는 문구가 쓰여 있었다. 1960년대, 그랬다. 그때는 그야말로 광고업계의 황금시기였다.

메이어의 책에 따르면 이 매디슨가는 '뉴욕에서 미국 대통령의 이름을 따서 지은 유일한 대로'이다. 메이어는 다음과 같이 결론내리고 있다. '매디슨 가 200번지에서 650번지로 끝나는 이 거리는 천박한 광고 요청 전화가 난무하는 새로운 쓰레기장이 될 것이다.' 이 글을 쓴 메이어는 이 매디슨 가에 밀집한 광고 회사들의 연 거래금액의 절반을 독식하고 있었으며, 그 나머지 절반도 메이어 회사의 자회사들이 쥐락펴락하고 있었던 시절이었다. 매디슨 가는 2차 대전 발발 이전에도 광고업계의 비공식적인 고향과 같은 존재였으며, 전쟁이 끝나고 몇 년 지나지 않아 수많은 통신업체들이 모여 유래 없는 건축 열기를 불태웠던 곳이 된 것이다. 메이어는 1958년에 '매디슨 가는 사실상 새로운 거리가 되었다. 전쟁이 끝난 이후에 20층이 넘는 초고층 빌딩들이 수십 개씩 들어서게 되었다'라고 말하고 있었다.

그렇다면 이 석조 건물 내면에는 어떤 일이 벌어지고 있는 걸까? 이 동네를 훑어본 메이어는 예를 들어 영 & 루비컴 사의 사무실 내부에는 녹색 위주의 장식이 되어 있으며 맥캔-에릭슨McCann-Erikson 사의 사무실은 '고요한 파스텔 톤의 장식'이 되어 있지만 정작 J. 월터 톰슨 사의 사무실은 '그 자체로 품격을 가지고 있다'고 말할 수 있었다. 이러한 광고 회사들의 독특한 사무실 분위기는 1930년대 이후에도 변하지 않았고 우리는 이러한 사무실 분위기를 '식민지 시절 뉴 잉글랜드 지역의 농장 분위기'라고 정의할 수 있다. 그러나 미스 반 데어 로에Mies van der Rohe[1886~1969, 독일 출신의 건축가. 미국의 시그램 빌딩과 IBM 플라자, 캐나다 토론토의 도미니언 센터 등의 대형 건축물을 설계함 - 역자 쥐의 바르셀로나 풍 의자는 최근의 감각이 덧붙여진 작품이라고 인정할 수 있을 것이다.

어쨌든 지금 시점에서 볼 때, 매디슨 가는 그 자체로 미국 광고산업의 상징이다. 1960년대 초반에 젊은 카피라이터로 이 거리에 처음 발을 디뎠고 나중에 BBDO의 부사장을 지낸 필 듀젠베리Phil Dusenberry는 다음과 같이 단언했다. '마치 할리우드처럼 이 매디슨 가는 물리적인 장소라기보다는 일종의 아이디어 그 자체라고 보면 됩니다. 매디슨 가 자체가 광고라고 말할 수 있는 것이지요.'

1950년대가 되자, 광고업은 아직 명예로운 직업 수준까지는 아니었지만 매력적인 직업으로 부상하기 시작했다. 영화배우 캐리 그란트Cary grant는 간첩으로 오인 받은 광고 회사의 중역이 겪는 모험담인 히치콕 감독의 영화 〈북북서로 진로를 돌려라North by Northwest〉(1959)에서 광고업에 대한 당시의 태도를 제대로 그려내고 있었다. 영화 초반에서 그랜트는 비서에게 다음과 같이 말하고 있다. '광고의 세계에서 말이야, 거짓말이라는 것은 존재하지 않아. 오직 적절한 과장이 있을 뿐이지.'

광고 비즈니스를 둘러싼 다양한 신화들도 이 시기에 형태를 갖춰나가기 시작한다. 뉴욕에 소재한 광고 회사 중역의 전형적인 모습은 슬로언 윌슨Sloan Wilson의 1955년도 소설인 『회색 플란넬 슈트를 입은 사나이The Man in the Gray Flannel Suit』에서 잘 묘사되고 있다. 이 책이 베스트셀러가 되기 전에 광고업자들이 아무리 비싼 플란넬 슈트라 하더라도 이것을 입기를 기피했을 것이다. 왜냐하면 광고업자들은 종종 새벽까지 일하는 사람들로 알려져 있으며 종종 직업병으로 위궤양이나 심장질환이 있는 사람들로 묘사되었기 때문이다. 이들은 스트레스를 술로 풀었으며, '점심시간에 마티니 석 잔' 이라는 말도 만들어내었다. 필 듀젠베리에 따르면 당시 광고업계는 실제로 그랬다. 그는 웃음 지으며 다음과 같이 말했다. '당시 광고업자들은 스스로를 "먹기도 많이 먹고 말도 많은 놈들" 이라고 불렀으며, 당시에 고객과 함께 장시간의 점심시간을 갖는 것은 그다지 대단한 일이 아니었어요.' 실제로 매디슨 가에는 그야말로 가볼 만한 식당들이 산재해 있다. 마틴 메이어는 적어도 먹는 것에 관한한 매디슨 가는 '미국에서는 유일한 존재이고 유럽에서도 찾기 힘든, 그래서 뉴욕에 소재하고 있는 이 위대한 식당들은 오직 광고와 통신업계 종사자들에게 봉사하기 위해 존재하는 것' 이라고까지 생각한 것이다. 그는 브뤼셀Brussel과 같은 식당은 '다분히 세기말적인 분위기의 태피스트리와 자주색 벨벳' 이라고 표현했으며, 라 렌느La Reine와 같은 식당은 '어두운 친밀감' 이라는 표현을 쓰면서 추천하기도 했다. 한편으로 우리가 매디슨 가를 따라 죽 걸어가다 보면, 자신의 말을 경청하는 젊은 동료들을 이끌고서 겨울에는 트위드 직물의 양복을 걸치거나 여름에는 가벼운 양복을 걸친,

마른 체구의 영국 사람 한명이 점심을 먹으러 가는 광경을 보게 될 것이다. 잘생기고 매력적이며 (적어도 외양만은) 자신만만한 이 데이비드 오길비David Ogilvy는 맨해튼의 광고업계에서 떠오르는 별 중의 하나였다. 그리고 그는 영국 사람이었다.

## 뉴욕의 영국계 광고 회사들

데이비드 오길비는 자신의 신화를 확립하는 데 스스로가 큰 역할을 수행했지만, 도대체 이러한 신화가 어디서 시작하는 것인지, 그리고 그 끝은 어디인지를 딱 부러지게 말하기는 참 어려운 것 역시 사실이다. 그러나 우리가 분명히 알고 있는 것 몇 가지는 있다. 그는 1911년 영국 웨스트 홀스리West Horsley에서 태어났고, 스파르타식의 교육으로 유명한 에든버러의 페츠 컬리지Fettes College를 나왔다. 역사학자가 되기 위해 옥스퍼드의 크라이스트 처치Christ Church에서 학위를 받았지만, 스스로 제대로 공부한 것은 아니었다고 고백한 적이 있다. 자신이 쓴 책인 『어느 광고인의 고백Confessions of an Advertising Man』(1963)에서 그는 '무슨 일을 하든 항상 다른 일이 머릿속을 맴돌았다' 고 술회한 적이 있다. 그는 나중에 항상 자신의 머릿속에는 두 가지 일이 있어서 주의력 결핍을 야기하기도 했다고도 한 적이 있다('일흔다섯 살이 된 데이비드 오길비David Ogilvy at 75', 뷰포인트Viewpoint, 1986년 9월/10월호). 어떤 경우에서건 오길비는 '내 인생 최대의 실패' 가 학자적 기업가 혹은 백일몽을 꾸는 실용주의자와 같은 자신의 역설적인 성격을 형성하는 데 일조했다고 항상 말했다.

학창시절에 마크 트웨인을 열심히 읽었던 오길비는 방랑벽을 얻게 되었다. 궁극적인 목적지는 미국이었지만, 정작 첫 번째 도착지는 프랑스였고, 그곳에서 그는 파리에 있는 호텔 마제스틱Hotel Majestic에서 일자리를 얻게 되었다. 그는 당시를 이렇게 이야기 하고 있다 '나는 항상 주방장인 무슈 피타르Monsieur Pitard가 주방장 직원들의 사기를 드높이는 방법을 지켜보면서 나의 광고 회사를 경영할 때의 리더십을 저렇게 가져가야겠다고 항상 믿어왔다.' 그는 결국 '무시무시한 개인에 의해 지휘되는 조직이 아니면 뛰어난 광고 작품을 만들어낼 수 없다' 는 결론을 내리게 된다.

오길비는 차츰 그런 성격을 가지게 된다. 한때 그는 아가AGA 사[1709년에 창립한 영국의 주방 가구 전문 회사]의 요리용 스토브를 팔기 위해 영국으로 돌아간 적이 있다. 아가 사는 런던에 있는 식당에 프랑스인 요리사들을 상대로 판매를 신장시키기 위해 필요한 인력을 찾고 있었기 때문이다. 오길비는 광고 인생을 살아오면서 광고는 아주 섬세한 형태의 판매이며 어떤 고객에게 판매한다는 것은 자신이 그 제품의 전문가가 되어야 한다는 입장을 견지하고 있었다. 결국 아가 사의 사장은 다른 아가 사의 직원들을 위해 세일즈 교본을 써달라는 의뢰를 하게 되고, 이 세일즈 교본은 30년 뒤 『포춘Fortune』지로부터 수많은 판매 사원들에게 영감을 불러일으킨 교과서이자 경탄을 불러일으킬 만한 책이라고 평가받게 된다. 오길비의 형인 프란시스Francis는 광고 회사인 매더 & 크라우더Mather & Crowther에서 고객담당 이사로 일하고 있었으며, 그곳에서 프란시스는 깔끔한 세일즈 매뉴얼을 쓰기도 했다. 물론 동생인 데이비드 오길비는 이 광고 회사에 합류할 것을 제의받게 된다.

오길비의 매력적이면서도 동시에 철면피적인 성격은 그가 광고업계에서 입지를 확고히 하는데 일조를 하게 된다. 1938년에 오길비는 대서양 건너의 광고 기법을 배우기 위해 뉴욕에 가야한다는 자신의 논리를 회사에 관철시키게 된다. 허클베리 핀의 모험을 열심히 읽던 오길비는 마침내 미국에 도착하게 된다. 스티븐 폭스는 자신의 책에서 '오길비가 맨해튼의 빌딩이 운집한 스카이라인을 보면서 감격의 눈물을 흘렸다' 고

주장했다.

말할 필요도 없지만 오길비는 영국으로 돌아오지 않았다. 대신 그는 블래킷-샘플-허머트Blackett-Sample-Hummert 사의 카피라이터로 활동하던 로써 리브스Rosser Reeves와 같은 유명한 광고업계 종사자들로부터 조언을 구하기 시작했다. 비록 오길비는 리브스를 존경하기는 했지만, 광고에 대한 리브스의 과학적인 방법론에 입각한 냉철한 조언에 공감하지는 않았으며, 오히려 루비컴의 흥미로우면서도 설득력 있는 광고기법을 신봉하는 편이었다. 간단히 요약하자면, 오길비의 광고 스타일은 이전의 대가들의 방법, 이를테면 클로드 홉킨스의 과학, 스탠리 레저 휘하에 있던 JWT의 섬세함, 그리고 영 & 루비컴의 고객 연구에 기반을 둔 창의력의 종합판이라고 할 수 있다.

오길비는 자신의 광고 수업을 지속하기 위해 조지 갤럽 밑에서 일을 하게 되고, 3년간 미국 전역을 다니면서 자신의 새로운 고향에서 사는 시민들의 희망과 꿈, 습관들에 대해 면밀히 검토하는 시간을 보내게 된다. 그러나 이후 잠시 아마도 오길비는 스스로가 혼란스럽다고 느꼈을 것이다. 왜냐하면 전쟁이 끝난 후 군 정보기관에서 잠시 일하다가 본의 아니게 펜실배니아 주에서 한 암만교도[개신교의 일파로 스위스-독일계 이민자로 이루어져 있으며 현대 문명과 국가를 거부하며 노동을 신성시하고 자급자족을 영위하는 특징을 가진 교파임]의 농장을 매입하게 되어 시골생활을 하게 되었기 때문이다. 광고업계에는 다행이었지만, 오길비는 이 농장에서 담배농사에 실패하게 되고 다시 광고업계에서 일을 잡아야 하는 구실을 갖게 되었다.

이전에 공개되지 않았던 다양한 회사 내부문서를 편집해서 1986년에 발간한 『미처 공개되지 않은 데이비드 오길비The Unpublished David Ogilvy』에서 당시 궁지에 몰렸던 상황이 잘 묘사되고 있다. '어느 광고 회사가 이 사람을 고용하려 할까? 나이는 서른여덟인데다가 실직자 상태이다. 그는 호텔의 주방에서도 일한 적이 있으며 판매직원이기도 했으며 외교관 생활도 하다가 한때는 농사도 지었다. 그는 마케팅에 대해서는 문외한이며 카피 한줄 제대로 써본 적도 없다. 그는 나이 서른여덟에 광고업에 진출하겠다고 떠벌리며 연봉 5천 달러는 받아야 된다고 믿고 있다. 미국의 광고 회사 중 어느 곳에서 취직할 수 있을지 의문스러울 뿐이다. 그러나 영국계 광고 회사 하나가 마침내 이 사람을 고용하게 된다.'

그러나 사실은 조금 복잡한 사정이 있다. 미국계 광고 회사에서 일자리를 얻는다는 게 어렵다는 것을 발견하게 되자, 오길비는 스스로 광고 회사를 차릴 것을 결심하게 된다. 당시 오길비가 가지고 있던 자금은 6천 달러 정도에 불과했지만, 다행스럽게도 매더 & 크라우더의 이사로 재직하던 오길비의 형인 프란시스가 자신의 이름과 돈을 빌려주기로 했기 때문에 가능했던 일이다. 오길비는 한편으로 영국계 광고 회사인 S. H. 벤슨S. H. Benson에게 자신의 회사에 투자할 것을 권유할 것을 설득하는 한편, 웨지우드 도자기Wedgwood China 사의 미국지사에게 자신의 새로운 광고 회사와 계약할 것을 설득했다.

처음부터 오길비의 후원자들은 미국 출신의 경험 많은 고객 담당 매니저가 필요하다고 생각했다. 이러한 전략에 따라 J. 월터 톰슨 사의 시카고 사무실에서 근무하던 앤더슨 휴이트Anderson Hewitt가 영입되었으며, 휴이트는 이 새로운 회사의 사장이 되었다. '뉴욕에 소재한 영국계 회사'라고 표현된 휴이트, 오길비, 벤슨 & 매더Hewitt, Ogilvy, Benson & Mather 사는 이렇게 1948년 9월에 설립되었다. 오길비는 리서치를 책임지는 부사장으로 임명되었다. 이러한 협력관계는 뒤뚱뒤뚱 하면서 4년을 지속했지만, 결국 오길비는 스스로의 힘으로 일어서기를 원하는 본심을 드러내게 되었고 휴이트는 결국 이 회사를 떠나게 된다.

한동안 오길비는 자신을 광고업계의 떠오르는 별로 만들기 위해 분주한 시간을 보냈다. 런던에 있는 오길비의 후원자들이 오길비의 '영국스러움' 이 뉴욕에서의 활동에 약점으로 작용할 것이라 생각했다면, 그것은 잘못된 생각이었다. 『뷰포인트 Viewpoint』와의 인터뷰에서 그는 어떻게 해야 자기 자신이 하나의 브랜드가 될 수 있을까에 대해 알고 있었다고 회고하고 있다. '나는 뉴욕에 사무실을 차렸을 때, 나에게 대단한 장점이 있음을 깨달았습니다. 그것은 바로 내가 구사하는 영국식 억양입니다. 수많은 광고 회사들이 있고 치열한 경쟁이 있지만, 나는 다른 사람들과 나를 차별할 수 있는 영국식 억양을 가지고 있었던 것입니다. 지금 광고계에는 수많은 영국인들이 나름대로의 영역을 차지하고 있지만, 당시에는 한두 명밖에는 없었지요. 그것이 저에게는 엄청난 도움이 되었던 것입니다.'

물론 오길비를 유명하게 한 것은 '개성에 의한 브랜드 효과' 라고 할 수 있다. 오길비의 첫 번째 성공은 1951년에 메인 주에 본사를 두고 있는 소규모 의류업체인 해더웨이 Hathaway 사와의 계약에서였다. 당시 해더웨이 사는 중저가 셔츠를 위한 광고를 전국적으로 펼치고 있었다. 오길비는 『어느 광고인의 고백』에서, 고객기업의 규모가 작다고 하더라도 이 계약에서 장대한 결과를 보여주고자 하는 열망을 숨길 수 없었다고 설명하고 있다. '그러나 문제는 경쟁사인 애로우 Arrow 사는 연간 2백만 달러의 광고비를 지출하는데 헤더웨이 사는 고작 3만 달러의 광고비를 쓴다는 데 있었다. 뭔가 기적이 필요했다.'

기적은 눈에 붙이는 안대로 나타났다. 당시 오길비는 차별성이나 섬세함을 광고의 전면에 내세우기를 원했으며, 이러한 이미지에 부합하는 모델로 멋진 콧수염을 기른 조지 랭글 George Wrangell 이라는 배우를 기용한다. 광고 초기에 오길비는 모델로 하여금 다소 해적 분위기가 나는 안대를 쓸 것을 구상했으나 너무 비정통적이라는 이유로 배척되었다. 광고

사진을 찍으러 스튜디오로 가는 길에 오길비는 '약국에 들러서 1달러 50센트짜리 안대를 샀다. …… 이 1달러 50센트짜리 안대가 성공의 요인이 된 것이지만, 그 당시에는 알 수 없었다.'

그러나 오길비 자신은 이 광고가 성공하는 이유를 정확히 알고 있었다. 그는 그것을 '이야기의 매력story appeal' 이라고 불렀다. 안대를 대고 있는 멋진 남성 모델은 뭔가 비정상적이고 독자들의 주의를 끌기 마련이다. '독자는 이 사진을 보고 중얼거리게 된다, "이 사람 왜 이래?" 그리고 그는 뒤이어 우리의 광고문안을 보게 된다. 덫에 제대로 걸려든 셈이다.'

실용적인 몽상가이기도 한 오길비는 헤더웨이 사의 광고 캠페인을 전개하면서 '스스로 해봤으면 하는 일련의 상황, 이를테면 카네기 홀에서 뉴욕 필하모닉 오케스트라를 지휘하기, 오보에 연주하기, 메트로폴리탄 미술관에서 고야의 그림을 흉내 내 그려보기, 트랙터 몰아보기, 요트 타기, 펜싱 배우기, 르느와르의 그림을 구입하기 등과 같은 상황' 을 재창조하기도 했다.

동시에 오길비는 헤더웨이 사를 위해 비용 측면에서 효율적이면서도 전략적으로도 그럴듯한 광고공간을 매입하는 접근방법도 구사했다. 이러한 광고는 『뉴요커New Yorker』지와 같은 고급 잡지에 광고를 게재함으로써 차별화까지도 노리는 것이었다. 스티븐 폭스가 말한 것처럼, 4년이 지나게 되자 '이러한 광고는 너무나도 친숙한 것이 되어서 오길비는 카피 문안 한줄 없이도, 심지어는 제품의 이름 없이도 한쪽 눈에 안대를 차고 있는 모델의 사진만 있으면 광고가 되는 지경에 이르게 되었다. 이제 기업들은 판매고 신장을 위한 광고가 아니라 이미지를 구매하게 된 것이다.'

오길비는 슈웹스Schweppes 사의 토닉워터 선전에도 이러한 과정을 반복했다. 그런데 이번에는 멋지게 턱수염을 기른 에드워드 화이트헤드 중령Commander Edward Whitehead[1908~1978, 영국 해군장교를 지냈으며, 슈웹스 사의 광고부문

사장으로 유명해짐]을 광고의 스타이자 광고부문의 매니저로 영입한다는 차이점이 있었다. 선원의 분위기를 물씬 풍기는 이 인물의 이미지는 해더웨이 셔츠 광고에서 한쪽 눈에 안대를 찬 모델의 역할을 그대로 수행했으며, 그 결과 슈웹스 사의 토닉워터 판매고는 비약적으로 늘어났다.

성공적인 광고의 열쇠가 오직 이러한 이미지만은 아니었다. 오길비는 역시 일류 카피라이터였으며 종종 완벽한 문안으로 다듬기 위해 새벽까지 일하기도 했다. 그 결과는 항상 변함없는, 직원에 대한 다그침이었다. 1958년에 오길비의 회사에 카피라이터로 합류한 조엘 라파엘슨Joel Raphaelson은 다음과 같이 회고하고 있다. '좋은 환경에서 제대로 교육받고 성장했으며 무척이나 섬세할 것 같은 분위기를 풍김에도 불구하고 오길비는 단순한 상황에서는 결코 복잡한 말을 사용하지 않았습니다. 제가 써낸 몇 가지 광고문안을 놓고 고심하면서 오길비는 다음과 같이 말한 적이 있습니다. "아직도 좌석 선택이 가능합니다Choice seats are still available. 그런데 왜 그냥 '좋은 자리good seats'라고 간단하게 하면 안 되는 건가?" 해더웨이 셔츠의 광고에서도 그냥 단순하게 "만들었다made" 혹은 "재봉했다sewn"라고 표현했지 한번도 "수공으로 만들었다handcrafted"라고 표현한 적은 없었습니다.'

1957년에 롤스로이스 사와의 광고계약을 따내게 되자 오길비는 최초의 광고를 위해 26개나 되는 카피 헤드라인을 만들어 제시했다. 광고주가 선택한 문안은 다음과 같은 것이었다. '시속 60마일로 달리면서, 이 신형 롤스로이스에서 들리는 가장 큰 소음은 전자시계에서 나는 것이다.' 이 문안은 아마도 피어스 애로우Pierce Arrow사[백악관 최초의 공식 차량을 납품하기도 했던 초호화 자동차 메이커. 1901년부터 1938년까지 자동차를 만들었으며, 미국의 대통령들과 각국의 왕, 중동의 부호들이 주요 고객이었던 것으로 유명하대]의 광고에서 약 25년 동안 사용되었던 BBDO의 문안과 유사한 것으로 보였다. 그러나 오길비는 롤스로이스 사를 위해서 3주나 리서치를 진행했으며, 이 헤드라인은 어느 잡지의 기사에서 영감을 받은 것이라고 주장한 바 있다.

어쨌든, 어느 누구도 오길비가 정말로 헌신적으로 일했다는 점에 대해서는 부정하기 힘들다. 그는 광고 계약을 따게 되면 마치 클로드 홉킨스가 판매고 신장을 위한 통찰을 얻기 위해 그랬던 것처럼, 기업에 대해 철저히 연구했다. 그는 주중은 물론이고 주말에도 일했으며, '일하다가 죽는 사람 못 봤다'는 말을 입에 달고 살았다.

다행스럽게도 오길비는 직원들에게 동기를 부여하는 방법을 알고 있었다. 조엘 라파엘슨은 다음과 같이 회상하고 있다. '내가 오길비의 회사에 입사했을 때, 그는 마흔여섯~마흔일곱 살 정도의 위세 당당한 모습을 하고 있었지요. 제가 입사하고 일주일 정도 시간이 지난 뒤에 그는 나에게 뉴욕 필하모닉의 광고를 맡아보라고 얘기했어요. 당시 광고의 주제는 뉴욕 필하모닉을 위한 기금 모금이었습니다. 열심히 일하다 말고 오길비는 이렇게 얘기합니다. "우리 점심 먹으면서 얘기합시다." 그러고는 당시 뉴욕에서 가장 환상적인 레스토랑인 파비용Pavillon을 예약하라고 비서에게 지시하고는 했지요.'

그러나 오길비는 예전에 식당에서 일할 때 느꼈던, 뛰어난 관리자는 반드시 무시무시해야 한다는 사실을 잊은 적이 없었다. 라파엘슨은 다음과 같이 회고를 이어가고 있다. '그는 몇 시간 동안이나 나에게 고함을 치면서 으르렁대고는 했습니다. 그는 변덕스러운 성격이었으며, 말의 요점을 정확하게 짚어내는 능력을 가지고 있었습니다. 한번은 나에게 쪽지를 보내더니 그 쪽지를 읽어 내려가기 시작했습니다. "조엘, 나는 당신이 시어즈 백화점의 광고문안을 지난 화요일에 보여주겠다고 말한 것으로 기억하는데. 당신은 이미 3개월이나 그들과 같이 일하고 있잖은가? 3개월이면 돼지도 새끼를 치는 기간인데 말일세."

오길비는 자신의 오만함이 불완전함의 가림막으로 보일 수 있음에도 불구하고 거만함을 보여주고는 했다. 그는 이런 사실을 깨달을 정도로 지적이었으며 심지어는 자신의 오만함을 소재로 주위 사람들을 웃기기도 했다. '나는 말이야 광고 외에는 정말 불쌍한 사기꾼에 불과하단 말일세'라고 『어느 광고인의 고백』에 쓰기도 했다. 그러나 이 책의 불과 몇 줄을 내려가서 읽다 보면 다음과 같은 내용이 덧붙여져 있다. '한번은 『포춘』지에서 나에 대한 기사를 써 놓고는 제목을 "데이비드 오길비는 과연 천재인가?"라고 제목을 붙인 적이 있었다. 나는 즉시 담당 변호사에게 기사 제목에 물음표를 붙인 것을 가지고 편집자에게 소송을 걸 수는 없는지 물어본 적이 있다.' 몇 년 뒤, 오길비는 봄베이 광고 클럽Bombay Advertising Club에서 강연을 하게 되었다. 강연이 끝난 뒤 오길비는 다음과 같은 질문을 받게 되었다. '오길비 선생, 인도의 광고는 대부분 뉴욕의 매디슨 가에서 영감을 받는 것이 현실인데요, 도대체 매디슨 가가 뭡니까? 광고에서 사용되는 영감의 원천은 무엇인가요?' 오길비는 이렇게 대답했다. '적당히 하는 것을 못하게 하는 겁니다.'

전직 광고인이었던 영화 제작자 앨런 파커는 『어느 광고인의 고백』의 1983년판 서문에서 오길비의 어설픈 캐리캐처 같은 이미지에 대해 따갑게 비판하고 있다. '나는 턴불 & 애서Turnbull & Asser사[1885년에 개업한 최고급 와이셔츠 제조사]의 셔츠와 파이프 담배로 상징되는 오길비의 이미지는 그를 유명하게 만든 한쪽 눈에 안대를 한 광고 모델에 대한 이야기만큼이나 터무니없이 과장된 것으로 보고 있다. 그러나 콧대 높은 미국인과 나르시시즘에 빠진 영국인의 성격을 섞어 놓은, 그러면서 아주 이기적인 세일즈맨 정신으로 무장한 이 인간에게 매혹당하지 않기란 쉽지 않은 일이다.'

오길비는 항상 인간의 창조력이라는 개념에 대해 의구심을 가지고 있었다. 그는 광고인의 역할을 '팔거나, 아님 말거나Sell or else'로 간단하게 요약했다. 그는 '어느 정도의 독창성이야 가지고 있어야겠지만, 그러나 독창성에 너무 함몰되어서는 어렵다. 나는 광고를 의뢰한 고객처럼 생각해야 한다'고 말한 바 있다. 이후에 『광고의 오길비 Ogilvy on Advertising』(1985)라는 책에서 그는 다음과 같이 적고 있다. '때때로 나는 마땅히 더 좋은 단어를 찾기 어려워서 크리에이티브라는 끔찍한 단어를 사용하곤 했다.' 그러나 그는 '만약 누군가가 나에게 어떤 광고가 가장 성공적이었냐고 물어본다면 나는 푸에르토리코의 산업개발을 위해 써냈던 문안이라고 말할 것이다. 그 문안은 창의적인 것은 전혀 없지만 가난에 찌든 작은 섬나라에서 공장을 세우고 제조업을 일으켜야 한다는 점을 제대로 설득해냈기 때문이다'라고 말하기도 했다.

오길비는 자신의 오랜 친구인 로써 리브스 Rosser Reeves의 말을 인용해서 '정말로 좋은 글을 쓰고 싶은가? 걸작을 원하는가? 아니면 정말로 치솟는 판매고 곡선을 보고 싶은 건가?'라고 말하곤 했다.

조엘 라파엘슨은 다음과 같이 말하고 있다. '오길비는 광고에 대해서는 지나칠 정도로 과학에 의존했기 때문에, 제품의 개념에 대한 잘못된 생각이나 오해를 고치는 일은 거의 하지 않았습니다. 그는 광고의 대상인 제품의 판매고 신장이 아닌 단순히 크리에이티브 자체를 파는 것을 좋아하지 않았던 것입니다. 오길비는 젊은 직원들이 하는 것들이 보기에만 좋은 것이라는 점을 알고 있던 겁니다. 그는 광고의 지난 역사를 알고 있을 뿐 아니라 과거의 역사 속에서 반드시 해내야 하는 것들을 이해하고 있었고, 전문가라면 반드시 이해해야 하는 그것을 느끼고 있었던 것입니다.'

광고를 예술로 변화시키려고 노력하는 대신, 오길비는 광고의 전문가로서의 위치를 신장시키기 위해 분투했다. 조엘은 '오길비가 광고인의 위상을 제고하기 위해 기울인 노력에 비해 결과는 실망스러웠지만, 적어도 광고의 발전에 있어서 그 만한 영향을 끼친 사람도 없었다는 점은 인정해야 할 것이다'라고 말했다.

오길비는 상류 계층의 고객들이 좋아하는 자신의 신사다운 외모를 적극 활용할 줄 알았다. 그러나 그는 천상 세일즈맨이었으며, 자신의 연설, 책, 그리고 다양한 사회관계 속에서 자신의 광고 회사를 선전했다. 그는 칵테일파티를 좋아하지 않았음에도 불구하고 억지로 그런 파티에 참석했는데, 그 이유는 그런 장소에서 '일감의 냄새'를 맡을 수 있기 때문이었다. 자신의 광고 회사가 발간하는 사내 잡지인 『뷰포인트』의 일흔다섯 살 기념 인터뷰에서 오길비는 다음과 같이 회상했다. '나는 일전에 스코트랜드 위원회 Scottish Council 이라 불리는 모임에 나간 적이 있지……. 뉴욕의 식당에서 점심 모임을 갖고는 했는데 …… 나는 그 자리에서 쉘 Shell 사의 사장인 맥스 번즈 Max Burns 를 만나게 되었고, 결국 일거리를 건지는 데 성공했지. 바로 그 점심 자리에서 말이야.'

사실 이 쉘 사의 수주는 런던에서 개최된 점심 행사에서 이루어진 것이었고, 오길비는 당시 번즈 사장이 계약을 맺고 있었던 한 광고 회사와의 계약을 퇴짜 놓아야겠다는 말을 문 밖에서 우연히 듣게 되었기 때문이었다. 어쨌든 이 이야기는 오길비가 가진 개인적 매력으로도 충분히 정당화될 수 있는 것이었으며, 오길비 스스로는 당시 그 점심 행사에서 다른 고객들로부터 무려 3건의 일감을 따냈다고 주장하기도 했다.

오래 지나지 않아 오길비는 자신의 회사를 사들이려고 하는 경쟁 광고 회사들을 직면하게 된다. 수년간 이러한 적대적 인수합병으로부터 자신을 지켜오면서 듣게 된 회사들은 인터퍼블릭 Interpublic, J. 월터 톰슨, BBDO, 레오 버넷 등 그야말로 광고업계의 초거대 기업들이었다. 그는 『뷰포인트』와의 인터뷰에서 다음과 같이 말하고 있다. '나는 이러한 인수합병 논의가 나오게 된 것이 개인적인 측면에 그 이유가 있지 않나하고 생각되는데. 나는 정말로 내 회사 오길비 & 매더Ogilvy & Mather 사를 좋아하거든. 그런데 나는 이렇게 내 회사를 사들이려는 수작은 진정 세계사에서 가장 좋은 회사를 망치는 것이라고 생각해. 그리고 나는 다른 회사와 이 회사를 섞어 뒤죽박죽으로 만드는 것을 원치 않아.'

그러나 오길비의 회사는 결국 1989년에 WPP가 인수했고, 오길비는 이것을 자신에 대한 모욕이라고 생각했다. 그러나 그는 비상임 사장의 지위를 수락하는 것으로 자신의 마음을 진정시켰다. 그는 나이 마흔 가까이에 시작한 전설적인 광고 인생을 1999년에 마감하고 세상을 하직했다.

## 판매의 과학

자신의 광고 회사를 설립하면서 오길비는 사람들이 자칫 스스로 매혹된 이 분야에서 정작 자신 스스로 소외되는 상황을 경계하면서, 광고 자체를 '개혁' 할 것을 주장했다. 그도 그럴 것이 TV라는 새로 등장한 매체 때문에 사람들은 이전과는 달리 거의 광고의 홍수에 직면해야 했기 때문이다.

이러한 현상은 소비자의 심리를 탐색하는 데 사용되는 기술인 '동기조사motivational research'를 공개한 밴스 패커드Vance Packard의 『숨겨진 설득자들The Hidden Persuaders』이라는 책이 베스트셀러를 기록하게 된 이유에서도 설명이 된다. 패커드는 '우리가 미처 발견하지 못한 습관이나 구매의사 결정과정, 우리의 사고체계 등을 설명하는 전달경로를 규명하는 데에는 그야말로 엄청난 노력이 필요하다' 고 경고하고 있다. 그는 '우리들 대부분이 일상생활의 패턴 속에서 미처 느끼지도 못한 상태에서 영향 받고 조작될 수 있는, 그야 말로 "가공할 정도의 도구들"을 과학자들이 광고 회사에게 제공하고 있다' 고 주장한다.

흔히 우리는 영화 배경음악에서 슬픈 울음소리와 같은 테레민Theremin [러시아의 음향 물리학자 레온 테레민Leon Theremin이 1927년에 발명한, 두 개의 고주파 발신기의 간섭에 의해 생기는 소리를 이용한 전자 악기] 소리를 듣게 된다. 사실상 이 책을 읽자면, 흰 옷을 입은 과학자가 특별한 이유도 없이 외계인과 싸우는 다소 광기 어린 1950년대의 B급 영화[미국에서 동시상영제도가 유지되던 시절에 제작비를 많이 들인 A급 영화와 동시상영을 위해 제작한 저예산 영화]를 떠올리게 한다.(영국계 광고 회사인 바틀 보글 헤가티Bartle Bogle Hegarty의 공동 설립자인 존 헤가티 John Hegarty는 웃으면서 다음과 같이 말해주었다. '그건 정말 쓰레기 같은 책이에요. 만약 그 책에 있는 내용들이 진실이라면, 우리는 누구에게나 어떤 것이라도 팔 수 있을 겁니다.') 그러나 이 『숨겨진 설득자들』이라는 책은 절대 순수한 공상물이라고 보기는 어렵다. 이 동기 조사의 아버지라고 할 수 있는 어네스트 디히터Ernest Dichter는 1930년대 후반에 제품에 대한 소비자의 태도를 알기 위해 '심층 면접 기법depth interviews'을 개척한 사람이다.(이러한 디히터의 작업은 아이보리 비누Ivory Soap 사의 광고 슬로건인 '당신의 고민까지 씻어내세요. 더러움, 죄, 분노까지 …… 그러면 당신은 아이디어를 얻게 될 거예요Wash your troubles away. Dirt, guilt, anxiety …… you get the idea'라는 문구에 직접적으로 반영되어 있다) 1950년대에 이르게 되면 맥캔-에릭슨McCann Erickson, 푸트, 콘 & 벨딩Foote, Cone & Belding, 레오 버넷과 같은 광고 회사들이 광고를 위해 이러한 동기 조사 기법을 채택하게 된다.

정신분석학 연구를 전담하는 직원을 최초로 채용한 회사는 맥캔-에릭슨으로 추정된다. 이 회사는 2차 대전 이후시기에 사장을 지낸 마리온 하퍼 주니어Marion Harper Jr.의 천부적인 크리에이티브 능력보다는 구체적인 데이터에 기반을 둔 효율성과 관련된 명성을 쌓아 올렸다. 마리온 하퍼 주니어는 엄격한 심성을 지닌 사람으로 1939년에 사무실에 심부름하는 사환으로 입사한지 6년만에 리서치 부문을 책임지는 자리를 맡을 정도로 고속 승진을 했다. 불과 2년 뒤에 그는 설립자인 해리슨 킹 맥캔Harrison King McCann에 의해 사장으로 임명되었다.

맥캔은 1911년 스탠더드 오일Standard Oil 사가 정부의 명령에 의해 여러 개의 작은 회사로 분할될 때, 이 회사의 홍보 담당 매니저라는 지위를 이용해서 H.K. 맥캔H.K. McCann이라는 이름의 자신의 회사를 설립했다. 이 회사는 자연스럽게 스탠더드 오일 사의 광고 부문 자회사 형식을 띠게 되었으며, 스탠더드 오일에서 분리된 여러 기업들의 광고 역시 효과적으로 수주할 수 있었다. 이외에도 이 회사는 제너럴 모터스 사나 코카콜라 사와 같은 중요한 고객들을 얻게 될 뿐 아니라 해외 시장에도 빠르게 영역을 넓혀나감에 따라 해외 부문에서도 J. 월터 톰슨 사와 라이벌 관계를 형성하게 되었다.

맥캔은 홍보와 판촉활동과 같은 다양한 분야로 사업의 무게중심을 이동시키면서 '토탈 마케팅total marketing[단순히 제품의 판매고 신장에 의한 이익 창출에서 벗어나 고객의 만족을 창조하는 전략을 통해 이익을 확대하고자 하는 마케팅 전략]'의 신봉자임을 선언하기도 했다. 그러나 1930년대가 되자 대공황의 그림자는 이 회사로 하여금 A.W. 에릭슨A.W.Erickson 사와의 합병을 피하지 못하는 상황으로 몰고 갔다. 앨버트 에릭슨Albert Erickson은 한 백화점의 광고 담당 직원 자리를 그만두고 1902년에 자신의 광고 회사를 설립했다. 이 회사는 대단한 성공을 거두지는 못했지만, 에릭슨 자신은 테크니컬러Technicolor 필름[1918년에 발명된 최초의 컬러영화 필름]을 발명한 회사에 투자를 해서 상당한 부를 일구었다. 에릭슨은 맥캔과 합병된 후 4년만에 죽었다(The Advertising Century : Adage.com/century/people).

맥캔이 상징적인 역할만 하게 되고 경영일선에서 물러나게 되자, 마리온 하퍼는 이 회사를 초효율적인 판매 전문 기업으로 변모시키기 위한 자신의 임무에 본격적으로 착수할 수 있게 된다. 그는 광고 비즈니스를 상징하는 은유화법으로 자신의 사무실에 멕시코 닭싸움을 묘사한 그림을 걸어놓을 정도였다고 알려지기도 했다. 그는 소비의 심리상태와 구매 동기에 대해 더욱 강조했으며, 상품의 판매고 신장에 있어서 매체의 배치에 따른 효과에 대한 심도 깊은 연구도 병행했다. 스티븐 폭스의 『시대의 거울을 만들었던 사람들』에 따르면, 하퍼는 광고업계의 사람들은 '크리에이티브라는 주술적 의제에 얽매여 깡충거리며 춤을 추기' 보다는 통계학에 기반을 둔 작업이 진행되어야 할 필요성이 있다는 점을 느끼게 된다. '광고는 매체를 꾸미기 위해 수십억 달러를 써대야 하는 일이 아니며', '광고가 전달해야 하는 메시지 역시 매체를 꾸미기 위한 장식품이어서는 안 된다'고 하퍼는 말했다.

    이러한 하퍼의 관점은 과거에 오길비의 조언자 역할을 했던, 그리고 지금은 테드 베이츠Ted Bates 사에서 일하고 있는 1950년대의 전설적인 광고업자인 로써 리브스와 많은 부분을 공유하고 있다. 그러나 리브스는 다른 소비자 행동과 관련된 동기 조사나 그 밖의 다른 허풍스러운 이론에 크게 시간을 할애하지 않았다. 그의 관심은 홍수처럼 밀려오는 너무나도 다양한 광고에 매몰되어 허우적대는 소비자들에게 어떻게 하면 자신의 브랜드를 인식시킬지에 대해 집중되어 있었다. 광고는 상품 판매의 실현 그 자체라는 클로드 홉킨스의 이론을 강력히 지지하는 리브스는 특정 브랜드를 경쟁자들의 브랜드와 분리시킨다는 이론인 '고유한 판매 계획Unique Selling Proposition, USP' 이론을 발전시켰다. 그의 광고는 이러한 단일한 메시지 하에서 크리에이티브적인 수사가 배제되고, 개별적 요소로 분해되었으며 이러한 과정은 끊임없이 반복되었다. 사실상 그는 흡혈귀처럼 철저하게, 광고가 전달하고자 하는 핵심 메시지와 광고를 수용하는 청중을 분리하는 요소를 기술한 것이다. 개별적인 광고 캠페인이 끝날 때마다 그는 미국 전역에서 수천 명에 달하는 소비자들에게 펼쳐진 광고 캠페인이 뇌리에 각인되었는지를 검사하고는 했던 것이다.

이런 방법으로 리브스는 당시 유명한 한 고객담당 임원이었던 사람의 이름이 현관에 걸린, 1940년에 설립된 테드 베이츠 사의 성공을 이끌어 내었다. 리브스와 테드는 이 회사를 공동으로 운영했으며, 누가 더 회사를 위해 일하고 보다 더 정력적으로 카리스마를 발휘하면서 일하는지에 대해 서로 한치의 의구심을 가지지 않았다. 리브스는 『숨겨진 설득자들』에 반대되는, 자신의 이론과 상식적인 내용으로 가득 찬 『광고의 현실 Reality in Advertising』이라는 책을 출간했다. 그는 이 책에서 다음과 같이 주장했다. '광고가 일단 예술이 되면, 그리고 많은 광고업자들이 그러한 방식에 남아있기를 원하게 되면, 그 순간 그들이 말할 수 있는 것은 네버네버랜드[결코 도달할 수 없는 이상향 혹은 황무지. J. M. Barrie의 소설, 피터 팬에 나오는 지명]밖에 없습니다. 이것이 맞는 얘기가 되는 것이고, 적어도 우리는 이것이 맞다고 느끼고 있습니다.'

그러나 리브스의 광고에 대한 이러한 다소 둔탁한 이론은 그의 숨겨진 감성적 측면과 대비되는 측면이 존재한다. 리브스는 체스에 관한, 엄청난 양의 관련 서적을 수집할 정도로 거의 광적인 팬이었으며, 『위대한 미국 소설 선집 Great American Novel』에 낄만한 소설을 쓰고 싶었던 카피라이터이기도 했다. 실제로 리브스는 은퇴한 이후에 보헤미안 분위기가 가는 뉴욕의 그리니치빌리지를 주제로 한 일련의 책을 쓰기도 했으며, 평생을 걸쳐서 시를 쓰기도 했다. 리브스와 개인적인 친분이 있는 어떤 인사는 이러한 리브스의 취미 생활에 대해 정말로 '놀라울 정도' 라고 언급하기도 했다.

광고의 역사를 주제로 나눠볼 수 있다면, 아마도 예술이 소비자의 구매 욕구를 자극할 수 있다고 믿는 크리에이티브 학파와 오직 사실과 고객에 대한 치밀한 연구만이 판매를 고취할 수 있다는 실용주의 학파의 줄다리기 싸움이라고 할 수 있을 것이다. 1950년대에 로써 리브스(그리고 점잖은 데이비드 오길비)의 반대 위치에는 빌 번버크Bill Bernbach가 앉아 있었다. 그의 건방진 분위기를 물씬 풍기는 회사는 도일 데인 번버크Doyle Dane Bernbach라는 이름을 가지고 있으며, 크리에이티브의 혁명을 이끌어내고 있었다.

# 4 크리에이티브 혁명

작게 생각하라 * 필살 타선 * 혁명은 텔레비전을 타고

새로운 길을 열어가자
**Let us blaze new trails**

'1950년대 후반 뉴욕에서는 "빌Bill"이라고 하면 이는 곧 빌 번버크Bill Bernbach를 의미하였다'고 메리 웰스 로렌스Mary Wells Lawrence는 『광고와 함께 한 멋진 인생A Big Life in Advertising』(2002)에서 회고했다. 그녀는 자신의 광고 회사를 창업하기 전까지 DDB에서 일했다. 번버크는 당시 매디슨 가를 지배하고 있던, 제2차 세계 대전 이전 시대의 획일적 광고사들에 도전장을 내면서 뉴욕에 큰 파문을 일으켰다. 웰스에 따르면, 번버크는 이런 광고사들의 광고가 '정직하지 못하고, 따분하고, 무례하며 심지어는 제정신이 아닌' 상황에까지 도달했다고 생각했다. 그는 로써 리브스Rosser Reeves와 같은 사람들이 구사하는 반복 전략 때문에 광고업이 '형편없이 지겨운 한편의 광고'로 전락했다고 주장하는 한편 거대 광고사들이 '창조적인 인재들을 등사기로 만들어 버린다'고 비판했다. 이와 함께 만약 광고계가 각성하지 않는다면 소비자에게 아무런 영향력도 행사할 수 없을 것이라고 경고하기도 했다. 그러나 번버크 그 스스로가 그런 일이 일어나도록 그냥 두지는 않았다.

번버크는 그레이 애드버타이징Grey Advertising 사를 떠나 일단의 혁명군들과 함께 광고사 설립을 모색했다. 고객 담당 네드 도일Ned Doyle, 홍보의 귀재 맥스웰 '맥' 데인Maxwell 'Mac' Dane, 아트 디렉터 밥 게이지Bob Gage, 카피라이터 필리스 로빈슨Phyllis Robinson, 이들이 바로 그의 혁명군이었다. 번버크 자신 역시 막강한 비주얼 감각을 갖춘 카피라이터였지만, 그는 무엇보다도 그들의 아이디어 공장이었다. 1949년 도일 데인 번버크Doyle Dane Bernbach는 매디슨 가의 대형 광고사들 틈에서 첫걸음을 내딛었다. 그리고 대형 광고사들의 그늘을 벗어나는 데는 그리 오랜 시간이 필요치 않았다.

번버크는 자신이 속한 분야에서 큰 영향을 미친 인물들이 가지는 보통의 외모를 지니지는 못했다. 메리 웰스 로렌스는 그가 '생각보다 작고', '조심스러운 희미한 미소에 풀어진 듯한 눈, 창백한 피부, 처진 어깨'를 가졌다고 전했다. 그러면서 로렌스는 사람들이 그의 이런 외모에 속기 십상이었다고 덧붙였다. '그는 그의 내면에 있는 강한 힘으로 상대를 초토화시켰다. 활화산같이 격한 무엇이 있었고, 상대방을 두려움에 떨게 하는 무엇인가가 계속 분출되었다. …… 그의 절정기 몇 해 동안에는 그를 무서워하는 사람들도 많았다.'

번버크는 1911년 8월 13일 뉴욕 브롱크스에서 레베카Rebecca 번버크와 제이콥Jacob 번버크의 아들로 태어났다. 그는 부모에게서 중간 이름middle name을 물려받지 못했다는 식으로 자신의 배경이 별 보잘 것 없다고 즐겨 말하곤 했지만, 사실 그의 가족은 충실하고 품행이 단정한 사람들이었다. 빌 번버크의 친구이자 DDB의 에이스 카피라이터였던 밥 레븐슨Bob Levenson이 1987년에 출간한 『빌 번버크의 책Bill Bernbach's Book』에는 그의 부친이 여성 의류 디자이너로 '엄격하지만 기품 있는' 사람으로 언급되고 있다.

공립 초·중·고등학교를 마친 후 빌은 뉴욕 대학New York University에 진학했고, 그곳에서 음악, 경영학, 철학이라는 어울리지 않는 조합의 학문들을 공부했다.(광고는 아마도 이 세 학문의 지식을 한 곳으로 끌어올 수 있는 유일한 직업인 것 같다.) 또 그는 피아노도 연주했다. '별 호감이 가지 않는 외모'에도 불구하고 그는 '총명하고 관찰력이 뛰어나며 생각을 정확히 표현해 주변의 많은 사람들보다 항상 한 수 위였다.' 열등한 외모에도 불구하고 강한 정신력을 가진 사람들이 그러하듯 그는 자아가 강한 사람이었고, 이것이야말로 자신을 잃어버리지 않게 하는 힘이었다.

번버크는 스켄리 디스틸러스 컴퍼니Schenley Distillers Company에서 우편배달 사환으로 일을 시작했다. 그는 이곳에서 스켄리 아메리칸 크림 위스키라는 브랜드의 즉흥 광고를 만들어 이를 개인적으로 사내 광고부에 제출했다. 이 광고가 채택되었고 이로 인해 번버크는 이 회사 사장 루이스 로젠스틸Lewis Rosenstiel의 눈에 들었다. 덕분에 청년 번버크는 바로 광고부로 자리를 옮길 수 있었다. 그는 1939년 카피라이터 자격으로 뉴욕 월드 페어New York World's Fair에 참가했다. 그러나 번버크에게 보다 많은 영향을 끼친 것은 그 다음 직장이었던 광고사 윌리엄 H. 웨인트롭William H. Weintraub이었다. 이곳에서 그는 전설적인 그래픽 디자이너 폴 랜드Paul Rand와 함께 일했다. 윌리엄 H. 웨인트롭과 랜드 모두 도일 데인 번버크의 방식을 뒷받침하는 역할을 했다. 1941년 윌리엄 H. 웨인트롭은 백인 앵글로 색슨 프로테스탄트들이 지배하고 있는 매디슨 가의 문화에 대한 대안으로 뉴욕에서는 처음으로 '소수 민족' 광고사를 발족했다. 이 회사 광고주로는 듀보넷Dubonnet, 레블론Revlon, 스켄리 리쿼스WM Schenley Liquors가 있었다. 스켄리 리쿼스가 이 회사의 광고주로 있었다는 건 번버크가 스켄리를 어떻게 그만 두었는지를 설명할 수 있는 단서가 될 듯하다. 그러나 어쨌든 다시 랜드의 이야기로 돌아가도록 하자. 랜드는 이 회사의 스타급 아트 디렉터였다. 그가 윌리엄 H. 웨인트롭 사에 들어왔을 때 나이는 스물일곱 살에 불과했지만 아트 부문을 전적으로 책임지겠다고 회사에 요청했고 결국 회사는 이를 수락했다. 입체파, 구성주의, 데스틸De Stijl[데스틸은 1917년부터 1931년까지 네덜란드에서 몬드리안Piet Mondrian, 오우드J.J.P. Oud, 리트벨트G.T. Rietveld 등에 의해 결성된 조형예술운동 그룹이자 이들이 발간한 잡지의 이름이다]

에 영향을 받은 랜드는 유럽의 감각을 미국 그래픽 디자인에 옮겨놓았다. 그의 디자인은 또렷하고 정돈된 느낌을 준다. 사실 이렇게 말하면 곤혹스럽겠지만 당시의 기준으로 본다면 그의 디자인은 가히 스파르타적이라고 할 수 있다.(훗날 그는 수백 개의 기업 아이콘 중에서도 특히 유명한 IBM 로고를 디자인하기에 이른다.) 스티븐 헬러Steven Heller가 2000년 출간한 랜드의 전기 『폴 랜드Paul Rand』에서 웨인트롭 사 시절의 동료였던 한 디자이너는 '폴은 크리에이티브 혁명 그 자체였다'고 평한 바 있다. '꼭 세잔느 같았다. 세잔느가 브라크와 피카소에게 영향을 미치면서 브라크와 피카소는 큐비즘을 주창했다. 큐비즘을 주창한 것은 그들이었지만 모든 것의 시작은 세잔느였다.'

번버크는 웨인트롭 사에서 랜드와 함께 일하게 되었는데, 이는 당시에는 상당히 획기적인 일이었다. 번버크의 살아있는 카피가 랜드의 이미지를 해석해내면서 효과가 배가되었다. 이것이 바로 '크리에이티브 팀'의 탄생이었다. 육중한 기존 광고사들에서는 카피라이터와 아트 디렉터들이 따로 떨어져 일하고 있었고, 아예 층수를 달리 쓰는 경우도 많았다. 이들 사이에는 토론이 거의 이루어지지 않거나 아예 이루어지지 않은 채 언어와 이미지를 함께 처리하는 용감무쌍한 일들이 벌어지고 있었던 것이다. 하지만 랜드와 번버크는 시작부터 함께 컨셉트를 발전시켜 나갔다. 번버크가 자신의 광고사를 차렸을 때 이러한 카피라이터와 아트 디렉터 간의 협력 구조는 회사의 기본이 되었다.

번버크와 랜드는 웨인트롭에서 가까운 친구였지만 매디슨 가의 전설에 따르면 번버크가 광고에서 일러스트레이션보다 사진을 쓰는 것에 호의를 보인 점을 절대 용서하지 않았다고 한다. 랜드는 미학에 관심을 가진 반면 번버크는 충격을 추구했기 때문이다.

한편 번버크는 군입대를 위해 웨인트롭 사를 그만두었다. 제대를 한 후 그는 그레이 애드버타이징Grey Advertising 사에 입사했다. 이 회사 역시 웨인트롭과 비슷하게 백인 앵글로 색슨 프로테스탄트계가 아닌 다민족으로 구성된 회사였다. 밥 레븐슨Bob Levenson에 따르면, 번버크는 몇 개월 만에 책임 카피라이터에서 부회장 및 크리에이티브 디렉터로 승진했다고 한다. 레븐슨은 그의 승진을 다음과 같이 설명했다. '번버크는 공상가였어요. 공상에 열중했죠. 또 그는 걱정이 많은 사람이기도 했죠. 이게 정말 기가 막히는 조합이었던 거죠.'

그레이 사에서 번버크는 아트디렉터 밥 게이지를 만났다. 폴 랜드와 그랬던 것처럼 게이지와는 마음과 능력이 모두 맞았다. 게이지 역시 그렇게 느끼고 있었고 그의 아내에게 언젠가 번버크와 함께 사업에 뛰어들고 싶다고 말한 적도 있었다. 번버크가 그레이 회장에게 그 유명한 편지를 쓰게 된 1947년 5월, 때는 목전에 와 있었다. 이 편지에서 그는 '우리가 대기업이라는 함정에 빠질까 나는 걱정입니다'라고 우려감을 표명한 후 '우리가 내용 대신 기술을 신봉하게 될까 그것 역시 걱정입니다. …… 광고계에는 정말로 대단한 기술자들이 많이 있습니다. …… 그러나 여기엔 작은 문제가 있습니다. 광고는 근본적으로 설득이고 설득은 과학이 아닌 예술이라는 점입니다. …… 새로운 길을 열어가야 합니다. 좋은 미적 관념, 좋은 예술, 좋은 글이 곧 판매 실적을 향상시킬 수 있다는 점을 증명해야 합니다.'라고 밝혔다.

관념적으로 보면 이 편지는 충분히 옳은 이야기였다. 그러나 그레이 회장에게 이 편지는 충분히 옳은 이야기가 아니었던 것 같다. 그는 번버크의 편지를 무시해버렸다. 이렇게 되자 번버크는 그 자신의 광고사를 차려 새로운 길을 열어가기로 결심했다. 그는 거래 기업 중 하나인 올바크Ohrbach 백화점[1923년에 개업한, 의류와 악세서리 중심의 중저가 백화점. 제2차 세계 대전 이후 미 동부지역을 넘어 서부 캘리포니아 지역까지 급속히 팽창하다 1987년에 폐업한 백화점

체인] 그리고 동료이자 그레이의 부회장 및 재정 담당이었던 네드 도일Ned Doyle과 함께 그레이 사를 나왔다. 도일의 말을 빌자면 '번버크와 도일은 상호 존경이라는 관계를 형성했다'고 한다. 후에 도일은 젊은 카피라이터 메리 웰스가 DDB에서 일하던 시절 그녀에게 많은 영향을 준 첫 번째 인물이 되었다. 그녀는 도일에 대해 '아일랜드 풍미가 넘치는 사람이었다. …… 그는 호리호리한 체격에 은회색 머리칼, 차분한 눈빛, 깎아놓은 듯한 얼굴을 가진 중년 신사였다.'라고 떠올렸다.

도일은 작은 광고사를 운영하던 맥스웰 데인Maxwell Dane도 영입했다. 맥 데인은 스턴 브라더스Stern Brothers라는 뉴욕의 작은 소매회사에서 광고 책임자로 일을 시작했다. 이후 『뉴욕 이브닝 포스트New York Evening Post』의 소매 홍보 책임자, 광고사 돌랜드 인터내셔널Dorland International 재정 담당 이사 및 카피라이터를 지내고 룩Look 매거진의 광고 홍보 책임자를 지내던 중 그곳에서 도일을 만났다. 그리고 나서는 자신의 광고사를 설립한 1944년까지 라디오 방송국 WMCA의 광고 홍보를 책임졌다.(WMCA 시절 그는 정시 뉴스 속보라는 개념을 도입했는데, 당시로서는 혁신적인 발상이었다.) 그는 한치 미련도 없이 옛 친구의 대열에 합류했고 그의 비좁고 낡아빠진 매디슨 가 사무실이 이 새로운 광고사의 첫 번째 근거지가 되었다.

이렇게 해서 도일 데인 번버크Dolye Dane Burnbach가 탄생했다. 회사 이름에 쉼표를 없앤 것도 규범으로부터의 일탈이었다. '우리 이름 사이에는 아무것도 들어가지 않을 것입니다.' 번버크가 설명했다. '그것이 구두점이더라도 말입니다.'

DDB는 시대의 흐름을 따라 잡았다. 이 회사는 광고사라기보다는 최신 유행의 재즈 콤보 같았다. 사실 한때 번버크는 DDB의 작업을 위대한 재즈 피아니스트인 델로니어스 몽크Thelonius Monk의 음악과 비교한 바 있다. 그러나 처음부터 자기 생각대로 지시를 한 건 백화점 사장 N.M. 올바크N.M. Ohrbach였다. 번버크가 묘사한 대로 그는 '무식하고 불안정하며 몸집이 거대한' 사람이었다. 하지만 이전 그레이의 고객이었고 번버크에게 회사를 설립하도록 용기를 북돋운 것도 바로 올바크였다. 게다가 올바크는 DDB에서 제작한 이 백화점 첫 번째 광고의 비용을 선불로 지급해주기까지 했다. 이 덕분에 번버크는 회사 설립과 관련된 경비를 충당할 수 있었다. '올바크는 무자비한 기업가였어요. 번버크는 올바크에게 돈을 벌어주고요' 라고 밥 레븐슨이 털어놓았다. 그러나 이 둘의 관계에 마찰이 없었던 것은 아니다. '번버크의 파란 눈 속에 있는 철심 몇 개는 아마 올바크의 대장간에서 만들어졌을 걸요.'

그럼에도 불구하고 도일 데인 번버크가 올바크 백화점을 위해 만든 일련의 광고 시리즈는 세간의 주목을 끌었다. 이 광고들로 올바크 백화점은 적절한 가격에 고급 패션을 구입할 수 있는 브랜드로 포지셔닝 되었다. 올바크 백화점 광고 중 가장 유명한 것으로는 한 남자가 아내의 사진으로 만든 대형 입간판을 옆구리에 끼고 가는 광고다. 거기에는 '아내를 데리고 오세요. 단 몇 달러에 새로운 여자로 바꿔드립니다Bring in your wife, and for just a few dollar we'll give you a new woman' 라는 카피가 덧붙여졌다. 저돌적인 이미지에 위트 있는 카피가 완벽한 균형을 이루는 것이 바로 DDB의 스타일이었다. 필리스 로빈슨의 탁 튀는 카피에 광고계 첫 번째 현대적 아트 디렉터라 할 수 있는 밥 게이지의 폭넓은 시각적 디자인이 더해지면서 DDB 스타일은 탄력을 받았다.

이 회사의 중요한 다음 광고주는 레비스 베이커리Levy's Bakery였다. 레비스는 DDB의 역량에 대해 확신하고 있는 터였다. 당시 레비스가 판매하던 호밀빵은 전형적인 유태계 상품이었다. 하지만 포장하지 않은 그 호밀빵은 길모퉁이 유태인 빵가게에서 갓 구워낸 것처럼 맛이 있을 거란 생각이 들지 않는다는 데 문제가 있었다. 따라서 번버크는 유태인이 아닌 소비자들에게 초점을 맞추기로 했다. 비유태계 소비자들은 아무래도 호밀빵에 대해 유태인들만큼 까다롭게 굴지 않을 것이기 때문이었다. 이러한 전략에 따라 첫 번째 광고는 다음과 같이 만들어졌다. '레비스를 좋아하기 위해 당신이 꼭 유태인일 필요는 없습니다You don't have to be Jewish to love Levy's.' 카피 문구는 이것이 전부였다. 카피 아래는 아일랜드 경찰관, 귀여운 흑인 아이 등의 얼굴 사진을 커다랗게 실었다. 올바크 백화점 광고에 이어 레비스 광고 역시 간결하면서도 정곡을 찌르는 것이었고 레비스의 판매고는 순식간에 높아졌다. 이보다 더욱 간결한 형태로 만들어진 레비스의 광고로는 빵 세 조각을 줄 세워 놓았던 작품을 꼽을 수 있다. 첫 번째 빵조각은 한입 정도를 먹은 것이고, 마지막 빵조각은 거의 먹어치워 빵의 바삭한 끝 부분만을 조금 남긴 정도로 묘사되었다. 그리고 카피는 '뉴욕이 호밀빵을 먹어치우고 있다!New York is eating it up!'로 작성되었다.

DDB는 폴라로이드Polaroid 광고에서 다시 한번 사진을 기술적으로 이용했다. 즉석 스냅 사진을 찍을 수 있는 폴라로이드 카메라는 당시 매우 생소한 제품이었다. 이전의 폴라로이드 인쇄 광고는 난잡하고 허울만 좋은 광고였기 때문에 이런 값싼 느낌이 이 카메라의 상당한 값을 속이는 듯한 인상을 주었다. 도일 데인 번버크는 폴라로이드 광고에서 카피를 삭제해버렸다. 밥 레븐슨은 '폴라로이드가 파는 것은 사진이었기 때문에 있는 그대로의 직설적 광고 속에서 크고 아름다운 사진을 보여주고자 했죠'라고 당시를 회상했다. 또한 DDB는 단 1분 만에 화려한 사진을 가질 수 있다는 점을 각색한 라이브 TV 광고를 배치했다.

폴라로이드 광고 캠페인이 상당히 감상적, 다시 말해 소비자들의 일상생활 중 감정적인 순간에 초점을 맞추기는 했지만 도일 데인 번버크의 평소 스타일은 뉴요커들에게서 느낄 수 있는 냉소적이면서 재치 있는 그런 것이었다. 시바스 리갈Chivas Regal 위스키 광고에서는 위스키 병에 태평하게 묶여 있는 허리띠가 이렇게 말하고 있다. '아빠에게 비싼 허리띠를 선물하세요.' 에이비스Avis 광고 헤드라인도 주목할 만하다. '더 열심히 일합니다We try harder' 라는 카피는 업계 2위의 자동차 렌탈업체인 에이비스가 자기만족에 안주할 여유가 없다는 것을 설명해주는 것이었다. 에이비스 사장조차 이 광고가 약속하고 있는 높은 기준을 맞출 수 있을지 걱정되어 번버크에게 불평을 했다는 점만 봐도 이 카피가 가지고 있는 효과를 가히 짐작할 수 있다.

그러나 번버크의 가장 유명하면서도 가장 큰 도전이 되었던 광고는 바로 폴크스바겐Volkswagen이다.

## 작게 생각하라

'그들은 우리더러 유태인 도시에서 나치의 차를 팔아달라고 했죠.' DDB가 폴크스바겐 광고를 따냈던 즈음 이 회사에 합류했던 아트 디렉터 조지 로이스George Lois는 당시 상황을 이렇게 정리했다. 로이스는 폴크스바겐 밴 광고를 담당했으며 비틀Beetle 광고 작업에도 참여했었다. 1950년대 후반 미국에서 이 작고 이상하게 생긴 독일 자동차의 광고를 제작하는 업무가 아트 디렉터 헬무트 크론Helmut Krone과 카피라이터 줄리안 쾨니히Julian Koenig에게 떨어졌고 번버크 자신이 업무 감독에 나섰다.

크론이 1세대 독일계 미국인이라는 사실은 우연이 아니었다. '비틀에 대해 들어본 적이 있는 사람은 나밖에 없었기 때문에 폴크스바겐 광고를 맡을 수 있었어요' 라고 클리브 챌리스Clive Challis가 쓴 &피스 크론Helmut Krone』(2005)이란 책에서 크론은 그렇게 말했다. '나는 미국에서 처음으로 판매된 폴크스바겐을 타고 다녔어요. 아마 처음에 나온 1백 대 중

에 하나였을 거에요. DDB에서 일하기 오래 전부터 폴크스바겐을 탔죠.'

폴 랜드 그리고 하퍼스 바자Harper's Bazaar의 선구적 아트 디렉터 알렉시 브로도비치Alexey Brodovitch의 영향을 받았던 크론은 광고보다는 디자인에 더욱 관심을 기울이고 있었다. 1954년 스물아홉의 나이로 DDB에 합류하기 이전까지 그는 『에스콰이어Esquire』지에서 일했다. 고집이 세고 엄격한 성격의 소유자인 그는 판매 전략 이상으로 이미지가 가지는 아름다움과 그 영향에 중점을 두었다. 항상 '새로운 지면을 갈구했기 때문에' 그는 완벽을 향한 노력 역시 지침이 없었다. 챌리스는 그의 책에서 다음과 같은 일화를 전하고 있다. 크론이 선더버드Thunderbird라는 와인 브랜드 레이블 제작을 담당하게 되었다. 네드 도일이 그의 방으로 들어와 그에게 말했다. '선더버드 일은 이미 한 달 전에 그만두기로 했던 거네.' 크론이 대답했다. '그건 상관없어요. 아직 이 광고가 마음에 들지 않거든요.'

줄리안 쾨니히는 최신 유행을 쫓는 사람이었다. 주름이 잡힌 검은 정장, 폭이 좁은 넥타이, 버튼다운 컬리의 옥스퍼드 셔츠를 유행에 맞춰 입고 다녔다. 챌리스에 따르면, 쾨니히는 법대를 그만두고 '광고에 빠져들기 전까지는' 소설을 쓰면서 메트로폴리탄 미술 박물관Metropolitan Museum of Art에 드나들었다고 한다. 광고사 허쉔 가필드Herschon Garfield에서 그는 타이맥스Timex 클래식 손목시계 시리즈를 포함한 이 업체의 제품에 대한 다음과 같은 '토처 테스트torture test(일종의 성능 및 신뢰성 테스트)' 광고 카피를 작성했다. '때려도 죽지 않습니다Takes a licking and keeps on ticking.'

잘 어울리지 않을 것 같은 이 두 사람은 가장 영향력 있는 광고를 계속 만들어냈다. 크론은 헤드라인, 사진, 카피가 아주 정교하게 배치되는 '오길비 인쇄 광고 기획'의 방식을 선택함으로써 DDB의 분위기를 거슬렀다. 챌리스는 '만약 그런 인쇄 광고 기획이 채택되었더라면 번버크의 코가 납작해졌을 것이다. 그 기획은 정말 옳은 것이었다. 멋지고 겸손하며 차분했다'고 쓰고 있다.

그러나 오길비의 사진이 항상 호기심을 자극하는 세부 사항으로 버무려져 있었던 반면, 크론은 꾸밈없고 가공하지 않은 이미지들을 사용했다. 또한 그는 극도로 단순한 산세리프sans serif 활자[활자를 구성하는 획의 끝부분에 돌출한 작은 획을 세리프라 하는데, 산세리프란 이 세리프가 없는 활자체로 한글의 고딕체에 해당한다]를 사용했다. 여기에 무덤덤하며 자기 비하적이기까지 한 카피가 등장하는데, 이는 암묵적으로 광고를 보는 사람들이 이해를 할 것이라는 판단에 기초하는 것이었다.

비틀 초기 광고 중에는 이 자동차의 공냉식 엔진에 초점을 맞춘 것이 있다. 이 광고에서는 비누칠이 된 차를 차 지붕 위에서 내려찍은 사진이 실렸다. 여기에 '폴크스바겐이 필요로 하는 물의 양은 이 차를 세차하는 양의 물이면 됩니다'라는 헤드라인을 넣었다. 이미 이것은 작은 혁명이었다. 물론 대다수의 사람들이 주목하지 않고 그냥 지나친 광고가 되었기는 하지만 말이다. 이 광고에서는 헤드라인에서 이미 결론을 내고 있는데, 클리브 챌리스Clive Challis는 여기에 대해 다음과 같이 설명하고 있다. '헤드라인에서 결론을 내버리는 일은 일종의 선동 행위였다. 카피가 무엇을 이야기하려고 하는지 그 페이스를 끊어 말하려고 하는 것에 대해 생각하게 했습니다. 심지어는 이것이 말하는 바를 알아내기 위해 세심한 주의가 필요하기도 했습니다. 물론 이것이 바로 크론이 이러한 카피를 사용한 이유지요.'

꾸밈없는 단순성, 극적인 종지부 효과, 사실에 입각해 있으면서도 재미있는 카피라는 이런 모든 요소들이 가장 상징적인 비틀 광고 시리즈에 잘 어우러졌다. 처음에 비틀 광고 시리즈는 자동차 업계 잡지에 실릴 기업 홍보용으로 시작되었고 카피 역시 긴 편이었다. '폴크스바겐은 작게 생각함으로써 세계 제5위의 자동차 제조업체가 되었습니다. 점점 더 많

은 사람들이 이렇게 하고 있습니다.'

줄리안 쾨니히는 여기서 '작게 생각하라 Think small'를 헤드라인으로 뽑아냈다.

처음에 크론은 이 아이디어가 시각적으로 명확하다는 점에 동의는 했지만 별 감흥을 느끼지 못했다고 한다. '차를 작게 만들어 달라는 거야?' 조지 로이스와 밥 게이지를 포함한 아트 부서의 모든 구성원들이 이 문제에 대해 여러 가지 의견을 내놓았지만 크론은 결국 그렇지 않아도 크기가 작은 비틀의 앵글을 가볍게 잡아 백지의 왼쪽 상단 구석에 배치했다. 이 광고에 대한 반응이 매우 좋아서 몇 달 후에는 밥 레븐슨이 이 광고를 좀 더 간결하게 만들어 소비자 신문에 게재했다. 버스 크기만한 자동차들이 돌아다니는 이 큰 나라에서 '작게 생각하라'고 소비자들을 고무시키는 것은 사회질서의 파괴와 마찬가지였다.

다른 유명한 비틀 광고로는 '레몬 Lemon[레몬은 불량차를 의미하는 속어]'이라는 단어 위에 번쩍거리는 비틀의 새 차 이미지를 찍어낸 작품이다. 줄리안 쾨니히는 여기에 '이 폴크스바겐은 품질 검사를 통과하지 못했습니다. 자동차 앞좌석 글러브 박스 위 크롬 스트립에 손상이 있어 교체해야 합니다.' 그리고는 이렇게 결론을 맺었다. '레몬은 저희가 가져가고 자두 plum[가장 좋은 부분을 의미하는 속어. 여기서는 가장 좋은 차를 의미]만 여러분에게 드릴 것입니다.' 메리 웰스의 책에는 이 광고 때문에 폴크스바겐 사장이 화를 냈다고 적고 있다. 이 단어들이 뜻하는 바를 이해하지 못했던 그는 이런 슬로건을 너무 창피해했다. 하지만 훗날 번버크는 이 대담한 헤드라인이 DDB의 운명을 바꾸었다는 사실을 깨닫고는 다음과 같이 말했다. "단순히 '모든 폴크스바겐은 엄격한 품질 검사를 통과해야만 합니다'라고 썼다면 어쩔 뻔 했어?"

밥 레븐슨은 DDB 폴크스바겐 광고가 '그 이전이나 이후까지 어떤 광

4. 크리에이티브 혁명 _ **107**

고 캠페인보다 베끼기를 많이 당하고 또 어떤 광고보다 오해와 찬사를 많이 받았다' 고 전했다. 사실 이 광고의 비밀은 번버크가 상품에 대해 가지고 있던 확고한 생각에 있었다. '번버크는 왜 폴크스바겐인가에 주목했다. 정직성, 단순성, 신뢰성, 감각, 차별성이 바로 그 답이었다. 그래서 그 역시 광고가 그런 식으로 가기를 바랐던 것이다.' 이러한 점 때문에 이 광고를 모방했던 사람들은 별 재미를 보지 못하고 운을 다했다. '그들이 파는 것은 폴크스바겐도 아니었고 폴크스바겐을 판 것은 번버크였기 때문' 이었다.

광고계 사람들은 DDB의 폴크스바겐 광고에 대해 약간 심하게 열광하는 구석이 있는 것 같다. 그러나 DDB의 인습 타파적 위트와 독일식 정밀성이 시간이란 시험대도 견디어 왔다는 점을 부인할 수는 없다. 1998년 뉴 비틀New Beetle이 출시되었을 때 이 신차 광고는 1959년 헬무트 크론이 제작한 고전적 기획을 아주 조금 수정하는 선에서 오리지널 광고에 경의를 표한 바 있다. 오래된 광고가 여전히 우월하다는 점을 입증하고도 남은 것이다.

## 필살 타선

조지 로이스는 크리에이티브 혁명에 앞장선 거리의 싸움꾼 중 한 명이다. 브롱크스에서 그리스계 꽃가게의 아들로 태어난 그는 말이 빠르고 자신감 넘치는 뉴요커의 전형으로 매디슨 가가 가지고 있는 종래의 프로테스탄트적 방식을 뒤엎어놓은 인물이었다. 내가 뉴욕 그리니치빌리지Greenwich Village의 한 아파트에서 그를 만났을 때 그는 이렇게 말을 시작했다. '[50년대 후반에] 도일 데인 번버크는 세계 최고의 아트 디렉터 네 사람을 보유하고 있었습니다. 밥 게이지, 빌 토빈Bill Taubin, 헬무트 크론 그리

고 나 조지 로이스가 그 네 사람이었죠. 한마디로 필살 타선이었던 거죠.'

로이스는 그 자신이 '매우 공격적이며 정열적' 이었다는 점을 인정했다. 그는 꽃을 다듬느라 상처가 난 손가락으로 하루를 마감하곤 했다. 그러나 아버지에게서 열심히 일하는 가치를 배웠다고 한다. 이 그리스계 소년은 아일랜드 이웃에 섞여 자라나면서 살아나가는 방식을 개척하는 데 익숙해졌다. 항상 모든 글자를 3D로 스케치하고 그리는 데 몰두했을 만큼 미술에 재능을 보였던 로이스는 선생님의 권유로 포트폴리오를 모아 명문인 음악미술 고등학교 High School of Music and Art[1936년 뉴욕시장인 피오렐로 H. 라가르디아 Fiorello H. LaGuardia가 예술에 재능 있는 학생들을 위해 세운 공립학교]의 입학 자격을 얻었다. 로이스는 '바우하우스 Bauhaus의 영향을 받은 세계에서 가장 좋은 학교' 라고 이 학교를 평한 바 있다.

그가 두각을 나타내었던 1940년대 후반 즈음에도 그는 스스로 디자이너가 되고 싶다고 생각하고 있었다. 그리고 광고는 '여전히 불모지' 였다. '소재가 너무 형편없었죠. 기본적인 여섯 개 기획안밖에 배울 게 없었으니까요.' 한국 전쟁에 참전했다 무사히 귀국한 그는 CBS에서 크리에이티브 디렉터 빌 골든 Bill Golden을 도와 이 회사 네트워크의 광고 및 그래픽을 디자인했다.

"그러나 나는 여전히 광고계에서 할 일이 있을 거라 생각했죠. 빌은 가지 말라고 경고했어요. 그가 말했죠. '그거 하지마, 조지. 광고는 싸구려 세계야.' 나는 그가 미쳤다고 생각했습니다."

운이 좋게도 로이스는 서들러 & 헤네시 Sudler & Hennessy에 들어갈 수 있었고, 그곳에서 영향력 높은 아트 디렉터 허브 루발린 Herb Lubalin을 만났다. '그러나 그때도 내 자리는 도일 데인 번버크라고 생각했어요. 사실 밥 게이지가 이미 나를 DDB 홍보부로 부르려고 한 차례 시도를 했던 적이 있었는데, 내 광고를 하고 싶어서 그의 제안을 거절했죠. 2년 후 난

DDB에 아트 디렉터로 들어갔습니다.'

로이스는 DDB가 그 당시 '세계에서 유일한 창조적 광고회사'였다고 말한다. '광고업계는 정말 말벌집 같았죠. 일부 소수민족계의 젊은 친구들이 첨단 디자인을 하고 있었죠. 이게 아니더라도 진짜 엉터리였어요. 오길비Ogilvy도 창조적이기는 했는데 방식은 달랐어요. 오길비는 전통적인 입장을 견지하고 있었고 살아 숨 쉬는 아트 디렉터를 위한 자리는 없었죠. 게다가 그곳에는 규정도 백만 가지나 됐어요. 하지만 나는 규정 같은 것은 안 가지고 있었죠.'

도일 데인 번버크라는 크리에이티브의 온상에서도 로이스는 튀는 사람이었다. '내가 도일 데인에 합류했던 게 1958년인데, 나는 매우 다른 종류의 아트 디렉터로 즉시 주목을 받았습니다. 내 소재는 일종의 거리의 감성을 가진 신랄하고 거센 것들이었어요. 도일 데인의 기준으로 보면 꽤 충격적이었죠.'

게다가 로이스는 정열적인 사람이었다. 그의 화려한 언어와 자극적 성미는 가히 전설적이었다. 조지는 서들러 & 헤네시 시절 이야기를 들려주었다. 고객 담당 직원과 뒤엉켜 싸움을 하고 있는데, 사장과 손님 몇 명이 사무실로 들어왔다. '나는 말 그대로 그 녀석의 목덜미를 잡고 바닥에 패대기를 쳤죠. 서들러가 손님 쪽으로 돌아서더니 이렇게 말했어요. "우리 회사의 모든 아트 디렉터는 매우 열정적인 사람들입니다."'

그가 좋아하는 또 다른 일화는 DDB와 관련된 것이다. DDB에서는 아트 디렉터가 고객에게 말을 건네는 것이 금지되어 있었다. '나 혼자 힘으로 그걸 바꿨죠. DDB에 들어가서 처음 몇 주 동안 나는 굿맨Goodman 사의 마초Matzo[유태인들이 유월절에 먹는, 베이킹 소다를 넣지 않은 빵]를 선전하는 지하철 광고를 만들었어요. 광고에 실은 마초는 기본적으로 정말 컸죠. …… 진짜 한눈에 눈길을 끄는 그런 이미지였어요. 고객 담당이 이 광고를 굿맨 사장에게 보여주고 와서 한다는 소리가 "그가 별로 마음에 들어 하지 않으니 다른 걸로 해봐요"라는 거예요. 나는 쌍욕을 내뱉고 나서는 직접 포스터를 굿맨에 가지고 갔어요.

그 회사에 갔더니 굿맨 사장이 유리로 된 큰 사무실에서 손자들이랑 있더라고요. 손자들이 포스터를 보더니 한다는 말이 "이거 재미있어요. 우리 이 광고해야 돼요"라는 거예요. 그러자 굿맨 사장은 크게 화를 내면서 "내 마음에 안 든다니까!"라고 소리를 질렀죠. 결국 나도 화가 치밀어 올라 제정신이 아니었어요. 대형 여닫이 창 쪽으로 막 걸어가서 창을 열었어요. 포스터를 가지고 몸을 창밖으로 내밀었죠. 마치 창밖으로 뛰어내릴 것처럼 말이죠. "이게 다 당신 때문이에요! 보란 말이에요!" 내가 막 소리를 질렀어요. "당신은 마초 만들고 나는 그 마초 광고 만들 거라고요!" 그랬더니 그가 위험하다고 안으로 들어오라고 소리를 지르다가 심장에 마비가 온 것처럼 쓰러지더라고요. 손자들이 정신 차리시라고 얼굴을 때리고 약이랑 물이랑 가져오고 그랬죠. 마침내 정신이 돌아온 그가 "얘들아, 이제 괜찮다, 괜찮아. 그래, 이 빌어먹을 놈의 광고를 쓰자. 그리고 당신, 회사에서 잘리면 나한테 와. 우리 회사 영업사원 자리 줄 테니." 라더군요.'

그리고 몇 주 후 DDB 아트 디렉터와 카피라이터 대표 몇 명이 로이스를 해고시키자는 의견을 가지고 번버크에게로 왔다. '그 사람들은 내가 도일 데인에 잘 맞지 않는다고 생각했어요. 그러나 그건 잘못된 생각이었죠. 번버크는 내가 출근한 첫날 내 방으로 와서 인사를 나눈 뒤 그때부터 줄곧 나를 좋아했어요. 출근 전 주말동안 내 방에 페인트칠을 하고 그 유명한 로에Rohe가 디자인한 의자를 가져다 놓았죠. 그리고는 출근하자마자 액체 귀지 제거제 광고를 만들고 있었어요. 대형 귀 사진을 만들고 연필과 페이퍼클립으로 막 일을 시작하려고 하는 참이었죠. 근데 번버크가 그걸 보더니 너무 좋아하는 거예요. 그래서 그 아트 디렉터와 카피라이터 대표들이 나를 해고시키라고 했을 때도 번버크는 내 인생 최고의 칭찬을 해주었습니다. 그는 말했죠. "자네들, 지금 농담하는 거야? 로이스는 폴 랜드와 밥 게이지를 합쳐 놓은 사람이라고!"

그러나 도일 데인 번버크조차도 로이스의 페르소나를 담기에는 그릇이 충분하지 않았다. 1959년 말 그는 '세계에서 두 번째로 창조적인 광고사'를 구축하자는 아이디어를 가지고 DDB 사의 카피라이터인 줄리안 쾨니히에게 접근했다. 그들은 케년 & 에크하르트Kenyon & Eckhardt 사를 그만둔 프레드 패퍼트Fred Papert와 합세할 예정이었다. '내가 회사를 그만두겠다고 번버크에게 말했을 때 그가 거의 정신을 잃었나봐요.' 루이스가 이렇게 회고했다. '내가 그의 입에 주먹을 한 대 날린 것 같았어요. 그리고는 그가 진지하게 말했죠. "그런데 조지, 자네는 이해하지 못하네. 창조적인 회사가 동시에 두 개나 존재할 수 없다는 사실을 말일세."'

그러나 이러한 번버크의 권유에도 흔들리지 않고 이 세 사람은 1960년 1월 새로 생긴 시그램Seagram 빌딩에 패퍼트 쾨니히 로이스Papert Koenig Lois 사무실을 차렸다. 이 광고사는 조사보다는 가공하지 않은 재능에 역점을 둔 DDB 기조를 이어나갔다. '아트 디렉터가 광고 회사에서 가장 중요한 역할을 할 것이라 생각한 건 처음이었을 겁니다'라고 로이스가 말했다. '그때부터일 거예요, 잘 나가는 청년들이 모두 광고회사 아트 디렉터로 일하고 싶어 한 것이요. 우리는 꼭 록스타 같았죠.'

이 회사가 즉각적으로 거둔 성과는 푸조Peugeot와 제록스Xerox 광고를 따낸 것이었다. PKL의 제록스 TV 광고는 침팬지가 복사하는 모습을 보여줌으로써 이 기계의 단순성을 집중 조명했다. '이전에는 아트 디렉터들이 TV 광고를 어떻게 만드는지 모를 것이라 생각했던 것 같아요. TV 광고를 만들던 사람들은 성공하지 못한 TV 프로듀서들이었습니다. 그러나 나는 다르게 생각했죠. 좋은 아이디어를 가진 아트 디렉터라면 무엇이든지 할 수 있다고 말이죠. TV 광고는 좋은 아이디어를 취해 움직이게 하면 되는 것이었거든요.'

1962년 이 회사는 주식을 공개했다. 이 때문에 업계에서 반발이 있었지만 푸트, 콘 & 벨딩Foote, Cone & Belding, DDB 같은 광고사들 역시 주식을 공개하기에 이르렀다.(영국에서도 이와 비슷한 주식시장 상장 움직임의 전조가 나타났다.) 1964년 PKL은 3천만 달러의 거래금액을 기록했다. 『시대의 거울을 만들었던 사람들』에서 스티븐 폭스는 PKL을 '다방면에서 혁신적이며 …… 1940년대 후반 번버크와 오길비가 시작된 이후 처음으로 가장 성공을 거둔 새로운 광고사'라고 평했다. 또한 PKL은 런던에 사무실을 개설함으로써 해외로 사세를 확장한 최초의 '핫 숍'이 되었다.

'우리가 진짜 크리에이티브 혁명의 시작이었습니다'라고 로이스는 강력히 주장했다. '광고 회사 하나로 혁명을 할 수는 없습니다. 도일 데인 번버크가 나무 줄기였다면 우리는 거기에서 뻗어 나온 첫 번째 나뭇가지였습니다.'

## 혁명은 텔레비전을 타고

곧이어 한번 더 나뭇가지가 쳐졌다. 이번 변절자는 칼 앨리Carl Ally로 1962년 PKL을 박차고 나와 1백만 달러짜리 볼보Volvo 광고를 가지고 자신의 광고사를 차렸다. 한국 전쟁에 전투기 조종사로 참전했던 그는 호전적인 사람으로 보는 사람들이 괴로울 정도로 강렬한 느낌의 광고를 만들고 싶어 했다. 그는 자신의 사무실 벽에 다음과 같은 글을 붙여 놓았다. '고통 받는 자들을 위로하라. 그리고 안락한 자들을 괴롭혀라.' 조지 로이스는 '그가 PKL에 왔을 때 그는 우리만큼 미친 고객 담당일 뿐이었어요'라고 회상했다. 앨리는 허츠Hertz 렌트카 광고를 따왔고 DDB의 광고를 허츠 광고의 모티브로 삼았다. 허츠 광고에서는 '그동안 에이비스는 허츠가 업계 1위라고 말해왔습니다' 라는 빈정대는 카피를 올렸다. '지금부터 그 이유를 설명 드리겠습니다.' 앨리는 자신의 광고사를 차린 후 '성난 듯 몰아보라Drive it like you hate it' 라는 볼보 광고를 제작했다.

새롭게 탄생한 세대는 그들의 버릇없음을 마음껏 즐겼다. 앨리의 볼보 광고가 있은 몇 년 후 카피라이터 제리 델라 페미나Jerry Della Femina는 그 스스로가 일본 전자 회사에 심술궂게 제시했던 슬로건을 따『당신을 진주만으로 인도한 굉장한 사람들로부터From Those Wonderful Folks Who Brought You Pearl Harbour』라는 제목의 책을 냈는데, 이 신세대의 불손함을 단적으로 보여주는 예가 되었다.

1967년 카피라이터 에드 맥케이브Ed McCabe는 샘 스칼리Sam Scali, 마빈 슬로브스Marvin Sloves와 함께 스칼리 맥케이브 슬로브스Scali McCabe Sloves를 열었다. 맥케이브는 열다섯 살의 어린 나이로 맥켄-에릭슨McCann Erickson 우편실에서 일을 시작했고 결국은 업계에서 알아주는 문장가 중 한 사람이 되었다. 그가 만든 유명한 카피 중 하나는 퍼듀Perdue 광고에 실린 '부드러운 닭고기를 만드는 데는 거친 사람이 필요해It takes a tough man to make a tender chicken' 이다.

다시 말해 창조성이 도처에서 튀어나왔다는 말이다. 로이스가 지적한 대로 '전통적인 광고사들조차 어느 정도 창조적으로 되어가고 있었다.'

그 중심에는 광고 역사상 가장 중요한 여성 중 한 명이 있었다. 웰스 리치 그린Wells Rich Greene의 공동 창립자 메리 웰스Mary Wells가 바로 그다. 『애드버타이징 에이지Advertising Age』지는 『광고의 세기Advertising Century』에서 메리 웰스를 '광고계 첫 번째 국제적 슈퍼스타' 로 칭한 바 있다. 로이스가 텔레비전 광고를 움직이는 미술이라고 생각했다면 메리 웰스는 텔레비전 광고를 영화의 형태로 간주했다고 할 수 있다. 이론의 여지가 없는 것은 아니지만, 그녀는 TV 광고의 잠재성을 화려한 볼거리로 풀어놓은 첫 번째 광고 경영자였다.

오하이오 주 영스타운에서 태어난 웰스는 배우로 쉽게 나아갈 수도 있었다. 그녀가 자서전에서도 밝혔듯이 그녀의 어머니는 딸을 배우로 만들기 위해 메리 웰스가 다섯 살 때부터 발성법 선생을 붙여주었다. 그녀는 열 살이 되던 때 어머니의 응원을 등에 업고 영스타운 플레이하우스 Youngstown Playhouse 연극 무대에 올랐다. 후에 뉴욕에 있는 네이버후드 플레이하우스 연극 학교 Neoghbourhood Playhouse School of Theatre 에 입학했고 피츠버그에 있는 카네기 공대 Carnegie Institute of Technology [현재 카네기 멜론 대학교 Carnegie-Mellon University] 에서 연극을 공부했다. 그러나 이곳에서 그녀는 갑자기 '배우가 되는 게 좋지도 않고 …… 자신이 무엇을 공부하고 싶어 하는지 그리고 무엇이 되고 싶어 하는지를 모르겠다' 는 사실을 깨닫고 스스로 충격을 받았다고 한다.

이렇게 혼란을 겪는 동안 그녀는 카네기 공대 산업 디자인 전공생인 버트 웰스 Bert Wells 를 만나 결혼하기에 이르렀다. 그녀는 학교를 떠났고 오하이오로 돌아와 '버트와 자신이 뉴욕에서 생활할 수 있는 돈을 벌기로' 결심했다. 이렇게 해서 그녀가 틴에이저 시절 모자를 팔던 맥켈비스 McKelvey's 백화점에서 카피 쓰는 일을 시작했다. 이 백화점 광고부 책임자였던 베라 프리드만 Vera Friedman 이 웰스를 고용했는데, 웰스는 이 이유에 대해 이렇게 쓰고 있다. '베라 프리드만은 내가 연극을 공부했고 타이핑을 할 수 있다는 점이 카피라이터 훈련생으로서는 완벽한 역량을 가졌다고 생각했던 것 같다.'

프리드만은 곧 자신이 옳았다는 것을 깨닫게 되었다. 자신의 카피 때문에 사람들이 옷을 사게 된다는 사실에 고무된 메리는 자신의 천직을 찾게 된 것이었다. 1952년 버트와 뉴욕에 돌아온 그녀는 메이시 백화점Macy's 광고부에 일자리를 얻었다. 그녀는 세상사를 낭만적으로 묘사하는 데 천부적이었는데 그것이야말로 의류 마케팅에는 더 없이 적합했다. 그녀는 '패션은 …… 꿈을 입는 것Fashion is about …… wearing your dreams'이라고 서술했다. 그녀는 곧 맥켄-에릭슨McCann Erickson으로 자리를 옮겼으며 1957년 도일 데인 번버크Doyle Dane Bernbach에 취직함으로써 경력의 가속 페달을 밟게 된다.

처음에는 웰스나 번버크 모두 과연 웰스가 과연 이 회사에 적합한 사람인가에 대해서 확신이 없었다. 톡톡 튀는 카피를 내놓지 못했다. 그녀는 '번버크가 나의 강점이라고 할 수 있는 꿈으로 인생을 연극화하는 것에 내켜 하지 않았다.' 나중에 가서야 번버크는 그녀를 '우리 회사에서 꿈을 파는 사람'이라고 말하면서 고객에게 오렌지색 바닥에 열대 등나무 가구로 치장한 그녀의 사무실을 구경시켜 주곤 했다. 이 오아시스 같은 곳은 난잡하기로 유명한 그 광고사에서도 꽤나 볼 만한 눈요기 거리가 됐다. 번버크는 매디슨 가의 멋진 광고 회사들에 비해 꾀죄죄한 평범함을 자랑으로 여겼던 회사였다.

웰스는 맥스 팩터Max Factor, 제네럴 밀스General Mills 그리고 프랑스 광고청 등을 고객으로 DDB에서 7년을 보냈다.(프랑스 광고청의 광고 작업과 관련해서 웰스는 사진작가 엘리엇 어윗Elliot Erwitt을 고용했다. 그는 아버지와 아들이 같이 베레모를 쓰고 바게트 빵이 삐죽 튀어나온 자전거를 타고 프랑스 길을 미끄러져 내려가는 고전적 작품을 찍었다. 이 사진은 향후 1세대에 걸쳐 프랑스 시골의 단순한 기쁨을 낭만적으로 묘사하는 데 쓰였다. 최근 파리 어느 사진전에서 나는 이 작품을 다시 보게 됐는데, 그 이미지는 아직도 생생하게 다가왔다.)

1964년 웰스는 인터퍼블릭Interpublic이라는 마케팅 제국을 구축해 나가던(11장 참조) 마리온 하퍼Marion Harper의 권유로 DDB를 사직하게 된다. 하퍼는 소위 '광고계의 싱크 탱크'인 잭 팅커 & 파트너스Jack Tinker & Partners를 창설해서 진정으로 창조적인 광고사로 도약하고자 했다. 웰스가 그 꿈을 이루는 데 도움이 될 것이라고 여겼던 것이다.

그녀는 곧 소화제 알카 셀처Alka-Seltzer TV광고 시리즈로 엄청난 대박을 터트렸다. 웰스는 진정으로 60년대 라이프스타일을 추구하는 사람이라면 위장이 좋지 않을 것이라는 사실에 착안했다. 60년대에 정착된 과로, 파티, 이국의 매운 음식 등이 위장에 좋을 리가 없었기 때문이다. 바꿔 말하면, 거의 누구나가 알카 셀처를 필요로 했던 것이다. 첫 번째 광고에서는 인기 팝송을 배경으로 각양각색 크기의 늘어진 위장 몽타주가 나온다. 그때 같이 썼던 카피가 '위장 모양은 달라도No matter what shape your stomach's in'였다. 얼마 후 광고국은 두 개의 알약이 유리컵 물에 '풍당 풍당 치지지직plop, plop, fizz, fizz' 녹아내리는 알카 셀처의 아이콘과도 같은 장면을 만들어냈다.

알카 셀처에서 그녀는 또다른 크리에이티브 혁명을 일궈 냈다. TV 광고에 활기를 불어넣은 것 이외에도 그녀는 천부적인 브랜딩 컨설턴트의 능력을 가지고 있었다. 그녀는 자신의 광고에 마케팅 전략을 맞춰 전면 수정하도록 고객을 설득했다. 그녀는 알카 셀처를 일상생활에 밀착한 제품으로 자리매김하기 위해 브랜드 소유자 마일즈 연구소Miles Laboratories로 하여금 두 알의 알카 셀처를 알미늄 호일 포장 형태로 출시하여 잡지 판매대, 술집, 레스토랑 같은 데서도 팔 수 있도록 했다. 이로 인해 알카 셀처 매상이 두 배로 늘어났다.

이 같은 종합적 마케팅 감각이 바로 다음 히트작 브래니프 항공사Braniff Airlines의 광고를 만들어내는 데 도움이 되었다. 웰스에 따르면, 그때 당시 비행기는 '동체에 줄 하나 쳐 놓은 하얀색 금속'에 지나지 않았다.

공항은 회색빛에 활기가 없었다. 스릴 넘쳐야 할 비행은 실제로는 끔찍한 경험이었다.

어느 날 웰스는 어두운 공항에서 브래니프의 비행기에 '아름다운 색조'를 입히는 상상을 했다. 그녀는 브래니프의 비행기를 밝은 파스텔 색조로 칠하도록 하는 한편, 잘나가는 이탈리아의 패션 디자이너 에밀리오 푸치Emilio Pucci를 고용해서 스튜어디스 제복을 다시금 디자인 했다.(유니폼의 일부는 비행기가 더운 나라로 날아갈 경우 벗을 수 있도록 고안되었는데, 웰스는 이에 착안해서 자극적인 TV 광고 '에어 스트립'[스트립strip은 '활주로'라는 뜻과 함께 '벗는다'는 이중의 의미를 지니고 있다]을 제작했다. 슈퍼 볼 대회 때 방영된 이 광고는 공전의 히트를 기록했다.) 웰스가 자주 들르는 레스토랑을 '화사한 멕시코 풍의, 그리고 현대적 색채로' 디자인했던 인테리어 디자이너 알렉산더 지라드Alexander Girard가 비행기 내부를 새롭게 꾸몄다. 인쇄 광고에서는 '평범한 비행기의 종언End of Plain Plane'이라는 문구를 썼다. 웰스와 그 팀은 멋있고 섹시하면서도 가장 60년대다운 항공사를 만들어냈던 것이다.

전직 TV 광고 제작자로서 재미있는 책 『빠르고 교활한Fast and Louche』(2002)을 저술한 제러미 스콧Jeremy Scott은 이 당시 웰스와 만난 적이 있었다. 그녀의 재능에 '경탄'한 그는 웰스가 '30대에 작고 예쁘며 비싼 옷을 멋있게 차려 입었다'고 서술하고 있다. 그에 따르면, '그녀는 도일 데인의 후보 선수자리에서 벌떡 일어나 그 어떠한 일이라도 성취할 수 있다는 열정적인 확신을 가지고 지금의 막강한 지위에 올라섰다.'

당연하게도 그녀의 낭만적인 성품 속에는 강철 같은 의지가 숨어 있었다. 마리온 하퍼가 그녀를 잭 팅커 & 파트너스의 사장으로 만들어주지 않자 그녀는 사표를 냈다. 하퍼는 10년에 걸쳐 백만 달러의 보수를 제안했지만 그녀는 이 역시 거절했다. 그녀는 고객인 브래니프 에어라인과 함께 아트 디렉터 스튜어트 그린Stewart Greene과 딕 리치Dick Rich를 데리고 나왔다. 전자는 조용하면서도 안정적이었으며 후자는 약간은 불안한 듯 하면서도 현대적이었다. 웰스 리치 그린Wells Rich Greene은 1967년 4월 4일 에 문을 열었다.

고담 호텔Gotham Hotel에 차려진 임시 사무실에서 나온 이 신생회사는 매디슨 가의 비좁은 공간에 둥지를 틀었다. 웰스는 그 당시를 이렇게 서술하고 있다. '사무실을 꾸밀 시간이 없었다. 그래도 벽에는 사랑을 주제로 한 포스트를 붙였으며 사이키델릭 무늬의 베개를 가져다 놨다. 한 때는 믹 재거가 회사 대기실에서 "요새 엄마 본 적 있으세요?Have You Seen Your Mother, Baby?"를 불렀던 적도 있었다.' 그러나 이보다 더 중요한 일로, 웰스 리치 그린은 '텔레비전 화면을 영화처럼 활용할 수 있는 재능을 가진' 젊은이들을 뽑기 시작했다.

그리고 그것이야말로 웰스 리치 그린의 단순하면서도 복잡한 비밀이었다. 웰스와 충성스런 크리에이티브 디렉터 찰리 모스Charlie Moss는 총천연색 상상력으로 벤슨 & 헷지Benson & Hedge, 아메리칸 모터스American Motors, 프록터 & 갬블Procter & Gamble, 포드Ford 등과 같은 업체들을 위해 인상적인 광고작들을 만들어냈다. 웰스가 일찍이 브래니프 항공사의 히트작을 만들었던 탓에 TWA, 콘티넨탈Continental, 팬앰Pan Am 등 항공사들이 줄을 이었다. 1970년대 중반 그녀는 연봉 30만 달러로 광고업계에서 가장 돈을 많이 버는 여성이 됐다. 같은 70년대 기간 중 그녀는 자신이 업계의 정상에 올라설 수 있도록 지켜봐온 도시를 도울 수 있었다. 그녀의 회사는 오늘날에 이르기까지 뉴욕을 방문했던 사람이라면 도저히 잊을 수 없는 슬로건을 만들어냈다.

그녀는 70년대 관광객 유치를 위해 만들어낸 캠페인과 관련하여 다음과 같이 회상하고 있다. '나는 "뉴욕을 사랑해I Love New York" 문구를 만들어냈다고 주장하는 사람들을 수없이 봤어요. 그러나 이런 표현을 만들어낸 건 어느 특정인이라고 할 수 없어요. 이 말은 내가 기억컨대 옛날부터 사람들이 해오던 말이었기 때문이죠.'

그러나 그 당시의 뉴욕은 전혀 사랑스러운 도시가 아니었다. 시 재정은 파탄 상태였고, 범죄가 들끓는데다 쓰레기 운송 노조의 파업으로 곳곳에서 악취가 났다. 오직 메리 웰스만이 그레고리 팩, 헨리 키신저, 프랭크 시나트라 등이 등장하여 다들 뉴욕을 얼마나 사랑하는지를 자랑하는 브로드웨이 뮤지컬 같은 광고 캠페인을 떠올릴 수 있었을 것이다.

여기에 화룡점정을 한 것은 웰스 리치 그린에 한 다발의 포스터를 들고 나타난 디자이너 밀튼 글레이저Milton Glazer였다. 팀이 작품을 검토하고 있을 때 그는 주머니에서 구겨진 종이를 꺼내더니 "나는 이게 좋은 데, 어떻게들 생각하세요?"라고 물었다. 그것은 "나는 뉴욕을 사랑해I Love New York" 문구에서 Love 대신 하트 모양을 집어넣은 그림이었다.

앞으로 독자 여러분들이 'I ♥ New York' 문양을 새겨 넣은 티셔츠나 머그컵을 볼 일이 있다면, 밀튼 글레이저를 떠올리시면 된다.

이 밖에도 웰스의 히트작은 무수히 많았다. 그러나 광고업계 합병 바람이 불던 1980년대에 이르러 웰스는 회사를 팔 생각이 들었다. 업계가 통합되면서 글로벌 경영은 피할 수가 없었다. 그러나 웰스에게는 광고업계의 낭만이 사라지는 것처럼 느껴졌다. 그녀는 DDB나 사치 & 사치Saatchi & Saatchi 등과 조용히 협상을 시작했다. 그러나 그녀는 나중에 접근한 '멋있고, 젊고, 세련된 스타일'을 지닌 프랑스 광고사 BDDP에 마음이 끌렸다. 협상이 점점 심각해지고, 상당한 주저와 궁리 끝에 그녀는 1990년 웰스 리치 그린을 BDDP에 1억 6천만 달러에 매각했다.('광고의 여왕, 모든 것을 말하다Queen of Advertising Tells All', 『USA 투데이』, 2002년 5월 2일자)

새로 태어난 웰스 BDDP Wells BDDP는 곧 곤경에 처하게 된다. 하지만 그 때는 광고업계 자체가 크게 변한 터였다.

# 5 시카고 방식

느지막한 출발*별난 성격*콘플레이크와 카우보이
국제적 도약기*레오 이후의 삶

광고주들은 아이디어를 원하고 필요로 하며
그것을 위해 돈을 쓴다
**The advertiser wants ideas, needs
ideas and is paying for ideas**

**좋은 광고의 효과** 때문인지 몰라도 시카고는 나에게 우호적인 도시로 각인되어 있다. 바람 부는 어느 가을날 아침, 바람 때문에 사방으로 날리는 지도와 씨름을 하고 있을 때, 사람들이 세 번이나 내게 다가와 길을 찾고 있는지 물었다. 두 번은 괜찮다고 했다. 그러나 결국 세 번째 사람에게는 길을 잃었다고 말했다. '레오 버넷Leo Burnett이요?' 그 사람이 나에게 되물었다. '레오 버넷은 웨스트 왜커 가West Wacker Drive에 있는데요. 선생께서는 지금 이스트 왜커에 있거든요. 걸어온 방향을 되돌아 쭉 걸어가면 보여요.'

길을 걸어가면서 왜 그 사람에게 광고업계에서 일을 하는지 물어보지 않았을까 하는 생각이 들었다. 나는 그가 레오 버넷을 그저 잘 알고 있다고만 받아들였다. 오길비와 번버크를 뉴욕의 신화라고까지 하기는 어렵지만, 버넷은 시카고의 전설이다. 그는 말보로Marlboro 카우보이는 물론 즐거운 녹색거인Jolly Green Giant에서부터 호랑이 토니Tony the Tiger에 이르기까지 자신의 광고사가 창조해낸 캐릭터들과 마찬가지로 전설적인 인물이다.

레오 버넷 빌딩은 웨스트 왜커 가 35번지에 있는 건물로 광장공포증을 유발할 만큼 거대한 로비를 갖춘 50층짜리 마천루다. 엘리베이터에 오르면 검은색 정장을 차려입은 안내원이 자리한 초승달 모양의 리셉션 공간으로 직행한다. 그 공간 한쪽 벽은 텔레비전 스크린으로 가득 차 있으며 장밋빛 붉은 사과 한 바구니와 더불어 천장에 걸려 있는 거대한 검정색 연필이 보인다. 마지막에 이야기한 이 두 가지 물건이 왜 중요한가에 대해서는 조금 있다 이야기하도록 하자. 리셉션 공간을 지나가면 미로 같은 사무공간이 나타나며 여기에 이 회사 회장이자 CEO인 톰 버나딘Tom Bernardin의 사무실이 있다.

레오 버넷 월드와이드Leo Burnett Worldwide는 건실하고 신뢰할 수 있으며 가식 없는 광고 회사로 알려져 있다. 버나딘 회장의 경영 체제 하에서 레오 버넷은 수수함과 첨단을 융합한 듯한 가족적 분위기의 다국적 기업으로 자리 매겨졌다. '(2004년) 취임 이래 나의 의도는 우리의 독특한 유산과 더불어 핵심 가치를 강조하는 것으로, 이들 질적 요소들은 적절하게 적용될 경우 매우 현대적이면서도 유의미한 가치가 될 수 있다는 것을 보여 주고 있습니다' 라고 버나딘은 말했다.

이 같은 레오 버넷의 기업 문화는 도시 자체에서 비롯된 것일지도 모른다. 과연 광고업계에서도 시카고학파 같은 것이 있을까?

이 같은 질문에 버나딘은 다음과 같이 답했다. '그런 것이 있는 것 같아요. 그게 좋은 것일 수도 나쁜 것일 수도 있죠. 시카고에 본사를 두게 될 경우 뉴욕의 주류 광고업계로부터는 소외될 수 있습니다. 그러나 다른 한편으로는 그 같은 점을 주류로부터의 차별성으로 이용할 수 있지요. 그러나 시카고냐 뉴욕이냐 이런 문제를 떠나서 내가 강조하고 싶은 것은 우리가 전 세계에 지사를 개설한, 시카고 회사라기보다는 글로벌한 기업이라는 사실입니다.'

그렇다면 레오 버넷을 시카고와 불가분하게 결부시키는 것은 약간 부당할 수도 있다. 무엇보다 버나딘은 시카고 출신이 아니다. '나는 변방도시를 돌고 돌아 시카고로 살짝 발을 들여놓았죠. 여기 도착했을 때 내 나이는 마흔이었고, 이미 나 자신만의 일처리 방식을 가지고 있었죠' 라고 버나딘은 설명했다.

## 느지막한 출발

레오 노블 버넷Leo Noble Burnett은 1891년 10월 21일 미시간 주 세인트 존스에서 노블 버넷Noble과 로즈 클라크 버넷Rose Clark Burnett의 자식 네 명 중 맏이로 태어났다. 노블 버넷은 포목상 주인이었다. 이 때문에 레오는 아버지가 식탁에서 가게 광고를 짜는 것을 보면서 자라났다. 그는 아버지가 이때 '큰 포장지, 큰 검정색 연필과 자'를 썼다고 회상했다. 1995년에 발간된 『레오 버넷, 별을 잡는 사람Leo Burnett, Star Reacher』의 저자로서 레오 버넷의 커뮤니케이션 디렉터를 역임한 조안 쿠프린Joan Kufrin은 레오가 일생동안 사용한 큰 검정색 알파 245 연필을 어떻게 찾아냈는지 설명하고 있다. 이 연필이 지금은 레오 버넷의 BI(Brand Identity)로 사용되고 있다.

별로 내키지는 않았지만, 레오는 아버지 포목점 광고 도안을 맡아 제작했다. 얼마 후엔 지역 신문사에서 인쇄기를 청소하고 운전하는 이른바 인쇄기 귀신printer's devil으로 일했다. 그러다가 나중에 그 신문사의 기자가 되었다. 그는 '한 주도 빼놓지 않고 특종 부고기사로 경쟁사를 따돌렸죠'라고 당시를 회상했다.

1914년 그는 『피오리아 저널Peoria Journal』에 취직했다. 1년쯤 지나 많은 초년 기자들이 그렇듯 봉급을 더 많이 받을 수 있는 광고 카피라이터 직업에 강한 매력을 느꼈다. 캐딜락 자동차 회사의 일이 그를 기다리고 있었다. 버넷의 경우 운 좋게 시어도어 맥마너스Theodore F. MacManus가 획기적인 캐딜락 광고로 한참 주가를 올리던 시기에 광고계에 발을 들여놓은 것이었다. 레오는 '맥마너스로부터 단순한 방식으로 말하는 진실의 힘을 배웠다'고 술회한 바 있다. 이로부터 영감을 얻은 그는 광고야말로 자신의 천직임을 깨닫게 되었다.

버넷은 캐딜락의 광고 매니저가 됐다. 캐딜락은 제2차 세계 대전 중 버넷이 해군에서 6개월간 복무하고 있을 때조차도 그를 위해 회사에 자리를 비워두었다.(버넷은 복무기간 중 시카고 지역 방파제 건설 공사에 동원됐다. 그 때문에 독일 최고사령부가 바짝 긴장을 했었다고 버넷은 너스레를 떨었다.)

1919년 버넷은 인디아나폴리스로 옮겨 과거 캐딜락의 사장이 창업한 라파이에트 자동차LaFayaette Motors 회사에서도 한 때 일했다. 이 회사는 1924년 결국 도산했지만, 버넷은 그 이후에도 인디아나폴리스에 남아서 호머 맥키Homer McKee라는 광고사에 들어갔다. 호머 맥키가 맥마너스만큼 광고 역사에 큰 영향을 미치지는 않았지만 버넷에게는 중요한 멘토였다. 버넷이 기본적인 광고 제작 원칙과 관련해 맥키의 영향을 받았다는 건 의심의 여지가 없다. '하버드 악센트를 쓰면서 비료 살포기를 판다는 건 생각도 하지 마라', '아이들이 이해할 수 없는 광고는 좋은 광고가 아니다' 와 같은 것들이 그 원칙의 소산이다.

버넷은 인디아나폴리스에서 계속 평탄한 삶을 누릴 수도 있었지만, 1929년에 발생한 금융대공황으로 인해 그게 여의치 않게 됐다. 맥키의 가장 큰 광고주라 할 수 있는 마몬 자동차Marmon Automobiles가 경영난에 빠지자 버넷은 호머 맥키에서의 자신의 입지가 점점 좁아지고 있음을 느꼈다. '광고업계에 계속 남아 있으려면 인디아나폴리스를 빨리 벗어나는 게 상책이라고 생각했죠.'

버넷은 그동안 시카고 광고 회사 어윈, 웨이시 & 컴퍼니Erwin, Wasey & Company에서 라파이에트LaFayette를 담당했던 아트 쿠드너Art Kudner와 계속 연락을 취하고 있었다. 레오 버넷은 언젠가 이 회사에서 취직 제의를 받은 적이 있었기 때문에 아트에게 전화를 걸어 혹시 이 회사에 자리가 있는지 알아보았다. 이렇게 해서 1930년대 말 레오 버넷은 대공황의 와중에 세 번째 아이를 임신한 아내 나오미Naomi와 함께 시카고에 정착했던 것이다.

재즈, 갱단, 금주법, 빈곤의 소용돌이가 몰아치던 시카고는 인디아나폴리스와 극적인 대조를 이루고 있었다. 『레오 버넷, 별을 잡는 사람Leo Burnett, Star Reacher』에서 조안 쿠프린은 당시 시카고의 실업자가 75만 명에 달했다고 전하고 있다. '1930년 가을, 사과 과잉 공급에 골머리를 앓던 국제 사과 운송 협회International Apple Shippers Association가 묘안을 내놓았다. 그것은 바로 사과 장사를 할 수 있는 실업자들에게 5센트를 받고 사과를 도매로 넘기는 것이었다. 이렇게 해서 거리 모퉁이 마다 사과를 파는 사과 장수가 생겨났다.' 또 나오미 버넷은 쿠프린에게 이렇게 말했다. '우리가 알고 있는 사람들 모두가 경제적으로 어려움을 겪고 있었고 남자들 중에는 많은 수가 직업을 구하지 못했죠. 회사에 다니고 있는 레오가 내게는 기적같은 사람으로 생각됐어요.'

버넷은 글렌코Glencoe[시카고 인근의 도시. 아름다운 경관과 높은 소득수준으로 유명하대] 외곽에 집을 마련하고 유니온 카바이드 빌딩Union Carbide Building에 자리한 어윈, 웨이시 & 컴퍼니의 수석 카피 에디터로 일하기 시작했다. 미네소타 밸리 캐닝Minnesota Valley Canning Co.(후일 그린 자이언트Green Giant사로 개명), 리얼 실크 란제리Real Silk Lingerie 사, 후버Hoover 사 등의 광고주를 관리하느라 정신없이 바빴지만, 레오 버넷은 정작 세계 최대 광고사 중 하나인 어윈, 웨이시 & 컴퍼니가 서서히 몰락하고 있는 줄은 몰랐다. 어떤 임원은 이를 두고 '광고업계 로마제국의 멸망'이라고도 말했다. 1931년 말 이 회사는 주요 광고주 중의 하나인 라디오 제조업체 필코Philco를 잃었다. 다음해 봄에는 제너럴 푸드General Foods와 캐멀 담배Camel Cigarettes가 그 뒤를 이었다.

이즈음 버넷의 광고주들은 그에게 독자적인 광고 회사를 세워보는 것이 어떠냐고 넌지시 물었다. 직장 동료 잭 오키프Jack O' Kieffe(레오 버넷은 과거 호머 맥키 시절 당시 스물한 살이던 잭을 고용한 바 있다) 역시 독립을 권하고 있었다. 하지만 상황이 여의치 않아 버넷은 망설였다. 그 이유는 '광고에 대해서는 아는 것이 좀 있었지만, 회사 경영이나 광고사 운영과 관련된 다양한 요소들을 잘 모르기 때문' 이었다.

1935년 드디어 그는 마음을 바꿨다. 훗날 친구에게 보낸 편지에서 그는 당시 상황을 이렇게 이야기하고 있었다. '내가 결정을 내린 이유는 시카고의 광고 회사에서 나오는 광고를 더 이상은 참지 못하게 됐기 때문이야……. 내가 그 회사들보다 더 잘할 자신이 있었고, 내 동료들 중 몇몇도 나와 마찬가지 생각을 하고 있었어.'

아버지를 따라하고 있다는 것은 그도 의식하지는 못했을 것이다. 아버지가 식탁에서 그랬던 것처럼 버넷도 자기집 탁구대 위에서 새로운 광고 회사 운영 계획을 짰다. 10년 후 매디슨 가를 휩쓸게 될 이 혁명 계획은 위험을 감수하는 창의성의 중요성에 역점을 두고 있었다. 버넷은 '광고주들은 아이디어를 원하고 필요로 하며 그것을 얻기 위해 돈을 쓴다'라고 썼다. '우리의 원칙은 광고주로부터 나오는 돈은 단 한 푼이라도 그 광고주를 위한 창조적이며 생산적인 노력에 들어가야 한다는 것이다.'

버넷은 5만 달러의 종자돈으로 광고사를 열었다. 절반은 보험사로부터 빌린 것이고 나머지는 리얼 실크 사의 창업자인 라주어 굿맨<sup>Lazure Goodman</sup>이 댔다.(버넷이 이 사람의 지분을 사들이는 데는 10년이 걸렸다.) 란제리 회사 이외에도 미네소타 밸리 캐닝, 후버 등이 마수걸이를 했다. 어윈, 웨이시 & 컴퍼니에서도 아이디어 맨 잭 오키프를 비롯한 여러 명을 영입했다. 광고업체는 1935년 8월 5일 월요일 노스 미시건 가<sup>North Michigan</sup> 360번지에서 공식적으로 영업을 개시했다. 사무실을 여는 첫날 안내 데스크에는 사과 한 바구니를 갖다 놨다. 이는 장소를 밝게 해주고 사무실을 찾아오는 고객들을 반기는 방식으로서 제격이었다. 오키프에 따르면 이는 '어서 오세요. 기다리시는 동안 사과라도 하나 드세요' 라는 의미였다고 한다. 오늘날 전 세계에 퍼진 레오 버넷 사의 안내 데스크에 항상 사과 한 바구니가 놓인 것은 이런 까닭이다.

## 별난 성격

　　레오 버넷은 공격적인 광고인이었다. 오길비가 근엄해 보이고 번버크가 평범해 보였다면 레오 버넷은 평범을 초월했다고 할 수 있다. 헝클어진 대머리에 아래턱이 발달해 있고, 사자코에 뿔테안경을 걸친 그는 날씬한 모습과는 정반대였다. 그는 항상 네이비 블루 아니면 회색 옷을 입었으며 가끔 재킷 단추를 하나씩 올려 잠근 모습도 보였다. 어떤 유명한 사진에서는 그가 검은색 가죽 포트폴리오를 잡고 콜롬보마저 경악하게 할 레인코트를 입고 회의를 주재하는 모습이 잡혀 있다. 그는 비록 글재주는 있었지만 달변가도 아니었다. 내 동료들 중에 어떤 사람은 그의 목소리가 중저음에 꿀꺽거렸다고 기억했다.

　　강하고 지칠 줄 모르는 성격의 소유자인 그는 가족의 가치에 기반하여 광고 회사를 운영했다. 너무 열심히 일을 하다 보니 집에 있는 일도 드물었다. 같이 일하는 동료들로서는 괴로운 일이었겠지만, 버넷은 그들에게 불가능한 데드라인이나 밤샘 작업을 주저 없이 주문했다. 그가 광고를 완전히 잊어버리는 것은 경마장에 있을 때뿐이었다. 그는 저널리스트로서의 자신을 요약해달라는 말에 '단순한 진실과 미덕을 존중하지만 신선한 아이디어를 추구하는 데는 모험심이 강하다. …… 직접적이고 솔직하지만 말을 웅얼거린다'라고 썼다. 실제로 그는 전보나 메모 휘갈겨 쓰기를 좋아했다. 개인적인 칭찬에 해당되는 말은 '더럽게 좋아' 뿐이었다. 그는 대결을 싫어했고 직원 해고를 혐오했다. 회의 중 동료들은 제출된 광고 기획안을 그가 어떻게 생각하는지를 LPI, 즉 입술돌출지수$^{Lip}$

Protrusion Index로 측정했다. 레오의 아랫입술이 튀어나오면 나올수록 그 기획안은 마음에 들지 않는다는 의미다.

그럼에도 불구하고 레오가 주위로부터 상당한 사랑을 받았다는 사실은 의심의 여지가 없다. 레오 버넷의 아내인 나오미는 친정어머니가 운영하는 레스토랑에서 그를 처음 봤을 때를 이렇게 회상했다. '그가 키가 크거나 얼굴이 잘생긴 것은 아니었지만 성격이나 몸가짐에서 무엇인가 나를 끄는 점이 있었죠. 매력적이었어요, 유머감각도 뛰어났고요.'

그는 충성심을 최고의 가치로 여겼고, 심지어는 광고주들의 충성에도 후한 보상을 했다. 그가 언젠가 회의 시작 전 저혈당으로 쓰러져 동료들이 초콜릿을 사러 나갈 때도 레오는 사무실 바닥에서 반드시 네슬레를 사오라고 주문했다.

그저 그런 출신 배경, 보잘 것 없는 외모와 완전히 대조를 이루는 그의 광고 업적은 이 회사에서 처음으로 사용한 로고, 즉 별을 따는 손에 잘 요약되어 있다. 이 아이디어는 잭 오키프에게서 나온 것으로 그는 시인 베르길리우스Virgil의 아에네이드Aeneid[BC 70~BC 19까지 살았던 로마시대의 시인 베르길리우스가 11년에 걸쳐 지은, 로마 건국에 관한 장편 서사시]에서 나오는 '사람이 별을 헤아리도다So man scales the stars'라는 구절에서 영감을 얻었다고 한다.

몇 년 후 레오가 카피 디렉터 존 크로포드John Crawford에게 로고의 의미에 대해서 물었을 때 크로포드는 '레오, 별을 따고 싶다고 손을 뻗어도 별을 딸 수는 없잖아. 그렇지만 손에 흙은 묻히지 않을 거야'라고 내뱉었다고 한다. 버넷은 이 말을 적은 후 두고두고 써먹었다.

오늘날에도 레오 버넷 직원들은 스스로를 '별 따는 사람'이라고 칭한다. 직원들은 '이 아이디어를 싸구려라고 생각하지 않는다'고 말한다.

단거리 보다는 장거리 주자에 가까운 버넷은 1930년대 공황기를 주도면밀하게 이끌었다. 버넷은 '오밤중에 커피 심부름을 나가는 말단직원 조차도 자신이 직장을 보전하는 데 도움이 되고 있다는 사실을 인지하고 있었다'고 회상한 바 있다. 결국은 부지불식간에 레오 버넷의 악명높은 야근 관행을 인정한 셈이 됐다. 그러나 그 당시에 이렇게 야근을 해야 할 정도로 일이 많았다고 보기는 어렵다. 고객들이야 항상 오고가는 존재고, 광고업체 자체가 엄청난 성공가도를 달린 것도 아니었다. 쿠프린에 따르면 1937년 순이익은 5,889 달러에 불과했다. 1938년 말이 되어서야 퓨어 오일Pure Oil Company 사, 브라운 제화Brown Shoe Company, 스탠다드 밀링Standard Milling Company 사 등과 같은 새로운 광고주들이 들어오기 시작했지만 거래금액은 130만 달러에 지나지 않았다.

2차 대전이 발발하면서 젊은 카피라이터들이 전장으로 나가자 광고사 운영은 쉽지 않았지만 이 어두운 시기에도 한줄기 빛은 있었다. 1942년 레오 버넷은 산타페 철도Santa Fe Railroad를 광고주로 끌어들였다. 그러나 레오 버넷을 빅 리그로 밀어올린 것은 1949년 두 건의 전화를 받고난 다음이었다. 프록터 & 갬블Procter & Gamble과 켈로그가 바로 그 전화의 주인공이었다.

## 콘플레이크와 카우보이

P&G로부터 프로젝트 한 건 때문에 전화가 걸려왔다. 하지만 회사의 입장에서는 그 내용이 어떤 것이냐를 떠나 P&G의 전화를 매우 심각하게 받아들일 수밖에 없었다. P&G는 18개 품목에 걸쳐 6억 9천6백만 달러 매출을 자랑하는 미국 내에서도 가장 큰 광고주였다. 당시 미 의회가 대기업이 경쟁에 미치는 영향을 조사하고 있었기 때문에 대기업 집단의 선두격인 P&G는 바짝 긴장하고 있는 상황이었다. P&G는 레오 버넷을 통해 앞으로 발생할 수 있는 사회적 비판으로부터 자사를 보호하고 싶어

했다. 버넷은 『타임』과 『라이프Life』 등 영향력 있는 매체에 전면 광고를 게재함으로써 P&G가 소비자들에게 혜택을 주는 다양하고도 혁신적인 제품을 어떻게 얼마나 저렴하게 제공하는지를 설명하겠다고 했다.

하지만 업무처리 방식에서 P&G와 버넷은 정반대였다. P&G는 사전조사 없이는 꼼짝도 안 하려 했지만, 레오 버넷은 무제한적인 창의성의 원칙을 가지고 움직였다. P&G와 레오 버넷은 첫 광고에서부터 부딪히기 시작했다. P&G는 광고를 『타임』이나 『라이프』에 게재하기에 앞서 소규모 시장에서 테스트해보기를 원했지만 레오는 자신의 판단을 믿어달라고 했다. 캠페인 시험 결과가 신통치 않자 그 광고는 결국 취소됐다. 같은 아이디어를 바탕으로 제작된 TV 광고가 어느 정도 성공을 거두자 이에 호의가 발동한 P&G는 1953년 라바Lava 비누 브랜드 광고를 레오 버넷에 맡겼다. 시간이 흐르면서 P&G는 레오 버넷으로 하여금 철저한 시장조사로 창조성을 뒷받침하게 함으로써 이 회사를 보다 성숙한 마케팅 기관으로 탈바꿈시켰다. 이러한 관계는 오늘날까지도 이어지고 있다.

1949년 레오는 윌 키이스 켈로그Will Keith Kellog로부터 회견 초청을 받았다. 여든아홉 살의 이 창업자는 영양 만점의 아침식사를 통해 미국인의 식생활을 개선하는 데 혼신의 힘을 다하고 있었다. 사실 윌 켈로그는 지난 19세기 말 형제인 존 켈로그가 운영하는 건강관리 클럽에서 처음으로 콘플레이크를 접하고 그 잠재성에 눈을 뜬 바 있다.(형제는 술과 담배를 금하고 엄격한 식단을 요구하는 제칠일 성도교회의 신자이다.) 윌이 설탕을 첨가하는 아이디어를 내놓자 건강식에 설탕을 첨가할 수 없다고 존이 반대해 형제간 동업이 성사되지 못한 채 윌 홀로 사업을 시작했다. 그는 1909년 켈로그 사를 설립하고 미국인들이 아침식사로 즐겨 먹던 베이컨과 달걀을 대체할 식품으로 콘플레이크를 마케팅 했다.

레오와의 미팅 후에 켈로그는 콘 팝스Corn Pops와 콘 소야Corn Soya 브랜드 마케팅을 위임했다. 버넷은 TV 지향적인 캠페인을 제안했다. 레오 버넷의 제안이 설득력 있다고 판단한 켈로그는 나중에 라이스 크리스피Rice Krispie 광고도 맡겼다.

라이스 크리스피의 포장을 다시 도안하는 과정에서 레오 버넷 사는 박스 자체를 광고 도구로 이용하자는 아이디어를 내놓았다. 그때까지만 해도 시리얼 박스는 품목을 나타내는 내용만으로 채워져 있었다. 레오 버넷에서는 글자 수를 줄이기 위한 디자인을 제시했고 여백이 생기자 여기에 색채가 풍부한 그림을 집어넣었다. 이것은 포장 혁명이었다. 결국 레오 버넷은 콘플레이크Corn Flakes까지 떠안게 됐다. 얼마 지나지 않아 1952년 켈로그는 전 제품의 미국과 캐나다 광고를 레오 버넷에게 일임했다.

레오 버넷이 켈로그의 오랜 브랜드 아이콘인 호랑이 토니Tony the Tiger를 만들어낸 것도 켈로그 사의 프로스트 플레이크Frosted Flakes를 위해서였다. 앞에서도 언급했지만 레오 버넷은 즐거운 녹색거인에서부터 필스베리 도우보이Pillsbury Doughboy[필스베리 사의 의인화된 귀여운 밀가루 덩어리 캐릭터]까지 캐릭터들에 생명력을 불어넣는 데 전문이 됐다. 버넷은 1955년 임원들에게 '우호적인 친숙함friendly familiarity이 가지는 빙하와 같은 힘을 과소평가해서는 안될 것'이라고 훈시했다.

그러나 이 광고 회사가 가장 성공적으로 만들어낸 창조물은 강인하면서도 고집 세며 음침한 캐릭터 말보로 카우보이다.

말보로 카우보이는 마케팅 문제를 해결하는 과정에서 고안됐다. 1954년 필립 모리스Philip Morris 직원들은 레오 버넷을 만나 브랜드 이미지 변화 방안을 논의했다. 그때까지만 하더라도 말보로의 필터 담배는 여성 전유물로 간주됐기 때문이다. 말보로 사는 또한 스스로 개발한 플립형 박스 담뱃갑을 도입하고 있었다. 레오 버넷은 포장 방식을 변경하고 브랜드 포지션을 재배치했다.

그는 여러 면에서 말보로의 과업에 맞는 사람이었다. 말보로 일을 맡기 몇 년 전 레오는 월세 생활을 청산하고 71에이커 규모의 농장을 구입했다. 레오에게 농장일은 광고를 잠시 잊게 해주는 몇 안 되는 여가 생활 중 하나였다. 그러나 결국 회사일이 농장에까지 넘쳐흘러 주말마다 농장에서 브레인스토밍 회의가 열리는 것이 회사 전통이 되었다. 어느 토요일 아침 바로 이 농장에서 레오가 직원들에게 카우보이 사진이 커버로 실린 잡지를 휘두르면서 말했다. '카우보이보다 더 남성적인 것이 있나?'

강인한 브랜드 이미지를 제공하는 것만으로는 성이 차지 않자 레오는 말보로 M자의 색깔을 적색/백색 스트라이프에서 적색 한 가지로 바꿨다. 그는 필립 모리스 경영진에게 보낸 편지에 이렇게 썼다. '카우보이는 어디서나 존경받는 남성성의 상징입니다. …… 이렇게 말씀드리면 프로이트 박사가 우리 기획회의에 참여했나 하시겠지만 그렇지는 않습니다. 우리는 연구와 오랜 경험을 통해서 이 같은 결론에 도달했습니다.'

어차피 심리학의 동기이론은 레오에게는 먹히지도 않았다. 쿠프린의 『레오 버넷, 별을 잡는 사람』에 따르면, '보안관'으로 명명된 흑백 카우보이 광고는 1955년 1월 뉴욕, 플로리다, 캘리포니아, 텍사스, 워싱턴DC, 필라델피아 지역신문에 게재됐다. 그 뒤를 이어 수개월 동안 말보로 담배 광고가 25개 주요 도시에서 진행됐다. 쿠프린은 필립 모리스 부사장 조셉 컬만 Joseph F. Cullman 의 이야기를 이렇게 전하고 있다. '말보로는 제품 도입 한 달 만에 순전히 신문광고 덕으로 뉴욕 지역에서 제1위 브랜드가 됐다.'

이후 레오 버넷이 카우보이와 같은 남성성을 벗어나 여러 강인한 이미지를 활용해 봤지만 결국 종착점은 카우보이였다. 카우보이 덕에 말보로는 세계에서 가장 잘 팔리는 담배가 되었다.

이쯤에 담배 광고가 가지는 윤리적 함의를 되돌아보지 않을 수 없다.

레오 버넷은 윤리 문제와 관련해 기존 흡연자들에게 담배 브랜드를 바꿔 보라고 했던 것이지 담배를 안 피우던 사람들에게 담배를 권했던 것은 아니라는 식으로 몇 년 동안이나 대응했다. 합법적인 제품을 마케팅하는 것은 법적으로 정당한 권리라는 내용도 덧붙였다. 이것이 1990년대 중반에 들어 큰 논란으로 발전했고 미국과 유럽에서는 담배광고에 대한 규제가 더욱 엄격해지기에 이르렀다. 아시아 지역 역시 담배 판매가 증가하고 있었지만 담배 마케팅에 대한 반발도 더욱 심해지고 있었다.

레오 자신의 견해도 한번 되돌아 봐야 할 것 같다. 1965년 『뉴요커』지가 더 이상 담배 광고를 싣지 않을 것이라는 내용의 편지를 레오에게 보낸 일이 있었다. 그는 『뉴요커』에 다음과 같은 답장을 보냈다. '『뉴요커』의 오래된 구독자로서 나는 언제나 광고란에 게재되는 제품에 대해서 스스로 판단을 내릴 수 있다고 생각했으며 결코 이러한 광고들을 설교, 보호 혹은 설득으로 받아들이지 않았습니다.' 답장을 쓰면서 참고했던 용어집을 덮고 난 뒤 그는 한 줄 더 덧붙였다. '이제 말보로나 한 대 피워야 겠습니다.'

1970년대에 접어들면서 담배 마케팅에 대한 민감한 반응은 더욱 심해졌다. 그러나 레오 버넷의 직원들이 강제로 필립 모리스 프로젝트에 투입된 것은 아니었다. 한편 필립 모리스 역시 마케팅 전술을 변경하기에 이르렀다. 『애드위크Adweek』 2003년 기사는 다음과 같이 말하고 있다. '미국 소비자 관련 잡지 어디에서나 볼 수 있던 말보로 카우보이가 사라져 버렸다. 말보로 제조업체 필립 모리스가 1999년 잡지 광고를 중단하면서 이제 더 이상 카우보이를 볼 수 없게 된 것이다' ('잔치는 끝났다 The Party's Over', 2003년 5월 5일자). 이후 『뉴욕 타임즈』 기사는 필립 모리스가 2004년 이래 신문이나 잡지 광고를 더 이상 안 하고 있다는 내용을 언급했다('몰래하는 담배 마케팅, 업계의 전형이 되나For Tobacco, Stealth

Marketing Is the Norm', 2006년 3월 10일자). 그럼에도 불구하고 마케팅 조사 기관 밀워드 브라운 옵티머Millward Brown Optimor의 2006년 조사에 따르면 말보로 브랜드는 여전히 추정가치만 3천 8백만 달러를 상회하는 세계 5대 브랜드로 나타나고 있다.

결국 담배 마케팅에 대한 여론이 어쨌건 간에 말보로 카우보이는 광고 아이콘, 더 나아가 단순하면서도 효과적인 광고 이미지라는 것이 과연 무엇인지를 보여준 탁월한 사례로서 그 지위는 부정할 수가 없다.

## 국제적 도약기

1956년 레오 버넷 사는 10만 평방피트 규모의 프루덴셜 빌딩Prudential Building에 입주했다. 레오는 연말마다 직원들에게 보내는 편지에서 '끝없는 복도를 바라보면서 눈을 비벼야 했습니다'라고 썼다. 2년 후 레오 버넷의 거래금액이 1억 달러를 초과했다. 버넷은 예순일곱 살이 됐지만 그때까지도 은퇴할 마음은 없었다.

1960년대는 다른 광고사들과 마찬가지로 레오 버넷에게도 장밋빛 시대였다. 유나이티드 항공United Airlines, 파커 만년필Parker Pen, 켄터키 프라이드 치킨Kentucky Fried Chicken, 빅 케미칼Vick Chemical, 네슬레Nestle 등이 이 시기에 들어온 광고주들이다. 1969년에는 레오 버넷의 거래금액이 더욱 높이 치솟아 2억 6천9백만 달러에 달했다.

그러는 동안 레오는 회사 일을 2인자인 필 샤프Phil Schaff에게 서서히 이양했다. 1967년 샤프는 회장 겸 CEO가 됐으며 레오는 창업회장founder chairman이 됐다. 이제 더 이상 크리에이티브 리뷰 위원회Creative Review Committee(광고업체에서 발표할 크리에이티브 작업에 대해서 최종 결정을 내리는 위원회)에 참가하지 말아달라는 부탁을 받았을 때 분위기가 약간

험악해지긴 했지만 70대의 레오 역시 현실을 인정하고 현직에서 내려올 수밖에 없었다. 샤프는 쿠프린과의 인터뷰에서 현실을 이렇게 요약했다. '레오의 직함이 무엇이 되건, CRC의 회장이건 아니건 그가 이사회 회장이건 창업자이건, 그는 레오 베넷이고 이미 전설입니다. 누가 회의를 관장하건 간에 사람들은 그에게 주의를 기울일 것입니다.'

1967년 12월 1일 회사 연례 조찬 모임에서 버넷은 마지막 인사를 겸한 연설을 했다. 레오 버넷 내에서는 '언제 회사 문패에서 내 이름을 지워야 할지'라는 연설로 알려져 있으며, 그 자체가 전설이다. 그 연설은 이렇게 시작한다. '향후 언젠가 내가 더 이상 이곳에 있지 아니할 때 당신들이나 당신들의 후계자가 내 이름을 이곳에서 지워버리고 싶어질지도 모르겠습니다. 내가 언제 내 이름을 지우라고 할 것인지 말씀드리겠습니다.'

이는 버넷의 철학을 환기시키는 감동적인 연설이었다. 레오는 바로 다음과 같은 때 자신의 이름을 지워버리라고 했다. '당신들이 광고를 만드는 데보다 돈 버는 데 더 시간을 들일 때, 매끄럽지 못한 일처리에 대한 증오심 그리고 철저함에 대한 열정을 잃어버렸을 때, 당신들의 주요한 관심사가 훌륭한 작업보다 규모를 늘리는 데 꽂혀 있을 때, 말로만 '창조적 광고 회사'를 떠들면서 실질적으로는 그렇지 못할 때……' 레오는 만약 이러한 가공할 일이 일어난다면 리셉션 데스크에 있는 사과 바구니를 엘리베이터 통로에 쏟아버리라고 주문했다. 연설이 끝났을 때, 일부 참석자들은 울고 있었다.

그러나 레오가 아직 회사 건물을 떠난 것은 아니었다. 굽어보아야 할 마지막 장이 남아 있었던 것이다. 느지막이 출발하는 레오 스타일에 따라 레오 버넷 사의 세계화는 다른 경쟁업체들에 비해 더디게 진행되고 있었다. 실제로 레오는 인터퍼블릭Interpublic 등의 팽창주의 정책을 경멸하면서 인터퍼블릭을 곧잘 인터플레너터리Interplanetary(행성 간이라는 뜻으로, 인터퍼블릭을 비꼬아 부르는 의미)라고 부르기도 했다. 그러나 1960년대 말 다수 경쟁사들은 미국 이외 지역에서 상당한 거래금액을 올리고 있었다. 맥캔-에릭슨McCann Erickson의 경우 전체 매출의 46%를 해외에서 벌어들이고 있었다. 광고주들의 글로벌 경영 요구를 인정한 레오 버넷은 전 세계 23개 지사를 가진 런던 프레스 익스체인지London Press Exchange와 합병했다. 처음에는 버넷이 주저했지만 최종 이사회에서 이를 재가했다. 거의 하룻밤새 레오 버넷은 연 거래금액 3억 7천3백만 달러의 세계 5대 광고사가 됐다. 연말 서한에서 레오는 '우리의 노력에서 우리가 그토록 필요로 하는 "세계 가족"으로 전진해가는 것을 볼 수 있습니다'라고 썼다. 나이는 들었지만 버넷은 아직도 미래를 내다볼 수 있었던 것이다.

1971년 일흔아홉 살의 나이에도 레오는 여전히 주 4회 출근을 하고 있었다. 그는 같은 해 6월 7일 잭 오키프에게 편지를 써 주 4회 출근을 주 3회로 줄이겠다고 말했다.

그는 그날 저녁 농장 자택에서 심장마비 발작을 일으켰다.

## 레오 이후의 레오 버넷

레오 버넷과 같은 성격의 인물을 따라 하기란 어려운 것이 사실이다. 레오 버넷 사도 일부러 레오 버넷을 따라하려고 하지 않았다. 브랜드 아이콘 창출에 일생을 다한 그는 그 자체로 브랜드, 로고, 철학이자 정체성이 되었다. 오늘날까지도 그의 사진은 레오 버넷 사 복도에 붙어 있고, 검은색 연필이 아직도 책상 위에 놓여 있으며, 이 회사 웹사이트에는 그의 마지막 연설을 담은 필름 클립이 게재되어 있다. 2002년도『애드버타이징 에이지』는 레오 버넷 사에 대해 '신입 사원에게 1967년도의 레오 버넷 비디오를 보여주고 검정색 연필을 지급하는 전통에 충실한 곳'이라고 서술했다('유산 개조에 나선 버넷 Burnett retools its legacy', 2002년 7월 1일자). 앞에서도 언급됐지만 CEO 톰 버나딘은 레오의 중요성을 진심으로 인정하고 있다.

버넷의 또 다른 팬은 이 광고사에서 미디어 구매 부문회사인 스타컴 Starcom을 이끌고 있는 잭 클루스 Jack Klues다. '내가 그 분을 만난 적은 없지만 지금도 그 분이 사무실을 걸어 다니시는 것 같아요. 우리 모두가 그분에 관한 책을 읽었으며 그의 이상에 충실하려고 노력하고 있죠. 그 분은 남을 존중하고 매우 성실했으며, 광고주들에게 헌신하셨습니다. 나는 그분이 지지했던 것 그리고 우리 회사가 끌어들이는 류의 사람들을 좋아합니다.'

하지만 레오 버넷도 변했다. 우선 레오 버넷의 소유주는 현재 프랑스 기업이다. 카피라이터들이 연필을 잡기 전에 '손에 침부터 뱉는' 시카고 카피라이터들을 상상했던, 무뚝뚝하고 솔직한 레오가 이 같은 현실을 어떻게 생각할까 하는 점은 가늠하기 어렵다. 2002년 봄, 시카고 데일리 헤럴드 Chicago Daily Herald지는 경악을 금치 못하고 다음과 같이 보도했다. '저명한 시카고 토박이 지주회사 레오 버넷 월드와이드가 프랑스 파리 소재 퓌블리시스 그룹 Publicis Groupe SA에 30억 달러에 매각됐다'('광고업계를 재편하는 합병 Merger reshapes ad world', 2002년 3월 8일자).

그러나 언론에서도 이미 보도되었듯이 퓌블리시스는 레오 버넷을 직접적으로 인수한 것은 아니었다. 퓌블리시스가 인수한 것은 다수 광고업체를 거느리고 있던 Bcom3였다(11장 참조). 1999년 레오 그룹은 맥마너스 그룹 MacManus Group과 합병했다. 업계에서는 이 그룹이 레오 버넷의 멘토였던 시어도어 맥마너스가 1911년 설립한 광고사라는 사실이 잘 알려져 있다. 이처럼 광고 산업은 근친의 전형이다.

퓌블리시스 인수건이 진행되는 동안 레오 버넷이 당초 탁구대에서 기획한 광고 회사 레오 버넷은 거래금액 18억 달러의 대기업이 됐다. 레오 버넷에 대해 향수어린 자부심을 가지고 있었던 시카고 데일리 헤럴드는 창업자인 레오 버넷이 당시 안내 데스크에 사과 바구니를 놓았을 때, 업계 일각에서는 그가 곧 길거리에서 사과를 팔게 될 것이라고 비웃었던 것을 지적했다.

이런 비아냥은 이미 오래전에 불식되었다. 그리고 레오 버넷의 이름은 아직도 회사 문패에 건재하다.

## 6 영국 패거리들

영국의 핫 숍*지하철에서 터진 대박*로우와 그 이후*
기획의 달인*획기적 광고*사치의 전설이 시작되다*대
처 여사의 광고 대행업체

동성애자, 술 그리고 패션
**Fags, booze and fashion**

크리에이티브 혁명이 대서양을 건너오는 것은 단지 시간문제였다. 영국의 가장 유명한 광고사에서 일하는 노련한 광고업자 알프레도 마르칸토니오Alfredo Marcantonio는 '뉴욕에서 일어난 사건으로 영국 광고업계에도 황금기가 도래했다는 사실에는 의심의 여지가 없어요'라고 말한다. 우리는 런던 소호 거리에 있는 이탈리아 식당에서 만나고 있다. 밖에는 겨울비가 내리지만 식당 안에는 따듯한 색감의 향수가 빛을 발한다.

마르칸토니오가 말했다. '도일 데인 번버크Doyle Dane Bernbach와 같은 광고사는 우리가 언어를 어떻게 다루어야 하는지 보여줬다고 할 수 있습니다. 물론 당시 영국에는 미국 광고가 요즘처럼 많이 퍼져 있지는 않았어요. 젊은 광고제작자들은 『뉴요커』와 『에스콰이어』 같은 잡지들이 나오자마자 곧바로 뉴스 판매대로 달려가 구입을 했죠. 그런 잡지에서 훌륭한 광고를 볼 수 있기 때문이었죠.'

DDB가 획기적인 비틀Beetle 광고를 내놓았을 당시 마르칸토니오는 폴크스바겐Volkswagen 영국지사에서 일하고 있었다. 광고에 너무 깊은 감명을 받은 나머지 그는 폴크스바겐 마케팅 부서를 그만두고 곧바로 한 광고 회사에 취직했다. '더 놀라운 것은 그 다음이었습니다. 영국 광고업계는 미국의 크리에이티브 혁명을 모방하기보다는 독자적인 혁명을 추구했죠. 그것은 미국 것과도 전적으로 다르고 과거와도 완전히 단절된 것이었습니다.'

그것은 시간의 산물이기도 했다. 60년대 초반은 전후 사회의 엄격함과 자기 성찰의 짐을 짊어진 50년대의 그림자에서 시작됐다. DDB나 패퍼트 쾨니히 로이스Papert Koenig Lois와 같은 미국 광고 회사들이 런던에 문을 열었을 때 그들의 광고 제작은 당시 음악, 패션, 사진 및 그래픽 디자인 분야에서 일어나던 실험적 작업들과 맞물려 있었다. 물론 이들이 영국에 지사를 연 최초의 미국 광고 회사들이었던 것은 아니다. J 월터 톰슨J. Walter Thompson과 맥켄-에릭슨McCann Erickson 등이 1920년대 이미 런던에 사무실을 열었다. 이보다 훨씬 늦은 시기에 테드 베이츠Ted Bates, BBDO, 그레이Grey, 레오 버넷Leo Burnett 등이 런던에 지사를 설립했다. 오길비 & 매더Ogilvy & Mather는 유서 깊은 광고업체 S. H. 벤슨S. H. Benson을 인수했다. 하지만 DDB와 PKL 등이 고유의 트레이드마크라고 할 수 있는 신랄한 위트로 잠에 취한 영국 광고업계를 흔들어 깨웠을 때도 영국 내 미국 광고 회사의 움직임은 매디슨 가에 비하면 아무 것도 아니었다.

제1회 영국 디자인 및 예술감독상British Design & Art Direction(D&AD) Award 시상식은 1963년 개최됐다. 1968년에는 영국 광고업계의 목적의식을 확인이라도 해주듯 업계 전문지인 『캠페인Campaign』이 창간됐다. 여기에는 스위스의 글자체 디자이너 롤란드 솅크Roland Schenk의 영민한 미니멀 디자인이 사용된 바 있다. 제러미 마이어슨Jeremy Myerson과 그램 빅커스Graham Vickers는 2002년 저서 『다시 감기 : 디자인과 광고 40년사Rewind : Forty Years of Design & Advertising』에서 '60년대 영국 광고업계는 일반적으로 미국 광고업계로부터, 특히 DDB에게서 한 수 배웠다고 할 수 있다. 그러나 10년 후 런던은 세계 광고업계의 중심이 됐다'고 기술하고 있다.

영국 크리에이티브 혁명에는 많은 사람과 많은 광고사가 연관되어 있지만, 이 시기를 이야기할 때 가장 대표적인 광고 회사는 바로 콜렛 디킨슨 피어스Collett Dickenson Pearce이다.

## 영국의 핫 숍

CDP가 60년대 후반부터 70년대에 이르기까지 제작한 지면 광고, TV 광고 및 슬로건들은 매우 놀랍다. 그 시대에 자라났던 우리 세대에게 그 광고들은 모두 강한 인상을 남겼다. 벤슨 & 헷지Benson & Hedge 사의 담배 광고에 사용된 그 놀라운 시각적 은유, '행복은 햄릿이라는 이름의 시가Happiness is a cigar called Hamlet', '하이네켄, 다른 맥주가 도달할 수 없는 부분을 되살려줍니다Heineken. Refreshes the parts other beer cannot reach', '로보트가 만든 손, 피아트 자동차Hand built by robots', 무표정한 조앤 콜린스Joan Collins에게 흩뿌려진 신자노Cinzano[약초, 강장제로 맛을 낸 백포도주] …… 프리티 폴리Pretty Polly 사의 양말을 위한 인쇄 광고를 제작하는 데 만족하지 않고 CDP는 클라크Clark 구두를 섹시하게 보이도록 만들었다. 이 회사 공동 창업자인 존 피어스John Pearce는 CDP의 전문 영역을 '동성애자, 술 그리고 패션'으로 요약했다.

CDP는 앞으로 광고주가 될 기업들에게 강한 인상이라도 남기려는 듯 1960년 만우절에 영업을 개시했다. 이 광고 회사 창업자들은 열혈 청년 집단이 아닌 중년을 넘어선 사람들이었다. 존 피어스John Pearce와 로니 디킨슨Ronnie Dickenson은 헐튼 출판사Hulton Publishing에서 처음 만났다. 그때 당시 피어스는 총본부장이었으며 디킨슨은 당시 저명 잡지인 『픽처 포스트Picture Post』에서 일하고 있었다.(피어스는 전설적인 영국의 만화잡지 『이글The Eagle』의 창간을 도운 바 있다.) 디킨슨은 선구적 TV회사인 ATV에서 프로그램 디렉터로까지 승진했으며 피어스는 CDP가 출범하기 이전 영국에서 가장 잘 나가던 광고 회사 콜맨 프렌티스 & 발리Colman Prentis & Varley에서 사장을 역임했다.

존 리치John Ritchie 부회장과 크리에이티브 디렉터 존 새먼John Salmon 등

두 명의 CDP 근무 경험자들이 2000년에 편집한『콜렛 디킨슨 피어스 안에서 Inside Collett Dickenson Pearce』에 따르면, 이 회사의 출범은 디킨슨에게서 시작됐다. 어느 저녁 그는 데본셔에 있는 피어스의 아파트에 한잔 하러 들렀다가 지나가듯 '광고 회사 한번 해보는 것 어때?'라고 말했다. 이 둘은 맨땅에서 시작하기보다는 기존 광고사, 존 콜렛의 픽토리얼 퍼블리시티 Pictorial Publicity 인수를 택했다. 픽토리얼 퍼블리시티는 나름대로 어려운 시기를 보내고 있었다. 주요 광고주라고는 쌍안경에서 웰링턴 부츠까지 갖가지 야외용품의 메일오더 업체밖에 없었다.

창업을 주도한 것은 디킨슨이었지만, 시장의 틈새를 발견한 것은 피어스였다. 새먼과 리치에 따르면, '당시 존 피어스는 자금력이 부족한 광고주들에게 효과적인 결과를 가져올 광고 회사가 필요하다고 생각했다. 그는 광고 대다수가 건전한 전략에 기반하고 있음에도 불구하고 너무나 무미건조하다는 점을 잘 알고 있었다. …… 그는 영감을 자극하고, 모험적이며 무엇보다 눈에 잘 띄는 광고를 제작한다면 시장 기회를 잡을 수 있을 것이라 믿었다.'고 한다.

피어스가 정말로 잘한 일은 콜맨 프렌티스 & 발리에서 과묵한 성격의 요크서 출신 사내 콜린 밀워드 Collin Millward를 데리고 온 것이다. 그는 CDP에서 상상의 원천이자 크리에이티브 디렉터가 됐다. 그동안 유명한 사람들이 CDP를 거쳐 갔지만, 이들 모두 밀워드에게 경의를 표했다. 이들 중 영화감독으로 성공한 앨런 파커는 '그야말로 CDP에서 가장 중요한 한 사람이었죠. 오늘날의 CDP를 만든 것은 그의 에너지, 비전과 취향이었습니다. 사람을 보는 센스가 뛰어나 우리 같은 사람들을 크리에이티브 부서로 많이 영입하기도 했어요'라고 말한 바 있다.

밀워드에게는 '진지한', '별난', '사려 깊은', '다루기 힘든', '현명한', '뛰어난' 등의 다양한 수식어가 붙는다. 언젠가 누군가가 그에게 왜

요크셔 출신 중에 재주 있는 아트 디렉터가 많은지를 묻자 그는 그 지역의 공해가 너무 심하다보니 어느 바닥에나 매연이 수북하게 내려앉아 있어 어디에서나 그림을 그릴 수 있기 때문이라고 말한 적도 있다.

『콜렛 디킨슨 피어스 안에서』에 따르면 또 다른 CDP 직원 데이비드 퍼트넘David Puttnam은 밀워드와의 통상적인 미팅을 다음과 같이 기술하고 있다. '그의 사무실에 기획안을 승인받기 위해 들어갈 때가 있다. 그에게 이야기를 하는 동안 그는 앉아서 손톱을 뜯어 먹고 있다가 예의 유머러스한 목소리로 '이건 별로 안 좋아. 안 그래?' 하고 묻는다. 그러면 내가 '정말 그래요?' 라고 되묻는다. 그러면 그는 다시 '아니야. 정말 이건 아니야' 라고 말한다. 내가 다시 '어디가 그렇게 안 좋아요?' 라고 물으면 그는 '그건 당신이 알아내야지. 가져가. 다시 해봐. 내일 다시 보자고' 라고만 말한다.' 퍼트넘은 '능력은 도착점이 아니라 출발점' 이라는 사실을 밀워드로부터 배웠다고 고백하고 있다.

마치 DDB와의 유사점을 강조라도 하듯 CDP는 영국에서 처음으로 아트 디렉터와 카피라이터를 같이 근무하도록 한 광고 회사가 됐다. 다른 곳에서는 아트 디렉터와 카피라이터가 별도로 일을 한다. 실제로 DDB는 창업 2년째인 CDP를 인수하려 했다. CDP가 아직 영업도 신통치 않고 빚더미 위에 있었지만 디킨슨과 피어스는 DDB의 제안을 거절했다.

CDP를 위급 상황에서 구한 두 가지는 미디어 배치에 관한 피어스의 철학, 그리고 신문과 더불어 공짜로 제공되었던 최초의 천연색 잡지인 『선데이 타임즈 컬러 보충판Sunday Times Colour Supplement』의 창간이었다. 출판업 경력을 가지고 있던 피어스는 미디어의 선택과 청중의 수준이야말로 광고 캠페인 성공의 열쇠라는 사실을 잘 알고 있었다. 컬러 보충판은 벤슨 & 헷지, 하비 브리스톨 크림Harvey Bristol Cream, 화이트브레드 페일 맥주Whitebread Pale Ale 등과 같은 광고주들을 위한 사치스러우면서도 위트 넘친 인쇄 광고의 장이 되었다. 추가적인 광고 수입이 예상되자 다른 신문사들 역시 너나 할 것 없이 컬러 보충판을 찍어내기 시작했다. 1920년대 J. 월터 톰슨J. Walter Thompson과 마찬가지로 피어스는 광택지를 사용한 잡지들이야말로 이상적인 광고 매체라 여겼다. 이들 잡지는 치과 대기실 등에서 딱히 할 일이 없는 독자에게 효과적으로 메시지를 전달할 수 있기 때문이었다.

## 지하실에서 터진 대박

1968년 입사 당시 앨런 파커는 CDP가 잡지 광고를 잘 만드는 중소 광고사라 생각하고 있었다. 그는 열여덟 살 때부터 맥스웰 클라크Maxwell Clark에서 광고 일을 시작했다. 맥스웰 클라크의 이름이 너무 알려지지 않다보니 직원들조차 이 회사의 이름을 "맥스웰이 누구야Maxwell Who"로 바꿔야 한다고 생각할 정도였다. 다른 사람들에게 맥스웰 클라크에서 일한다고 말할 때마다 사람들은 항상 맥스웰이 누구냐고 물었기 때문이다. 처음에 앨런 파커의 업무는 '카피 포워딩'이었다. 말 그대로 교정쇄를 들고 이 부서 저 부서를 돌아다니면서 승인 결재를 받는 일이었다. 그렇게 부서들을 전전해 본 결과 크리에이티브 부서가 '그 중에서 가장 일하기 재미있는 곳'이라는 생각이 들어 눈독을 들이기 시작했다.

'그때 그레이 졸리프Gray Jolliffe라는 아트 디렉터가 있었어요. 그 사람 나중에 유명한 만화가가 됐는데 나하고도 계속 친하게 지냈죠. 그때 내가 애였는데도 그가 나한테 광고 일거리도 주고 평가도 해주면서 나를 키워주었죠. 예를 들어 '이 작품은 10점 만점에 6점……' 이런 식이었어요. 그 덕분에 실력도 나아지고 해서 결국 초급 카피라이터가 됐죠. 그때 도일 데인 번버크랑 패퍼트 쾨닉 로이스가 문을 열었는데 모두가 거기에서 일하고 싶어 했어요. 나도 DDB 인터뷰를 해 봤는데 결국 안 됐어요. 하지만 PKL에서 수석 카피라이터로 일하는 피터 메일Peter Mayle이 나를 뽑아 줘서 거기에서 일하게 됐죠.'

그러나 영국 회사인 PKL과 미국 모기업간 문화적 차이로 인해 일하기가 어려워지자 파커는 결국 직장을 떠나기로 결심했다. 메일이 CDP 면접을 권했다. 결국 파커는 찰스 사치Charles Saatchi와 같은 주에 입사하게 된다. 파커는 당시 상황을 이렇게 말했다. 'CDP가 월급을 후하게 준다는 소문이 있어서 실력 있는 사람들이 많이 모였어요. DDB에서도 많이들 CDP로 옮겼는데, DDB가 좋은 직장이기는 했지만 월급은 쥐꼬리 같았거든요. CDP는 재능 있는 인재를 영입하기 위해서는 후한 보수를 줘야 한다고 생각을 했던 거죠. 그 덕분에 업계의 보수 체계가 많이 바뀌었어요. 우리는 그때 하우랜드 가Howland Street에 있는 엄청 좁은 사무실에서 일했어요. 너무 좁아서 꼭 중학교 교실 같았죠. 존 피어스는 가구 회사보다는 월급을 더 많이 주고 싶었다고 말하곤 했습니다. 그래서 로스 크레이머Ross Cramer, 찰리 사치Charlie Saatchi, 토니 브릭널Tony Brignull 등 기라성 같은 사람들하고 그야말로 올스타 크리에이티브 팀에서 일하게 된 거예요.'

그러나 '환상적이고 별스러우며 괴팍한' 존 피어스의 리더십이 없었다면 파커도 획기적인 작품을 광고주들에게 전달하지 못했을 것이라는 점을 인정했다. 'CDP의 철학은 우리가 무슨 작업을 하건 고객 담당은 그것을 광고주들에게 팔아야 한다는 것이었죠. 그 사람들은 창작 과정에 개입도 못했고 변변한 리서치도 없었어요. 하여간 뛰어난 세일즈맨들이었죠. 반면에 크리에이티브 팀은 완전히 천국이었죠. …… 아마 영국 광고사에서 그런 시기는 더 없을 거예요.'

게다가 밀워드는 크리에이티브를 세 개의 팀으로 나눠서 서로 경쟁을 시켰다. '좁아터진 사무실 복도에 "크리에이티브 팀의 시작은 바로 여기"라고 써서 걸어놨어요. 문제는 로스 크레이머Ross Cramer도 똑같은 말은 반대편에다 써놨다는 거죠.' 라고 파커가 말했다.

파커가 CDP에서 가장 크게 기여한 바는 이 회사를 과거 인쇄 광고만 잘하던 곳에서 TV 광고도 잘하는 곳을 바꿔놨다는 점이다. 오랜 기간 동안 문자에만 관심을 가지고 있던 DDB 런던 지사와 달리 CDP는 소형 스크린에서도 창조성을 발휘했다. 그리고 파커는 여기서 촉매제 같은 역할을 했다.

'당시 영국의 상업 방송은 도입된 지도 얼마 안됐고 광고도 평범했어요. 예를 들어 촌스런 만화나 혹은 어떤 사람이 세제 봉투를 들고 있는 모습이 광고의 전부였죠. 우리는 그때까지만 하더라도 TV 광고를 만들어 보지 못했지만 그래도 한번 해보고 싶었어요. 그래서 콜린 밀워드한테 16밀리 카메라하고 테이프 레코더를 사주면 지하실에서 한번 해보겠노라고 했죠. 뭣 때문인지 하우랜드 가 지하실은 절반가량이 고물과 카드보드 박스로 채워진 엄청나게 큰 공간이었어요. 거기에서 광고를 찍기 시작했어요.'

당초 그의 접근 방식은 상당히 본능적이었다. '아트 디렉터 폴 윈저가 조명을 잘했고, 카메라는 누구 한 사람에게 맡겼죠. 그런데 결국 나는 다룰 줄 아는 게 아무것도 없는 거예요. 하지만 대본은 내가 썼으니까 현장 감독을 누가 해야 할지는 처음부터 정해져 있었다고 볼 수 있죠. 그래서 나는 곧 이 사람들을 부리기 시작했어요. "너는 이걸 하고 너는 저걸 하고 …… 오케이, 다시 한번 해봅시다." 이 사람들이 나를 보고는 "잘났어. 정말" 하는 표정을 지었지만, 그 순간 나는 감독이 되었어요. 이상하지 않아요? 그때 내 꿈은 그 회사의 크리에이티브 디렉터가 되는 것이었는데 말이죠.'

회사 직원을 배우로 기용하면서 파커는 점점 더 이 실험에 빠져들었다. 그는 미국에서 DDB와 웰스 리치 그린Wells Rich Greene 광고를 찍던 하워드 지프Howard Zieff로부터 영감을 받았다. 그러나 당시 노조 규범에 따르자면, 파커의 광고는 전문적 프로덕션 회사에서 다시금 제작되어야 한다는 것이었다. '짜증이 났어요. 왜냐하면 우리 원작품이 리메이크보다 훨씬 나았기 때문이죠. 그런데 존 피어스가 어느 날 광고주에게 회사를 안내하는 과정에서 이 모든 것이 바뀌었어요. 사장님이 미디어부에 도착했는데 아무도 없는 거예요. 존 피어스가 "다들 어디 갔어?"라고 물어보니까 누군가가 "모두 지하실에 내려가서 알란이랑 광고 찍고 있는데요."라고 대답했어요. 그때 나는 벤슨 & 헷지 사의 파이프 담배 광고를 찍고 있었어요. 혁명 이전 러시아 대사관을 배경으로 한 것인데, 때문에 미디어부 직원들을 대사나 귀부인처럼 입혀 놓았었죠. 그 드레스나 왕관하며 …… 아주 정교했다니까요.'

다음 날 파커는 존 피어스, 콜린 밀워드 그리고 로니 디킨슨과 만났다. '그분들이 "알란, 아무래도 회사를 떠나줘야겠어"라고 하더라고요. 나는 속으로 "맙소사, 지금까지 짤린 적은 한 번도 없었는데……."라고 중얼거리고 있었어요. 그런데 그분들이 '나가서 텔레비전 프로덕션 회사를 하나 만들라고. 우리가 무이자로 자금이랑 일거리를 주겠네.' 라고 하는 거예요. 그런데 그분들의 예상과 달리 내가 좀 시큰둥하게 반응을 했어요. 왜냐하면 나는 콜린 밀워드의 자리를 노리고 있었거든요. 말하자면 가장 우아한 방식으로 쫓겨난 거죠.'

앨런 파커 영화사Alan Parker Film Company는 버즈 아이 쇠고기 버거Birds Eye Beefburger와 하인즈 스파게티Heinz Spaghetti 등과 같은 수상작을 찍게 되었다. '그 당시는 모든 광고가 30초짜리였어요. 만약에 45초나 1분짜리 작품을 수임하면 재수가 좋은 것이었죠. 그 짧은 시간에 스토리를 말하고, 요점을 정리하고, 누군가를 웃게 하고, 뭔가를 팔 수 있다면 진정한 예술이 되는 것이죠. 이 짧은 시간이라는 제약은 다분히 창작의욕을 감쇄시키는 요소이기도 했지만, 덕분에 내 광고는 점점 더 단편 영화처럼 변해갔어요.'

『다시 감기Rewind』에서 파커는 '참신하고 보다 "사실적인" TV 광고 양식을 도입하고, 가장 작위적인 시나리오에도 일말의 신빙성과 위트를 불어넣은 것'으로 칭송을 받고 있다. 1976년 벅시 말론Bugsy Malone이 성공을 거두면서 파커는 영국 광고 감독으로서는 처음으로 장편 영화 감독이 됐다. 그러나 다른 사람들 역시 바짝 그 뒤를 쫓았다.

## 로우Lowe와 그 이후

CDP는 재능 있는 카피라이터, 사진작가, 영화감독을 끌어 모은 것뿐만 아니라 이들을 키워줄 사람들도 영입했다. 고객 담당 세일즈맨 데이비드 퍼트넘David Puttnam의 예를 들어 보자. 파커에 따르면, '자신이 일을 맡긴 사진작가에 대한 신뢰가 강해서 결국에는 이들을 프로모션 하는 데 시간을 다 써버렸어요. 사람들은 잘 모르지만, 그 사람이야말로 런던 바닥 최초의 진정한 사진작가 에이전트였죠.'

퍼트넘은 나중에 가서 벅시 말론뿐만 아니라 1978년 파커의 두 번째 장편 영화 「미드나잇 익스프레스Midnight Express」를 제작하기에 이른다. 퍼트넘은 또 다른 광고 감독인 리들리 스콧Ridley Scott의 데뷔작 「대결자The Duellists」도 제작했다. CDP에서 스콧은 호비스Hovis 식빵을 위해 예스러운 영국 촌동네를 배경으로 향수어린 광고를 제작하기도 했다.

파커는 말했다. '리들리가 나 다음으로 영화를 만들었어요. 그러나 그 사람은 아직도 광고를 찍고 있죠. 나는 아니지만 말이예요. 처음에는 "앨런 파커는 광고 감독 출신이다. 때문에 우리가 지적할 수 있는 하자가 많다."는 식의 평론 때문에 속이 상했어요. 광고업계에서 일하다 나온 감독들은 평이 좋지 않았어요. 진정한 영화감독이 아니라는 이야기죠. 리들리는 우리가 평론가라는 작자들보다 돈을 더 많이 벌다보니 시기심이 나서 그렇다고 이야기를 하곤 했지요.'

이 두 사람은 가끔 같이 사업을 차리는 방안에 대해 이야기하곤 했다. '리들리는 보기 좋은 영화를 만들지만 나는 주로 대화가 많은 영화를 만들어요. 그러니까 둘이서 보완할 점이 있는 것이죠. 하지만 스콧 파커로 할 것이냐 파커 스콧으로 할 것이냐를 두고 마냥 다투다 보니 결국 아무 일도 안 일어났어요.'

그 대신 1968년 리들리 스콧은 자기 동생 토니와 더불어 영화제작사인 RSA 필름RSA Films을 설립했다. 런던, 뉴욕, 로스앤젤레스에 지사를 연이 회사는 세계에서도 선도적인 광고제작 회사로 성장했다.

광고 감독으로서 스콧의 작품은 사내에서 프랭크 로우Frank Lowe의 지원을 받았다. CDP에서 고객 담당 직원들은 창작 과정에 일체 간섭을 할 수 없었지만, 이들이야말로 이 회사의 비밀 병기라고 할 수 있다. 희한한 작품 또는 도전적인 작품들을 광고주들에게 파는 것이 이들의 업무였기 때문이다. 파커에 따르면, 로우는 말도 되지 않는 희한한 창작물들을 변호했을 뿐만 아니라 더 나아가 그러한 작업을 더욱 부추겼다고 한다.

파커는 웃음을 참으며 이렇게 이야기했다. '처음에 입사했을 때 누가 그러는데 그 사람은 주관이 뚜렷해서 싫어하게 될 거라고 했어요. 나도 나름대로 "그렇게는 못하지."라고 생각하고 있었고요. 그러던 어느 날 그를 만났는데, 맨체스터 유나이티드 비행기 참사사고(1958년 2월 6일) 주기 때문에 검은색 정장을 입고 왔더라고요. 그때부터 죽이 맞아가지고 지금까지 친한 친구로 지내고 있어요. 그 사람은 훌륭한 창작물을 열정적으로 옹호하는 사람이에요.'

1970년대 초반이 되자 CDP를 더 이상 중소기업이라고 볼 수 없게 되었다. 하우랜드 가 사무실에서는 감당이 안 될 정도로 커져서 유스턴 가 Euston Road의 더 큰 건물로 이사를 가지 않을 수 없었다. 또한 파리의 광고 회사 FCA, 그리고 그 뒤를 이어 브뤼셀, 암스테르담, 밀라노, 도쿄 등의 광고사와 제휴를 맺으면서 점차 글로벌화 되었다. 콜린 밀워드의 역할은 더욱 커졌고 존 새먼이 런던 지사의 크리에이티브 디렉터를 맡았다. 다행스럽게도 새먼의 안목은 그의 동료 못지않게 높았다.

존 피어스는 1971년 심장마비를 일으켰다. 회복되고 난 다음 회사로 돌아올 수는 있었지만 거의 자문역 정도의 역할밖에 하지 못했다. 결국 프랭크 로우가 사장이 됐다. 새먼과 릿치는 저서를 통해 '이 창조적인 광고 회사 직원들에게는 프랭크야말로 최상의 고객 담당 세일즈맨이었다.'고 회상하고 있다. '그는 작품에 대해서 열정적인 관심을 쏟았을 뿐만 아니라 광고주들에게도 최상품만을 제시했다.'

『콜렛 디킨슨 피어스 안에서』에 쓴 기고문을 통해 로우는 콜린 밀워드를 비롯해 CDP를 맴돌았던 스타플레이어들이 어떤 영감을 주었는지 재확인했다. 다른 한편으로 로우는 CDP의 광고주들을 칭송하는 데도 상당한 시간을 들였다. 예를 들어 다음과 같은 그의 지적은 매우 정확한 것이다. '(광고주들은) CDP의 의견을 높이 평가하고 대부분 그를 따랐다. 그들은 비용을 낮추기 위해 돈 문제로 시시콜콜 하지 않았다. 그들은 단순히 자신에게 통하는 최선을 바랐던 것이다. 광고업체 스스로도 만족스럽지 않을 경우 그들은 언제나 기다려 주었고 이 때문에 항상 개선된 결과가 나왔다.'

황금기였던 1970년대가 지나고 1980년대에 들어서면서 CDP에는 그림자가 드리우기 시작했다. 프랭크 로우는 제프 하워드-스핑크 Geoff Howard-Spink를 비롯하여 (알프레도 마르칸토니오 등을 포함해) 일부 크리에이티브 팀 직원들을 데리고 독립해 독자적인 광고 회사를 세웠다. 『캠페인』의 기사에 따르면 '연말 크리스마스 파티에서 하워드-스핑크가 핀볼 게임을 하고 있을 때 로우가 나타나 새 광고 회사에 합류하지 않겠느냐고 물었다. 그는 핀볼에서 눈을 떼지 않은 채 "할게요."라고 대답했다.'고 한다.('그들은 지금 어디에 있는가?Where are they now?', 2003년 8월 8일자) 로우가 세운 광고 회사는 여러 가지 업적을 남겼지만 그 중에서 스텔라 아르투아Stella Artois 브랜드 광고는 많은 인기를 얻어 광고 캠페인을 지속할 수 있었다. 1981년 9월 10일 당시 예순여덟 살의 존 피어스는 두 번째 심장마비를 일으켰고, 그것은 그의 마지막이었다. 한 시대가 저문 것이었다.

광고 역사에서 한때 잘나갔던 광고 회사들이 대부분 그렇듯 CDP의 창조적 지배력 역시 영원히 유지되지는 못했다. 1980년대에도 지속적으로 뛰어난 작품을 제작하기는 했지만, 스포트라이트는 다른 곳으로 옮겨갔다. 1980년대 말 영국은 불황을 겪기 시작했다. 광고주들은 떠나갔으며 직원들도 일부 감원하지 않을 수 없었다. 1990년 『캠페인』의 기사에 따르면 일본의 덴쓰 사가 1천3백만 파운드에서 2천만 파운드 가량을 지불하고 CDP의 40%를 인수했다('CDP 인수를 확정지은 덴쓰Dentsu confirms deal with CDP', 1990년 11월 2일자). 이는 지금까지 영국에서 일어난 일본 광고 회사의 행보 중 가장 의미심장한 움직임이라고 할 수 있다. 밖에서는 무슨 일이 일어나는지 모를 정도로 일본 대형 광고 회사들이 폐쇄적이라는 사실을 고려하면 매우 특이한 케이스라고도 할 수 있다(12장 참조).

그러나 이러한 덴쓰의 지원에도 불구하고 CDP는 계속 불안정한 모습을 보였다. 인수 3년 후 마케팅 지는 당시 서른 살에 지나지 않는 젊은 '우상파괴적인' 벤 랭든Ben Langdon이 문제 해결을 위해 CDP에 영입됐다고 전했다('랭든에 경영을 맡긴 CDP CDP offers top spot to Langdon', 1993년 10월

28일자). 그로부터 2년 동안 그는 사업을 안정시키고 흑자 전환에 성공했다. 그러나 영광의 날들은 이미 오래 전에 끝나버렸다. 『마케팅』지는 다음 기사에서 이 점을 명백하게 정리했다. '이번 조치는 경영난에 휩싸인 이 회사를 2년에 걸쳐 다시 자리매김해온 완결편이다. 내용을 보면 CDP를 창조성이란 요람에서 꺼내 와 보다 실용적인 마케팅 업체로 변모시킨 것이라 할 수 있다.'

과거의 CDP는 이제 영영 사라져버린 것이다.

## 기획의 달인

또 다른 영국의 핫 숍에 대해 이야기해보자. 지금부터 이야기하고자 하는 핫 숍은 크리에이티브에도 능숙했지만 1970년대 들어 보다 신비에 가까운 역량 개발을 통해 광고 역사에 한 장을 기록했다. 보스 마시미 폴릿Boase Massimi Politt의 스탠리 폴릿Stanley Politt은 기획의 아버지로 통한다.

사실 보다 공정하게 보자면 JWT의 스티븐 킹Stephen King과 스탠리 폴릿이 기획이라는 개념을 정착시켰다고 할 수 있다. 더욱 복잡스럽게도 '고객 기획account planning'이라는 말 자체는 1968년 JWT의 브레인스토밍 회의 때 토니 스테드Tony Stead가 창안한 것이다. 이로 인해 JWT의 마케팅, 미디어 기획과 조사부서가 하나의 팀으로 합쳐지게 됐다. 그러나 여기서는 매력적이며 다채로운 인물인 폴릿 그리고 그가 마틴 보스Martin Boase와 게이브 마시미Gabe Massimi와 더불어 창립한 광고 회사 BMP에 초점을 맞추도록 한다.

외형상 스탠리 폴릿은 영국 코미디언 에릭 모캄비Eric Morecombe와 미국 저널리스트 A. J. 리블링A. J. Liebling을 합쳐놓은 듯한 외모다.(특히 리블링과 폴릿은 둘 다 광적인 권투 팬이다.) 근엄한 외모에 대머리, 뚱뚱한 몸매에 안경을 쓴 그는 언제나 담배를 물고 있었고 점심시간에는 언제나 포도주 한 잔을 즐겼다. 옷매무새는 언제나 헝클어져 있고, 프레젠테이션 요령 역시 엉망이었지만(그는 프레젠테이션과 관련하여 '불명확하고 세상물정 모르는 과학자 같았다'는 평을 들었다), 지적 능력 하나는 번뜩였다. 그의 동료는 그를 '혼란스런 몸 안에 들어있는 정리된 정신'이라고 평하기도 했다. 그는 나름대로 자유분방한 배경의 소유자이기도 했다. 예술가의 아들로 자라나 법률가가 되기 위해 세인트 폴 대학과 캠브리지 대학에서 수학하기도 했으나 결국은 집안의 연줄로 런던의 광고 회사인 프리차드 우드 & 파트너스Pritchard Wood & Partners에 취직했다. 그가 고객 기획 개념을 개발하게 된 것도 바로 이즈음이다.

다행스럽게도 고객 기획은 생각보다 재미있는 개념이다. 그 내용은 소비자의 목소리와 여망을 광고 과정에 개입시키는 것을 의미한다. 60년대에는 조사 담당 직원을 '지원부서'에서 빼내와 광고 캠페인을 개발하는 동안 고객 관리팀에 배치하는 것을 의미했다. 폴 펠드윅Paul Feldwick이 2000년에 편집한 『기획의 달인 폴릿Politt on Planning』에서는 이를 '빌 번버크가 1950년대 아트 디렉터와 카피라이터를 한 사무실에 배치한 이래 최대의 혁신'이라고 소개하고 있다.

폴릿 자신의 소개에 따르면 기획자planner는 데이터와 1차적 인터뷰를 통해 소비자를 심도 있게 이해할 수 있는 조사 전문가라고 할 수 있다. 기획자는 고객 담당 관리자, 크리에이티브 담당, 조사를 포함한 삼위일체로 유용한 통계자료를 제공하는 데 그치지 않고 광고 캠페인의 방향에 대해 명확한 관점을 가지고 있어야 한다. 기획자의 통찰력이 크리에이티브 부서 전체에 영감을 줄 수도 있다. 기획자는 더 나아가 광고의 효과를 분석해야 한다.

1950년대 광고 회사는 내부에 조사팀을 보유하거나 아예 조사 자회사를 설립했다. 이 같은 관행은 1960년대 들어 변했는데 그것은 소비재 제조업체들이 스스로 내부 조사 부서를 설치하거나 목표대상 소비자들에 대한 상세한 연구를 위촉하기 시작했기 때문이다. 이 같은 변화에 발맞춰 광고 회사는 연구직 직원들을 줄이기 시작했다. 나중에 미디어 부서가 별도의 회사로 분사해 나가는 것과 마찬가지로(10장 참조) 일부 광고 회사에서는 조사부서가 개방된 시장공간에서 독립 조사기관으로 발전해가기도 했다. 동시에 조사 기법과 데이터 분석 수단 역시 보다 정교해졌다. 이 같은 현상은 하나의 패러독스를 만들어냈다. 폴릿은 이렇게 썼다. '보다 날카로운 광고 기획과 관련된 데이터가 유입될수록 이러한 데이터를 다룰 수 있는 사람들이 점차 광고 회사를 떠나고 있다.'

프리차드 우드 & 파트너스에서 고객 담당으로 일하면서 폴릿은 광고 회사들이 데이터를 자기 멋대로 선택하여 자신의 입맛에 맞는 결론으로 몰아 나갈 수도 있음을 직감했다. '그래서 나는 훈련받은 조사연구원이 고객 담당과 더불어 같이 일을 해야 한다는 결론에 도달했어요. 조사연구원들은 동등한 지위와 권한을 가진 파트너로서 일을 해야 합니다.' 폴릿은 이러한 새로운 유형의 조사연구원들을 '고객 담당의 양심'이라 불렀다.

그는 다른 두 동료와 더불어 1968년 BMP를 세울 당시, 처음부터 고객 담당 매니저와 광고주 기획자가 팀으로 일하도록 하는 직무 체계를 설계했다. '처음부터 BMP는 기획자의 역할에 새롭고 중요한 차원을 추가했죠. 이는 거의 지배적인 차원으로 승화됐는데 …… 우리는 이들이 창의적 아이디어의 개발에 밀접하게 개입할 수 있도록 만들었습니다.'

## 획기적 광고 회사

보스 마시미 폴릿은 전형적인 60년대 후반 스타일로 출범했다. 이 회사 선전을 위해 BMP 이니셜을 휘갈긴 초콜릿 브라운 색깔의 미니 쿠페들이 런던을 돌아다녔다. 『선데이 타임즈』는 이 신생 광고 회사를 '시장 규모 5억 파운드인 영국 광고업계의 이단아'로 소개했다. 고객 담당 마틴 보스, 크리에이티브 게이브 마시미 그리고 기획 담당 스탠리 폴릿은 일곱 명의 다른 멤버들과 더불어 프리차드 우드 & 파트너스를 사직했다. 이들 열 명은 모두 새로운 광고 회사의 주주였다.

말수가 적은 전형적인 영국신사 마틴 보스는 프리차드 우드 & 파트너스에 1961년에 합류했다. 이 광고 회사는 미국 커뮤니케이션 그룹으로 맥켄-에릭슨의 모회사인 인터퍼블릭Interpublic(11장 참조)이 소유하고 있었다. 1960년대 말 보스는 한참 사정이 안 좋았던 인터퍼블릭이 프리차드 우드 & 파트너스를 매각하려 한다는 사실을 알게 되었다. 그는 투자가들을 모아 자사주 매수를 시도했지만 인터퍼블릭의 대응이 늦어진 까닭에 성사되지 못했다. 더 나아가 인터퍼블릭이 이 회사를 매각하려던 계획을 폐기했다. 독립을 결심한 보스는 자사주 매수에 동조했던 직원들을 데리고 별도의 광고 회사를 차렸다.

보스는 '우리는 독창적인 크리에이티브 작업을 수행하는 동시에 건전한 연구에 기초한 광고를 추구하기로 결심했습니다. 그래서 고객 기획의 아이디어를 수용하게 된 것이죠. 당시 광고 시장은 공식에 입각한 연구 기반 광고와 독창적이면서 분방한 광고로 확연히 나뉘어져 있었어요. 폴릿은 기획자 개념을 가지고서도 독창적이고도 전략적인 광고 창작을 추구할 수 있다고 믿었죠. 대부분의 신생 광고 회사 창업자들이 자신의 방식으로 사업을 하고 싶어하거나 혹은 그저 돈 벌 요량으로 회사를 세웠습니다. 우리는 대의명분에 입각한 광고 회사를 창립했습니다. 즉 우리는 전혀 새로운 유형의 광고 회사를 세우고 싶었던 거죠.'

그러나 한동안 이 새로운 유형의 광고 회사에 광고를 맡기려는 기업이 없었다. 보스, 마시미 그리고 폴릿은 버밍햄으로 출장을 가서 캐드버리Cadbury를 광고주로 영입하기 위해 열을 올렸다. 열흘 뒤 캐드버리는 그들에게 초콜릿 비스킷 사업(미니 쿠페 차량의 색깔이 초콜릿 색깔이었던 것은 바로 이 때문이다)과 즉석 매시 포테이토 광고를 맡겼다. 최초의 고객을 챙긴 그들은 굿지 가Goodge Street의 3천 평방피트 사무실로 이사를 했다. 출입구에는 다음과 같은 문구를 붙였다. '들어오기 전에 가장 머리 좋은 사람이 일하는 모던한 광고 회사를 상상하십시오. 사무 공간이 매우 효율적으로 배치되어 있어 방문이 즐거울 것입니다. 자, 머리에 그림이 그려지셨나요? 그러면 됐습니다. 왜냐하면 앞으로 몇 개월 동안 이곳이 그렇게 멋있게 보이지 않게 될 것이기 때문입니다.'

애초에 스탠리 폴릿은 무미건조한 연구원들을 기획자로 전환시키는 데 애를 먹었다. 그래서 그는 '셈에 밝고 마음이 넓은 대학졸업생들'을 양성하기로 마음먹었다. BMP는 초창기부터 대학졸업생 교육 프로그램을 시작하여 광고업에 알맞은 완벽한 도제 시스템을 개발한 것으로 유명하다. 보스는 '70년대 초반에 영국 대졸자의 2%만이 광고업계에 취직하려 했던 때가 있습니다. 우리는 전체 졸업생의 6% 가량을 교육시켰어요. 영국의 광고 회사 중에서 우리처럼 젊은 인재들에게 투자한 데가 없습니다.' 라고 언급했다.

회사 창립 2년 후 게이브 마시미가 사직함에 따라 프리차드 우드에서 영입한 존 웹스터John Webster가 크리에이티브 디렉터가 됐다. 웹스터는 업계에 알려진 광고 천재였다. 특히 그는 TV 광고에서 재능을 발휘했는데 나중에는 업계에서 가장 존경받는 크리에이티브로 부각됐다.(슬프게도 그는 내가 이 책을 쓰기 전에 죽었다.)

CDP의 경우도 마찬가지지만 어린 시절을 1970년대 영국에서 보낸 사람들은 웹스터가 만든 TV 광고가 기억 속에 각인되어 있다. 그는 음료수 브랜드 크레스타Cresta를 위해 선글라스를 쓴 북극곰 애니메이션 캐릭터, 슈가 퍼프Sugar Puffs 시리얼을 위해 거구이지만 온순한, 오렌지 빛 설인 허니 몬스터Honey Monster, 우유를 훔치는 험프리Humphreys, 그리고 즉석 매시 포테이토를 위한 스매시 화성인Smash Martians 등 다수의 캐릭터를 만들어냈다. 화성인들의 경우 지구인들이 감자를 씻고 껍질을 벗긴 다음 으깨는 것을 보고 포복절도한다. 물론 이들은 뜨거운 물에 풀기만 하면 되는 캐드베리의 즉석 매시 포테이토를 먹는다. 이들 캐릭터의 무엇인가가 자조적인 영국인들의 심성에 딱 들어맞았다. 영국인들이 가장 사랑하는 광고 캐릭터에는 항상 이들이 등장한다.

웹스터는 독창적 캐릭터 창출이 광고에 큰 가치를 지니고 있음을 굳게 믿고 있었다. 그는 『다시 감기』에서 'CDP가 레너드 로시터Leonard Rossiter나 조앤 콜린스Joan Collins 같은 시트콤 배우를 활용할 수는 있을 것이다. 그러나 독창적인 캐릭터를 활용하여 광고를 한다면 사람들은 자연스럽게 캐릭터와 제품을 결부시키게 된다. …… 사람들은 로시터가 나오는 광고가 뭐였더라. …… 그게 뭐였지?라고는 말하지 않는다는 것이다.'라고 적고 있다.

웹스터가 TV 광고에서 활용한 아이러니와 자조는 일정한 초현실주의와 맞물려 전형적인 영국식 광고의 핵심 요소를 이루었다. 웹스터의 전성시대에는 텔레비전에서 건질 수 있는 최선의 것은 광고라는 이야기가 돌았다. 대다수의 영국 광고는 아직도 오락에 우선순위를 두고 있으며, 마치 팔 물건이 없는 듯한 인상을 남기고 있다. 마틴 보스는 '미국 광고는 전통적으로 노골적이지만 영국 사람들은 그런 방식을 선호하지 않는다.'고 주장했다.

1970년대 후반 BMP는 파리에 지사를 열었다. 결과는 좋지 않았지만 파리 지사는 지속적으로 운영됐다. 1977년에는 프랑스 통신 재벌 아바스Havas가 BMP의 지분을 50% 인수했다. 2년 후 스탠리 폴릿은 마흔아홉에 심장마비로 사망했다. 그의 죽음에 충격을 받은 창업자들은 앞으로 나아가야 할 방향을 다시 생각하게 되었다. 보스는 '우리 다음으로 회사를 경영할 세대에 주식을 나눠주고 싶다'고 했다. 당시는 마가렛 대처 정권 하에서 개인 소득세율이 인하되면서 주식시장으로 돈이 많이 몰린 때였다. BMP는 1백20만 파운드로 아바스로부터 경영권을 회복하고 주식을 공개했다. 2년 후 주식시장에서 BMP의 시가총액은 5천만 파운드에 달했다.

1980년대 들어 BMP는 시장에서 자사 주식을 매수하던 또 다른 프랑스 광고 회사 BDDP(8장 참조)와 격렬한 협상에 돌입했다. 보스는 과거 DDB였던 회사에 자사를 매각함으로써 이 같은 적대적 M&A 시도를 물리쳤다. 당시 DDB의 런던 지사는 BMP보다 실적이 뒤쳐졌기 때문에 이 같은 합병은 이치에 맞는 것이었다. 결국 1989년 BMP는 BMP DDB가 됐다. 이름이 복잡하기는 하지만 이러한 과정은 광고업계에서 일종의 관행과도 같다. 이 회사는 2004년 이름에서 BMP를 삭제하고 DDB 월드와이드 런던 지사가 됐다. DDB 월드와이드 런던 지사는 지금도 영국에서 가장 많은 상을 받는 광고 회사다. 마틴 보스는 자랑스럽게 이렇게 말했다. 'DDB 전체 네트워크에 매우 강렬한 BMP의 지류가 흐르고 있죠.'

## 사치의 전설이 시작되다

얼마 있지 않아 재미있는 이름의 광고 회사가 나타났다. 원래의 이름은 크레이머 사치Cramer Saatchi였다. 찰스 사치Charles Saatchi와 로스 크레이머Ross Cramer는 미국 광고 회사 벤튼 & 보울즈Benton & Bowles의 영국 지사에서 사치가 입사하던 1965년 처음 만났다. 찰스는 열일곱 살에 학교를 떠나 무작정 미국으로 갔다. 그 당시 광고업계의 스타들이 대부분 그랬던 것처럼 사치 역시 빌 번버크 같은 광고에 큰 충격을 받았다. 그가 다시 돌아왔을 때 그는 런던 광고업계에 비슷한 파란을 일으킬 준비가 되어 있었다. 앨리슨 펜들리Alison Fendley는 1995년 『사치 & 사치 : 인사이드 스토리Saatchie & Saatchie : The Inside Story』에서 '그는 즉시 이목을 집중시키는, 격식을 파괴하는 작업을 했다.'고 쓰고 있다. 영국의 저명한 광고인으로 CDP 근무 경력자이자 광고 회사 WCRS의 회장인 로빈 와이트Robin Wight가 이렇게 말했다고 펜들리는 전하고 있다. '찰스 사치는 미국의 단도직입적인 솔직함에 위트와 예술 그리고 아이러니를 섞어서 영국화했다.'

사치가 벤튼 & 보울즈에 입사했을 때 그는 스물두 살이었다. 당시 벤튼 & 보울즈에서 이미 근무를 하고 있었던 미래의 스타 존 헤가티John Hegarty보다 한 살 많았다. 헤가티는 처음 사치가 이탈리아 이름이라고 짐작했다.(그는 웃음을 애써 감추며 '처음에는 철자도 제대로 모르고 아직도 엄마랑 같이 사는 녀석인 줄 알았지.'라고 말했다.) 사실 찰스, 모리스 그리고 형인 데이비드 사치는 바그다드에서 이라크계 유태인 부모 네이선Nathan과 데이지Daisy 밑에서 태어났다. 2차 대전 후 반유태 정서가 심해지는 이라크를 벗어나 사치 가족은 영국으로 이주했다. 그곳에서 형제들은 수목이 울창한 햄스테드Hampstead에서 자라났으니 완벽하게 영국식 어린 시절을 보냈다고 할 수 있다.

헤가티와 더불어 벤튼 & 보울즈에 잠깐 동안 같이 근무한 후 찰스는 수석 아트 디렉터인 로스 크레이머와 같이 팀을 이뤘다. 얼마 가지 않아 그들은 벤튼 & 보울즈의 분위기가 자신의 급진적인 아이디어에 비해 너무 무미건조하다고 느끼고 당시 한창 잘 나가던 콜렛 디킨슨 피어스로 자리를 옮겼다. 그곳에서 이 둘은 포드 자동차, 셀프리지스 & 루이스 Selfridges and Lewis 백화점 광고 등을 비롯하여 주목할 만한 일련의 광고를 발표했다. 특히 포드 자동차 광고는 경쟁사의 모델과 직접적으로 비교하는 광고로 미국에서는 이미 도입됐지만, 영국에서는 거의 전례가 없는 방식의 광고였다. 이 두 사람에게 D&AD 상이 수여됐다. CDP에 자리를 잡은 지 18개월 만에(그리고 그보다 작은 광고사에서 얼마간을 보낸 후) 두 사람은 자신들만의 '창조적 컨설팅' 사업을 차렸다.

크레이머 사치는 굿지 가Goodge Street에 있는 데이비드 퍼트넘의 사진 광고 회사 그리고 BMP와 동일한 건물의 패스트 푸드점 바로 위층에 자리를 잡았다. 두 사람은 존 헤가티와 제러미 싱클레어Jeremy Sinclaire 등과 같은 젊은 인력들을 끌어 모았다. 특히 싱클레어는 영국에서 가장 유명한 인쇄 광고를 제작함으로써 사치의 전설을 만드는 데 일조했다.

사치의 전설을 촉발한 광고의 배경은 사실 너무나도 평범한 것이었다. 학교 앞에서 아이를 기다리던 로스 크레이머는 보건교육위원회Health Education Council에서 근무하는 다른 학부모와 대화를 시작했다. 크레이머의 직업이 무엇인지 알게 된 그녀는 바로 윗사람이 광고 회사를 찾고 있다고 알려줬다. 얼마 후 크레이머 사치는 공공 보건 광고에 강력한 언어와 이미지를 적용하기 시작했다. 어떤 인쇄 광고에서는 불쾌한 갈색 침전물이 접시에 떨어지는 그림을 보여주었다. 이 그림에는 '평균적인 흡연가의 폐에서 나오는 타르와 분비물'이라는 설명이 들어 있었다. 이 같은 금연 캠페인은 언론의 주목을 끌었지만 그렇다고 해서 이 광고가 이 회사의 최고 걸작은 아니었다.

또 다른 광고에서는 브이넥을 입은 어떤 젊은 여자가 손을 임신한 배에 올려놓고 슬픈 듯이 카메라를 바라보는 이미지가 담겨 있다. 그 아래에는 '당신이 임신을 하게 된다면 더욱 주의하시렵니까?' 라고 쓰여 있다. 여성 해방과 성적 자유의 부작용을 포착한 이 광고는 방종의 60년대를 벗어나 보다 사려 깊은 70년대를 미리 예견하고 있었다. 이 광고 역시 언론의 주목을 많이 끌었다. 몇 년 후 BBC는 금세기 10대 영국 광고 회사를 선정했다(news.bbc.co.uk, 1999년 10월 15일자). 1위를 차지한 것은 사치 사의 또 다른 광고 '일하지 못하는 노동자Labour isn't working'였다. 그러나 이미 그때는 이 회사도 상당히 달라져 있었다.

로스 크레이머가 1970년 크레이머 사치를 떠나 광고 감독으로서 일을 시작했을 때 그를 대체할 만한 사람이 딱 하나 있었다. 모리스 사치는 형과는 다르지만 이와 비슷한 경력을 밟고 있었다. 화려하지는 않지만 보다 전략적인 성품의 그는 런던정경대학London School of Economics를 졸업하고 중소 출판사인 헤이마켓 출판사Haymarket Publishing에 취직했다. 그의 업무는 저널리스트와 광고업계 인사들을 대상으로 한 정기간행물 『월드 프레스 뉴스World Press News』를 재출범시키는 것이었다. 헤이마켓은 이 간행물을 광고업계 전문잡지인 『캠페인』으로 전환했다. 자극적이면서 신랄한 동시에 뉴스 반 가십 반의 이 잡지는 영국 광고업계를 반영하면서 곧바로 업계 바이블로 떠올랐다. 모리스는 성공을 거둔 것이다. 펜들리에 따르면, '비슷한 연령의 영국 젊은이들 다수가 헐어빠진 중고차를 몰고 다니는 데 반해 그는 스물네 살의 나이에 1966년형 코르벳을 타고 출근했죠.'라고 말했다.

찰스는 자기 동생이 헤이마켓을 떠나 사치 & 사치의 공동 창업자가 되리라는 사실을 믿고 있었다. 찰스는 회사 이름 자체도 너무 특이하다 보니 누구든 한번 들으면 잊기 힘들 것이라고 봤다. 몇 년 후 업계 한 경쟁 전문지는 사치 형제가 『캠페인』과 특별한 관계를 가지고 있기 때문에 이들에 대한 부정적인 기사가 나올 수 없다는 점을 불평했다. 물론 모리스가 헤이마켓과 특별한 관계를 가지고 있다는 점이 초창기에는 도움이 됐다.(업계에서는 Campaign에서 'Cam'은 Charles And Maurice, 그리고 'paign'은 나머지 업계의 고통Pain을 상징한다는 농담이 돌기도 했다.)

1970년 9월 11일 『캠페인』은 1면 헤드라인을 통해 '사치가 매출 1백만 파운드 규모의 광고 회사를 출범했다'는 기사를 게재했다. 이에 대해서 그 누구보다도 펜들리가 의구심을 표하고 있다. 새롭게 출범하는 광고 회사가 25만 파운드 이상의 매출을 올릴 수 있었겠는가라고 말이다. 그러나 어차피 큰 상관은 없었다. 현실이 곧 사치 & 사치의 야망을 따르게 될 것이었기 때문이다. 형제는 또한 『타임』에 전면 광고를 게재했다. 아마도 그들이 지면을 산 유일한 때가 이때가 아닌가 한다. 사치 형제는 뉴스의 근원이었으며, 이후 상당 기간 그런 상태를 유지했다.

## 대처 여사의 광고 대행업체

사치 & 사치는 크레이머 사치 때부터 같이 했던 존 헤가티나 제러미 싱클레어 같은 사람들뿐만 아니라 인상적인 젊은 인재들을 끌어들였다. 그 중 한 명이 호주 출신 고객 담당 빌 무어헤드Bill Muirhead였다. 그는 이렇게 회상하고 있다. '모두가 내 나이 또래였고 개성적이었습니다. 나는 오길비에 있었는데 거기에서는 모든 게 규칙에 따라 진행됐거든요. 하지만 우리는 규칙 같은 것은 모두 무시해 버렸지요. 그래서 규정을 만드는 부서와는 항상 부딪혔어요.'

또 다른 인재로는 미디어 디렉터 팀 벨Tim Bell을 들 수 있다. 카리스마가 넘치는 그는 영국 최고의 홍보 전문가가 됐다. 그러나 광고 역사에서 그의 이름은 마가렛 대처와 1979년 보수당 선거 캠페인과 밀접하게 연관된다. 창조적 노력을 기울인 것은 찰스 사치였지만 그것을 보수당 지도

부에 제시한 사람은 벨이다. 당시 영국 수상 마가렛 대처에게는 팀 벨이 이 회사의 얼굴이었다.

사치 & 사치는 보수당 홍보국장이자 대처의 강철 같은 이미지를 만들어낸 사람으로 평가 받는 고든 리스Gordon Reece의 추천으로 보수당의 홍보 업무를 수주할 수 있었다. 창조성과 관련하여 어느 정도 성과를 확보한 사치 & 사치는 당이 제시한 요건을 모두 충족했다. 벨은 그 해 6월 대처에게 직접 프레젠테이션을 했다.

보수당을 위한 사치의 작업 대다수는 모범적이라 할 수 있지만 BBC가 20세기의 이미지로 선정한 홍보 포스터는 크리에이티브 부팀장 앤드류 러더포드Andrew Rutherford(나중에 WCRS - Wight Collins Rutherford Scott 창업자의 한사람)의 아이디어였다. 그는 실업 구제 사무소에 길게 늘어선 대기자들 사진을 배경으로 '일하지 못하는 노동자Labour isn't working' 라는 카피를 만들어냈다(노동당은 이 사진을 위조라고 공격했지만 그것은 요점을 벗어난 행위다. 다른 광고들과 마찬가지로 포스터는 인지된 진실의 결정체인 것이다.). 사실 이 포스터는 몇 군데에서만 게재됐지만 미디어가 이를 보고 광분하는 바람에 역사상 가장 비용 대비 효과가 뛰어난 광고로 기록되었다. 사치 & 사치의 캠페인이 보수당에게 선거 승리를 가져다 준 것은 아니었지만 그 중요한 역할을 했던 것만은 틀림없었다. 대처 여사가 1979년 5월 4일 권좌에 올랐을 때 사치 형제는 적어도 업계에서 인정을 받게 되었다.

이보다 몇 년 전인 1975년 사치 & 사치는 뉴욕의 콤튼 애드버타이징Compton Advertising의 자회사인 상장기업 콤튼Compton과 합병했다. 이 거래로 인해 뉴욕의 모회사는 전체 지분의 26%를 확보하고 프록터 & 갬블, 라운트리 맥킨토시Rowntree MacKintosh와 같은 그야말로 알짜 고객들에게 접근할 수 있게 됐다. 이는 사치 & 사치 역시 상장이 됐다는 것을 의미했다.

이 시기 사치 & 사치는 캠브리지와 하버드에서 공부한 젊은 재무담당 이사 마틴 소렐Martin Sorrell을 영입했다. 소렐의 사업 수완은 사치 형제의 야심찬 확장 계획을 실현하는 데 도움이 되었다. 앞으로 다가올 번영과 성장을 확인이라도 해주듯 사치 & 사치는 리전트 가Regent Street에서 콤튼이 위치한 샬롯 가Charlotte Street의 더 넓은 사무실로 이전했다.

1982년 사치 & 사치는 브리티시 항공의 광고를 수주했는데 이것이 바로 주력 사업이 됐다. 브리티시 항공이 경쟁사에 비해 더 많은 승객을, 더 많은 도시로 이동시켜준다는 사실에 착안하여 사치 & 사치는 '세계가 좋아하는 항공사world's favorite airline'라는 슬로건을 만들어냈다. 첫 번째 TV 광고는 정말 대단했다. 첫 장면은 마치 거대한 우주선이 착륙이라도 하려는 듯이 거리 위로 음산한 그림자가 지나간다. 사람들이 집에서 나와 걱정스럽게 하늘을 올려다본다. 하늘에서는 맨해튼 섬이 히드로 공항으로 다가온다. 마지막에는 '매년 브리티시 항공은 맨해튼 인구보다 많은 승객을 대서양 너머로 모셔다 드렸습니다'라는 멘트가 흐른다.

이 TV 광고의 규모는 사치 & 사치의 글로벌한 야심의 크기와도 비례했다. 80년대가 이렇게 시작됐다.

# 7 화려한 80년대

계속되는 사치의 전설＊BBH의 청바지 천재＊신사 카피라이터＊베니스 해변의 해적＊'1984년' 과 그리고 슈퍼볼

### 위신의 문제
**A question of prestige**

1980년대는 TV 광고의 황금기이다. 케이블 TV가 태동기를 거치고 있었으며, 세계적 규모의 광고 캠페인이 인기를 끌었다. 광고 회사들도 최고의 디렉터를 고용할 수 있을 만큼 풍족했다. 디렉터들의 다수는 뮤직 비디오의 찬란한 이미지를 만들어내면서 자신의 실력을 다듬고 있었다. 마침 1981년 발족한 MTV와 광고는 제품과 라이프스타일을 한 차원 발전시켜 새로운 종류의 젊은 상향 이동 집단을 유혹하기 시작했다. 바야흐로 여피yuppie[젊은 Young, 도시에 사는 Urban, 전문직 Professional의 약자로, 베이비부머로 고소득 직종에 종사하는 젊은 세대를 의미]의 시대가 온 것이다.

미국에서는 마치 천지가 개벽한 듯한 변화가 일어났으며 런던에서 갓 피어난 창의성이 매디슨 가에 영향을 미치기 시작했다. 이 시기서부터 BBDO의 크리에이티브 원동력이라 할 수 있는 필 듀젠베리Phil Dusenberry는 'TV 광고는 오랫동안 움직이는 인쇄 광고에 지나지 않았어요. 1970년대 컴컴한 방에 앉아 영국 광고를 보면서 '바로 이런 것을 해야 해.' 라고 생각하곤 했습니다. 영국 광고들은 당시 미국에서 제작한 대다수의 광고보다 훨씬 재미있었어요. TV 광고는 1980년대 들어서 이를 따라잡기 시작해 1984년에 이르러 만개하기 시작했습니다.' 라고 평가했다.

그러나 런던 광고계는 단순하게 창조적인 것을 넘어서 훨씬 자유분방했다. 소호 거리의 레스토랑과 바에는 순전히 광고업계 사람들이나 이 업계의 영광에 빠져보려는 사람들로 북적거리는 듯했다. 사치 & 사치,

바틀 보글 헤가티와 같은 재빠른 신생 광고 회사들은 왕년의 광고업계 중심인 메이페어Mayfair나 코벤트 가든Covent Garden을 벗어나 소호를 기반으로 삼았다. 이는 편집실과 사진 스튜디오들이 소호에 모여 있기 때문이었다. 이 지역은 워낙 홍등가로 유명했기 때문에 임대료가 매우 쌌다. 그 결과 소호는 런던의 매디슨 가가 됐다.

런던 광고 회사 홈즈 나이트 리치Holmes Knight Ritchie의 유명 카피라이터 닐 프렌치Neil French는 70년대에서 80년대 초까지를 이렇게 말한다. '당시가 특별했던 것은 박식하면서도 재능 있는 친구들이 때마침 제 자리에 있어줬기 때문이죠. 당시에는 광고를 할 데가 신문, 포스터, TV 그리고 유명한 코미디언들이 스크립트를 읽어주는 라디오 정도밖에 없었어요. 인생이 훨씬 단순해서 기분풀이를 할 만한 곳이 술집이나 여자들이 입고 다니던 라라 스커트[치어리더 용의 짧은 주름치마]의 눈요기 정도밖에 없었어요.'

『인디펜던트The Independent』지에서 스티븐 베일리Stephen Bayley는 '포르쉐, 샴페인, 코카인 등의 이미지로 점철된 1980년대의 광고계'를 언급한 바 있다.('모두에게 안녕을Goodbye to all that', 1996 12월 20일자) 당시를 회고하면서 베일리는 이렇게 말했다. '영국 광고업계가 1980년대 런던을 본거지로 수십억 달러 규모의 다국적기업들을 고객으로 유치하기 위해 경쟁하던 당시 고객 접대는 상당히 높은 우선순위를 차지했죠. 술상무들의 지위도 높았어요. 파티 개최 능력이 그 이외의 모든 능력을 상징했습니다. …… 이 모든 것이 위신의 문제였던 것 같아요.'

몇 년 후 『캠페인』은 당시 업계의 백태를 고발하기도 했다. 어느 아트 디렉터는 '우리 크리에이티브 팀장은 진을 수돗물처럼 마시곤 했죠. 어떻게 약도 안 하고 대단한 광고나 독창적인 생각을 할 수 있어요?'라고 말했다. 어떤 신참 비서는 1982년 광고업계에 뛰어든 당시 '코카인은 상대적으로 해롭지 않은 약으로 생각됐었죠.'라고 말했다('중독이라는 전염병The plague of addiction', 1992년 10월 2일자).

그러나 업계 종사자 대다수들에게 1980년대는 코카인보다는 현금의 시대였다. 1978년부터 10년 동안 영국 광고업계의 거래금액은 315% 증가했다. 당시는 대형 합병, 주식 공개, 세계 경영의 시대였다. 그 중심에 사치 & 사치가 있었다. 스티븐 베일리에 따르면, '당시 광고업계는 그 누구보다 대범, 뻔뻔하면서도 자심감에 차 있었다.'고 한다.

## 계속되는 사치의 전설

1986년 봄 『타임』은 한 기사에서 다음과 같이 언급했다. '기업가의 시대에 들어서자 거의 모든 사람들이 생각을 크게 하고 있다. 그러나 광고업계의 총아 찰스와 모리스 사치는 메가톤급의 생각을 하고 있다'('영국의 광고인들이 몰려오다British admen are coming!', 1986년 4월 28일자). 이 기사는 사치 & 사치가 세계 최대의 광고 기업이 되려 한다는 사실을 확인해 주고 있다.

이 기사는 밀러라이트 맥주 광고로 유명한 미국 광고 회사 배커 & 스필보겔Backer & Spielvogel을 1억 달러에 인수하는 내용을 담고 있다. 이 거래로 사치 & 사치는 일본의 덴쓰, 매디슨 가의 영 & 루비컴에 이어 3위의 광고사로 도약했다. 이 기사는 또한 사치 형제의 이미지도 고착시켰다. '은둔자 같은 찰스는 매일 슈나우저 강아지를 데리고 사무실로 출근하고 가끔 점심시간에 체스를 둔다. 이에 반해 보다 외향적인 모리스는 외부 자금을 끌어들여 회사의 급속한 성장을 견인했다.'

정확하건 아니건 이러한 이미지는 기자들의 마음에 각인됐다. 즉, 찰스는 막후에서 광고에 주력하고 외향적인 모리스가 트레이드마크인 거구의 몸으로 기업을 대표한다는 것이다. 이들은 영국에서 가장 유명한 광고업자로 단순한 광고 회사를 운영하는 것이 아니라 세계적 광고 제국을 경영하고 있었다. 이들의 모토인 '불가능은 없다'는 말이 맞아 떨어지는 것 같았다.

배커 & 스필보겔과 더불어 사치 형제는 또 다른 미국 광고 회사 댄서 피츠제럴드Dancer Fitzgerald와 테드 베이츠 애드버타이징Ted Bates Advertising을 4억 5천만 달러에 인수했다. 이들은 더 나아가 경영 컨설턴트, 조사연구원 그리고 영업 사원들을 고용했다. 이들의 전형적인 정책은 호가의 절반을 먼저 지불하고 나머지를 할부로 지불함으로써 일정 기간 동안이나마 기존 경영진의 충성을 유발하겠다는 것이었다.

1986년 말까지 사치 & 사치는 10억 달러를 들여 37개 기업을 인수했다. 사치 & 사치 지사는 65개국 5백여 개에 이르렀으며 직원들만 1만 8천 명을 헤아렸다. 그러자 미국인들이 이 그룹을 경계하기 시작했다. 이들은 그야말로 조용한 매디슨 가에 들어와 한바탕 소란을 피우는 존재들이었던 것이다. 이 같은 업계의 구조조정으로 인해 광고주들은 종종 자신이 경쟁사와 같은 배를 타고 있는 경우가 생겼다. 이들 중 일부는 곧바로 광고사를 바꿨다.

지금 돌아보면 그 당시는 마치 과잉의 시대였던 것처럼 느껴진다. 1987년 사치 & 사치는 은행을 인수하기로 했다. 사치 & 사치는 영국 제4위 은행인 미들랜드Midland에 접근했지만, 문전박대를 당하며 비웃음을 샀다. 이 사건은 사치 & 사치에 다가올 재앙의 전조와도 같았다. 1987년 9월 주식시장이 붕괴된 것이었다.

한동안 사치 & 사치는 무사할 듯 보였다. 그러나 얼마 후 지옥문이 열렸다. 앨리슨 펜들리Alison Fendley는 이렇게 쓰고 있다. '1988년 사치 & 사치는 세계 최대 광고 그룹이었다. 3년 후 그들은 주식 가치의 98%를 잃었다. 그 회사는 더 이상 세계 최대가 아니었다.' 광고업계는 2차 대전

후 최악의 불황을 맞았으며 사치 그룹도 수렁으로 빠져들었다. 1989년 18년 동안 연속적인 성장세를 보였던 이 회사는 처음으로 실적악화 경고를 냈다.

찰스와 마찬가지로 모리스도 일부 회사 지분을 매각하기는 했지만 그는 여전히 이 그룹의 회장 겸 최고경영자였다. 이들은 얼마든지 회사를 접을 수도 있었지만 외부에 도움을 구하기로 했다. 이들은 펜실베니아주 소재 조사기관 IMS에서 로베르-루이 드레퓌스Robert-Louis Dreyfus와 찰스 스콧Charles Scott을 각각 최고경영자와 재무 이사로 영입했다. 이들은 사치 & 사치 경영 정상화 책임을 수락했다. 1993년 루이 드레퓌스가 경영난을 겪고 있는 독일 기업 아디다스로 떠나자 스콧이 최고 경영자의 직위를 승계했다.

앨리슨 펜들리에 따르면, 스콧이 경영 정상화에 최선을 다하고 있지 않다고 모리스 사치가 생각한 바람에 둘의 관계가 소원해졌다고 한다. 그러나 결국 모리스가 회사를 떠나게 된 것은 스콧과의 불편한 관계 때문이 아니라 미국 주주들의 요구 때문이었다. 데이비드 헤로David Herro를 위시한 일부 주주들이 회사 정상화를 위해 모리스를 쫓아낸 것이다. 엄청난 보수, 화려한 라이프스타일, 찰스 스콧과의 긴장 관계 등이 모두 그에게는 불리하게 작용했다. 그러나 브리티시 항공이나 마스Mars 등의 몇몇 주요 고객들과 일부 임원들이 그의 편을 들어주었다. 그들 눈에는 모리스 사치야말로 기업의 첨병이자 브랜드 아이덴티티(BI)였던 것이다.

이러한 움직임에도 불구하고 주주들은 동요하지 않았다. 1995년 1월 모리스가 주주들의 반란으로 쫓겨났다는 뉴스가 보도됐다. 언론은 이 사건을 열심히 추적했다. 그동안 모리스 사치가 언론의 각광을 받은 탓이었다. 시사 풍자 잡지 『프라이빗 아이Private Eye』는 '안경잡이, 사직하다Man with glasses leaves job' 라는 헤드라인으로 모리스 사치에게 빈정대는 찬사를 보냈다.

그도 가만히 있지는 않았다. 회사에서 쫓겨난 후 『타임』은 이와 관련 그의 아내인 베스트셀러 작가 조세핀 하트Josephine Hart가 소설 『상처Damage』에서 쓴 첫 번째 문장 '상처받은 사람들은 위험하다. 이들은 생존해 나갈 것이기 때문이다'를 인용했다('상처와 파괴Damage and Destruction' 1995년 1월 23일자). 그 말 그대로 그는 살아남았다. 사치에게는 크레이머 사치 시대부터 있었던 제러미 싱클레어Jeremy Sinclaire, 빌 무어헤드Bill Muirhead, 런던 지사장까지 지낸 고객 담당 이사 데이비드 커쇼David Kershaw 등 여전히 충성스런 친구들이 많았다. 이들은 새로 출범하는 광고 회사에 사치를 맞을 계획을 세웠다. 이제는 광고보다는 예술계에 빠져든 찰스 사치 역시 모리스에게 도움의 손길을 내밀었다. 뉴 사치 광고 회사The New Saatchi Agency라는 이름으로 잠깐 영업을 한 후 마침내 M&C 사치M&C Saatchi가 1995년 런던과 뉴욕에 사무소를 둔 국제적 광고 회사로 출범했다. 이 회사가 제일 처음 벌인 사업은 사치 형제의 단골 광고주였던 브리티시 항공을 고객으로 유치한 것이었다.

업계에서는 모순적 현상이 자주 나타난다. 사치도 예외는 아니어서 별도의 회사 두 개가 사치의 이름을 달게 되었다. 사치 & 사치와 M&C 사치가 바로 그것이다. 아는 사람들은 다 아는 사실이지만 그렇지 못한 사람들이 이들을 혼동하는 것도 어쩔 수는 없다. 차별화를 목적으로 M&C 사치는 스스로를 '처절하게 단순한' 아이디어에 특화하는 보다 젊고 생동감 넘치는 회사로 거듭나게 했다. 2004년 이 회사는 유럽 본토 진출을 위해 런던 증권거래소 AIM시장에 주식의 39%를 매각했다. 지금 현재 M&C 사치는 12개국에 16개 지사를 두고 있다.

2002년 M&C 사치는 브리티시 항공을 바틀 보글 헤가티Bartle Bogle Hegarty에게 빼앗겼다.

## BBH의 청바지 천재

1980년대 언론의 관심을 끈 것은 사치 & 사치가 전부는 아니었다. 이보다 훨씬 규모가 작았지만 리바이스Levi's 501 청바지 TV 광고 시리즈로 세간의 주목을 받았던 광고사가 있었다. 이 광고는 모헤어 스웨터를 입은 뾰로통한 소녀와 머리에 포마드를 바른 광대뼈 소년 등 1950년대에는 있지도 않았던 복고적 환상의 세계를 만들어냈다. 이 반짝이는 이미지에 당시 인기 차트 정상까지 올라간 신세대풍 소울 음악이 곁들여졌다. 이 중 가장 유명한 광고가 '빨래방Launderette' 이다. 마빈 게이가 부르는 '소문으로 알았다오I Heard It Through the Grapevine' 를 배경으로 검은 색 티셔츠와 청바지를 입은 젊은이가 빨래방으로 어슬렁거리며 들어온다. 그는 사각팬티만 남기고 거리낌 없이 옷을 벗어 세탁기에 집어넣고는 여자 구경꾼들의 즐거운 시선에도 아랑곳하지 않고 앉아서 잡지를 읽는다는 내용이다.

1분짜리에 불과했지만 이 광고는 영국 대중문화에 지대한 영향을 미쳤다. 이 광고 때문에 리바이스뿐만 아니라 50년대 패션과 소울 음악까지 덩달아 인기를 끌었다. 게다가 기대치 않은 현상도 있었다. 보너스로 이 광고 때문에 영국에서는 삼각팬티가 한물 가고 사각팬티가 대세로 떠올랐고 여성들이 도처에서 이를 반겼다. 존 헤가티John Hegarty는 '지금까지 청바지랑 사각팬티 중 어느 것을 더 많이 팔았는지 모르겠어요. 아이러니컬하지만 원래는 모델한테 삼각팬티를 입힐 요량이었는데 그때 기준으로는 노출이 너무 심한 편에 속했어요. 사각팬티가 좀 덜 드러나겠더라고요. 그 사각팬티 덕분에 광고의 신뢰성이 붙었어요.'

『캠페인』에서 누구를 '80년대의 인물' 로 선정할 것인가를 놓고 갑론을박이 벌어졌을 때, 대세는 존 헤가티 쪽으로 흐르고 있었다. 『캠페인』은 이렇게 적고 있다. '광고의 가장 기본적인 규칙은 '트렌드를 만들어

내지 말고 트렌드를 쫓아가라'는 것이다. 그런데 1980년대 들어 이 금과 옥조가 깨졌다. …… BBH는 우리가 어떤 청바지를 입을 것인지를 정하고, 레코드를 인기 차트 1위까지 밀어 올렸으며, 전국 미디어의 관심을 일거에 끌어 모은 광고를 제작했다.' ('80년대의 인물은 누구인가?Who is the man of the decade?' 1990년 1월 6일자)

헤가티는 요새 들어 사진이 우악스레 나온다고 불평이지만 헝클어진 머리, 눈가에 즐거운 주름을 잡는 큰 미소, 그리고 설득력 있는 목소리를 갖춘, 매우 카리스마 있는 크리에이티브다. 앞에서도 이야기했지만, 헤가티는 벤튼 & 보울즈Benton & Bowles에서 일을 시작했다. 그는 원래 화가 지망생이었다. '혼지Hornsey에 있는 미술학교를 다녔는데 결국은 피카소 같은 화가가 될 수 없다는 것을 깨닫고 실망이 컸어요. 그때 선생님들 중 피터 그린Peter Green이라는 분께서 아이디어가 좋으니 그래픽 디자이너가 되라고 하셨죠. 그래서 LCP(London College of Printing, 지금은 London College of Communication) 디자인과에 입학했습니다. 그곳에 가보니 당혹스러웠던 게 모두들 예술가가 되고 싶어 하더군요.'

다행스럽게도 헤가티는 또 다른 멘토 존 길라드John Gillard를 만났다. 그는 유망한 학생들을 자기 밑으로 끌어들이고 있었다. '그 분이 나한테 도일 데인 번버크Doyle Dane Bernbach의 작품을 보여줬어요. 거기에서 큰 감화를 받았습니다. 지금까지 내가 생각하던 것들이 말끔히 정리가 되면서 '이거야말로 내가 하고 싶어하는 것'이라는 걸 깨달았습니다. 스위치를 켰더니 불이 들어오는 것 같았지요. 광고가 이렇게 재치 있고 영리하면서도 포용적일 수 있구나하고 말이죠.'

과연 번버크의 영향력이 없었다면 영국 광고업계가 어떻게 흘러갔을까를 궁금해 하는 사람들이 많다. 헤가티의 견해는 이렇다. '(번버크의 작품은) 광고업계에서 일하고 싶어하는 한 세대를 만들어냈습니다. 우리

이전 광고업계 인사들은 예술가나 소설가가 되고 싶어했어요. 하지만 우리는 60년대의 음악, 패션, 디자인 혁명의 일부가 되고 싶었죠. 우리 생각에 그것을 실현할 수 있는 수단은 광고였어요.'

그러나 광고 혁명은 다른 분야에 비해 뒤쳐졌다. '당시 광고업계는 대기업들이 통제하고 있었죠. 패션업계 사람들처럼 카나비 가 Carnaby Street [런던의 대표적인 패션 거리]에 부티크를 열 수도 없는 노릇이고요. 광고사에 가서 "아주 끝내주는 아이디어가 있는데요."라고 하면 광고사에서는 "무슨 소리야. 너는 애숭이일 뿐이야."라고 면박주기 십상이었죠.'

다행스럽게도 그는 벤튼 & 보울즈에서 크리에이티브 팀장을 하던 잭 스탠리 Jack Stanley 의 보조 아트 디렉터 자리를 잡았다. 하지만 그는 18개월 만에 잘리고 만다. '내가 아주 골칫거리였어요. 왜냐하면 사람들한테 뭐가 잘못됐는지를 계속 지적하고 다녔거든요. 결국 내가 옳았지만 사람들이 그런 이야기를 스물두 살짜리 아트 디렉터한테 듣고 싶질 않았던 거죠. 나는 광고주하고도 많이 싸웠어요. 당시에는 용납되지 않는 일이었죠. 나는 그저 작품을 보다 창조적으로 독특하게 만들 수 있다는 것을 광고주들에게 납득시키고 싶었어요. 도일 데인 번버크가 60년대 뉴욕에서 창출한 현대 광고의 콘셉트가 영국에는 아직 도착하지 않았을 때죠. 보는 사람을 유혹하고 끌어들이고 즐겁게 해줘야 한다는 개념은 당시 사고에서는 그야말로 바다 건너 먼 나라 이야기였던 거죠. 그때 당시 광고업체들은 사람들한테 똑같은 이야기를 골백번 하고 또 하고 하는 게 광고의 전부라고 생각했어요.'

헤가티는 엘 알 El Al 항공사를 고객으로 보유한 소호 거리의 중소 광고사에 잠깐 동안 다녔다. 그런데 엘 알은 이미 미국에서 DDB의 획기적인 광고를 경험한 바 있었다. 헤가티는 이들과 일하는 것이 즐거웠지만, 찰스 사치와 로스 크레이머가 1967년 그를 불렀을 때 그는 두말 않고 그곳을 그만두고 자리를 옮겼다. '굿지 가에 근사한 빌딩으로 들어가 보니 데이비드 퍼트넘의 광고 회사, BMP 같은 신생 광고 회사, 루 클라인Lou Klein(D&AD)의 시상식에 주어지는 노란색 연필 트로피를 디자인)이나 마이클 피터스Michael Peters 같은 디자이너가 있더라고요. 마치 뉴욕의 첼시 호텔Chelsea Hotel 같았어요. 그러니까 그곳이 창의력의 중심지였다는 이야기죠. 모든 직원들이 광고에서부터, 디자인, 필름 콘셉트에 이르기까지 거의 모든 과정에 개입되어 있었어요. 이런 관행은 시대를 앞선 거였죠. 당시에 광고 회사 직원들은 자기 자리에 꼭 붙어 있어야 했거든요.'

더 나아가 헤가티는 사치 & 사치의 창립 멤버가 됐다. 그는 그곳에서 1973년까지 근무했다. 이후에는 유럽 다국적 광고 회사 TBWA(8장 참조)의 런던 지사를 열었다. 그는 이곳에서 미래의 파트너 기획담당 존 바틀John Bartle과 고객 담당 나이젤 보글Nigel Bogle을 만났다. '말이 유럽회사였지 사실 우리는 영국 광고 회사를 운영한 것이었죠. 오발틴Ovaltine, 레고Lego 그리고 존슨 & 존슨Johnson & Johnson과 같은 브랜드를 위해서 작업을 했고요. 1980년 우리는 『캠페인』이 최초로 선정한 올해의 광고 회사가 됐습니다.'

하지만 이 세 사람은 각 지사가 올린 수익의 일부를 본사로 회수하는 TBWA의 경영 방식에 큰 좌절감을 느끼게 됐다. '나중에는 바뀌었는데, 당시에는 우리처럼 실적이 좋은 지사가 변변치 못한 지사를 먹여 살리는 것처럼 느껴졌어요. 그래서 나가기로 결심했습니다.'

바틀 보글 헤가티Bartle Bogle Hegarty는 1973년 워더 가Wardour Street에 사무실을 차렸다. 그러나 광고주들을 끌어 모으기 시작한 것은 이들이 사무실에 입주하기 전부터였다. 새 사무실에 입주한 지 한 달 쯤 되었을 때 리바이스로부터 편지가 왔다. '유럽에서 광고를 담당할 업체들 명단을 짜고 있는데 한번 만나고 싶다는 거예요. 처음에는 농담인 줄 알았죠. 리바이스에 전화를 걸어서 "편지를 받기는 받았는데, 이제 문 연 지 얼마 되지도 않았는데, 혹시 잘못 보낸 것이 아니냐?"고 물어봤어요.' 하지만 리바이스는 진지했다. '오발틴과 TBWA에서 일하다가 리바이스로 옮긴 조사 담당 직원이 우리를 추천했던 거예요.'

세 사람은 크게 당황했다. 첫 미팅이 '칙칙한 벽지에 싸구려 그림으로 장식된 최악의 회의실'에서 개최될 판이었기 때문이다. 잘 나가는 신생 광고 회사로서의 이미지와는 거리가 멀었다. 급하게 바틀, 보글, 헤가티는 자신들이 TWBA에 있을 때 만든 작품으로 벽을 도배했다. 회의는 잘 끝났다. 리바이스 직원들이 떠난 후 BBH 직원들이 작품들을 떼어 냈을 때, 벽지가 함께 떨어져 나왔다. '결국 우리 돈으로 그 놈의 벽지를 다시 발랐잖아요.' 헤가티는 웃으면서 말했다.

리바이스 사의 광고를 따는 것 자체에 큰 미련을 두지 않았던 BBH는 자신들이 후보자 명단에 올랐다는 말을 듣고 다시 한번 놀랐다. BBH는 지레 짐작만으로 작업을 시작하지 않는다는 원칙을 세우고 있었다. 즉, 광고를 시작하기 전에 올바른 전략을 먼저 세우는 것이 그들의 원칙이었다. 미리 작품들을 가지고 가서 보여주는 것보다는 고객들에게 그들이 브랜드와 그 향후 방향을 철저히 이해하고 있다는 점을 마지막 순간에 각인시키는 것이 이들의 주요 전략이었다. '그런데 BMP가 이미 광고를 찍어놨다는 둥, 기존 계약자인 맥캔McCann이 엄청난 준비 작업을 해놨다는 둥 소문을 들으니 불안했어요. 그래서 원칙에서 좀 물러설까도 생각해 봤는데, 그게 우습지도 않게 패배주의적으로 보이더라고요. 그래서 결국 끝까지 버티기로 했죠.'

리바이스는 그 당시 새로운 접근방식이 절실했다. 포스트 펑크post punk[억압적 사회체제와 자본에 저항하고 아마추어적인 락 음악을 추구하던 1970년대 대표적 펑크 그룹인 섹스 피스톨즈나 더 클래시 이후의, 보다 복잡하고 실험적 경향을 띠던 대중음악의 한

흐름] 현상이 두드러지면서 청바지는 유행의 대열에서 낙오했다. 당시 청바지가 얼마나 유행과 거리가 멀었는지는 초기 스팬다우 발레Spandau Ballet[1980년대의 영국 팝그룹] 뮤직 비디오만 봐도 알 수 있다. 새로운 사무실에 입주한 BBH는 세일즈 메시지를 짰다. '그 즈음 회의실을 만들긴 했는데 그것이 완성된 것은 아니었어요. 회의실에서 멋있는 것이라고는 이탈리아 출신 디자이너가 만든 의자들뿐이었죠.' 메시지는 단순했다. 포스터도 없고 파일럿 디자인도 없고 그냥 순수한 전략뿐이었다. '우리의 메시지는 리바이스가 자신의 근원을 부정해서는 안 된다는 것이었습니다. 리바이스는 결국 미국 브랜드고 그것을 표현할 새로운 방식이 필요하다는 것이었습니다.'

헤가티는 이러한 메시지가 잘 통한 것 같긴 했는데 리바이 스트로스 유럽Levi Struass Europe 본부에 리 스미스Lee Smith가 있다는 사실이 약간 걸렸다. '그는 힘주어 악수하는, 잘생긴 미국 사람이었어요. 그 사람이 꼭 우리를 아마추어 취급하는 것처럼 느껴졌죠. 회의 말미에 조심스럽게 무슨 코멘트 할 것이 없냐고 물었더니 그가 갑자기 씩 웃더니 "여러분, 이건 제가 지금까지 앉아본 의자 중에서 가장 좋은 의자네요."라는 거예요. 결국 의자가 세일즈를 해준 셈이죠.'

이 이야기는 자조적인 헤가티의 성격을 잘 보여주고 있다. 그는 광고 업계에서 가장 인간적인 사람으로도 꼽힌다. 그는 작업 초기에 결국 세일즈 메시지를 다시 만들어야만 했다는 사실도 숨기지 않고 말해주었다. '브랜드의 진정성과 아우라를 살리려고 리벳과 바느질 자국을 이용한 인쇄 광고물을 제작했어요. 또 러시아로 청바지를 밀수해가는 내용의 TV 광고도 다 만들어놓은 상태였고요. 그런데 갑자기 조직 개편이 되는 바람에 작업을 처음부터 다시 했잖아요.'

그러나 리바이스의 판매는 여전히 지지부진했다. 그러나 리바이스는 클래식 501에 초점을 맞추고 BBH에게 기회를 다시 주기로 했다. '빨래방' 광고는 2차 브랜드 광고 중 하나였다. BBH는 20년 이상 리바이스 광고를 제작했고, 이 광고로 수많은 히트송을 만들어냈으며 광고제에서 여러 번 수상을 했다.

물론 BBH의 작품이 청바지에만 국한된 것은 아니다. 이 광고사는 아우디 광고에서 '포르스프룽 두르히 테크니크Vorsprung Durch Technik - 기술을 통한 전진'이라는 독일어를 그대로 카피에 집어넣었다. 영국인 대부분이 이게 무슨 뜻인지도 모르면서 참 맞는 말처럼 느끼게 만드는 대담한 카피였다. 또 다른 주요 고객으로는 조니 워커Johnnie Walker가 있다. 조니 워커 광고에서 BBH는 '쭉 걸으세요Keep Walking'라는 슬로건을 만들었다. 보다 최근에 제작된 유니레버Unilever의 액스Axe(영국에서는 링스Lynx라는 상표로 판매) 향수 광고에는 사회적 약자에 대한 편견을 바로잡는 '정치적 올바름political correctness'의 내용을 담았다. 이 광고는 여성들이 진부한 제품은 참지 않는다고 주장한다. 액스를 뿌리면 모든 남성들이 연인들을 끌어당기는 자석으로 변한다.

1980년대 광고사의 주식 공개가 유행처럼 번졌을 때도 BBH는 이를 바라만 보고 있었다. 창조적 자유는 (주주로부터의) 독립에서 비롯된다는 믿음 때문이었다. 1997년 BBH는 소수 지분을 레오 버넷에 매각했다. 이 자금으로 '마이크로 네트워크' 모델을 구현할 수 있게 됐다. BBH는 해외 사무소를 세울 때도, 지역 허브를 설정하고 이를 여타 지역 사무소와 연결해 서로 독립적으로 운영되더라도 상호간에 협력 작업을 할 수 있도록 만들었다. 최근까지의 주요 허브 사무소로는 런던 사무소가 유럽을, 뉴욕이 북미지역을, 도쿄가 아시아 태평양 지역을, 상파울로가 라틴아메리카를 총괄하는 역할을 맡았다. 2006년 12월에는 상하이 사무소가 추가됐다.(19장 참조)

비교적 소규모 업체라서 그런지 BBH는 아직도 신선하고 현대와의 동시성이 훨씬 강하게 느껴진다. 원래 여피들이 그러했던 것처럼 BBH 역시 나이 먹기를 거부하고 있다.

## 신사 카피라이터

80년대는 물론 광고사 전체에 걸쳐 가장 존경받는 영국 회사 공동 창업자인 데이비드 애봇David Abbott을 만나보지 못한 것은 내게 큰 유감이다. 그러나 애봇은 한참 동안이나 외부와의 인터뷰를 피해왔다. 『마케팅 위크Marketing Week』가 1998년 그의 은퇴를 맞이해 인터뷰를 요청했을 때도 그는 잡지사에 다음과 같은 공손한 내용의 팩스를 보냈다. '죄송합니다. 게다가 저는 인물소개도 싫습니다. 내가 봐도 나는 심심한 사람입니다. 관심 가져주셔서 감사합니다.' 이 메시지는 간결하고 우아하면서도 위트가 넘치는 그의 카피라이팅 스타일을 그대로 함축하고 있다.

애봇이 친구 피터 미드Peter Mead, 에이드리안 비커스Adrian Vickers와 함께 창업한 애봇 미드 비커스Abbot Mead Vickers는 영국에서 가장 강력한 에이전시로 후에 AMV.BBDO로 발전해갔다. 이 글을 쓰는 지금 현재 이 회사는 10년 연속 영국에서 가장 성공한 광고 회사로 기록되고 있다. 애봇이 은퇴할 때 『마케팅 위크』는 '이 회사의 문화적 내장이 찢겨져 나갔다.'고 걱정했을 정도였다. 그러나 그의 유산은 아직도 명백하게 살아있다.

영국인 독자 중에서는 애봇의 광고작에 매우 친숙한 연령대가 있을 것이다. 입안에 군침이 돌게 만드는 세인즈베리Sainsbury 식품 광고, '이야기해서 좋았어요It's good to talk'를 카피로 내세운 브리티시 텔레콤British Telecom 광고, 그리고 잠시 후에 다룰 『이코노미스트The Economist』 광고 등이 그의 작품이다. 1980년대부터 사랑을 받아온 전화번호부 광고도 있다.

내용은 다음과 같다. 어느 나이 지긋한 남성이 희귀 서적 전문 서점에 들른다. 가는 서점마다 그는 서점 직원에게 묻는다. 'J.R 하틀리 J.R Hartley가 쓴 『플라이 낚시 Fly Fishing』라는 책 있습니까? 언제나 없다는 대답뿐이다. 그는 결국 실망하고 낙담한다. 다음 장면에서 그는 전화번호부를 가지고 나타난다. 안락의자에 앉아서 전화로 책을 찾는 그는 훨씬 활기찬 모습이다. 마침내 그는 그 책이 있다는 서점을 발견하고 자기가 갈 때까지 다른 사람에게 팔지 말라고 부탁한다. 마지막에 그는 말한다. '내 이름이요? 아, 예, J……R…… 하틀리 입니다.'

이 광고는 세련되고 톤이 낮으면서도 인간적인 내용을 담고 있는 것으로 전형적인 AMV의 광고라 할 수 있다.

애봇은 1938년 런던의 해머스미스에서 태어났지만 곧 독일 나치의 폭격을 피해 런던 교외로 이주했고 그곳에서 자라났다. 그의 아버지는 상점을 세 개나 소유했던 소매업자였다.(빌 번버크에서부터 마틴 소렐에 이르는 광고업계의 선도적 인물의 부친이 모두 기업가라는 사실은 결코 우연이 아니다.) 애봇은 학교 성적이 뛰어나 장학금을 받고 옥스퍼드에 입학, 역사학을 전공했다. 그가 에이드리안 비커스를 만난 곳이 바로 옥스퍼드였고, 비커스는 당시 법을 공부하고 있었다. 그때부터 이 둘을 알고 있었던 사람들은 애봇과 비커스가 옥스퍼드 커피 점에서 생기 있게 이야기하는 것을 여러 번 보았다고 한다. 하지만 애봇은 학업을 마치지 못했다. 아버지가 병으로 몸져눕자 가업을 이어야만 했기 때문이다. 애봇의 아버지는 폐암으로 돌아가셨다. 나중에 그가 광고사를 운영할 때, 애봇은 절대로 담배회사를 고객으로 받아들이지 않았다.

아버지로부터 이어받은 사업은 결국 망했고, 애봇은 실업자로 전락했다. 그러나 이때 그는 어떤 책에서 광고에 대한 영감을 얻었다. 그 책은 바로 마틴 메이어 Martin Mayer가 쓴 『미국, 매디슨 가 Madison Avenue, USA』였다.

지난 봄 나도 이 책을 읽었지만 그때는 그런 사연이 있는 줄 몰랐다. 애봇은 이 책에서 서술된 다채로운 세상의 소리가 마음에 들었다. 그는 『파이낸셜 타임즈Financial Times』와의 인터뷰에서 '1961년 당시 나는 스물두 살의 숫기 없는 청년이었습니다. 어떤 사람도 내가 광고 문구를 쓰면서 시간을 보낼 것이라고는 전혀 생각하지 못했죠.'라고 술회했다('사람을 현혹시키는 스페어 스타일A deceptively spare style', 1984년 10월 25일자).

그는 어찌하다가 코닥Kodak 사의 광고부서에 취직했다. 코닥에서 그는 내부 발간물을 편집하고 산업용 엑스레이 필름 광고문안을 제작했다. 그곳에서 일하는 동안에도 그의 목표는 대형 광고사에 취직하는 것이었다. 그는 기회가 오자 매더 & 크라우더Mather & Crowther에 입사원서를 냈다. 그는 매더 & 크라우더의 카피라이팅 테스트를 봤지만, 낙방했다. 그는 다시 시험을 보게 해달라고 매달렸다. 그들도 순순히 그러라고 했다. 이번에는 합격했다. 당시 매더 & 크라우더에서는 카피라이터가 크리에이티브 팀과 별도로 작업하는 방식이 오랜 기간 지속되어 왔다. 가장 신참 카피라이터가 문가에 앉고, 고참이 창가에 앉았다. 카피를 작성하고 문서함에 놓으면 앨런 파커 같은 사환들이 이것을 수집하고 다녔다. 그 광고문안이 완성되어 지면에 나타날 때까지 카피라이터는 다시 자기가 쓴 카피를 볼 수 없었다('문장의 달인Man of letters', Design Week, 2002년 4월 18일자)

애봇은 2년 동안 열심히 일했다. 그러던 어느 날 그는 런던에 새로 문을 연 도일 데인 번버크가 제작한 레밍톤Remington 전기면도기 광고를 접했다. 그 역시 여기에서 큰 감동을 받아 번버크의 또 다른 사도가 됐다. 몇 달 동안 DDB 스타일을 다듬은 후 그는 그 스타일을 자신의 작품에 적용하는 데 성공했다. 처음으로 아트 디렉터와 함께 일하게 되면서 그는 보다 대담하고도 자신감 있는 광고를 만들어냈고 또 주목을 받게 되었다. 1966년 그는 뉴욕으로 파견을 나갔다. 조직으로부터 인정을 받은 것이다. 그는 뉴욕에서 돌아오면서 수석 카피라이터로 승진했다. 얼마가지 않아 크리에이티브 팀장이 됐다. 『디자인 위크Design Week』에 따르면, 애봇은 26건 이상의 1969년 D&AD 선정작을 만들어냈다.

이 잡지는 또한 1968년 그가 쓴 에세이에서 애봇의 재주를 다시 발견했다. '처음부터 시작해 보자. Abcdefghijklmnopqrstuvwxyz - 이것이 바로 카피라이터의 도구상자다. 종이 위의 26개 표식으로 우리는 사람들이 우리 고객의 제품, 아이디어 혹은 서비스를 구매하도록 설득해야 한다. 어떤 방식으로 이 문자를 섞으면 우리는 웃으면서 팔 수 있다. 또 다른 방식으로 섞어 놓으면 우리는 도발적으로 변할 수 있다. 또 다른 방식으로 섞으면 우리는 동정적으로 변한다. 이는 문자 맞추기 게임보다도 뛰어나다. 게다가 우리는 이것으로 돈까지 번다.'

애봇이 독립한 것은 프렌치 골드 애봇French Gold Abott을 설립하면서 부터다. 이 회사 일은 그리 잘 되지 않았다. 얼마 후 그는 S. H. 벤슨에서 일하던 옛 친구 에이드리안 비커스와 매더 & 크라우더에서 만난 피터 미드로부터 동업 제의를 받았다. 이렇게 해서 1977년 애봇 미드 비커스가 설립되었다.

애봇은 이 회사에서 20년에 걸쳐 주옥 같은 광고를 만들었다. 특히 이 회사에서 제작한 『이코노미스트』 광고는 보다 심층적으로 파헤칠 필요가 있다.

『이코노미스트』와의 관계는 1984년에 시작됐다. 아이러니컬하게도 애봇은 『이코노미스트』 광고 캠페인 작업을 거의 하지 않았다. 그는 피치 과정에서 『이코노미스트』 측이 그의 광고 메시지를 잘 받아들이지 않은 것 같다는 인상을 받았다. 그래서 그는 『이코노미스트』를 고객으로 모실 의사가 없음을 『이코노미스트』 측에 내비쳤다. 애봇은 자기 능력에 대한 자신감이 컸으며, 사실 많은 업체들이 그의 사무실 문을 두드리고 있었기 때문에 『이코노미스트』를 고객으로 모시지 않아도 잃을 것은 없었다. 『이코노미스트』 측도 처음에는 다른 생각을 가지고 있었지만 희한하게도 애봇에게 일을 맡아달라고 설득하는 처지가 됐다.

당초 이 광고 캠페인은 언론 판촉 활동 대부분이 그러하듯이 콘텐츠에 초점을 맞추고 있었다. 그러나 애봇은 보다 효과적인 접근방식을 택했다. 『이코노미스트』 편집진과의 소모적 회의를 줄일 수 있도록 이 잡지의 브랜드 아이덴티티에 초점을 맞추는 것이다. 그 당시 광고는 아직도 흑백이었다. 책상 위에 놓여 있는 『이코노미스트』를 쳐다보던 애봇에게 이 잡지의 적색과 백색으로 구성된 발행인 란masthead을 확대하면 대형 옥외광고판에 맞겠다는 생각이 번뜩 스쳤다. 발행인 란을 광고 소재로 삼지 못할 이유가 없었다. 적색과 백색은 『이코노미스트』와 명백한 관계 그리고 불가분한 관계를 맺고 있다. 카피라이터로서 애봇은 『이코노미스트』 광고가 이미지가 아닌 문자와 결부되어야 한다는 사실을 본능적으로 알고 있었다.

애봇이 그때 생각해낸 아이디어 중 하나는 지금도 인기를 끌고 있다. '"저는 『이코노미스트』를 절대 읽지 않습니다." 경영견습생, 마흔두 살.' [마흔두 살이나 먹었음에도 불구하고 『이코노미스트』를 읽지 않기 때문에 아직도 견습생에 머물고 있다는 의미를 함축함] 이 문구는 그 이후 지금까지 매년 5월과 10월에 게재하는 『이코노미스트』 광고의 톤을 결정했다. 세련되면서도 위트가 있고 어떻게 보면 잘난 척 하는 것 같은 분위기가 이 광고의 특색이라 할 수 있다.

사실 이 광고는 매스 미디어로서 틈새상품을 홍보하고자 했던 목적치고는 위험한 아이디어였다. 이 광고는 『이코노미스트』가 특수 집단을 표방하고는 있지만 사실 이 특수 집단에 들어가기는 매우 쉽다는 점을 보여주고 있다. 그 사람이 부자이건 가난하건, 은행가이건 청소부이건 간에 지성을 갖춘다면 누구나 『이코노미스트』의 독자가 될 수 있다는 것이다. 옥외 광고는 직접적으로 관련이 없는 사람들에게까지 노출된다는 '낭비'의 문제가 있기는 하지만, 이 광고 포스터는 보는 사람으로 『이코노미스트』에 따뜻한 감정을 가질 수 있도록 만들었고, 『이코노미스트』가 광고를 유치하는 데도 많은 도움이 됐다.

1985년 『이코노미스트』 광고를 수주한 직후 AMV는 시류에 따라 주식을 공개했다. 애봇, 미드 그리고 비커스는 당시 오길비 & 매더의 런던 지사장인 마이클 보크Micahel Baulk를 최고경영자 및 총지배인으로 영입해 소위 '브랜드를 관리' 하도록 했다. 보크는 80년대를 이렇게 기억했다. '창의성으로는 콜렛 디킨슨 피어슨Collett Dickenson Pearce가 그리고 상업적으로는 사치 형제가 업계의 모범이었죠. 새로운 사조의 광고사들이 나타나 주식을 공개했어요. 그래서 공적으로나 사적으로나 다들 돈을 많이 벌었습니다. 광고가 갑자기 뉴스거리가 됐고요. 새로운 세대가 구질서에 맞서서 이긴 시대였다고나 할까요.'

1991년 AMV는 BBDO 런던지사와 합병해 1억 3천만 파운드 규모의 기업으로 도약했다. 보크는 '90년대는 아주 우리에게 자비로운 시대였습니다. 1990년대 초 광고업계가 불황에서 벗어나자마자 두 자리 수 성장을 했어요. 이러한 상황이 우리 회사 성장의 촉매제였죠. 그러나 더 성장하려면 어떠한 방식으로든 국제적인 네트워크를 갖추지 않을 수 없었습니다. 물론 우리도 나름대로는 파트너를 신중하게 골랐습니다. 우리는 BBDO가 창의성도 뛰어났지만 세계 각지에서도 크게 존경을 받고 있다는 것을 알고 있었지요. 게다가 BBDO와 손을 잡으면 질레트Gillette나 펩시Pepsi하고도 연결이 될 수 있었으니까요.'

AMV는 1997년 사치 & 사치를 따돌리고 영국 최대 광고 회사가 됐다.

그 다음 해에 데이비드 애봇은 은퇴했다. 2001년 그는 데이비드 오길비에 이어 영국인으로서는 두 번째로 뉴욕 아트 디렉터 클럽 명예의 전당에 헌정됐다. 이로써 광고 역사에서 애봇의 지위가 확실해진 것이다.

## 베니스 해변의 해적

80년대의 진짜 흥미로운 일들이 매디슨 가 밖에서 진행됐다고 이야기하는 것 자체가 다소 불공정할 수도 있지만, 그쪽 방향으로 논의를 한 번 전개시켜보자. 1990년 미국 광고업계 전문지 『애드버타이징 에이지』는 '80년대의 업체'로 캘리포니아 베니스 비치에 소재하고 있는 한 광고사를 선정했다. 이 회사 사장은 비주류 완벽주의자로 '괜찮은 것만으로는 부족하다.'는 신념을 지닌 사람이었다. 회사 안에서는 반바지와 슬리퍼 차림이 근무복으로 통했고, 해적 깃발은 이 회사의 비공식적 상징이었다. 호사가들 입장에서는 치아트/데이Chiat/Day야말로 군침 도는 이야깃거리였다.

제이 치아트Jay Chiat는 미국 서부 지역의 창조성을 대변하는 사람이지만 실상 그가 태어난 곳은 뉴욕의 브롱크스이다. 그는 그곳에서 세탁 배달부의 아들로 태어났다. 그는 1953년 럿거스Rutgers 대학교를 졸업하고 군대에 갈 때까지 NBC 스튜디오 투어가이드 등 별 볼일 없는 직업을 전전했다. 군대에서 그는 '방송' 특기를 인정받아 캘리포니아 공군 기지의 정보장교로 배치됐다. 전역하고 얼마 되지 않아 그는 비행기 제조업체의 채용 광고를 잠깐 만들었다. 그 이후에는 남부 캘리포니아 지역의 중소 광고사 리랜드 올리버 사Leland Oliver Company에 취직했다. 들리는 이야기에 따르면, 그는 입사 첫날부터 다섯 건의 광고를 제작했다고 한다.

영감과 야심으로 가득 찬 치아트는 앞으로 광고업의 전망이 낙관적일 뿐만 아니라 캘리포니아야말로 광고업으로 돈을 벌기에 이상적인 지역이라는 점을 깨닫게 되었다. 1993년에 출판된 치아트/데이에 관한 이야기인 『욕망의 발명Inventing Desire』에서 저자 카렌 스타비너Karen Stabiner는 이렇게 적고 있다. '당시 남부 캘리포니아 지역은 무인지경이었다. 유명 광고사들 모두가 뉴욕이나 시카고에 자리를 잡고 있었다. 고객은 많았지만 경쟁은 거의 없다시피 했다. …… 무엇보다 그는 일을 즐겼다.'

그는 1962년 LA에서 제이 치아트 & 어소시에이츠Jay Chiat & Associates를 차렸다. 어느 날 다른 광고사 사장인 가이 데이Guy Day를 야구장에서 만나 한참을 노닥거린 후 이 두 사람은 1968년 양사를 합병해 Chiat/Day로 만들었다. 그러나 두 사람의 관계가 소원해져서 결국 데이가 회사를 떠났다. 그는 나중에 『애드버타이징 에이지』와의 인터뷰에서 '우리 둘이 98% 마음이 맞았던 것은 광고였다'고 회상했다.( '광고의 개척자 제이 치아트Jay Chiat, ad pioneer', 2002년 4월 29일자) 사업은 70년대를 거치면서 혼다Honda를 고객으로 유치했다가 잃는 등 부침을 거듭했다.

그러나 치아트는 이런 부침을 크게 신경 쓰지 않았다. 스타비너는 소위 '튀는 광고'를 만들고자 하는 욕망을 원동력으로 삼는 발전기에 그를 비견하고 있다. '그는 자신의 성취 능력이 자기 업적이 가지는 내적가치를 반감시킨다고 생각한 것 같다. 그래서 자기 수중에 넣은 물건을 이상하게 경멸했으며 항상 새로운 목표를 찾았다.'

치아트는 자기 회사를 매디슨 가라는 위엄 있는 범선에 노략질을 해대는 해적선으로 비유했다. 그는 '우리는 해군이 아니라 해적이야.'라고 말하곤 했다. 그러나 이러한 쇼맨십에도 차갑고 냉정한 과학이 숨어 있었다. 1982년 치아트는 영국의 관행인 고객 담당 기획을 미국 업계에 최초로 정착시킴으로 창조성을 전략적 사고로 뒷받침했다. 치아트 회사의 광고는 미적 가치도 뛰어났으며 기반도 충실했다.

치아트/데이의 성공도 피와 땀에서 비롯된 것이었다. 치아트는 자신만큼이나 직원들을 혹사했다. 덕분에 회사는 치아트/데이 & 나이트Chiat/Day and night라는 별칭을 얻었다. 직원들의 야근 관행을 잘 설명해주는 이름이라 할 수 있다. 치아트는 '토요일에 회사에 나오지 않을 거면 일요일에 안 나와도 된다.' 고도 이야기했다 한다. 그러나 반면 그는 야근을 하는 직원의 창의력을 북돋기 위해서 야식비도 아끼지 않았다. 스타비너는 '치아트/데이에서는 음식은 곧 사랑을 뜻했다. 베니스 사무소에서는 한 달에 피자 값만 1천 달러 이상 들었다.' 고 했다.

이 같은 격한 사랑의 결과로 치아트/데이는 광고계의 기념비적 기업이 되었다. 이 회사의 작품을 예로 들어 보자. 항상 활력이 넘치는 에너자이저 토끼Energizer Bunny가 바로 치아트/데이의 작품이다. 인상적인 다른 작품으로는 1984년 나이키 광고를 들 수 있다. LA 올림픽에서 대형 포스터를 전 시내에 도배함으로써 마치 나이키가 올림픽을 공식적으로 후원하는 듯한 인상을 심어 놓기도 했다. 사실 당시 올림픽 공식 스폰서는 4백만 달러를 지불한 컨버스Converse였다. 치아트/데이는 경천동지할 이미지와 무언의 로고만으로 이뤄진 뛰어난 포스터들을 만들면서 새로운 광고 유행을 탄생시켰다.

그러나 모든 사람이 기억하는 치아트/데이의 작품은 바로 애플 컴퓨터Apple Computer 광고다.

## '1984년' 과 그리고 슈퍼볼

필 듀젠베리는 TV 광고가 본궤도에 오른 것이 1984년이라고 했는데 이것은 아주 적절한 평가라고 할 수 있다. '1984년' 은 한 TV 광고의 이름으로 TV에서 잠깐 동안 방영되었지만 방영 즉시부터 시작해 지속적으로 찬사를 받고 있는 작품이다.

CF 감독 리들리 스콧Ridley Scott 이외에 '1984년'과 관련하여 널리 알려진 인물은 리 클로Lee Clow다. 치아트/데이 창의력의 본산인 클로는 앞에서도 설명한 바 있듯이 긴 머리에 수염을 기르고 아무렇게나 옷을 입고 다니는 서핑 마니아였다. 캘리포니아 토박이인 클로는 『애드위크』와의 인터뷰에서 밝혔듯이 캘리포니아 해변가에서 자라나 '일생 동안 10마일 이상을 벗어나보지 못했다.' ('치아트/데이의 크리에이티브 파도에 높이 올라탄 클로Clow riding high on Chiat/Day creative wave', 1984년 8월 6일자)

그가 예술학교를 다니긴 했지만 광고를 학교에서 배운 것은 아니었다. 그는 자신의 작품을 커뮤니케이션 아트Communication Arts 잡지나 뉴욕 아트디렉터 쇼 연례출품작 등과 비교해가면서 독학으로 배웠다. 그래픽 아트 회사에서 근무하던 그는 자리를 옮겨 광고 회사 N. W. 에이어/웨스트 N. W. Ayer/West에서 4년 동안 아트 디렉터로 일했다. 클로는 1970년대 초반 치아트/데이에서 일을 하기로 결심하고 자신을 홍보하기 시작했다. 『애드위크』에 따르면, 그는 거의 1년 넘게 소위 '털 많은 남자 고용' 캠페인을 벌였다고 한다. 치아트/데이에 깜짝 상자를 보내서 상자를 열면 수염이 수북한 클로 사진이 튀어나오도록 하는 식의 유머러스한 자기 홍보를 하기도 했다.

그러나 치아트/데이라는 꿈의 공장에 끌렸던 창조적 인물은 클로뿐만이 아니었다. 애플 사의 사장 스티브 잡스 역시 이 광고사의 우상파괴적 태도가 자신과 잘 맞아 떨어진다고 생각했다. 애플은 10억 달러를 들여 치아트/데이에서 60초짜리 매킨토시 컴퓨터 광고를 제작했다.

스티브 헤이든Steve Hayden 각본, 리들리 스콧Ridley Scott 감독의 '1984년' 광고는 영화 블레이드 러너Blade Runner의 디스토피아적인 스타일을 활용하긴 했지만, 조지 오웰George Orwell의 동명소설, 『1984』에서 힌트를 얻었다고 한다. 이 광고는 회색빛 얼굴을 한 한 무리의 일꾼들이 어두운 통로를 따라 기계처럼 행진하는 장면에서 시작한다. 이들이 자리한 강당 벽의 대형 스크린에서는 위압적인 독재자가 끊임없이 연설을 해댄다. 그때 운동복을 입은 금발의 미녀가 검은 옷차림의 폭동 진압경찰에 쫓겨 통로로 들어선다. 잠깐 멈춘 그녀는 들고 있던 큰 망치를 스크린으로 던지고, 독재자의 이미지는 산산조각 나버린다. 이때 광고에서는 비주류 매킨토시 컴퓨터의 등장으로 '1984년이 "『1984년』"같지 않을 것'이라고 선언한다. 이 영화에서 독재자는, 당시 컴퓨터업계의 지배자이자 애플이 경멸해마지 않던 IBM을 상징한다는 이야기도 있다.

또 다른 소문에 따르면 애플 이사진은 이 광고를 마음에 들지 않아 했는데 스티브 잡스가 고집하는 바람에 방영된 것이라고 한다. 또 다른 소문을 들어보면 이 광고가 가진 신화적 위상을 더해주는 것 같기도 하다. 1984년 광고가 슈퍼볼 광고 방송 때 단 한 차례만 방영되었다는 내용인데, 당시의 신문을 뒤져보면 이 광고가 적어도 1주일 동안 틈새시장에서 티저 캠페인으로 그리고 일부 극장에서는 30초짜리 버전으로 계속 방영됐다는 사실을 알 수 있다. 『애드위크』는 이 광고가 심지어 CBS 저녁뉴스CBS Evening News에서도 기사거리로 나왔다고 전했다. ( '애드위크 선정 1984년도 미국 대표 크리에이티브팀Adweek's 84 All-American Creative Team', 1985년 2월 4일자) 1984년 1월 처음 방송된 지 1년 뒤, 『애드위크』는 이 광고가 '광고의 역사를 바꿨다.'고 평했다. 이 광고가 나온 뒤 매킨토시의 거래금액은 40%나 늘어났고 광고 뒤 1백 일 동안 7만대의 컴퓨터가 팔렸다. 이 광고는 또한 '이벤트 광고'의 특성을 결정지었는데, 눈길을 끌만한 내용을 담아서 미디어의 관심을 적극적으로 끄는 것이라 할 수 있다.

'1984년'으로 인해 전미풋볼리그National Football League의 슈퍼볼 게임은 스포츠 이벤트로서 뿐만 아니라 연례 TV 광고의 최고 경연장이 됐다. 매년 2월 첫 번째 일요일에 광고사와 고객들은 9천만 시청자를 대상으로 가장 센세이셔널한 작품을 선보여왔다. 슈퍼볼은 그 자체로 초특급 라이브 이벤트이기 때문에 광고 시간에도 채널을 다른 데로 돌리기 어렵다. 사실 광고 경연장이 되고부터는 훌륭한 광고들 때문에 사람들이 채널을 돌리지 못하게 된 것이기도 하다. 미국에서 서른다섯 살 이상 성인들을 대상으로 브랜드 인지도를 구축하려면 슈퍼볼을 통하는 것이 가장 빠른 방법이다. 물론 가장 싼 방법은 아니다. 최근 세계광고연구센터World Advertising Research Centre(WARC)에 따르면 30초짜리 슈퍼볼 광고비용은 1967년 슈퍼볼 방송이 처음으로 이뤄지던 당시 4만 2천 달러에서 250만 달러로 상승했다.

아이러니컬하게도 '1984년'을 성공적으로 선 보인 2년 후 애플은 치아트/데이와 계약을 끊었다. 이로 인해 치아트는 사업을 잘 따오기도 하지만 잃기도 잘한다는 사실이 다시 증명된 것처럼 되어 버렸다.(물론 이때 스티브 잡스도 애플을 떠나 있었으며, 애플에게도 어려운 시기가 닥치게 된다.)

반드시 그런 것은 아니지만, 업계에서는 광고사 덩치가 더 커지면 그에 비례에 창조적 산출물의 과감성도 떨어진다는 속설이 있다. 크다는 것은 다른 말로 나쁘다는 것과 같다는 의미다. 제이 치아트는 과연 자기 회사가 나빠지지 않는다는 가정 하에 얼마나 더 성장할 수 있을 것인가를 고민했다. 1992년에는 거래금액이 13억 달러, 직원 수가 1천2백 명에 이르렀으며 프랭크 게리Frank Gehry[캐나다 태생의 세계적인 건축가]가 설계한 쌍안경 형태의 본사 건물도 보유하고 있었다.(치아트는 한때 스스로를 '좌절한 건축가'라고 칭한 적이 있다. 다락방 같은 사무실에 펀치백, 당구대, 장난감 등이 들어찬 광고 회사가 도처에 생겨난 것도 창의성과 근무 여건에 대한 치아트의 이론에서 비롯된 바가 크다. 그는 임원들의 사무실을 빼앗은 것은 물론 직원 책상도 모두 치워버렸다. 대신 여러 직원이 하나의 책상을 공유하는 '핫 데스킹' 개념을 창안했다.)

치아트 역시 인수를 통해 회사 몸집 불리기를 시도했다. 1989년 호주의 모조MDA Mojo MDA라는 광고 회사를 인수하려 했지만 사정이 여의치 않았다. 해외 진출 계획이 틀어지고 갑자기 불황이 닥쳤다. 1995년 부채를 청산하고 일반 관리 비용을 줄이려는 과정에서 치아트는 결국 회사를 옴니컴 그룹Omnicom Group에 매각했으며 치아트/데이는 TBWA 월드와이드TBWA Worldwide의 한 사업부문이 됐다. 해적 노릇을 그만두고 그 역시 해군이 된 것이다.

치아트는 거래가 성사되자 곧 회사를 떠났다. 그가 마지막으로 몸담았던 곳은 스크리밍 미디어Screaming Media였다. 이 회사에서 그는 CEO의 직책을 맡았다. 스크리밍 미디어는 인터넷 콘텐츠 공급업체로 치아트가 합류한 것은 1999년이지만 그는 1993년부터 이 회사에 대해 알고 있었다. 그답게 언제나 시대를 앞서갔던 것이다. 그는 2002년 일흔 살의 나이에 암으로 사망했다.

클로는 치아트가 사망한 뒤 『뉴욕 타임즈』 기사에서 한때 자신의 상사였던 치아트를 '뉴욕의 공격성과 캘리포니아의 자유분방함을 결합한 인물'이라 평했다. ('사명감을 지녔던 광고인 제이 치아트, 일흔을 일기로 생을 마감하다Jay Chiat, advertising man on a mission, is dead at 70', 2002년 4월 24일자) 그는 치아트가 '우리를 한계로 내몰고, 우리가 거기에 도달했을 때는 한 걸음 더 나아가 하늘을 날아보라고 주문했다.'고 덧붙였다.

# 8 프렌치 커넥션

프랑스 광고의 아버지＊'아니요'라고 말하는 남자＊자극과 영향＊자크가 지은 집＊절대적으로 유럽스러운TBWA ＊파괴의 씨앗

광고 만세
**Vive la publicité**

샹젤리제 거리의 한 음식점에서 식사를 마치고 나오던 모리스 레비Maurice Levy는 어두웠던 하늘 한 편이 불빛으로 훤해진 것을 발견했다. 레비는 세계적으로 유명한 샹젤리제 거리 위쪽에 위치한 광고 회사 퓌블리시스Publicis의 컴퓨터 시스템 기술 담당자였다. 그는 같이 저녁 식사를 한 친구에게 심각하게 말했다. '아무래도 회사에 불이 난 것 같아.'

친구는 그럴 리가 없다면서 레비에게 집으로 돌아가라고 했다. 불길한 생각을 떨칠 수 없었던 레비가 샹젤리제 거리를 거슬러 회사에 다다랐을 때 놀랍게도 그의 예감이 맞아 떨어졌다는 사실을 확인하고 말았다. 소방차가 샹젤리제 거리 133번지 불이 난 건물로 모여 들었다. 1972년 9월 27일 발생한 이 화재 사건은 퓌블리시스의 역사뿐만 아니라 레비의 경력에도 큰 영향을 미치게 되었다.

회사의 미래가 컴퓨터실 디스크와 마그네틱테이프에 저장된 데이터에 달려 있다는 사실이 레비의 뇌리를 스쳐갔다. 정보기술팀 야근조가 근무중이었다는 것도 생각났다. 그는 그때의 일을 이렇게 기억했다. '내가 건물 안으로 들어가려고 그랬죠. 그 와중에 소방관과 싸움이 벌어졌어요. 여럿이 달려들어 나를 땅바닥에 엎어놨습니다. 내가 진정을 하니까 그 소방관이 나를 풀어줬어요. 새벽 두 시까지 회사 앞에 있었는데, 회사 안으로 들어가는 게 완전히 불가능하더라고요. 일단 집으로 돌아가서 두어 시간 눈을 붙이려 했죠.'

새벽 5시 레비는 현장으로 돌아왔다. '불은 꺼졌지만 건물에서 계속 연기가 나더라고요. 건물 주변에서 아침 근무조 몇 명을 만났죠. 그런데 그 옆에 주차된 소방차 보닛에 소방복과 헬멧이 놓여있더군요. 무심결에 나는 소방복을 입고 헬멧을 썼죠. 회사 건물 앞에 경비가 한 사람 있었는데 그 사람이 나를 보고 뭐에 홀린 듯이 고개를 끄덕이더라고요. 그래서 건물 안으로 들어갔죠. 직원 중에서는 내가 제일 먼저 들어갔을 거예요.'

회사 건물은 검게 타버린 껍데기 같았다. 불을 끄느라 뿌린 물 때문에 불에 타지 않은 것들은 모두 못 쓰게 되어 버렸다. 1층 컴퓨터실은 녹아붙은 플라스틱과 검게 그을린 비틀어진 금속재로 엉망이 되어 있었다. 그래도 레비는 자료 중 일부는 되살릴 수 있을 것이라 생각했다. 그는 창문을 깨고 부서진 물건들을 남아 있는 팀원들에게 나누어줬다. '남아있는 디스크, 테이프, 타다 남은 종이, 프로그램 …… 우리는 몇 시간 동안 쓸 만한 물건 전부를 옮겼습니다. 그렇게 하길 잘했다는 것이 나중에 밝혀졌죠. 몇 시간 있다가 회사 건물이 영원히 폐쇄됐거든요.'

레비와 팀원들은 자료를 IBM으로 가져갔다. IBM에서 파손된 테이프에 저장된 데이터를 복구하기 시작했다. '목요일부터 쉬지도 못하고 월요일까지 해서 기적적으로 데이터 복구에 성공했죠. 광고주, 작업 중 작품, 진행 중인 광고 캠페인 등과 관련된 세부 자료를 되찾았습니다. 그 자료를 바탕으로 최근에 제작이 완료된 광고 캠페인과 관련해 인보이스를 보낼 수 있었죠. 아마 그 광고주들은 인보이스를 받을 것이라고 생각지도 못했을 거예요. 그렇게 해서 회사가 비교적 빨리 정상화되었습니다.'

퓌블리시스 화재 사건은 사고였다. 『르 몽드 디플로마띠끄 Le Monde Diplomatique』는 화재가 팔레스타인 테러집단인 검은 구월단의 방화에 의한 것일 수도 있다고 의심했지만 ('퓌블리시스라는 이름의 권력, Publicis, un pouvoir', 2004년 6월자) 퓌블리시스 측이 이를 완강하게 부인했다.

다만 확실한 것은 모리스 레비가 사고에 신속하게 대처함으로써 퓌블리시스 창업자인 마르셀 블뢰스탱-블랑쉐Marcel Bleustein-Blanchet에게서 무한한 감사를 받았다는 점이다. 프랑스 광고업계의 전설 블뢰스탱-블랑세는 레비의 멘토이자 아버지와 같은 존재가 됐다. 화재 사건과 관련해 레비도 '내가 주도적으로 사고에 대처했다는 점을 블뢰스탱에게서 인정받았죠.' 라고 밝힌 바 있다.

현재 모리스 레비는 세계에서 가장 강력한 커뮤니케이션 제국, 퓌블리시스 그룹Publicis Groupe의 회장이다. 이 그룹은 사치 & 사치와 레오 버넷을 소유하고 있다. 프랑스 업계에서는 레비가 그 당시 화재 사고에 적극적으로 대처했기 때문에 블뢰스탱-블랑쉐와 친밀한 관계를 형성할 수 있었고 그 이후 레비가 고속 승진을 할 수 있었다는 이야기가 전설처럼 흘러내려오고 있다. 그러나 사실은 이보다 더 복잡하다.

## 프랑스 광고의 아버지

마르셀 블뢰스탱은 1927년 포부르 몽마르트르Faubourg Montmartre 거리 17번지 푸줏간 위층 방 두 개에서 퓌블리시스를 시작했다. 그는 유태인 세일즈맨의 아들로 파리 교외 앙기앙-레-뱅Enghien-les-Bains에서 태어나 몽마르트르에서 자라났다. 그가 똑똑했다는 건 의심의 여지가 없었고, 결국 열네 살이란 이른 나이에 학교를 떠나 아버지를 돕게 되었다. 그는 세일즈에 소질이 있었고 세일즈 결과보다는 그 과정 자체를 즐겼다. 그는 프랑스 사람들이 이야기하는 이른바 선전r clame이라는 것에 적잖은 매혹을 느끼고 있었다. 이 단어는 '요청', '주장', 더 나아가서는 '애걸' 등의 뜻을 가진 프랑스어 동사 'r clamer'에서 비롯된 것으로 당시 광고를 지칭하는 의미로 사용되었다. (광고는 나중에 보다 완곡한 뜻을 가진

'publicitè'로 대체됐다.)

왜 광고라는 직업을 택하게 됐는지에 대해 블뢰스탱은 이렇게 말했다. '내가 광고를 선택하게 된 것은 광고의 매력이 불가항력적으로 컸고 내가 어릴 때부터 추구해온 '독립'을 주었기 때문이다.' ('광고의 박물관 Musée de la publicité' website: www.museedelapub.org) 그의 아버지는 아들의 선택을 심각하게 받아들이지 않았다고 한다. '그러면 바람이라도 팔아 보겠니?'가 아버지에게 들은 반응의 전부였다.

회사의 이름은 '광고publicité'와 프랑스어 숫자 '6six'를 합해 만들었다. 숫자 6을 사용한 것은 블뢰스탱이 프로젝트를 시작한 해가 1926년이기 때문이다. 그는 사자머리를 로고로 채택했다. 다른 사람보다 50년을 앞서서 그는 '애걸'이 아닌 브랜드와 소비자 간의 장기적 관계 위에 광고를 구축하기로 결심했다. 초기 고객으로는 브룬스윅Brunswick 모피 코트와 가구 제조사 레비탕Lévitan이 있었다. 블뢰스탱이 브룬스윅을 위해 만든 슬로건 '거칠게 멋있는 모피Le fourreur qui fait fureur'는 지금은 진부하게 들릴지 모르지만 당시에는 상당히 혁신적인 것이었다. 그는 듣기 좋게 어구를 배열한 캐치프레이즈를 프랑스 광고에 도입한 선구자였다.

3년 뒤 퓌블리시스는 국영 라디오의 전속 광고사가 됐다. 1935년 프랑스 정부가 공영 라디오에서 광고를 실시하지 않기로 결정하자 블뢰스탱은 작은 라디오 방송국을 인수해 성공적인 민영 방송업자로 나서면서 돌파구를 마련했다. 몇 년 후 그는 시네마 에 퓌블리시테Cinema et Publicité 라는 회사(현재 미디어비전Mediavision)를 설립해 영화용 광고 필름을 제작 배포했다. 1930년대 말 블뢰스탱은 프랑스 유수의 신문사 광고 판매를 담당하게 되었다.

블뢰스탱의 전설은 많은 부분 전쟁과 관련된다. 나치 점령군이 그의 회사를 해체하자 그는 레지스탕스에 가담해 이름을 블랑쉐로 바꾸고 암약했다. 게슈타포와 비시 정부가 그를 현상 수배했지만, 그는 프랑스를 벗어나 스페인으로 그리고 곧이어 영국으로 탈출했다. 영국에서 그는 자유프랑스군Free French Forces의 전투기 조종사로 활약했다. 전쟁이 끝난 후 그는 수많은 훈장을 받았지만 재정적으로는 파산상태였다.

다행히 전쟁 전부터 알고 지내던 지인들과 고객들이 그를 도왔다. 라디오가 완전히 국유화, 비상업화 됨에 따라 블뢰스탱-블랑쉐로 이름을 고친 그는 자신의 신문 광고 판매 회사와 영화 광고 회사 재건에 본격적으로 나섰다. 또한 그는 버스와 지하철 등 교통 광고 사업에도 손을 댔다. 1940년대 말 미국을 방문한 그는 동기 조사의 중요성에 확신을 갖는 한편 뉴욕 지점 개설의 꿈을 안고 돌아왔다.

그 야심은 퓌블리시스가 한참 잘 나가던 1950년대에 성취되었다. 광고 판매부가 담당하고 있던 신문들의 일일 총 발행부수가 백만 부를 넘었다. 한편 주력 광고부에서는 쉘Shell, 싱어Singer, 네슬레Nestle 등과 같은 고객들을 유치했다. 뉴욕 지사인 퓌블리시스 코퍼레이션Publicis Corporation은 1958년 문을 열었다. 같은 해 본사는 과거 아스토리아 호텔의 부지인 상젤리제 거리 133번지로 이전했다. 1층에는 그가 뉴욕에서 본 카페/식료품점을 본 딴 퓌블리시스 드럭스토어Publicis Drugstore가 들어섰다. 이 독특한 이노베이션은 단순히 소비자들을 퓌블리시스 드럭스토어에 끌어들이는 방법일 뿐만 아니라 광고주와 소비자들에게도 퓌블리시스 브랜드를 알리는 방법이기도 했다.

1960년대에 접어들게 되자 퓌블리시스는 블뢰스탱이 회사를 처음 시작했던 40년 전과는 완전 딴판이 되어 있었다. 퓌블리시스는 프랑스 TV 광고를 개척했다. 아직도 많은 사람들은 이 회사가 제작한 르노Renault, 로레알L' or al, 양말 브랜드인 댕Dim, 부르생Boursin 치즈 광고를 기억하고 있다.

1970년 퓌블리시스는 주식을 공개했다.

## '아니요' 라고 말하는 남자

모리스 레비는 마르셀 블뢰스탱-블랑쉐를 처음 만났던 1971년 3월 2일을 기억하고 있었다. 그 날은 레비가 퓨블리시스에 첫 출근한 날이었다. 정보 기술 분야에서 상당한 명성을 쌓은 그는 작은 광고 회사에 다니던 중 퓨블리시스로 스카우트됐다. 마침 그가 다니던 회사에서도 그에게 사장 자리를 제안한 상황이었다. 레비는 IT 분야 이외에 경영 및 고객 업무에도 손을 대고 있었으나 최고경영자 직을 수락하기에는 아직 준비가 되어 있지 않다고 스스로 생각했다. 그는 '나 보고 사장이 되라는 회사가 있다면 그 회사가 잘못된 것'이라고 생각하고 있었다. 그 얼마 후 레비는 퓨블리시스로부터 한 통의 전화를 받았다. IT 경쟁에서 뒤쳐져 있던 퓨블리시스는 시스템 업그레이드를 위해 레비를 필요로 한다는 것이었다. 레비는 거의 1년 동안 새벽부터 한밤중까지 회사 일에 매달렸고 퓨블리시스는 소기의 목적을 달성했다.

첫 출근한 날 오후 레비는 마르셀 블뢰스탱-블랑쉐를 만났다. 그는 이렇게 회고했다. '"깨달음"을 주는 만남이었다는 설명 이외에 다른 말로 표현할 수가 없네요. 나는 도저히 무시할 수 없는 그 신사에게 즉각 빠져 버렸습니다. 그는 오늘날 리처드 브랜슨 Richard Branson[영국 버진 그룹의 창업자이자 억만장자. 특유의 개척정신과 기행으로도 유명]에 비견될 정도로 유명한 인물이었죠. 나는 그를 내 상사로뿐만 아니라 스승으로 받아들였어요. 원래 10분 예정인 미팅이 한 시간이나 이어졌죠. 그는 자신의 일생, 비전에 대해서 이야기하고 나보고도 내 생각을 말해보라고 권했죠. 미팅이 끝나고 악수를 하는데 그가 내 눈을 보면서 "젊은이, 언젠가는 당신이 이 회사를 운영하게 될 거야."라고 말하는 것이었습니다. 이걸 집사람에게 말하니까 집사람은 "그 분이 모든 젊은 직원들한테 다 그렇게 이야기하나 보죠."

라고 대수롭지 않게 넘기더라고요.'

　레비는 그때만 해도 경력을 어떻게 키워나가야겠다 하는 생각을 거의 해본 적이 없었지만, 블뢰스탱-블랑쉐를 만난 그 순간부터 그의 마음에 들고 싶다는 결심을 하게 되었다. '나에게 어떠한 과제를 주어도 내가 그에 대처할 것이라는 점을 그분이 아셨던 것 같아요. 마치 군대에서처럼 말이죠. 그분이 날더러 기관총좌를 공격하라거나 다리를 폭파하라고 한다면 나는 언제든 할 태세였습니다. 그 분은 날 시험할 요량으로 새로운 과제가 이전 것보다 어렵다고 항상 주지시켰습니다. 그러면 나는 아무리 과제가 어려워도 반드시 이걸 완수하리라는 결심을 했죠.'

　화재 사건 이후 회사 직원들은 파리 전역으로 흩어졌다. 레비는 핵심 부서에서 퓌블리시스의 정상화에 크게 기여했다. 화재 사건이 발생한 1년 후 블뢰스탱-블랑쉐는 대대적인 조직 개편을 단행했다. '그분이 나한테 오더니, "이봐, 모리스, 생각해 봤는데 자네가 회사의 CEO가 되는 것이 낫겠어."라고 말하는 것 아니겠습니까. 생각해 주는 것은 고맙지만 안 된다고 말씀드렸어요. 퓌블리시스는 프랑스에서 가장 존경받는 광고 회사로 창의성을 기반하고 있는데, 내 배경은 아시다시피 광고업이 아니었거든요. 나야 IT 관련 업무에 특화된 일을 해왔을 뿐이고 회사를 경영하는 것도 내 전문이 아니었어요.'

　레비의 라이벌들은 그가 정통 광고 제작자가 아니라 컴퓨터 프로그래머라는 사실을 곧잘 걸고 넘어졌다. 요새 같으면 물론 이런 공격을 쉽게 넘겨버릴 수도 있겠지만 그때는 그 스스로가 아웃사이더라고 생각했다. 그럼에도 불구하고 그는 관리 총책임직을 수락했다. 퓌블리시스가 샹젤리제 거리 133번지로 복귀하는 업무를 총관장하게 된 것이었다. 화재 사고가 난 그 자리에서는 한참 유리와 철골로 아방가르드한 건물을 짓고 있었다. '불이 난 후 우리는 시간, 돈, 고객들을 잃어버렸습니다. 내 업무는 퓌블리시스를 화재 이전으로 복귀시키는 것이었습니다.' 그는 또한 회사의 가장 중요한 두 고객 르노Renault와 콜게이트-팜올리브Colgate-Palmolive를 맡았다. 이와 동시에 퓌블리시스는 새로운 고객들을 열심히 끌어들이고 있었다.

1975년 화재사건이 발생한 지 27개월이 지나서야 퓌블리시스는 신설된 본사 건물로 입주했다. 블뢰스탱-블랑쉐는 다시 한번 그에게 제안을 했다. 그리고 이번에는 레비의 반대도 묵살했다. '딴소리 말아. 결정은 이미 내렸어.'

레비는 회사 경영을 점차 국제적인 수준으로 넓혀갔다. 80년대 초 마르셀 블뢰스탱-블랑쉐가 레비를 후계자로 생각하고 있다는 것이 모두에게 명백해졌다. 레비는 이렇게 말했다. '1987년부터 1996년 그의 죽음에 이르기까지 우리는 정말로 극도로 밀접하게 일을 했습니다. 그가 나를 강하게 밀어붙였죠. 일종의 게임 같았어요. 그는 내가 얼마나 회사를 멀리 끌고 갈 것인지를 알고 싶어했어요. 나한테는 이렇게 말하곤 했죠. "자네 한계가 어디까지인지 보자고." 그러면 나는 이렇게 말했어요. "아마 제 한계를 못 찾으실 텐데요."라고요. 내가 그의 신뢰를 얻을 자격이 있다는 걸 보여주고 싶었습니다.'

블뢰스탱-블랑쉐가 비상임 회장으로 물러났을 때 레비의 업무 중 하나는 그에게 회사 내부 사정을 상세히 보고하는 것이었다. '결론만 말씀드리면 뭐라고 화를 내셨어요. "못쓰겠구만! 내가 회사에 있는 것처럼 느끼고 싶다고! 죄다 말해, 죄다!" 기분이 나실 때는 내가 회의 중이어도 사무실로 쳐들어오셔서 보고를 요구하곤 하셨죠.'

레비도 인정하고 있지만, 노년의 블뢰스탱-블랑쉐는 까다로울 때가 많았다. '서로 소리 지르고 싸울 때가 여러 번 있었죠. 우리가 진정으로 친한 친구가 되기 이전에도 그에게 반대의견을 말할 수 있는 사람은 거의 나 하나밖에 없었어요. 모든 위대한 리더들이 그랬지만 그는 예스맨을 혐오했어요. 신하가 아니라 인물을 원했던 거죠.'

레비는 어떤 의미에서는 오늘날까지도 그는 마르셀 블뢰스탱-블랑쉐를 위해 일하고 있다고 말했다. '지난 세월 동안 내가 최우선으로 마음에 품었던 야망은 이 위대한 사람으로부터 내가 그에게 드리는 것과 똑같은 존경을 그에게서 받는 것이었습니다. 지금도 나는 그가 우리 그룹의 성취를 자랑스러워할 것이라고 생각하고 싶습니다.'

레비의 지도 하에 퓌블리시스는 블뢰스탱-블랑쉐가 상상도 못할 정도의 규모로 성장했다. 이 이야기는 다시 한번 다루도록 하자(11장 참조).

## 자극과 영향

유명한 프랑스 광고인은 마르셀 블뢰스탱-블랑쉐, 모리스 레비 외에도 여럿 있다. 그들 중 한 명이 필립 미셸Philippe Michel로 오늘날 CLM/BBDO로 발전한 광고 회사의 공동창업자다. 펑크 운동에 영향을 준 예술 선동가 집단인 상황주의자Situationist[1057~1971년 기간 중 기존의 예술과 정치가 시민을 소외시키는 상황을 '스펙터클'로 이해하고 이러한 스펙터클을 거부할 수 있는 대안으로 능동적으로 '구축된 상황Constructed Situation'을 제시했던 일단의 정치-철학 운동가 집단으로 기 드보르, 라울 바네이겜 등이 대표적인 이론가]들과 생각의 맥을 같이 했던 그는 클리셰Clich[진부한 표현]를 해체하고 소비자들에게 이래라 저래라 지시하기보다는 암시적 몸짓을 하는 보다 지적인 유형의 광고를 만들어내고 싶었다. 철학적이며 도발적인데다 신랄한 위트를 지닌 그는 프랑스가 아니고서는 태어날 수 없는 인물이었다.

원래 약학을 전공한 미셸은 우연한 기회에 광고에 뛰어들었다. 1966년 뒤퓌-콩통Dupuy-Compton에 입사했으며 그곳에서 크리에이티브 팀장으로 고속 승진했다. 1973년 그는 알랭 슈발리에Alain Chevalier, 장-루 르 포레스티에Jean-Loup Le Forestier와 더불어 CLM을 창업했다. 이 회사는 토탈Total, 볼빅Volvic, 비텔Vitel, 애플Apple, 모노프리Monoprix 등으로부터 광고 제작을 수주했다. 패션 브랜드 쿠카이Kooka 를 위해서는 여성적이면서도 독립적인, 그리고 까칠하면서도 유혹적인 브랜드 이미지를 창출했다. 미셸의 철학은 광고에 대한 그의 생각을 정리한 2005년 저서 『아이디어가 뭐야? C'est Quoi, L'Id e?』에 집대성되어 있다. 미셸이 특정 광고안에 대해 '아이디어가 뭐야?'라고 질문을 할 때는 즉각적인 대답을 해야만 했다.

그의 최고작은 아니지만 프랑스 바깥에 가장 잘 알려진 (특히 데이비드 오길비가 극찬한 바 있는) 그의 작품은 옥외광고 회사 아브니르Avenir를 위해 만든 1981년 작품이다. 세 개의 시리즈로 제작된 이 광고 중 첫 번째 광고에서는 미리암Myriam이라는 이름의 섹시한 여성이 해변에서 비키니를 입고 서 있는 장면이 나온다. 이 광고 포스터에는 '9월 2일 상의를 벗습니다'라는 카피가 들어있다. 약속한 9월 2일, 광고 포스터에는 약속대로 비키니 상의를 벗은 미리암의 모습이 들어 있었다. 그 하단에는 '9월 4일 아래도 벗습니다'라는 더욱 도발적인 카피가 사용되었다. 다시 약속한 9월 4일 비키니를 다 벗은 미리암의 뒷모습이 광고 포스터에 담겼다. 마지막 카피는 '아브니르, 약속을 지키는 포스터 회사'였다. '티저 캠페인' 개념을 논리적으로 적용한 이 광고는 미셸의 도발 취향을 잘 드러내 준다고 할 수 있다.

미셸은 언젠가 아이디어와 관련해 '복합적인 것complex이 반드시 복잡한 것complicated은 아니다.'라는 유명한 말을 남겼다. 치아트/데이의 '1984년' 광고를 언급하면서 그는 '광고의 역할은 물건을 파는 것이 아니라 기업과 일반 대중의 욕망을 문화적으로 연결하는 것'이라고도 말했다. 그는 1993년 심장마비로 죽었다. 그러나 그의 아이디어는 아직도 살아 있다.

프랑스가 배출한 또 다른 유명 광고작가로는 1959년 앵파크트Impact를 창업하고 2002년 작고한 피에르 레모니에Pierre Lemonnier를 들 수 있다. 필립스Philips 사의 세일즈맨으로 사회 첫발을 디딘 레모니에는 자타가 공인하는 프랑스의 데이비드 오길비다.

최고의 언어구사 능력을 갖췄음에도 불구하고 그는 모든 인쇄 광고에서 카피나 슬로건을 금하고 싶다고 말한 적이 있다. 그는 '독자의 눈길을 끄는 데는 양면에 걸쳐 큰 글씨로 욕을 쓰기만 하면 된다.' 면서 그 대신 카피 본문은 첫 문장부터 독자들을 사로잡을 만큼 훌륭해야 한다고 지적했다. 그는 '광고 카피는 뛰어난 기자가 쓴 기사 마냥 감정과 박자, 테크닉 면에서 뛰어나지 않으면 소용이 없다.'고 주장했다('슬로건 금지를 원하다L' homme qui voulait banner les slogans', 스트라테지Strat gies, 2002년 7월 19일자) 그는 자신이 주장한 대로 테팔Tefal, 페라리Ferrari 등 다양한 고객들을 위해 긴장감 넘치면서도 설득력 있는 카피를 만들었다. 그의 페라리 카피는 개인적인 운전 경험에 기반을 둔 것이었다고 한다. '페라리 308의 주인이 될 사람은 아무도 없다' 는 것이 이 광고의 카피였는데, 독자들에게 이 차의 주인이 한번 되어보라고 자극을 준 것이었다.

레모니에와 미셸은 주로 광고업계 인사들의 존경을 받았지만 일반 대중에게까지 이름이 알려진 프랑스 광고 작가는 따로 있다. 유로 RSCGEuro RSCG를 창업한 자크 세귀에라Jacques S gu la가 바로 그 사람이다.

## 자크가 지은 집

내가 프랑스 광고잡지『스트라테지Strat gies』에서 일하기 위해 프랑스에 갔을 때 제일 처음 들은 이름 중 하나가 '세귀에라' 였다. 세귀에라가 누군지 모른다고 하자 다들 눈이 휘둥그레졌다. 공식적으로 유로 RSCG

의 공동창업자이자 아바스Havas의 수석 크리에이티브 이사인 자크 세귀에라Jacques Séguéla는 프랑스 국민에게는 광고 산업 그 자체를 대변하는 사람이다. 그는 1981년과 1988년 프랑수아 미테랑François Mitterand 대통령을 위해 두 차례에 걸쳐 성공적인 정치 광고를 제작했다. 그가 당시 사용한 슬로건 '고요한 힘La Force Tranquille'은 아직도 프랑스인들의 뇌리에 강렬하게 남아 있다. 그렇다고 그가 번지르르한 정치꾼은 아니다. 그는 1979년 베스트셀러『내가 광고 일을 한다는 건 엄마한테 비밀이예요……. 엄마는 내가 홍등가의 피아니스트인 줄 알아요Ne Dites Pas Ma Mère Que Je Suis Dans la Publicité……. Elle Me Croit Pianiste Dans Un Bordel』를 저술했다. 다른 사람들 같으면 오래 전에 은퇴할 나이에 그는 정정하게 활동하고 있다. 그는 이렇게 말한다. '나보고 광고를 하지 말라고 이야기해봤자 소용이 없다니까요. 나는 죽을 때까지 일할 거니까요.'

　세귀에라는 미국과 영국에 휘둘리지 않은 프랑스만의 광고 전통을 만들어냈다. 유럽에서 영국을 제외한 광고 강국을 꼽으라면 이론의 여지없이 프랑스를 들 수 있다. 퓌블리시스와 아바스라는 양대 광고 회사는 프랑스 광고의 산실이다. 혹자는 2차 대전 후 이 두 기업이 비공식적인 담합을 통해 시장을 양분하고 미국계 광고사들의 프랑스 진출을 막았다고 주장하기도 한다. 그러나 사실은 해외 네트워크가 프랑스에 진출하기 이전 이 두 업체가 시장을 마치 집게처럼 꽉 쥐고 있었다는 표현이 정확할 것이다. 프랑스식 국수주의가 여기에서도 나타난 것이다.

　그러나 이는 프랑스가 세계 광고 시장에서 이탈리아, 독일, 스페인 등 경쟁국에 비해서 좋은 성과를 올리고 있다는 사실을 제대로 설명해주지 못한다. 세귀에라는 이 모든 것이 프랑스인의 정신세계와 관련이 있다고 생각한다. '나는 언제나 광고에는 세 가지 종류가 있다고 말했죠. 영국 광고는 머리에서 시작해 가슴을 자극하기 때문에 언제나 지적이죠. 프랑스 광고는 가슴에서 시작해 머리를 자극합니다. 그래서 낭만적이고, 감정적이며 육감적인 이미지를 잘 사용하는 것이고요. 미국 광고는 머리에서 시작해서 지갑을 자극하죠. 그래서 영미권 외부 시장에서는 프랑스 광고가 보편적인 정서에 어필하는 것 같습니다.'

세귀에라는 언론이 인용하기에 매우 좋은 의견을 내놓기 때문에 항상 언론의 인기를 끌고 있다. 그는 언론을 유혹하는 법을 알고 있다. 파리에서 태어나 페르피냥Perpignan에서 자라난 그는 시트로엥Citroen 2CV를 타고 세계 일주를 나서기 전까지만 해도 약학 박사과정을 이수하고 있었다. 겉으로는 약용식물 관련 연구를 목적으로 여행을 떠나기는 했지만 여행의 결과는 무척 달랐다. 그는 여행 경험을 한 권의 책으로 묶어 '『파리 마치Paris Match』의 편집장에게 보냈다.' 세귀에라는 결국 연구용 가운을 벗어버리고 기자가 됐다.

『파리 마치』의 기자 이후 그는 『프랑스 수아France Soir』로 자리를 옮겨 편집국까지 올라갔지만 결국 자신의 적성에 맞는 일은 따로 있다는 점을 깨달았다. 그는 이렇게 말했다. '나에게 주어진 새로운 역할이 편집국과 광고국을 연계하는 것이었는데 광고가 점점 더 재미있어지더라고요. 언론사에는 뛰어난 기자들이 많아 내가 그 대열에 합류할 가능성은 그리 크지 않았어요. 그런데 광고를 하면 그래도 뭔가 재미있는 일을 할 수 있을 것 같은 느낌이 들지 뭡니까. 1960년대 당시는 광고라는 것이 그렇게 명망 있는 직업이 아니었죠. 그래서 당시에는 광고 이외에는 달리 할 것이 없는 사람들만 광고업계에 모여 들었고, 그러한 점이 그들의 작품에도 그대로 나타났어요. 나는 기자로 훈련받은 사람이니까 더 훌륭한 광고를 할 수 있을 것이라고 생각했습니다.'

이를 다른 말로 하면 그가 고객 조사, 카피라이팅, 미디어 친화적 이벤트를 조직할 수 있는 능력을 지녔다는 것이다. 이를 바탕으로 그는 시트로엥 광고부에 접근했다. 시트로엥은 과거 그에게 행운을 안겨준 회사이기도 했다. 마침내 그는 시트로엥의 광고 제작사인 델피르Delpire에 자리를 얻게 되었다. 델피르는 아트디렉터 로베르 델피르Robert Delpire가 운영하는 광고 회사였다. '진짜 광고를 만들고 싶었던' 세귀에라에게는 불행하게도 이 당시 시트로엥은 거의 전 광고예산을 화려한 브로슈어 제작에 투입하고 있었다.

그는 델피르를 떠나 중소 광고사인 악스 퓌블리시테Axe Publicit로 자리를 옮겼다. 이 회사의 주요 고객은 랑방Linvin, 올림픽 항공Olympic Airways, 볼보Volvo, 엘렉트로룩스Electrolux 등이었다. 학생과 노동자들이 거리로 뛰쳐나온 1968년 5월 혁명으로 한껏 의기양양해진 세귀에라는 동료 베르나르 루Bernard Roux와 함께 사장을 찾아가 동등한 지분을 요구하다 직장에서 쫓겨나고 말았다. 그들에게 창업 이외의 대안은 없었다. 세귀에라와 루는 마침내 루 세귀에라Roux S gu la를 세웠고 이로써 그들은 광고 역사에 반쯤은 진입한 것이 됐다.

1970년대 초에 프랑스에서 독립 광고사를 차린다는 것은 무모한 짓이었다. 앞에서도 밝혔듯이 국영 광고 제국 아바스와 오랜 역사를 지닌 퓌블리시스가 신생 기업들에게는 거의 침투 불가능한 진입 장벽을 형성하고 있었다. 게다가 갓 창업한 회사에 돈이 많을 리도 없었다.

세귀에라는 이렇게 회상한다. '당시에 퇴직금 같은 것이 있을 리 없었으니 우리는 그야말로 무에서 시작했어요. 한두 달 동안은 다른 광고사 사무실에 세 들어 살았는데 그 회사 사장이란 사람은 점심시간 이전에 출근한 적이 없었어요. 그래서 오전에는 우리가 사무실을 쓰고 오후에는 그가 사무실을 쓰는 방식으로 운영했죠. 아침마다 그 회사 간판을 떼어내고 "루 세귀에라" 간판을 달고 우리가 사무실을 떠날 때는 원래 간판을 다시 달았죠. 오후에는 사무실 아래 있는 카페에서 일을 했는데 어쩌다 보니 거기 점원이 우리 회사의 안내도 겸직하게 됐어요. 문제는 우리가 오후에 고객을 만날라 치면 카페에서 만날 수밖에 없었는데, 거기가 원래 창녀들이 드나들던 곳이었거든요. 창녀를 시켜서 손님 말 상대를 좀 부탁한 다음 사무실로 다시 뛰어올라가 10분만 더 쓰자고 애원했죠.'

루 세귀에라가 처음으로 제작한 건 머큐리Mercury 선외 발동기 광고였다. 뉴스 잡지 『렉스프레스L' Express』에 처음 실린 이 광고에서는 당시 조르주 퐁피두George Pompidou 대통령이 모터보트를 운전하는 모습을 담은 파파라치 사진을 사용했다. 이 광고를 본 퐁피두는 허락도 없이 자신의 이미지를 사용한 데 대해 불같이 화를 냈다. 그는 잡지 발간인에게 전화를 걸어 광고 삭제를 요구했다. 세귀에라에 따르면 당시 잡지사는 3일에 걸쳐 60만 장의 광고를 손으로 직접 찢어버렸다고 한다. 이 소식이 라디오 뉴스까지 되는 바람에 루 세귀에라는 유명세를 타게 됐다. '세상에 발표도 못한 광고 때문에 갑작스럽게 유명해졌다'는 것이 그의 말이었다.

투쟁적이면서도 반체제적인 광고사로 광고 시장에서 위치를 굳힌 이 회사는 어느 정도 고객이 모이고 회사 규모도 커지면서 파리 제8구에 있는 더 큰 사무실로 이전했다. 세귀에라와 루는 곧 알랭 카이작Alain Cayzac을 영입했다. 카이작은 프록터 & 갬블에서 오랜 기간 근무한 후 NCK라는 중소 광고사에서 일하고 있었다. 카이작은 루 세귀에라가 급변하는 소비재 분야로 진출하는 데 큰 도움을 주었다.

그리고 다시 한번 시트로엥이 세귀에라의 인생에 네잎 클로버가 되었다. 세귀에라는 당시 상황을 이렇게 말했다. '우연히 로베르 델피르하고 연락이 닿았어요. 회사를 매각할 것이라고 하더군요. 시트로엥하고도 여러 번 같이 일하고 싶다고도 이야기했지만 델피르 때문에 시트로엥을 빼앗아 올 수가 없었어요. 내가 델피르를 무척 존경했거든요. 그런데 그가 이제 광고를 그만두고 다른 일을 하겠다고 자기 회사를 살 사람이 없느

나는 거예요. "우리가 하면 어떨까" 하는 생각이 들더라고요. 결국 우리는 거래를 성사시켰고 하룻밤 사이에 프랑스에서 아주 유명한 업체들을 고객으로 모신 최대 광고사 중의 하나가 됐어요. 그 이후 쭉 시트로엥의 광고도 만들었고요.'

1978년 또 다른 프록터 & 갬블 출신인 장-미셸 구다르Jean-Michel Goudard가 합류하면서 회사 이름에 이니셜 G가 추가되고 새로운 RSCG가 됐다. RSCG는 프랑수아 미테랑의 1981년 대통령 선거 캠페인에서 핵심적인 역할을 수행함으로써 사회주의자들이 프랑스 제5공화국 체제에서 처음으로 권좌에 오르는 공을 세웠다. 미테랑은 1988년에도 다시 승리했다. 이 때문에 한동안 RSCG의 앞길에 실패란 없는 듯 보였다. 그러나 실패는 어느 날 갑자기 찾아왔다. 프랑스 3대 광고사로 성장한 RSCG는 몇몇 미국 광고사를 비롯해 공격적인 기업 인수에 나섰다. 광고업계 불황만 없었더라도 이 같은 사세 확장은 무리가 없었을 것이다. 1990년 RSCG는 2억 2천만 달러의 빚을 지고 거의 파산지경에 이르렀다.

세귀에라도 인정했다. '국제적인 네트워크를 만든다는 것이 보통 돈이 많이 드는 일이 아니더라고요. 우리는 갈 데까지 갔는데, 밥줄이 끊어진 거죠. 은행에서는 매일 빚 독촉이지. …… 아마 그렇게 보름만 더 갔으면 망했을 거예요.'

역설적이게도 반체제적인 RSCG를 구한 것은 정반대 성향의 아바스Havas였다. 아바스 그룹의 광고 부문 유로컴Eurocom이 개입해서 RSCG를 3억 달러에 인수했다. 합병 기업은 유로컴 사장 알랭 드 푸지락Alain de Pouzilhac이 이끌게 됐다. 유로RSCG Euro RSCG란 이름의 전 세계 네트워크를 확보한 거대 광고사가 된 것이다. 이러한 RSCG의 극적인 회생 뒤에는 유로컴에게 RSCG를 인수하도록 조용하게 손을 쓴 미테랑 대통령이 있었다는 일설도 있다.

현재 여타 프랑스 광고사들과 마찬가지로 유로 RSCG 월드와이드Euro RSCG Worldwide 역시 뉴욕에 본부를 두고 있다. 이 회사는 일관성도 없고 딱히 중앙의 조정 역할도 없다는 비판을 받았지만 나름대로 1990년대 동안에는 국제 영업의 안정화에 노력을 기울였다. 2006년 말 이 회사는 『애드버타이징 에이지』가 선정한 고객수 기준 세계 최대 광고사의 영광을 안으며 회생에 성공하였음을 만천하에 보여주었다. 유로 RSCG 월드와이드는 75개 주요 고객으로부터 1천3백여 건의 광고작업을 진행하고 있다. 주요 고객으로는 포드 자동차Ford Motor Co., 레킷 벤키저Reckitt Benckiser, 다농 그룹Danone Group, PSA 푸조 시트로엥PSA Peugeot Citroen, 시티그룹Citigroup, 바이엘Bayer, 셰링-플라우Schering-Plough Corp., LG 그룹, 까르푸Carrefour, 사노피-아벤티스Sanofi-Aventis 등을 들 수 있다('PR 뉴스와이어PR Newswire', 2006년 11월 30일자).

유로 RSCG 월드와이드 중 가장 보석 같은 존재는 1994년 파리에 세워진 BETC 유로 RSCG로 레미 바비네R mi Babinet, 메르세데스 에라 Mercedes Erra, 에릭 통 쿵Eric Tong Cuong와 같은 인재들이 모여 있다. BETC 유로 RSCG를 설립하기 이전부터 유로 RSCG는 이미 비대화되었고 기성 기업 대열에 들어섰다. 그룹 이름 아래 BETC 유로 RSCG라는 젊은 광고사를 차린 것은 창조적 이미지를 되살리기 위한 조치의 일환이었다. 적어도 이 회사가 받은 상만으로 본다면 도박은 성공을 거둔 셈이다. 게다가 BETC 사무실은 파리 시내에서 가장 근사한 곳으로 손꼽히고 있다. 19세기 백화점 자리에 들어선 이 사무실은 파리 벼룩시장에서 구한 구식 의자와 장 누벨Jean Nouvel[프랑스의 세계적 건축가]이 디자인한 책상이 공존하는 복고-미래형 공간이다. 이 회사가 1970년 자크 세귀에라가 카페 위층에서 시작한 회사와 닮은 점이 거의 없다는 것은 말할 필요도 없다.

# 절대적으로 유럽스러운 TBWA

1970년 말 흥미로운 팸플릿이 몇몇 프랑스 기업인들의 책상 위에 도착했다. 헤드라인에는 트라고스Tragos, 보나주Bonnage, 비젠당거Wiesendanger, 아이롤디Ajroldi의 이름이 마치 암호처럼 나타나 있었다.

첫 장에는 유럽 광고업계가 처한 문제점을 해결하기 위해 이들 네 명의 광고인들이 힘을 합쳤다는 내용이 들어 있다. 팸플릿의 설명에 따르면 상황은 다음과 같다. 전후 국제무역이 활성화되면서 국경이 열렸음에도 불구하고 유럽의 광고사들은 해외로 진출하지 못하고 있다는 것이다. 광고주들의 규모도 이들 광고사의 해외 지사 설립을 지지하기에는 너무 작은데다 광고사들 역시 언어와 문화적 문제 때문에 국내시장에 묶여 있었다.

반면 미국 대형 광고사들의 사정은 정반대였다. 포드Ford, 코카콜라Coca Cola 및 프록터 & 갬블Procter & Gamble 같은 고객들을 지원하기 위해서는 대서양을 건너지 않을 수 없었던 것이다. 미국 광고사들은 주요 유럽 도시에 지사를 설립할 경우 고객 상충이 특별하게 발생하지 않는 이상 현지 기업들을 고객으로 유치할 수 있었다. 이들의 자원과 경험은 현지에서도 크게 인기를 끌었지만, 이들의 마음은 언제나 뉴욕과 시카고에 있었다. 팸플릿은 이렇게 주장했다. '미국 광고사들에게 유럽 고객들은 언제나 부차적인 존재일 뿐이다.'

빌 트라고스Bill Tragos(그리스계 미국), 클로드 보나주Claude Bonnage(프랑스), 울리 비젠당거Uli Wiesendanger(스위스), 파울로 아이롤디Paulo Ajroldi(이탈리아)는 영 & 루비컴 프랑스 지사에서 같이 근무했다. 이들이 최초의 범유럽 네트워크인 TBWA 구축에 발 벗고 나선 것이었다. 이들은 우선 파리에 사무실을 열고 그 뒤를 이어 전 유럽 지역에 지사를 설립하고자 했다. 이들의 목적은 단순한 창조적 부티크가 아니라 대형 고객들의 광고 제작을 수주할 수 있는 대형 네트워크를 구축하는 것이었다. 트라고스의 말을 빌자면 '최초의 세계적 신생기업'이 되는 것을 의미했다.

전략 기획의 선구자 클로드 보나주는 1964년 영 & 루비컴 파리 지사에 입사했다. 파리에 있는 그의 아파트에서 점심을 같이 하는 동안 그는 이렇게 말했다. '영 & 루비컴 파리 지사가 그럭저럭 굴러갔지만, 아주 잘 되는 것은 아니었습니다. 그래서 1년 반 만에 영 & 루비컴 베네룩스 지사를 회생시킨 빌 트라고스를 불러왔고요. 빌이 다시 영 & 루비컴 뉴욕 시절부터 알고 지내던 파울로를 불러들였어요. 여기에 젊은 스위스 출신 카피라이터 울리가 합세해 4인조가 완성됐죠. 우리는 친한 친구였을 뿐만 아니라 업무 영역에서도 전적으로 상호보완적이었습니다. 빌이 경영을 하면 내가 기획과 조사를 했고, 울리가 창조적인 작업을 추진할라 치면 파울로가 고객들을 관리했지요. 우리는 3년 만에 회사를 업계 15위에서 3위로 끌어올렸어요. 수익의 절반 이상은 미국기업이 아닌 기업으로부터 올린 것이었습니다.'

성공과 더불어 유혹이 시작됐다. 이들 넷은 모두 다른 광고사로부터 스카우트 제의를 받았다.(예를 들면, 보나주는 당시 앵팍트Impact의 피에르 레모니에Pierre Lemonnier로부터 제의를 받은 것으로 기억하고 있다.) 상황이 이렇다 보니 네 사람 모두 만약 우리가 회사를 차린다면 어떻게 될까라는 생각을 하게 됐다. 이들은 미국 광고사들이 업계를 지배하는 것에 대해서도 토론을 했다. 또한 이들은 합병 광고사들이 여기저기에 널려 각자 옹기종기 영업하는 것보다는 통합된 유럽 네트워크가 필요하다는 사실을 굳게 믿고 있었다. 트라고스는 TBWA의 구조를 두고 '사들인 것이 아니라 만든 것'이라고 표현했다. 보나지는 이렇게 말했다. '파울로의 아파트에 모여서 문건을 작성했는데, 그것이 나중에 회사의 공식적 임무가 됐어요. 그리고 영 & 루비컴에는 사표를 내면서 아마 우리 같은 사람을 찾으려면 1년은 걸릴 것이라고 떠들어 댔습니다. 지금에 비하면 시절이 참 많이 바뀌었어요.'

이들 4인조가 영 & 루비컴을 떠난다고 하자, 오늘날에는 보기 어려운 또 다른 사건이 일어났다. '우리는 그때 대형 옥외간판업체랑 잘 지내고 있었죠. 그런데 우리가 회사를 떠난다고 하니까 그 업체가 9백만 프랑 (약 170만 달러)에 상당하는 광고 공간을 우리한테 무료로 줬어요. 그래서 1970년 8월부터 포스터, 인쇄 광고, 라디오 광고를 통해 최초의 범유럽 네트워크, TBWA의 출범을 홍보할 수 있었습니다.'

네 사람은 곧 이들의 제안에 끌린 광고주들의 전화를 받았다. 영 & 루비컴과는 기존 고객을 빼앗아 가지 않는다는 비경쟁협약을 체결했음에도 불구하고 설립 1년 후 쯤에는 밀라노에 지사를 개설할 정도로 돈을 벌었다. 보나지는 이렇게 말했다. '우리는 신속하게 움직였어요. 왜냐하면 파리 이외의 지역에서 지사를 빨리 설립하지 않을 경우 최초의 범유럽 네트워크를 만들겠다는 우리 약속이 신뢰성을 가질 수 없기 때문이었죠.' 다시 1년 후에는 프랑크푸르트에 지사를 열었다. 곧 이어 런던에도 지사를 냈는데 바로 여기에서 존 헤가티를 영입했다.

헤가티는 TBWA가 시대를 한참 앞서나가고 있다는 사실을 강조했다. 그는 1970년대에는 '유럽'이라는 말의 개념 자체가 상당히 모호했다는 점을 지적했다. '영국에서는 광고주한테 유럽 이야기를 하면 눈을 게슴츠레하게 떴어요. 그들 입장에서는 "내가 지금 뉴캐슬에서 일어나는 일에 대해서도 관심이 없는데, 밀라노는 말해 뭣하겠어. 거기는 휴가 때나 가는 데야"라는 것이었죠.'

그러나 유럽만으로는 모자랐다. TBWA는 대형 광고사들과 경쟁하기 위해서는 반드시 미국에 진출해야한다는 사실을 깨달았다. 통상적인 전략의 틀을 깨고 TBWA는 뉴욕의 바론 코스텔로 & 파인Baron, Costello & Fine을 인수했다. 이 새로운 인수기업은 TBWA의 가장 유명한 고객이 된 보드카 브랜드 압솔뤼Absolut를 끌어들였다.

스웨덴의 뱅 & 스프리Vin & Sprit 사가 제조한 보드카가 프랑스인인 미셸 루Michel Roux가 운영하는 카리용Carillon 이라는 회사를 통해 미국으로 수입되고 있었는데, 이 보드카는 처음에 크게 알려지지 않았었다. 미셸 루는 1964년 호텔경영학 학위를 가지고 미국으로 건너가 카리용의 사장으로까지 승진했다. '전형적 술 장사꾼인 그는 사무실에서 일을 다 마치고는 매일 밤 새벽까지 맨해튼의 술집 여덟 혹은 열 군데를 돌아다니며 술을 팔았다' ('절대적인 미셸 루Absolut Michel Roux', Business Week, 2001년 12월 4일). 이렇게 해서 루는 앤디 워홀이 주최하는 전설적인 술판에 단골손님이 됐으며, 바로 여기에서 압솔뤼 보드카 성공의 실마리를 잡게 됐다.

카리용이 1981년 TBWA에 광고를 의뢰했을 때 보나주는 소비자들이 압솔뤼에 어떻게 반응하는지를 조사했다. 보나주에 따르면 그때 상황은 이랬다. '세 가지 권고안을 제출했습니다. 첫째, 이름을 바꿔라. 왜냐하면 압솔뤼라는 이름이 너무 오만하게 들렸거든요. 둘째, 병 디자인을 바꿔라. 그때는 이 투명하고 밋밋하게 보이는 보드카 담는 병이 오줌 샘플 담는 병 같았어요. 셋째, 로고를 바꿔라. 투명한 유리 위에 푸른 글씨로 상표를 찍어 놓으니 선반에서 잘 보이지 않았거든요. 이 세 가지를 가지고 루를 만났는데, 그 사람은 우리 의견을 다 무시하며 말하더군요. 루가 말하길 "적어도 이건 시장에 나와 있는 여느 술과는 다르게 보인다구. 병 자체는 그대로 놔두기로 하지"라는 거예요.'

TBWA가 제출하고 루가 힘을 보탠 전략은 압솔뤼를 패션 액세서리로 만들자는 내용이었다. 이상하게 생긴 압솔뤼 병은 뉴욕의 잘나가는 나이트클럽이나 바에 진열됐다. 그리고 오피니언 리더들이 그 병에 무엇이 들어있는지 알 수 있도록 병 자체를 로고로 삼아 인쇄 광고를 제작했다. TBWA의 뉴욕 크리에이티브 팀장 제프 헤이즈Geoff Hayes가 제작한 첫 번째 광고에는 병에 후광을 그려 넣고 '절대적(혹은 압솔뤼의) 완성 Absolut perfection' 이라는 문구를 넣었다. 이 같은 시각적 말장난은 앞으로 압솔뤼 광고가 어떻게 나아갈 것인가를 보여주는 기조였다. 이러한 압솔뤼 광고는 이제 수천 건에 달하고 있으며, 컬트 광고 팬들이 잡지에서 광고를 찢어내 수집하기에까지 이르렀다(제조사나 수입사가 아니라 수집가가 운영하는 앱솔루트 광고 사이트 참고: http://absolutad.com).

1980년대 중반 TBWA와 루가 앤디 워홀Andy Warhol을 영입하여 브랜드 광고 제작을 위촉했을 때 압솔뤼의 결정적 도약기가 왔다.(앤디 워홀은 압솔뤼를 마시지는 않았지만 가끔 향수처럼 뿌리고 다녔다고 한다.) 워홀이 광고를 만든 이후 장-미셸 바스키아Jean-Michel Basquiat[스물 나이에 스타덤에 오른 미국의 길거리 낙서 미술인 그라피티 화가. 약물 중독으로 스물여덟을 일기로 사망]와 키스 헤링Keith Haring[단순한 그림체로 유명한 미국의 그래피티 화가로 역시 서른두 살에 요절] 등이 연이어 광고를 만들었다. 맨해튼의 반문화 세례를 받은 압솔뤼 보드카는 보나주의 말을 빌자면 '미국에서 가장 속물적인 술' 이 됐다. 1989년에 이르는 10년 동안 압솔뤼의 출하량은 10만 리터에서 3천만 리터로 늘어났다. 심지어는 수입 보드카 시장에서 러시아 브랜드를 제치고 가장 높은 점유율을 차지하게 됐다. 이와 동시에 이 광고 캠페인은 세계에서 가장 창조적인 광고사로서 TBWA의 명성을 확인시켜주었다.

## 파괴의 씨앗

TBWA의 성공은 DDB와 BBDO 네트워크를 소유하고 있는 미국 광고 재벌 옴니컴Omnicom의 주목을 끌게 되었다. 옴니컴은 TBWA가 한계에 봉착할 것이라는 사실을 이미 알고 있었다. TBWA가 미국에서 발판을 굳히고 아시아와 라틴 아메리카까지 진출하기 위해서는 추가적인 자금이 필요했다. 옴니컴은 제정신으로는 거절하기 힘든 제안을 TBWA에 내놓았다. 아이러니컬하게도 최초의 범유럽 광고 네트워크는 1990년 미국 광고 재벌의 3대 기둥 중 하나가 됐다. 1995년 옴니컴은 TBWA와 새로 인수한 미국 서부 지역의 광고 회사인 치아트/데이를 합치려 했다.

이 합병으로 런던에서는 작은 소동이 일어났다. 치아트/데이 영국 지사가 TBWA와 합쳐지는 것을 거부했기 때문이다. 당시 런던 지사장 앤디 로Andy Law는 TBWA와의 합병이 광고사의 '영적인 죽음'을 의미한다고 확신했다. 그는 당시 '우리는 결국 TBWA의 지하실에서나 일하게 될 것'이라고 말했다('합병사는 모든 광고사를 파멸로 몰아갈 것이다The ad agency end all ad agencies', 패스트 컴퍼니Fast Company, 1996년 12월자).

옴니컴과의 팽팽한 회의를 마치고 돌아온 로는 사무실에 금을 그었다. 그리고 그는 말했다. 그가 그은 금은 '나는 떠난다' 뜻이자, 동시에 자기와 더불어 떠나고 싶은 사람은 금을 넘어서야 한다는 것이었다. 직원들이 한 명씩 금을 넘었다. 옴니컴은 어쩔 수 없이 치아트/데이 런던 지사를 로와 그 직원들에게 매각해야 했다. 새로 떨어져 나온 회사는 이름을 세인트 룩스Saint Luke's로 변경했다. 성 루크는 예술가들의 수호 성자이자 조금 더 과장을 하면 '창조적인 사람들'을 의미한다. 이 회사는 1990년대 책상 없는 사무실 그리고 협동적인 구조(직원들이 모두 동등한 지분 보유) 등으로 인해 언론의 각광을 받았다. 어떻게 보면 너무 트렌디한 측면도 있었다. 로는 그 이후 세인트 룩스를 떠났다. 이로 인해 회사도 창립 당시의 의미를 잃었다. 그러나 90년대 자꾸 단조로워지는 광고계의 일부를 허물었던 야생의 광고사로서 그 영향력은 분명 부인할 수가 없다(13장 참조).

다른 한편 TBWA는 또 다른 합병을 소화해야만 했다. 1980년대 광고 업계의 총아로 1984년 장-클로드 불레Jean-Claude Boulet, 장-마리 드루Jean-Marie Dru, 마리-까트린 뒤푸이Marie-Catherine Dupuy, 장-마리 프티Jean-Marie Petit 등이 창립한 BDDP가 바로 그 대상이었다.(광고업계 역사의 세세한 부분까지 관심을 가지는 팬들을 위해서 말하자면, 마리-까트린 뒤푸이의 할아버지는 로저-루이 뒤푸이Roger-Louis Dupuy로 1926년에 광고사를 세운 선구적 인물이다. 마리-까트린의 아버지인 장-피에르 뒤푸이Jean-Pierre Dupuy가 회사를 이어받았으며 나중에 뒤푸이-콩통Dupuy-Compton이 됐다.)

BDDP는 런던의 BMP 인수에는 실패했지만(BDDP는 대신 DDB를 매입) 뉴욕의 웰스 리치 그린Wells Rich Greene은 1억 6천만 달러에 성공적으로 인수했다. 인수 당시 거래금액은 약 9억 3천만 달러로 BDDP의 경영이 크게 악화될 정도의 금액은 아니었다. 그러나 광고업계에 불황이 몰아닥친 데다가 광고사의 리더 메리 웰스Mary Wells가 회사를 떠나게 된 데 불안감을 느낀 고객들이 이탈하기 시작했다. 메리 웰스는 '인수된 회사의 전임 회장들 운명이 어떠한지도 잘 알고 있었고 게다가 (BDDP가) 회사 운영방침도 잘 알고 있을 것이라 생각했죠'라고 당시를 회고했다. 그녀는 웰스 리치 그린을 '메리 웰스가 지배한 회사가 아니라 엄청난 재주를 가진 선도적 작가들이 획기적인 TV 광고 영역을 개척한 회사로 봐줄 것'을 고객들에게 주문했다.

그럼에도 불구하고, 고객들의 이탈은 그치지 않았다. 물론 고객 이탈은 부분적으로 불황 때문에 생겨난 것이기도 했다. 콘티넨탈 항공사Continental Airlines가 파산 신청을 하면서 신생 웰스 BDDPWells BDDP는 미지급 광고료를 떠안게 됐다. IBM은 전 세계 광고를 오길비에 일임하기로 했다. 이에 따라 웰스 BDDP의 거래금액 자체도 점차 줄어들었다. 결국 1997년에 영국 광고사 GGT가 웰스 BDDP를 1억 7천4백만 달러에 인수했다. 그러나 3개사(웰스, BDDP, GGT)의 문화 충돌로 인해 회사는 더욱 불안정해졌다. 이제 프록터 & 갬블마저 이탈했다. BDDP는 과거의 껍데기에 지나지 않았다.

다시 한번 옴니컴이 기회를 보고 달려들었다. 옴니컴은 1998년 GGT BDDP를 2억 3천만 달러에 인수했다. GGT BDDP는 TBWA와 합해졌다. 프랑스에서는 BDDP라는 이름조차 역사의 뒤안길로 사라졌다. 다만 그 영광의 흔적이 1998년 독립하여 프랑스 광고업계에서 크게 존경을 받고 있는 BDDP & 피스BDDP & Fils에 살아 있을 뿐이다.

이 책을 쓰는 이 순간 TBWA의 전망은 매우 밝아 보인다. 현재 이 네트워크의 사장은 BDDP 창업자 중 한 사람인 장-마리 드루Jean-Marie Dru다. 키가 훤칠하게 크고 어깨가 넓은 은발의 드루는 열정적인 교수처럼 생겼다. 그는 '파괴disruption' 광고의 창시자이기도 하다. 이것은 일종의 마케팅 테크닉으로 특정 브랜드를 무사안일에서 끌어내기 위한 기법이다. 이는 기존의 현상에 도전하고 더 나아가서는 이를 전복하는 방법이기도 하다. 아주 간단하게 이야기하자면 이는 모든 규칙을 파괴하는 작업이기도 하다. 드루는 '혁신하지 못하는 브랜드는 쇠퇴하기 마련이다. 우리의 임무는 그들의 변화를 도와주는 것'이라고 말한 바 있다.

드루는 파괴 광고의 근원이 BDDP의 초기까지 거슬러 올라간다고 말하고 있다. '새로운 도전적 광고 회사로서 우리는 차별화를 위해서도 단순한 "창조성"보다는 좀 더 진전된 개념을 제시해야만 했어요. 처음부터 우리는 "문제가 있는 브랜드"에 집중하기로 했습니다. 그러니까 우리의 접근 방식은 "브랜드가 문제에 봉착해 있다면 우리에게 달라"는 것이었죠. 우리는 과거와의 "단절rupture"을 통해 브랜드를 재창조한다는 아이디어에 도달했습니다. 이 단어는 영어보다는 프랑스어로 이야기할 때 훨씬 더 의미가 정확해지죠. 영어로 하면 문맥에 따라 부정적으로 들리기도

하고 충격 정도도 더 약한 것 같아요.'

　BDDP가 성장해감에 따라 드루는 더욱 바빠졌고 파괴의 복음을 전파할 시간이 점점 줄어들었다. 한동안 파괴라는 아이디어는 동면에 접어들었다. TBWA와의 합병 이후 드루는 파괴 광고의 개념이 이제 죽었다고 생각했다. 그 이유는 한 광고사의 문화를 다른 회사에 덮어씌우기는 어렵기 때문이었다. 게다가 BDDP는 인수를 당한 회사가 아닌가? 그러나 이 이론은 드루가 TBWA의 남아공 지사 존 헌트John Hunt와 한 팀이 되어 처음으로 소위, '파괴의 날Disruption Day'을 정하면서 부활했다(16장 참조). 이 '파괴의 날' 이란 '고객과의 브레인스토밍 회의를 개최하는 날' 을 일컫는 것으로 이때 고객들은 브랜드 가치를 분해하고 구닥다리이거나 혹은 전통적인 사고방식이 무엇이었는지를 인식하도록 자극받게 된다. 이로 인해 고객의 브랜드는 성공적으로 '파괴' 될 수 있다. '이 방식의 장점은 새로운 아이디어는 못 만들어내더라도 고객들이 혁신에 대해 보다 수용적인 태도를 보일 수 있도록 만든다는 점입니다. 앞으로 광고주들도 진정으로 창조적인 아이디어, 즉 진정한 변화를 일으킬 아이디어에 대해서 개방적인 태도를 취하게 되는 겁니다.'

　'파괴의 날' 은 전 세계에 걸쳐 개최됐으며 회사의 핏줄에 그 철학이 스며들었다. 드루는 파괴에 대해 살아남기 위해서는 변화가 필요하다는 이치에 기반하고 있는 단순한 아이디어라는 데 동의한다. 그러나 진정으로 어려운 것은 바로 그 실행이다. '변해야 하는 브랜드 요소들을 파악했을 때 과연 어떠한 것을 선택할 것인가라는 문제입니다. 변화에는 시간이 걸립니다. 장기적인 전략을 추진하고자 할 때는 목표가 분명해야 합니다. 새로운 포지셔닝의 핵심 가치가 '건강' 이냐 아니면 '취향' 이냐, 분명 처음부터 올바른 선택을 하는 것이 핵심이죠.'

　애플Apple은 파괴를 창조적으로 활용한 전형적인 사례다. 1997년 애플은 난관에 봉착해 있었다. 1985년 스티브 잡스가 떠나고 난 뒤 애플은 전담 광고 회사보다 최고경영자들을 더 자주 갈아치웠다. 연간 손실이 10억 달러에 이를 정도로 피 같은 현금을 까먹고 있었다. 게다가 브랜드 역시 아이덴티티를 잃어버렸다. 치아트/데이의 '1984년' 광고를 통해 애플 사는 스스로를 기계로부터 인간을 해방시키는 도구로 포지셔닝한 바 있다. 애플의 제품은 탈관습적이지만 인간의 얼굴을 하고 있었다. 그러나 가정용 PC는 이제 너무 일상적이 되어버렸다. 컴퓨터는 소비자 입장에서는 더 이상 불안감과 경계의 대상이 아니었다.

스티브 잡스가 애플에 복귀해 (이제는 TBWA의 일부로 합병된) 왕년의 치아트/데이와의 계약을 되살려놓았을 때에는 새로운 접근방식이 절실히 필요했다. 애플은 과거 브랜드를 해체하고 창조적인 사람들이 애호하는 도구로 새롭게 자리매김했다. 그리고 '다르게 생각하라 Think Different' 광고 캠페인이 시작됐다. 이를 통해 애플을 기사회생시킨 제품 아이맥 iMac이 출범했다. 이와 같이 애플이 지닌 '파괴적' 통찰을 통해 아이팟 iPod이 나오게 된 것이다.

파괴는 이제 TBWA의 핵심 무기가 됐다. 이 개념의 가치는 매년 칸 같은 경연장에서 받은 허다한 상들은 둘째 치고 애플, 소니 플레이스테이션 PlayStation, 닛산 Nissan과 같은 혁신적이고도 기꺼이 위험을 감수하려는 고객들의 성공을 통해서 증명됐다. 지난 몇 년에 걸쳐 TBWA는 가장 수상기록이 풍부한 네트워크로 손꼽힌다. 2006년 TBWA/파리는 칸에서 4년 연속 올해의 광고사로 선정됐다. 이는 TBWA가 다른 광고사들에 비해서 더 많은 상을 끌어 모았다는 것을 의미한다.

창조적 작품을 판단한다는 것이 논란을 불러일으키기도 한다(18장 참조). 하지만 다른 프랑스 광고사들과 마찬가지로 TBWA/파리가 상당한 활력을 가지고 있다는 사실은 부정하기 어렵다.

# 9 유럽의 아이콘

아르만도 테스타의 그래픽 세계 * 이탈리아 스타일의 카피라이팅 * 피, 스웨터 그리고 눈물 * 독일의 수수께끼

상품은 다들 엇비슷하지만
커뮤니케이션은 차이 바로 그 자체다
**The product is the same,
the difference is the communication**

매년 크리스마스가 되면 우리 집 현관 앞에는 선물 상자가 하나 도착한다. 한 해도 거르지 않는 이 상자를 열면 늘 그렇듯 등이 꼭 붙은 초콜릿 알파벳 글자 A와 T가 나온다. 다름 아닌 이탈리아 최고의 크리에이티브 전문 회사 아르만도 테스타Armando Testa의 로고다. 7년 전쯤인가 내가 처음으로 아르만도 테스타를 방문했을 때도 이 선물을 받았다. 그 후로 몇 번인가 이 회사에 들렀던 기억이 난다. 만약 내가 테스타를 한 번도 방문하지 않았더라면, 이 크리스마스 선물에 대해 많이 다르게 생각했을 것 같다. 냉소적인 시선을 거두고 보면 다른 기업들의 일반적 홍보 활동과 비교해볼 때 그런대로 따뜻한 선물이 된다. 언젠가 테스타에 대해 긍정적인 기사를 쓴 적이 있는데, 그래서 내가 이 선물에 당첨된 듯싶다.

'우리는 이탈리아에 있다' 라는 것만으로도 사람들은 가족이라는 상징을 떠올릴지 모른다. 테스타는 가족적이다. 이 회사의 창업자인 아르만도 테스타는 그래픽 디자이너로 1946년 토리노에서 아르만도 테스타를 설립했고, 1992년 사망했다. 회사를 한 단계 더 발전시킨 아들 마르코 테스타Marco Testa는 1985년 경영권을 승계 받았다. 미국 굴지의 대기업이 인수 제안을 해왔음에도 불구하고 마르코 테스타는 완강한 태도로 이를 거절한 바 있으며, 창업 이래 지금까지 독립 기업 체제를 유지하고 있다.

가족적 분위기에 이바지했다는 점에서 보면 테스타는 이탈리아의 레오 버넷Leo Burnett이다. 이 회사는 피렐리Pirelli, 라바짜Lavazza, 산 펠레그리노San Pellegrino, 피아트-란시아Fiat-Lancia와 같이 이탈리아의 대표 브랜드들을 도맡고 있다. 또 많은 대중적 사랑을 받고 있는 기저귀 브랜드 캐릭터인 친절한 파란 하마 피포Pippo도 만들어냈다. 불후의 명작인 카발레로Caballero와 카르멘시타Carmencita도 빼놓을 수 없다. 고깔 모양을 하고 있는 이 두 개의 만화 캐릭터는 1960년대 카페 파울리스타Caf Paulista에 활기를 불어넣었으며, 이후에도 그 영향력은 강력히 유지되고 있다.

그러나 이것만이 전부는 아니다. 테스타는 다른 면에서도 잘 나가는 기업이다. 강력한 그래픽 디자인 전통을 바탕으로 특히 디자인 인쇄 분야에서의 그 영향력은 도저히 부인할 수 없다. 테스타가 매년 제작하는 라바짜 커피 광고 포스터를 보자. 다비드 라샤펠David LaChapelle, 장-바티스트 몽디노Jean-Baptiste Mondino, 엘렌 폰 운베르트Ellen Von Unwerth와 같은 사진작가들이 찍은 사진은 너무나도 도발적인 조화를 이루고 있다. 라바짜 옥외 광고가 미관을 훼손한다는 이유로 가끔 철거되기도 하지만, 사실은 도시 경관을 밝히는 데 한 몫 한다고 볼 수 있다. 라바짜 달력 역시 한번 보게 되면, 이 달력을 걸고 싶은 유혹에서 벗어나지 못하고 결국 벽에 못질을 하게 된다. 아르만도 테스타가 살아있었다면 이러한 못질에 찬성을 했을 것이다. 그의 인생 최대 목표가 실현되는 순간이므로.

## 아르만도 테스타의 그래픽 세계

아르만도 테스타에게는 프랑스 포스터계 거장인 카상드르Cassandre나 레이몽 사비냑Raymond Savignac[1907~2002, 통념상 받아들여지기 어려운 이질적인 이미지의 결합으로 메시지를 전달하는 비주얼 스캔들 Visual Scandal 기법을 창안한 프랑스의 그래픽 디자이너]와 공통점들이 있다. 그러나 이러한 포스터 예술의 거장들과 달리 그는 오늘날까지도 이탈리아에서 영향력을 발하고 있는 종합 광고 회사 아르만도 테스타에 그의 재능 모두를 쏟아 부었다.

1917년 토리노 출생인 테스타는 그 시대 사람들 대부분 그러했듯 가난 때문에 일찍이 생활 전선에 뛰어 들어 열네 살까지 자물쇠 제조, 판금, 조판 공장에서 도제를 지냈다. 이 중 활자 조판이 그가 가진 예술적 재능을 일깨운 것으로 보인다. 이 일을 하면서 그는 비글리아르디 파라비아 그래픽 아트 스쿨Vigliardi Paravia School of Graphic Arts에서 수업을 듣기 시작했다. 이 학교에서 동시대 최고의 추상화가인 에지오 데리코Ezio d'Errico를 스승으로 만났고, 데리코는 테스타의 멘토가 되었다. 데리코 밑에서 공부를 하는 동안 그는 레터헤드[편지지 위쪽에 회사명이나 소재지, 전화번호 등을 새겨 넣은 인쇄 문구]와 광고 전단 디자인 대회 등에서 여러 차례 우승한다.

그러나 문제는 그가 완벽주의자였다는 점이다. 일하는 속도가 느린 데다 어떤 상황에서는 자신의 의견을 지나치게 고집하기도 했다. 이 때문에 인쇄업체 업주마다 그를 다루기 어려운 직원으로 여겼고, 그는 채용 몇 주 만에 해고되기 일쑤였다. 그는 열여덟 살까지 무려 28개 회사에서 쫓겨났다.

1937년 테스타는 밀라노 소재 인쇄용 컬러 잉크 제조업체 ICI(Industria Colori Inchiostri SA)가 주최한 포스터 디자인 대회에서 우승한다. 이 대회에서 선보인 것은 검은색 바탕에 ICI 각 글자를 종이접기로 해서 붙여놓은 디자인이었는데, 이 단순한 디자인이 테스타의 미래를 결정하게 된다. 1987년 뉴욕 파슨스 디자인 스쿨Parsons School of Design에서 열린 전시회 작품집에서 그는 '내가 하나의 동작, 하나의 단순 이미지를 사용해 메시지를 전달하는 통합synthesis에 매달렸던 것, 시각적 커뮤니케이션을 위해 흰색 배경과 주요한 원색, 원, 십자가, 대각선, 각 등 가장 기본적인 상징들을 사용했던 것이 불행히도 몇 년 동안 내 고유한 스타일로 자리 잡았다. 사람들은 나의 작품을 보자마자 내 작품인 것을 알아 버렸다'

고 쓰고 있다.

세계 대전 동안 테스타는 항공 사진가로 일하다가 전쟁이 끝난 후 토리노에서 그래픽 디자인 스튜디오를 열었다. 피렐리Pirelli나 모자제조업체인 보르살리노Borsalino의 그래픽 디자인 업무를 대행했다. 그래픽 디자이너 경력 초기였던 이때가 추상 미술을 하고자 했던 그의 열망과 상업적 이미지를 만들어내고자 하는 관심 사이에서 몸부림쳤던 시기였던 것 같다. 다행히 테스타를 좋아했던 고객들이 예술과 상업이 완전 화해 불가능한 것은 아니라고 생각했고, 그 덕분에 그는 그들과 함께 일할 수 있었다.

이탈리아 아트 디렉터 클럽Italian Art Directors' Club 회장이자 아르만도 테스타 그룹의 부회장인 마우리치오 살라Maurizio Sala는 아르만도의 이야기를 할 때면 여전히 활기가 넘친다. '요즘 광고는 대부분 다른 광고를 참고해서 만들지만, 아르만도는 미술이나, 책, 영화 같은 것을 참고했어요. 정말 광대하다는 표현이 맞을 정도로 많은 것을 참고했죠.'

아르만도에 대한 이야기를 하는 살라 부회장은 아직도 그에게 압도당하는 듯했다. '아르만도가 문을 열고 들어오면 마치 거대한 파도가 밀려오는 것 같았습니다. 그는 너무나도 정력적이었어요. 그런 카리스마 때문에 항상 그가 원하는 것을 얻어낼 수 있었죠. 아르만도는 고객을 꾀어내는 데도 일가견이 있었습니다. 의자를 끌어다 고객 옆에 바짝 붙어 앉고는 이렇게 말했어요. "그래서 돈은 얼마나 가지고 왔어요?"'

테스타의 창작 작업이 때로는 자극적이었기 때문에 남에게 자신을 설득시킬 수 있는 어떤 마력 같은 것이 필요했다. 살라 부회장은 테스타의 생각을 이렇게 전하고 있다. '위대한 광고는 보는 사람을 어느 정도 불편하게 만들어야 하죠. 만약 어떤 광고 디자인이 모든 사람을 만족시킨다면 이는 사람들의 주목을 끌지 못하고 있다는 점을 보여주는 것입니다. 다시 말해 그 광고를 둘러싸고 있는 진부한 바다 속으로 가라앉게 되는 거죠.'

1956년 테스타는 아내 리디아Lidia, 마케팅 전문가인 처남 프란체스코 드 바르베리스Francesco de Barberis와 함께 종합 광고 대행사를 설립했다. 그로부터 1년 뒤 이탈리아에서 상업 TV가 등장했다. 살라 부회장은 '그 당시 광고주들이 상당히 많은 예산을 새로운 매체에 할당하기 시작했지만, 대다수의 광고 회사들은 텔레비전 광고를 어떻게 해야 하는 것인지 몰라서 결국 실패하게 되었습니다. 그러나 아르만도는 실패하지 않았습니다. 스톱 모션 애니메이션 기술을 시험하기 위해 독자적인 제작사를 차렸죠. 동유럽의 애니메이션에서 많은 영감을 얻어 냈습니다. 그때 만들어진 캐릭터들은 그의 포스터 광고에서와 마찬가지로 매우 단순하고 그래픽적이었어요. 파란 하마도 그랬고 단순한 고깔에 눈, 입, 모자만 붙여놓은 파울리스타 커피 캐릭터도 그랬습니다.'

테스타의 TV 광고가 성공을 거둔 요인 중 하나가 바로 카로셀로 Carosello[회전목마라는 뜻의 이탈리아에]의 탄생이다. 카로셀로는 1957년 2월부터 1976년 말까지 매일 저녁 8시 50분경부터 10분간 방송되었던 텔레비전 광고 프로그램을 말한다. 카로셀로 때문에 광고 회사들은 오락이나 교육적 만화 시리즈 또는 단편 코미디 등 TV 콘텐츠와 비슷한 광고를 만들었다. 카르셀로의 절정기에는 시청자가 2백만 명에 달했고 이 중 절반은 어린이였다. 살라 부회장은 '그 당시 가장 잘 나가는 감독과 배우가 카로셀로 광고를 만들었습니다. 시청자들은 카로셀로를 진짜 좋아했죠. 부모들은 아이들에게 "카로셀로를 다 보고 나면 자야 한다."고 말하곤 했습니다. 이것이 바로 아르만도가 기억에 남는 캐릭터를 개발할 수 있었던 이유였죠.' 라고 설명했다.

카로셀로라는 유산이 오늘날 이탈리아 TV 광고의 신랄함 부재를 야기했다는 비난도 있지만, 카르셀로는 요즘 광고 회사들이 꿈에서나 볼 수 있는 일종의 추종세력을 형성하였으며, 브랜드를 대중문화의 아이콘으로 서게 한 원동력이었다. 한편 아르만도 테스타는 1959년 로마 올림픽의 공식 로고 디자인을 위임받으면서 명사의 반열에 올라섰다. 1970년대까지 아르만도 테스타의 회사는 확장을 거듭했고 밀라노와 로마에도 지사를 설립했다.

테스타의 아들, 마르코 테스타는 1980년대 초반 회사에 합류했다. 처음에는 가족 회사에 들어가는 것을 상당히 주저했다고 한다. 사실 그는 독립을 원했고, 이 때문에 아버지와 팽팽한 긴장 관계를 이루기도 했다. 뉴욕의 벤튼 & 보울즈Benton & Bowles에서 국제적 감각을 갖춘 마르코는 미국에서 귀국해 랄트라 L'Altra라는 자신의 광고 회사를 세웠다. 랄트라는 다른 것The Other을 뜻하는 이탈리아어로 그 이름만 들어도 그가 얼마나 아버지를 벗어나고 싶어 했는지 알 수 있다. '처음 6개월 동안 대형 광고주를 모두 잃었고, 20개의 소규모 광고주들에게서 돈을 벌어들이느라 그 다음 6개월이 다 가고 말았어요' 라며 마르코가 쓴웃음을 지었다. 결국 그는 아버지와 화해했다. '아버지께서 내게 물으셨습니다. "내가 있는 곳에서 시작할 거냐, 아니면 내가 있는 곳까지 오기 위해 네 인생 전부를 소진할 거냐?" 라고요. 아버지께서 정곡을 찌르신 거죠.'

마르코 테스타는 아직까지도 이러한 독립적인 태도를 유지하고 있으며, 이것은 아마도 그가 대기업의 인수 제안을 거절한 이유가 될 수 있을 것 같다. 그는 좀 더 전략적인 측면에서 사고를 하고 있다. '만약 광고업계가 거대 광고사 그룹과 독창적인 소형 핫 숍hot shop으로 양분된다면 해외 진출을 하지 않은 국내 대형 기업들이 누구를 선택할까요?'

마르코 경영 체제 하에서 테스타는 카로셀로 시대의 지나치게 달콤했던 광고 스타일을 버리고 빠르고 재치가 넘치는 광고, 많은 부분에서 다분히 미국적 영감을 가진 광고 스타일을 채택했다. 현재 이탈리아 광고계의 문제점 중 하나는 국제 광고전에서의 성과가 상대적으로 미약하다는 것이다. 이 때문에 국제무대에서 이탈리아가 더 이상 창조성을 제대로 보여주지 못한다는 인상을 주고 있다. 최근 몇 년 동안 영국과 미국이 광고 분야에서 선두 주자로 나서고 있으며, 태국, 브라질 등도 갈채를 받고 있다. 이탈리아 청바지 브랜드인 디젤Diesel의 광고 캠페인이 매우 혁신적이라는 평가를 받으면서 국제 광고제에서 몇 차례 수상을 했지만, 이 중에서 이탈리아 광고 회사가 제작한 것은 하나도 없다. 아르만도 테스타의 부회장 겸 크리에이티브 디렉터인 마우리치오 살라가 몰두하고 있는 것이 바로 이런 주제며, 그가 변화를 결심하게 된 상황이기도 하다. 그는 이 해답이 미국이나 영국 광고를 따라하는 데 있는 것이 아니라 이탈리아 광고를 다시 정의하는 데 있다고 본다.

'요즘 나는 우리 광고 속에서 반영될 수 있는 이탈리아의 문화적 요소가 무엇인지 생각해보고 있어요. 그 중 가장 분명한 것이 유머더라고요. 이탈리아 사람들은 매우 관계지향적이에요. 말하기를 좋아하고 제스처를 좋아하고 …… 그리고 웃는 것을 좋아합니다. 일반적으로 말해서 이탈리아의 유머는 꽤 천진난만한 구석을 가지고 있어요. 따뜻한 남부 유럽 같다고 할 수 있죠. 영국의 유머는 이탈리아에 비해 좀 잔혹하면서 어둡고 냉소적이잖아요. 그런데 몇몇 이유로 우리의 유머 스타일을 광고 속에서 제대로 표현하지 못하는 것 같습니다.'

살라는 이탈리아가 가지고 있는 두 번째 플러스 요인이 '스타일' 이라고 지적한다. '우리는 패션, 영화, 디자인, 그래픽에서 훌륭한 유산을 가지고 있어요. 이러한 영역에서 우리가 쌓아온 업적이 무엇이었는지 되돌아보고 우리만의 시각적 스타일을 찾아내기 위해 노력해야만 해요. 그래야만 이탈리아의 유산을 광고에 적용할 수 있을 것입니다.'

아르만도 테스타가 국내에서 매우 존경받는 기업이고 런던, 파리, 프랑크푸르트, 마드리드, 브뤼셀에 지사를 두고 있으며 전 세계 1백여 개국에서 여타 광고사와 장기 제휴를 맺고 있음에도 불구하고, 대부분 이탈리아 기업에 대한 광고 서비스가 주가 되어 있어 국제적으로는 아직도 인지도가 낮은 편이다. 그러나 국내적으로 이미 엄청난 성공을 거둔 기업이며, 여전히 그 기업을 믿는 고객이 존재하고 일부 고객과는 40년 이상을 거래해온 이런 기업이 글로벌 네트워크로 뻗어 나아가야 할 필요가 있는가는 재고해보아야 한다. 가족 회사인 아르만도 테스타는 이탈리아에서 가장 강력한 광고 브랜드다. 이 회사 웹 사이트에서도 밝히고 있듯이 아르만도 테스타는 세계에서 가장 큰 이탈리아 광고 기업인 것이다.

## 이탈리아 스타일의 카피라이팅

아르만도 테스타가 이탈리아 광고의 아버지라고 한다면, 에마뉴엘 피렐라Emanuele Pirella는 이탈리아 카피라이팅의 아버지다. 미국에 데이비드 오길비David Ogilvy, 영국에 데이비드 애봇David Abbott, 프랑스에 피에르 레모니에Pierre Lemonnier가 있듯이 이탈리아에는 에마뉴엘 피렐라가 있다. 피렐라는 현재 광고 회사 로우 피렐라Lowe Pirella의 회장으로 재임중이다.

피렐라는 글쓰기를 좋아한다. 현대 문학을 전공하면서 펜대를 잡았고 한번도 펜을 놓은 적이 없다고 한다. 그는 생계를 위해 밤낮으로 열심히 글을 썼다. 아동 단편, 지역 일간지 영화평, 만화 원고, 심지어는 세 명의 다른 기자와 함께 고대 로마부터 세계 대전 이후에 걸친 역사서를 집필하기도 했다. 그는 '내 생각에도 내가 괜찮은 작가였던 것 같아요. 내 글은 빠르고 재밌고 정확했거든요. 문장마다 역설적인 구석도 있었고요. 그래서 내 글이 팔리지 않았나 합니다' 라고 회고했다.

단적으로 말해, 피렐라는 광고에 천부적인 재능을 타고났다고 할 수 있다. 그러나 우연히 카피라이팅에 발을 들여놓기 전까지 그는 광고에 대해서는 아는 바가 거의 없었다. '그 당시 이탈리아 광고는 신비의 세계였습니다. "광고 대행사"라고 불리는 업체에 대해 들어본 사람도 거의 없었고요. 사람들은 광고 회사 안에 밀실이 있고, 그 밀실에서 어떤 사람이 광고와 홍보를 섞는 것에 틀림없다는 그런 생각들을 하고 있었죠.'

1960년대 초 고향 파르마Parma에서 밀라노로 이사한 피렐라는 신문사나 출판사쪽 일을 알아보고 있었다. 그때 친구 한 명이 미국 광고 회사인 영 & 루비컴Young & Rubicam의 주니어 카피라이터에 대한 이야기를 해주었다. 그의 이름으로 나온 출판물들이 이미 많이 있었기 때문에 큰 문제없이 영 & 루비컴에 합류했다. 영 & 루비컴 직원 대부분은 영국인이거나 미국인이었다. 이곳에서 피렐라 창작의 '절반'이라고 할 수 있는 독일인 아트 디렉터 미카엘 굇체Michael Göttsche를 만났다. 굇체와 함께 피렐라는 미국 도일 데인 번버크Doyle Dane Bernbach 광고와 비슷한 분위기가 물씬 풍기는 광고들을 만들었다.

'처음에는 돈을 그렇게 많이 받지 못했어요. 그래서 낮 동안은 광고를 만들고 밤에는 프리랜서로 일을 했습니다.' 라고 피렐라는 말했다. '처음 몇 개의 광고전에선 매우 운이 좋았습니다. 영 & 루비컴에서 일한 지 2년째 되는 해, 이때가 1965년이었는데 내가 올해의 카피라이터 상을 수상했지요. 이를 계기로 회사에 연봉을 올려달라고 할 수 있게 되었고, 그동안 밤에 했던 프리랜서 일도 어느 정도 정리할 수 있었죠.'

그럼에도 불구하고 그는 프리랜서 일에서 완전히 손을 떼지 않았다. 그가 오랜 기간 동안 써온 뉴스 매거진 『레스프세소L'Espresso』 TV 비평 칼럼을 그만 둔 것도 최근의 일이다. 친구인 화가 툴리오 페리콜리Tullio Pericoli와 함께 만드는 시사만화 작업도 여전히 하고 있다.

인지도와 몸값이 높아진 지금 그에게 가장 중요한 것은 광고다. '나한테는 우리가 이탈리아에서 가장 좋은 광고 회사였죠. 가장 비싼 사진가, 감독과 일을 했고 미국인 편집장, 영국인 크리에이티브 디렉터, 독일인 및 영국인 아트 디렉터도 갖추고 있었습니다. …… 다른 광고 회사 광고는 단조롭기도 하고 겉치레 같았어요. 전형적인 이탈리아 출신 스태프와 함께 일상적으로 쓰이는 제품을 가지고 발상도 그저 그런 일러스트레이션을 만들었기 때문이죠.'

피렐라는 5년 동안 영 & 루비컴에서 일하다 오길비 & 매더Ogilvy & Mather로 자리를 옮겨 2년 동안 근무했다. 그 이후 미하엘 굇체 그리고 또 다른 동료인 지아니 무치니Gianni Muccini와 함께 1971년 아젠지아 이탈리아Agenzia Italia를 차렸다. '10년 동안 우리는 업계에서 가장 크리에이티브한 광고사였습니다. 마치 지옥처럼 밤낮을 가리지 않고 주말에도 일했죠. 일상적인 것에 대해 말하는 새로운 방식, 즉 남들이 하지 않는 다른 것에 도전하는 재미를 붙였기 때문이었습니다.'

피렐라가 진짜로 주목받게 된 것은 1974년 MCT(Maglificio Calzificio Torinese)가 런칭한 지저스 진즈Jesus Jeans 광고 때문이었다. MCT는 현재 카파Kappa 스포츠 의류 제조사다. 피렐라에 따르면, 이 브랜드는 1973년에 크게 히트한 뮤지컬 지저스 크라이스트 슈퍼스타Jesus Christ Superstar에서 영감을 얻은 것이라고 한다. 이 광고를 위해선 자극적인 어떤 것이 필요했기 때문에 광고 사진은 젊은 사진작가 올리비에로 토스카니Oliviero Toscani에게 맡겨졌다. 토스카니는 청바지를 입은 젊은 여자 모델의 사진을 찍었는데, 모델이 속옷을 입지 않았다는 점을 은연중에 내비치기 위해 청바지 지퍼를 내리고 안쪽은 어두운 그림자로 처리했다. 피렐라는 여기에 다분히 성경의 한구절이 떠오르는 어법으로 '나 이외의 청바지가 네게 있지 말지어다Thou shalt not have any jeans but me'라는 카피를 썼다. 천주교 국가에서 패션, 성, 종교를 섞어놓은 광고라니? 당연히 피렐라의 이름은 신문 지면에 오르내리게 되었다. 다음 광고도 마찬가지였다. 피렐라는 데

님 핫팬츠를 입은 도발적인 엉덩이 사진에 '나를 사랑하는 자, 나를 따를지니Whoever loves me, follows me'라는 카피를 써넣었다.(이 엉덩이의 주인공은 당시 토스카니의 여자 친구였다.) 지저스 진즈 광고는 시대라는 시험대를 통과하지 못했지만, 피렐라의 경력을 풍부하게 하는 계기로 작용했다.

그로부터 5년 후 아젠지아 이탈리아Agenzia Italia는 이탈리아에 진입한 미국 광고 회사 BBDO와 제휴를 맺었다. 그러나 이 새로운 관계가 피렐라에게는 잘 맞지 않았고, 그는 1981년 아젠지아 이탈리아에서 손을 뗀 후 굇체와 함께 피렐라 굇체Pirella G ttsche라는 독립 회사를 설립했다.

'우리의 첫 번째 고객은 딱 내 타입이었죠. 원래 나는 규정이나 현상 유지에 신경 쓰는 마켓 리더나 빅 브랜드와 일하는 것을 좋아하지 않아요. 대신 도전 정신을 갖춘 고객을 좋아하지요. 시장의 넘버 쓰리라든가, 위험을 감수할 준비가 된 기업, 또 정해진 기준을 과감히 깰 수 있는 브랜드가 좋습니다. 우리 고객 중 상당수가 이러한 기업이었죠. 처음에는 고객이 4개 업체에 불과했지만 몇 년 후엔 80개로 늘어났습니다.'

1990년대 초 피렐라는 다국적 광고 그룹인 인터퍼블릭Interpublic의 선전에 굴복하게 된다. 이를 계기로 피렐라 굇체는 로우 그룹Lowe Group에 합류했다. 로우 그룹은 원래 런던 광고 회사 프랭크 로우Frank Lowe에서 시작된 글로벌 기업이다. 피렐라가 로우에 합류했다고 해서 그의 혁신이 종지부를 찍은 것은 아니었지만, 그래도 이러한 합병이 어느 정도는 효과를 발휘했다. 2000년에 피렐라는 엠마뉴엘 피렐라 스쿨Scuola di Emanuele Pirella을 설립했는데, 이 학교는 진짜 살아있는 크리에이티브 인력을 배출하기 위한 훈련 센터를 표방하고 있다. 이러한 의미에서 이 학교를 현대적 도제 제도라고도 할 수 있을 것 같다.

지저스 진즈를 팔던 반역자는 마침내 이탈리아 광고의 철학자로 존경을 받게 되었다.

## 피, 스웨터 그리고 눈물

'나는 광고인이 아닌 사진작가입니다.' 올리비에로 토스카니Oliviero Toscani가 딱 잘라 말한다.

물론 그는 사진작가다. 그러나 논란을 일으켰던 1990년대 그의 베네통 광고 사진들은 광고계에 활력을 불어넣었고, 그는 소위 '충격 광고shock advertising'를 만들어낸 장본인이 되었다. 신부와 수녀의 키스, 탯줄도 자르지 않은 신생아, 창백한 얼굴로 친지들에 둘러싸여 죽어가는 AIDS 환자 등의 사진을 그냥 멍하게 쳐다보고 있기는 분명 어렵다. 이런 것들을 과연 지하철 창문을 통해 보게 되리라고 예상이나 했었던가. 토스카니는 베네통의 보호 아래 사회비판적인 대규모 사진전을 개최한 것이나 다름없었다. 토스카니의 광고 사진은 보는 사람으로 하여금 생각이란 것을 하게 했지만, 베네통에는 악명을 씌우고 말았다.

올리비에로 토스카니는 1942년 밀라노에서 일간지 코리에레 델라 세라Corriere Della Sera에서 일하던 한 사진 기자의 아들로 태어났다. 1961년에서 1965년까지 취리히 미술 공예 학교Kunstgewerbeschule에서 사진과 그래픽 디자인을 전공했다. 그는 수요가 많은 패션 사진작가의 길을 택했고, 엘르Elle, 보그Vogue, GQ, 스턴Stern과 같은 유명 패션 잡지사에서 일했다. 그러나 어느 정도가 지난 후 토스카니는 이 분야에서 자기 재능을 발휘하기가 어렵다고 판단했다.(그도 그럴 것이 유명한 슈퍼 모델을 '세탁기'에 비유하기도 했다.) 그 이외에 피오루치Fiorucci, 에스프리Esprit, 샤넬Chanel과 같은 유명 브랜드의 사진 작업도 했다. 그러나 광고계에서 그의 이름은 베네통이란 이름과 가장 밀접히 관련된다.

루치아노 베네통Luciano Benetton은 1965년 그의 형제인 길베르토Gilberto와 카를로Carlo, 누이 줄리아나Giuliana와 함께 가족 회사인 베네통을 창업했다. 사실 루치아노에게 베네통 스웨터를 처음으로 짜준 사람은 줄리아나였다. 또 많은 감탄사를 자아낸 베네통의 주력 아이템 역시 스웨터였다. 토스카니가 베네통에서 일을 시작한 1982년까지 이 회사는 전혀 광고란 것을 하지 않았다. 그러나 이 회사의 수출 판매가 증가하면서 커뮤니케이션의 중요성이 새롭게 부각되었다.

베네통의 친구이자 패션계 거물 엘리오 피오루치Elio Fiorucci가 그에게 토스카니를 소개했다. 일간지 『인디펜던트Independent』와의 인터뷰에서 그는 토스카니와 처음 만났던 때를 이렇게 회고했다. '우리 회사 광고는 다른 회사와 완전히 달라야하며, 반드시 국제적으로 통하는 것이어야 한다고 토스카니에게 주문했습니다. 그 이외에는 어떤 조건도 두지 않았죠. 각국의 상황에 맞게 광고를 각각 제작해야 하는 기존 시스템은 우리가 나아갈 길이 아니라고 생각했습니다. 나는 …… 사람들에게 우리의 기업 정신이 무엇인지 보여주고 싶었습니다.' ('우리는 어떻게 만났는가How we met,' 1999년 8월 22일자.)

한편 토스카니는 '베네통은 틴에이저 같은 본성을 지닌 사람이죠. …… 그에게는 사람이 나이를 먹으면서 가지게 되는 냉소주의가 없어요. 그는 성격이 급했고, 또 새로운 것을 시도해 그것이 제대로 작동하는지 알아보려는 용기가 있었어요. (내가 그를 처음 만났을 때) "나는 여기서 무엇인가를 배울 수 있을 것도 같고 새로운 것을 할 수도 있을 것 같다"는 그런 생각이 들더군요.' 라고 회상했다.

이 인터뷰에서 베네통은 토스카니의 첫 광고에 대해 이렇게 말했다. '어린아이들 옷을 줄 세워 놓더군요. 그런데 아이들 대신 테디 베어가 등장했어요. 그가 시각이 보통이 아니라는 것을 일찌감치 알게 되었죠.'

사실 테디 베어 때만 해도 토스카니의 광고가 어디까지 갈지 정확히 알 수 없었다. 그의 초기 사진들은 유나이티드 컬러 오브 베네통United

Colors of Benetton이라는 다문화주의 테마를 취하고 있었다. 물론 사회적으로 용인이 되는 사진들이었지만 그것들마저도 시대를 앞서가고 있었다. 1980년대 말 토스카니의 사진은 더욱 도발적이 되어 가고 있었다. 백인 아기에게 젖을 먹이는 흑인 여성이 베네통 광고에 등장했다. 다음 광고에는 흑인 여자 아이와 백인 여자 아이가 등장했는데, 흑인 여자 아이의 머리에는 악마 모양의 뿔 두 개가 달려 있었다. 이 광고 자체가 인종차별적인 것이었을까 아니면 인종차별주의에 대한 비판이었을까? 결론을 내리기는 어렵지만, 토스카니가 무엇인가를 의도했다는 점은 분명하다. 이제 더 이상 볼 수 없는 이 광고는 당시 매우 뜨거운 논쟁을 불러 일으켰다.

토스카니의 자극적 광고는 1990년대에도 지속됐다. 신부와 수녀의 키스, 암수말의 짝짓기, 피로 얼룩진 보스니아 군인의 군복, 함께 수갑을 찬 검은 손목과 흰 손목, 위에서 언급한 에이즈 희생자의 사진들······. 언론은 앞 다투어 베네통 광고에 비판을 가했고, 이는 역으로 베네통과 토스카니에 대한 홍보 효과로 작용했다. 논란이 지속되는 동안에도 베네통과 토스카니는 사진 잡지『컬러스Colors』창간, 파브리카- '전자 바우하우스' Fabrica- 'an electronic Bauhaus' [베니스 근교 트레비소에 위치한, 커뮤니케이션 연구센터. 커뮤니케이션 이외에도 디자인, 영화, 음악 등 다양한 분야의 학부과정을 운영]라는 첨단 예술 학교 설립 등의 활동을 이어나갔다.

일부 기사에서는 토스카니가 베네통과 자신의 관계를 미켈란젤로와 로마 교황의 관계에 비유했다는 점을 들먹이며 비꼬았다. 그러나 그가 했던 말만 가지고 그를 조롱의 대상으로 삼는 것은 논점을 비켜가는 일이다. 토스카니는 자신의 작업을 예술로 여겼으며 사진 작업에 들어가는 비용을 대기 위해 광고 일을 했다는 것이 잘못됐다고 생각하지는 않는다고 말한 것이었다. 논란의 발원지가 된『가디언The Guardian』과의 인터뷰를 보자. '역사적으로 볼 때 예술 작품의 많은 수는 선전이었습니다. 예술은 이데올로기를 팔기도 했고, 상품을 팔기도 했죠. 교회 역사에서 보면, 르네상스 예술가들도 교황을 위해 일하지 않았습니까? 우리는 모두 교황을 위해 일합니다. 어딘가에는 교황이 있기 마련이니까요.' ('죽음은 포르노그래피의 마지막 이슈Death is the last pornographic issue left', 1998년 2월 2일자)

토스카니는 뉴욕 소호SoHo 거리 깊숙이 있는 갤러리에서 조용히 사진전을 열 수도 있었을 것이다. 그랬다면 그곳에서는 관객들이 놀라서 눈을 크게 뜨는 정도에 그쳤을 것이다. 그 대신 토스카니는 베네통의 비호 아래서 대중을 상대로 한 대형 사진전을 선택했다. 이 사진전에서 그는 자신을 둘러싼 세계에서 금방 찢어낸 사진들을 소개했다. 그러나 그의 작업이 완전한 의미를 가졌는지는 모르겠다. 그의 사진들은 그가 제시한 문제들에 어떠한 해결책을 제시하지도 못했고, 베네통 역시 토스카니의 사진에 녹아 있는 있는 문제의 근본적 해결을 위해 어떠한 지원책도 내놓지 못했기 때문이다. 물론 한 가지는 분명하다. 토스카니가 스웨터를 팔 목적으로 베네통 일을 하지는 않았다는 점이다. 그는 이 회사가 새로운 커뮤니케이션 방식 연구에 투자하고 있다고 여겼다. '어떤 스웨터든지 양팔이 달려 있잖아요. 그리고 순모는 순모일 뿐이죠.' 그는 『가디언』에 이렇게 말했다. '상품은 다들 엇비슷하지만 커뮤니케이션은 차이 바로 그 자체입니다.'

1990년대 들어 다른 광고사들이 베네통 모방에 열을 올렸다. 기존 질서와의 대립은 유행이 되었다. 부끄러움은 과감하게 내버려졌고, 금기는 공격받았다. 옷장에 갇혀 있던 성과 불경함이 벌거숭이로 뛰쳐나와 사람들 앞에서 내달렸다. 『익스프레스The Express』는 TBWA의 트레버 비티Trevor Beattie에게 영국 '충격광고shockvertising의 대가'라는 이름을 붙여준 바 있다. 사실 종종 화제가 되는 비티의 원더브라Wonderbra 광고는 충격적이라기보다는 관능 쪽에 가깝다. 달리던 자동차도 다 세울 만큼 섹시한 슈퍼 모델 에바 헤르지고바Eva Herzigova의 데코르타쥬[d colletage, 원래 목선을 어깨 밑까지 드러낸 여자 옷을 의미하지만, 여기에서는 목과 가슴의 고상한 표현임]를 내세운 광고 사진 옆에 '헬로, 보이즈Hello, Boys'라는 카피를 실었다. 비티의 광고 중 이보다 더욱 노골적인 것으로는 프렌치 커넥션UK French Connection UK의 머리글자를 따서 만든 FCUK[영어로 욕을 의미하는 FUCK의 애너그램anagram(철자 바꾸기 놀이)으로 보이기 때문이다]을 들 수 있다. 비난 여론이 들끓었지만 비티는 FCUK 광고 포스터를 통해 그들을 향해 'FCUK 패션!FCUK Fashion!'을 외칠 뿐이었다.

얼마 후 패션 디자이너 톰 포드Tom Ford가 이브 생 로랑Yves Saint Laurent의 오피움Opium 향수 광고에 소피 달Sophie Dahl의 누드를 등장시켰다[검은색 벨벳 위에 전라로 누운 상태에서 가슴만 두 손으로 가린 이 광고는 논란을 거듭한 끝에 영국의 광고자율심의기구Advertising Standards Authority에 의해 게재가 금지되었다]. 아마도 그녀는 광고주가 이브생로랑 오피움이라는 사실에는 크게 신경 쓰지 않고 포즈를 취했으리라. 이 사진은 충격일까, 성차별적일까 아니면 어떠한 해악도 없는 단순한 자극일까? 의견이 갈라지는 것은 분명하지만, 어쨌든 이 광고는 패션계에서 '포르노 시크porno chic'[고상한, 혹은 세련된 포르노. 포르노그래피에 가까운 내용이 광고나 뮤직 비디오에 자주 등장하게 되는 현상을 지칭하기 위한 용어]의 최신 트렌드를 보여주었다.

트레버 비티는 '충격 광고' 현상에 대해 다음과 같이 언급했다. '충격적인 것은 이러한 광고들이 아닙니다. 영국 광고의 90%가 지독히 평범하다는 사실이 충격이죠. 평범한 광고와 다르다는 점이 두드러져 보이는 것뿐이에요.'

이 기사에서는 토스카니 덕분에 베네통이 가장 영향력 높은 패션 브랜드 10위를 차지했다는 사실도 다루었다('충격 광고가 쉽게 먹히든 이유Why shock tactics work like a dream,' 『선데이 비즈니스Sunday Business』, 1999년 8

월 29일자).

충격 광고가 인기를 얻었다면, 그것은 토스카니가 이 장르의 대가였기 때문이다. 토스카니의 작업은 동시대에 이루어진 어떤 시도보다도 어둡고 진지했다. 그가 베네통을 위해 마지막으로 제작한 '사형수' 광고는 베네통 역사상 가장 물의를 일으킨 광고가 되고 말았다. 예상한 대로 이 광고는 사람들의 분노를 샀고, 결국 미국에서 베네통 불매 운동이 전개되었다.

그로부터 얼마 후인 2000년 5월 베네통과 토스카니는 결별을 선택하고 18년간의 관계를 청산했다. 당시 보도 자료에서 루치아노 베네통은 토스카니가 베네통 사에 '중요한 기여'를 했던 점에 대해 감사를 표했다. 반면 토스카니는 이제 베네통을 떠나야 할 때라고 간단한 인사말을 전하는 데 그쳤다.

베네통이 가끔은 토스카니의 부재를 아쉬워하는 것 같다. 토스카니와 결별한 이후 이 회사 광고는 편안한 관습적 기준이라는 늪에 빠졌기 때문이다. 확실한 것은 베네통 광고에서 얼굴을 돌려버리는 사람도 없으며, 분노에 치를 떠는 언론도 없다는 점이다. 그리고 베네통 광고에 대해 왁자지껄하게 이야기하는 사람도 더 이상 없다는 사실이다.

## 독일의 수수께끼

표면적으로만 본다면 이탈리아와 독일의 광고 문화에는 별 공통점이 없어 보인다. 하지만 이 두 국가는 창조성의 결핍이라는 공통의 문제를 안고 있다. 다시 말해 최소한 국제 광고제 수상이라는 성과가 말하는 국제적 감각의 창조성이 결핍되어 있다는 말이다. 원인은 무엇일까? 우선 편협성을 지적할 수 있을 것이다. 스페인은 전통적으로 남미(이 책 15장을 참조할 것)와 강한 유대감을 형성하고 있고, 영국과 프랑스가 다국적 커뮤니케이션의 허브로서 역할하고 있는 반면 독일 광고 회사들은 아직도 국외 진출에 분투하고 있다. 2004년 독일 최고의 광고 회사 사장들은 『캠페인』과의 간담회에서 '우리에게는 8천만 국민들이 있고, 그것으로 충분하다'고 밝힌 바 있다('주목할 만한 독일의 광고 회사들 Germany's agencies to watch' 2004년 9월 10일자).

독일이 왜 번뜩이는 창조성을 가질 수 없었는가를 설명하는 요인으로는 우선 강력한 제조업 기반을 들 수 있다. 영국은 네덜란드, 스페인과 마찬가지로 무역의 역사를 가지고 있지만, 독일은 생산의 전통을 가지고 있다. 영국이 자동차 광고를 제작하는 동안 독일은 그 자동차를 만들고 있는 것이다. 또한 독일에는 소호 Soho나 매디슨 가 Madison Avenue와 같이 인재양성소로 역할할 크리에이티브의 중심 허브가 없다. 현재 독일의 크리에이티브 중심은 프랑크푸르트와 함부르크 그리고 최근에 부상하고 있는 베를린 정도에 그치고 있다. 상대적으로 높은 자국 고객들의 충성도 역시 자기만족적 광고 창작 환경을 지속하는 데 한몫하고 있다. 마지막으로 독일에 상업용 TV가 도입된 것은 1979년으로 이것이 다른 국가보다 많이 늦었다는 점을 지적할 수 있다.

그러나 2000년에 들어서면서 집에 처박혀 두문불출했던 독일 광고들이 조금씩 그 틀을 벗어나고 있다. 2003년 맥도널드 McDonald's가 자사 광고를 맡고 있는 전 세계 광고 회사들을 대상으로 새로운 브랜딩 광고전을 펼쳤을 때, 헤이어 & 파트너스 Heyer & Partners라는 독일 광고사가 우승의 영광을 안았고 이 회사가 제작한 '아임 러빙 잇 I'm lovin' it'이 전 세계 맥도널드 슬로건으로 자리 잡았다. 독일에서도 발 빠른 크리에이티브 전문 회사들이 출현하고 있으며, 특히 디지털 영역에서 이러한 경향이 두드러지고 있다.

앞으로 독일 광고계가 어떻게 변해갈지는 아직 알 수 없지만, 최근의 독일 광고사에서 가장 관심을 끄는 광고 회사로 숄츠 & 프렌즈Scholz & Friends, 스프링거 & 야코비Springer & Jacoby, 융 폰 마트Jung von Matt 3개사를 꼽을 수 있다. 2006년 11월 일간지『한델스블라트Handelsblatt』와 마케팅 매거진『아브사츠비르츠샤프트』가 공동으로 수행한 에이전시 이미지Agency Images 조사에서 이 3개사가 일류 기업들이 뽑은 독일 최고 광고 회사로 재차 선정되었다.

유르겐 숄츠Juergen Scholz는 독일 광고의 '창시자'다. 매우 훌륭한 창조성을 지녔던 그는 1960년대 팀/BBDOTeam/BBOD의 전신이었던 Team의 창립 멤버였다. 1981년 팀을 그만 둔 숄츠는 함부르크에서 숄츠 & 프렌즈를 설립했다. 그로부터 은퇴하기까지 약 10년 동안 광고 전문지『호리존트Horizont』가 지칭한 바대로 '1980년대를 대표하는 광고 회사'로 자리매김하였다. 숄츠가 은퇴한 이후 독일에 진출한 베이츠Bates가 이 회사 주식의 80%를 인수했다.

숄츠 & 프렌즈는 베이츠에 인수되면서 한걸음 더 도약했다. 규모가 상당히 큰 마스Mars의 애완동물 사료 광고 사업을 놓쳤을 때도 대형 고객들 뒤에 가려져있던 담배 브랜드 림스트마Reemstma에 역량을 집중해 림스트마가 유럽 몇 개국에 지사 설립을 할 수 있도록 지원했다. 베를린 장벽이 무너진 이후 숄츠는 구동독의 중심지인 드레스덴에 지사를 열어 이 지역에 진출한 첫 번째 광고 회사가 됐다. 2000년에는 TV 프로그램 제작사인 UVE와 합병해 TV 광고 역량도 키워냈다. 2003년 사모 주식 투자 회사private equity company[소수의 특정 금융기관이나 기업, 개인을 대상으로 투자 자금을 유치하여, 부실기업 인수나 유망 중소기업의 발굴 등을 통해 높은 수익률을 제공하는 회사를 의미함]의 지원을 받아 코디언트 그룹Cordiant Group에서 독립했다.

숄츠는 독일 광고업계가 고사하다시피 한 불황기에도 용케 기회를 잡았다. 코디언트에서 회사 주식을 경영자 차입 매수Management Buy Out[외부투자가가 아닌 기업 내부의 전문 경영인이 직접 기업을 차입, 매수하는 경우를 말함]한 이후 2005년까지 회사를 직원 9백 명, 유럽 지역 거래액 8천만 유로 규모로 키워내 유럽 지역 최대의 독립 네트워크를 갖추게 되었다. 또한 아이디얼 스탠다드Ideal Standard, 지멘스Siemens, 마스터푸즈Masterfoods, 나이키Nike, AOL 등 유명업체들의 광고를 맡았을 뿐만 아니라 2006년 독일 월드컵 홍보도 담당했다.

'우리에게 성공을 가져다준 불황에 감사할 따름입니다.' 세바스찬 투르너Sebastian Turner 공동 회장은 『캠페인』지에 이렇게 말했다. '이윤을 하나도 내지 못했던 2년 전 우리가 어디에 서 있는지 깨닫지 못했더라면, 그렇게 과감하게 회사를 점검해볼 용기를 내지 못했을 것입니다' ('불황기에 꽃 피우는 독일의 크리에이티브German creativity blooms as recession persists', 2005년 4월 22일자).

숄츠는 회사 혁신을 통해 마케팅 분야 간 장벽도 허물었다. 예산이 따로 운영되던 TV 광고와 직접 마케팅을 분리 취급하지 않고 양 부문을 통합해 광고 제작 첫 단계부터 각 분야의 전문가들이 함께 일을 하게 되었다. 숄츠에서는 이를 두고 '아이디어의 오케스트라' 라 표현했고, 이를 통해 완전히 통합된 네트워크가 만들어졌다. 광고 회사들이 디지털 환경에 적응해가면서 이러한 변화는 더욱 일반화되고 있다(이 책의 20장을 참조할 것).

숄츠의 가장 유명한 광고 캠페인 중 하나는 일간지 『프랑크푸르트 알게마이네 차이퉁Franlfurter Allgemeine Zeitung』, FAZ 인쇄 광고다. 누구나 잘 알고 있는 독특한 상황이나 장소를 드라마틱하게 설정하고 FAZ를 양쪽으로 펼쳐 얼굴을 가리고 신문 읽는 일에 몰두해 있는 인물을 등장시킨 이 광고는 '이 뒤에 항상 현명한 생각이 있습니다There's always a clever mind behind it' 라는 태그라인으로 마무리되었다.

숄츠 & 프렌즈가 혁신을 통해 냉철한 자기관리를 하는 동안 크리에이티브 전문 회사인 스프링거 & 야코비와 융 폰 마트는 애매모호한 근친 관계[저자는 스프링거 & 야코비의 발전과정과 스프링거 & 야코비 출신들이 독립한 회사인 융 폰 마트와 관계, 광고주를 서로 뺏고 뺏기는 복잡한 경쟁구도를 이렇게 표현하고 있다]를 유지해 나가고 있다.

이 두 회사에 대해서는 너무 성급하게 이야기하지 않아도 된다. 사실, 독일 광고사의 와일드카드는 스위스계 광고 회사 네트워크인 GGK다(이 회사는 나중에 로우 그룹Lowe Group에 인수된다). GGK는 1959년 유명 그래픽 디자이너인 칼 게르스트너Karl Gerstner가 폴 그레딘게르Paul Gredinger, 마르쿠스 쿠터Markus Kutter와 함께 창업한 회사다. 이 회사는 유럽 지역 몇 곳에 지사를 설립하였으며 1970년대를 통틀어 GGK 독일 지사는 독일에서 가장 크리에이티브한 광고 회사로 손꼽혔다. 라인하르트 스프링거Reinhard Springer와 콘스탄틴 야코비Konstantin Jacoby가 만난 것도 바로 이 GGK에서였다.

라인하르트 스프링거는 독일에서 상업 텔레비전 시대가 서막을 알렸던 1979년 GGK를 떠나 자신의 회사를 세웠고, 카피라이터였던 콘스탄틴 야코비가 얼마 후 스프링거에 합류했다. 일각에서는 스프링거 & 야코비가 독일의 현대 광고를 창조했다고 본다. 이 두 사람은 TV라는 새로운 매체에 무엇이 효과적인지에 대해 거의 통달을 했다. 보편적으로 누구에게나 통하는 유머를 광고에 도입했고 이와 동시에 광고 제작 측면에서도 제대로 질서가 잡힌 전문적 작업 환경을 제공했다.

1986년 독일의 유명 광고 전문가인 장-레미 폰 마트Jean-Remy von Matt가 스프링거에 합류했다. 그는 이때를 이렇게 회상했다. '스프링거에는 엄격한 규정들이 많았어요. 회사 창업자들이 엄격한 접근의 주창자였다고

나 할까요.' 이러한 방침 때문에 회사의 자존심은 높이 세워졌다. '예를 들어 라인하르트 스프링거는 회의에서 10분 이상을 기다리지 않았죠. 앞으로 대형 고객이 될 수 있는 기업과의 첫 번째 회의에서조차도 마찬가지였어요.'

몇 년 동안 이 회사는 더딘 성장을 거듭하다 1989년 메르세데스Mercedes의 광고를 맡게 된 이후 성장 가도를 달리게 되었다. 메르세데스 광고로 이름이 널리 알려지게 되자 고객 수가 급속히 늘어났고, 마침내 독일 광고 연맹의 앞자리에 안착하게 되었다.

앞으로 보게 되겠지만, 광고 산업은 분열과 변형을 거듭하는 아메바와 유사하다. 독일 광고계 역시 마찬가지다. 1991년 장-레미 폰 마트와 그의 동료인 홀거 융Holger Jung은 스프링거 & 야코비를 떠나 자기광고 회사인 융 폰 마트를 세웠다.

장-레미 폰 마트는 1975년 뒤셀도르프에서 카피라이터로 광고업계에 발을 들여놓았다. 그는 당시를 이렇게 회고하고 있다. '그 시기 뒤셀도르프는 광고 제작의 신도시였죠.' 그의 첫 번째 작업은 샤워 스크린 제작사의 인쇄 광고 제작이었다. '내가 헤드라인과 카피를 썼죠. 게다가 그때 남자 모델이 너무 아파서 모델까지 내가 대신 섰다니까요.'

이후 폰 마트는 프랑크푸르트의 오길비 & 매더Ogilvy & Mather로 자리를 옮겼다가 다시 뮌헨의 한 핫 숍[Eiler & Riemel/BBDO]에서 일했다. 앞서 말했듯 1986년 스프링거 & 야코비에 합류해 5년 동안 정말 열심히 일했고, 그 이후 사업 파트너인 홀거 융과 함께 드디어 독립을 감행했다. 폰 마트와 융은 코르셋 제조 공장 자리를 인수해 본사를 설립했다. 그리고 본사 로비에는 14피트 높이의 트로이 목마를 세웠다. 이 목마는 직원과 고객들에게 '좋은 광고란 …… 매력적인 외면을 갖추어야 하며 선물 같아야 하고 보는 사람의 마음을 즐겁게 해야 한다. 반면 내면적으로는 특정 대상에 대해 일관된 충격을 줄 수 있는 핵심을 갖추어야 한다'('독일의 크리에이티브 핫 숍Germany's creative hot shop', 『캠페인』 1998년 4월 17일자)는 점을 늘 상기시켰다.

융 폰 마트는 빠른 속도로 성장했다. 장-레미는 다음과 같이 말하고 있다. '우리 회사는 처음에 7명으로 출발했어요. 10년이 지나니까 직원이 5백 명으로 불어나더군요. 처음 몇 년 동안은 우리의 야심과 시장의 기대를 충족시킬 인재를 찾아내는 것이 과제였죠. 현재 우리 회사는 4개국 6백5십 명의 직원을 갖추고 있는데, 동유럽으로 진출하면 직원이 좀 더 늘어나지 않을까 해요.'

융 폰 마트의 주요 고객 중 한 곳이 BMW다. 인상적이었던 BMW TV 광고로는 오픈 탑 BMW Z3 광고를 꼽을 수 있다. 멋있는 남자 주인공이 이 차를 타고 시골길을 내달린다. 갑자기 그가 카세트를 꺼내 오디오 플레이어에 넣자 노래가 시작된다. '오 주여, 제게 메르세데스 벤츠를 사주지 않으시겠어요?Oh Lord, won't you buy me a Mercedes Benz?[이 가사는 1971년 제니스 조플린Janis Joplin이 발표한 앨범 '펄Pearl'에 실린 '메르세데스 벤츠Mercedes Benz'의 첫 소절로 80년대 이후 벤츠 광고의 배경 음악으로 사용돼 왔다]' 이 주인공은 벤츠(그리고 벤츠 광고를 제작한 광고사까지)를 노골적으로 조롱한 후 오디오 플레이어에서 테이프를 꺼내 어깨 너머로 던져버린다.

그러나 이 유쾌한 광고를 2006년 여름 이후에는 볼 수가 없게 되었다. 2006년 여름 메르세데스가 광고 대행사를 스프링거 & 야코비에서 융 폰 마트로 변경한다고 발표했기 때문이다. 심사숙고 끝에 융 폰 마트는 BMW의 광고 제작을 그만두었다. 그리고 2007년 1월부터 메르세데스의 선도 광고사가 되었다.

한편 불황으로 어려움을 겪었던 스프링거 & 야코비는 크리에이티브의 아웃사이더 역할로 돌아가 다시 한번 자신의 능력을 입증하고자 노력했다. 새로운 경영권과 경영팀의 개편을 통해 이 회사는 디지털 마케팅이라는 새로운 시대에 맞게 변화를 추구했다. 스프링거 & 야코비는 독일의 한 경영자가 강조한 대로 여전히 '독일 광고계의 사관학교이자 기준'이 되고 있다.

# 10 미디어 부문의 분사

질베르 그로스의 24 캐럿짜리 아이디어＊물물교환에서 정상으로＊시계를 늦추다

우리에게 당신의 돈을 쓰게 하라
**Let us spend your money**

최근 들어서는 '종합' 광고 회사를 찾아보기가 어렵게 됐다. 2000년에 들어서는 자체 미디어 부문을 지속하고 있는 광고사를 찾아보기 쉽지 않게 된 것이다. 조사, 직접 마케팅, 이벤트 관리가 분리되는 것과 비슷하게 미디어 공간의 선택과 구매 업무 역시 실제로 별개의 산업으로 분리되고 있다. 그런데 여기에는 분명 문제가 있다. 전 세계적으로 미디어가 집중되고 있는 현실 속에서 이 영역을 분리해내기가 거의 불가능하다는 점이다. 고객들은 하나의 기본적인 크리에이티브 전략 하에 TV, 웹, 옥외광고, 후원 이벤트뿐만 아니라 기타 고객과 접촉할 수 있는 다양한 지점들의 화력을 결합한 멀티미디어 캠페인을 요구하고 있다. 이를 위해서는 상당히 수준 높은 미디어 기획이 필요하다. 여기에서 결정적인 역할을 하는 것이 크리에이티브팀과 미디어팀 간의 빈틈없는 협력이다. 만약 이 두 팀이 같은 건물 안에 있다면 많은 도움이 될 것이다.

업계 양상이 이렇게 돌아가면서 광고 회사들도 다소 민망해하고 있는 것이 사실이다. 미디어 부문을 분사 spin off 할 때는 언제고 이제 와서 미디어 에이전시를 다시 회사로 불러들일 방안을 모색하게 되었으니 말이다. 일각에서도 고객의 요구를 충분히 반영할 수 있도록 '크리에이티브' 에이전시와 '미디어' 에이전시 간의 연계가 강화돼야 한다는 주장이 나오고 있다. 2006년 3월 영국 크리에이티브 광고 전문지 『샷츠 Shots』가 주최한 포럼에서 한 경영진은 '크리에이티브에서 미디어를 분리한 것은 광고업계가 취했던 최악의 실수였다'고 주장한 바 있다.

이에 대한 논쟁은 이 책의 마지막 장에서 다루기로 한다. 대신 10장에서는 다음과 같은 질문을 던져보도록 하자. 우리가 어떻게 해서 이런 난관에 부딪히게 되었는가? 이에 답하기 위해서는 우선 파리로 돌아가야만 한다.

## 질베르 그로스의 24 캐럿짜리 아이디어

질베르 그로스Gilbert Gross는 1931년 4월 3일 소매상의 아들로 태어났다. 청년 시절 그는 가르 뒤 노르Gare du Nord[북역, 파리의 6개 기차역 중의 하나]에서 가르니에 오페라 극장Opera Garnier으로 이어지는 라파예트 가rue Lafayette 꼭대기의 아주 작은 광고 회사에서 일했다. 그때만 해도 그가 광고계의 새로운 분야를 개척하리라고 누가 알았겠는가.

'내가 취직을 했을 때도 회사는 힘들었지만, 내가 입사하기 전만큼은 아니었어요.'라고 그로스가 회상했다. 그는 이제 70대 중반 백발의 노신사가 되었다. '아시다시피 우리는 고객의 광고를 미디어에 알선해주고 그때마다 미디어에서 15%의 수수료를 받았습니다. 당시에는 다른 광고 회사가 고객을 빼앗아 가더라도 그 광고 회사가 2년 동안 이 수수료를 계속 받을 수 있다는 규정이 있었죠. 이 때문에 신생업체의 광고 시장 진입이 완전히 막혔는데, 내가 취직할 즈음에 정부가 이 규정을 철폐해버린 거예요.'

1950년대 중반 이 규정이 사라졌음에도 불구하고 그로스는 고객 유치를 위해 라파예트 가 상점의 문을 일일이 두드려야 했다. '첫 번째 고객은 오 드 리옹Aux de Lions이라는 신발 가게였어요. 아주 작은 광고 거래를 텄죠. 다음은 양복점이었고 …… 악전고투 그 자체였다고나 할까요.'

마침내 그로스는 페리에Perrier 사 소유 커피 브랜드의 크리에이티브 작업을 맡게 되었다. 그가 프리랜서로 광고 제작에 대한 보수를 받기로 했고, 미디어 알선은 아바스Havas에서 관리하기로 결정되었다. '내가 아바스의 클레망 씨Monsieur Clment를 만난 건 몇 차례의 회의에서였습니다. 그가 미디어 알선을 책임지고 있었죠. 그와 이야기를 해보니 고객이 상상하는 것보다 훨씬 낮은 가격으로 미디어 공간을 협상하고 있더군요. 또 그 사람이 고급 자동차를 몰고 다닌다는 사실도 알게 되었어요. 무엇이 어떻게 돼 가는지를 완전히 이해하는 데는 시간이 꽤 걸렸지만요.'

그로스가 그와 친분을 쌓아가던 어느 날 클레망은 대형 지역 신문의 광고 판매 이사와의 점심 식사에 그로스를 초대했다. '미디어 공간 협상이라는 게 마라케시Marrakech[모로코의 고대 도시로 오랫동안 모로코 정치와 경제의 중심지로 기능하던 도시. 옛 시가지에 형성된 시장이 유명] 시장에서 흥정하는 것이랑 비슷하더라고요' 하며 그가 웃었다. '나는 광고 공간 가격이 항상 고정되어 있는 줄 알았어요. …… 그런데 그게 아니더라고요, 전혀 아니더라니까요. 광고 공간의 협상이란 이런 거였어요. "만약 내가 두 페이지를 산다면 그 대가로 당신이 내게 해줄 수 있는 게 뭐요?" 정말 유쾌한 분위기에서 와인을 홀짝거리고 좋은 음식을 먹으면서 이런 대화가 오고 갔죠. 내가 무엇을 크게 잘못하고 있는지 그때 깨닫기 시작했습니다.'

이 경험으로 고무된 질베르 그로스는 맥주 브랜드인 샹피뉴엘르Champignuelles에 접근해 저렴한 가격으로 미디어를 알선해주겠다고 했다. '샹피뉴엘르의 사장 르네 앵제랭Ren Hinzelin이 내 친구였습니다. 그는 내 아이디어대로 일이 되겠냐며 큰 기대를 두지 않았지만, 어쨌든 나에게 기회를 주었죠. 만약 내가 당신에게 다가가서 "내가 당신의 전기 요금을 낮춰주고 그 차액을 가져도 되겠습니까?"라고 말한다면 당신은 아마도 동의하지 않을까요? 그렇게 해도 당신이 잃을 건 없으니까요! 르네 앵제랭 사장에게서 동의를 얻어낸 후 나는 한 신문사를 찾아가서 클레망이 했던 대로 이야기를 시작했습니다. "만약 지금 두 페이지를 사고 앞으로

더 많이 산다고 내가 보장을 하면 무엇을 해줄 수 있습니까?' 정말 마법처럼 일이 풀리더라고요.'

이렇게 해서 새로운 전문가, 즉 독립적인 미디어 구매자가 탄생했다. 얼마 후 BSN 그룹(현재 다농Danone)이 또 다른 맥주 브랜드인 크로넨부르Kronenbourg와 함께 샹피뉴엘르를 인수했다. '샹피뉴엘르가 인수되면서 독립 미디어 구매자로서 나는 끝났다고 생각했어요. 그런데 어느 날 다농에서 회의에 부르더라고요. "선생께서 상당히 유리한 가격으로 광고 공간을 협상할 수 있다는 점을 이미 알고 있었습니다. 우리 전체 그룹의 미디어를 담당해보면 어떻겠습니까?'라고 말이죠. 갑자기 나는 프랑스에서 가장 큰 미디어 거래를 트게 된 거예요.'

얼마 후 그로스는 코카콜라의 프랑스 미디어 구매를 따냈다. 이렇게 되자 미디어에 대한 영향력도 생겨나면서 그는 미디어 공간을 블록으로 1년 치를 미리 구매하고 이를 나누어 고객들에게 다시 판매할 수 있게 되었다. 미디어 계약에 대한 고정 수입을 안정적으로 확보할 수 있는 길이 열린 것이다. 이것이 바로 1966년 캐럿Carat(Centrale d'Achat, Radio, Afficharge, Television)을 탄생시킨 미디어 구매 사업이었던 것이다. 외국 고객에 대해서도 서비스를 제공하기 위해 그로스는 유럽 및 그 이외 지역에서의 지사 설립에 착수했다.

프랑스 시장의 '투명성' 보장을 위해 1993년 제정된 사팽 법Loi Sapin으로 그로스의 사업은 타격을 받게 되었다. 사팽 법에 따라 미디어 요율이 고정되고 광고주와 미디어 간 거래에서 미디어 에이전시가 제외되었다. 그로스는 이를 다음과 같이 비유했다. '시장에서 가서 채소를 도매로 구입한 다음 손님들에게 이 야채를 팔고 손님들에게 절약해준 돈의 일부를 우리가 가지는 그런 과정이 아니라, 손님 몸에 당근이 좋은지 커리플라워가 좋은지를 말해주는 것으로 우리의 업무가 바뀌었어요. 우리는 상인이 아닌 컨설턴트가 되었죠.' (아직도 프랑스에는 이 법이 존재한다. 그러나 다른 나라에서는 독립 미디어 전문 회사가 중개자와 컨설턴트 양자의 역할을 하는 데 제한을 두지 않는다.)

비록 그로스가 사팽 법 때문에 많은 것을 잃기는 했지만, 캐럿은 결국 새로운 컨설턴트 회사로 번창했다. 캐럿은 고객에게 양적이 아닌 질적인 이득을 주게 되었다. 또 고객들은 광고 배치의 적절한 시기와 매체를 선택함으로써 광고가 가진 최대 효과를 끌어낼 수 있게 되었다. 그리고 당연히 캐럿의 수수료는 공명정대했다.

1990년 영국 커뮤니케이션 그룹인 이지스Aegis가 캐럿의 지분을 사들였고 사팽 법 도입 이후에 이 회사를 완전히 인수했다. 이에 따라 캐럿의 본사는 런던으로 옮겨갔다. 캐럿은 광고사와 완전히 별개이기 때문에 세계에서 가장 큰 독립 미디어 컨설팅사라고 볼 수 있다. 다른 미디어 전문 회사들 중에서도 상당히 많은 수가 종합 광고 회사에서 분리된 바 있다. 이러한 현상은 실무적인 원인 때문이기도 하지만, 대부분은 재정적인 요인에 기인한다고 할 수 있다.

## 물물교환에서 정상으로

누군가 크리스 잉그램Chris Ingram을 본다면 감정을 좀처럼 드러내지 않는 그의 성격 때문에 혹시 그가 CIA 요원이 아닐까 생각할 수도 있다. 크리에이티브 디렉터에 어울릴 만한 현란한 스포츠웨어도, 제멋대로인 머리 스타일도 그에게는 없다. 신중한 이미지의 네이비 블루 슈트, 목이 잠기지 않은 셔츠 그리고 안경은 그를 가까이 하기 쉬운 사람으로도, 또 빈틈없이 냉철한 사람으로도 보이게 한다. 그가 1976년 설립한 크리스 잉그램 어소시에이츠Chris Ingram Associates(이 회사의 약자도 CIA다!)는 영국 미디어 구매 분야를 변모시키는데 일조한 기업이다. 바로 얼마 전까지 그는 세계 최초로 광고 회사가 소유한 미디어 전문 회사의 수장이었다.

또한 잉그램은 미디어 분리의 전말을 알아 볼 수 있는 귀중한 정보를 지닌 사람이다. 그는 자신이 등장하기 이전에도 미국에서는 일찌감치 소규모 독립 미디어 회사들이 나타나기 시작했다고 지적했다.

'미국의 독립적인 미디어 구매는 본질적으로 물물 교환제에서 생겨난 것입니다. 예를 들어 당신이 소규모 TV 방송국에 스튜디오 장비를 제공한다고 가정해볼 게요. 이 방송국이 장비 빌리는 값을 현금으로 주는 것이 아니라 TV 스팟으로 준다면, 당신은 당연히 이 TV 스팟을 다른 사람들에게 팔려고 하겠죠? 하지만 이러한 스튜디오 장비 제공업자들이 미디어 기획에 대해 아는 게 뭐가 있었겠어요? 사실 관심도 전혀 없었을 것이고요. 그렇지만 결국 이러한 스튜디오 장비 제조업자들이 독립 미디어 구매 사업의 기원이 되었죠.'

이러한 물물 교환에서 구매자로 변화한 사람 중 하나가 US 미디어 US Media 사의 설립자 노먼 킹Norman King이다. 그는 1970년 전미광고주연합Association of National Advertisers에서 광고주가 광고를 맡기고 있는 '대형 광고사'의 미디어 구매가 비효율적이라는 예언자 같은 발언을 한 바 있다. '수년 동안 여러분들의 광고 회사가 수백만 달러를 썼는데도 불구하고 어떤 누구도 그 돈에 진지하게 감시하는 사람은 없었습니다. 그래서 내가 제안하는 바는 우리에게 그 돈을 쓰게 하고 여러분들의 광고 회사더러 우리를 감시하라는 것입니다.' ('가격 하락의 그날The day the prices fell', 『인사이드 미디어Inside Media』, 1992년 1월 1일자) 이로부터 1년 후 불행히도 US 미디어는 회사 문을 닫았다.

이와 거의 비슷한 시기에 데니스 홀트Dennis Holt가 로스앤젤레스에서 웨스턴 인터내셔널 미디어Western International Media를 설립했다. 수년에 걸쳐

이 회사는 디즈니Disney와 같은 블루 칩 고객들을 유치하면서 미디어 구매 분야의 거인으로 급성장했다. 1994년 홀트는 커뮤니케이션 그룹인 인터퍼블릭Interpublic에 웨스턴 인터내셔날 미디어를 매각했고, 이에 따라 이 회사는 이니셔티브 미디어Initiative Media라는 이름으로 재탄생했다. 홀트의 웨스턴 인터내셔널 미디어는 미디어 구매 분야를 초라한 과거에서 벗어나 한걸음 발전시키는데 일조했다. 종합 광고 회사 직원이었던 월터 스탑Walter Staab, 밥 프랭크Bob Frank, 스탠리 모건Stanley Morgan이 1969년에 세운 뉴욕 에이전시 SMF도 마찬가지였다. 이 회사는 수수료의 완전 공시, 미디어 기획 서비스 등을 통해 현대적 미디어 운영의 전형으로 자리 잡았다. 이 회사는 1998년 아바스Havas에 인수됐다.

영국의 미디어 개척자는 잉그램만이 아니었다. 1969년 미디어 바잉 서비스Media Buying Services라는 캐나다계 회사가 런던에 지사를 열었다. 이로부터 6년 뒤 미국 광고 회사 벤튼 & 보울즈Benton & Bowles 런던 지사가 머큐리 미디어Mercury Media라는 독립 회사를 설립했다. 그리고 WCRS, 로우 하워드-스핑크Lowe Howard-Spink, 바틀 보글 헤가티Bartle Bogle Hegarty와 같이 규모가 너무 작아 사내에 미디어 부서를 둘 수 없었던 새로운 크리에이티브 핫 숍들이 1978년에 설립된 존 아일링 & 어소시에이츠John Ayling & Associates라는 독립 회사와 거래하게 되었다. 그리고 얼마 뒤 영국 공정거래청Office of Fair Trade이 15%의 수수료율을 폐지하면서 그동안 제한적이었던 시장 전체가 완전히 개방되었다('독립 미디어 30년Thirty years of independent media', 『캠페인』, 2006년 7월 21일자).

다시 크리스 잉그램이 27세가 되던 1972년으로 돌아가자. 그 당시 KMP 그룹에 속한 7개 광고 회사의 미디어 부문을 통합하는 책임이 잉그램에게 맡겨졌다. 그는 50명이 넘는 미디어 독립 부문, 더 미디어 디파트먼트The Media Department를 운영하게 되었다. '이것이 바로 광고사 소유 미디어 전문 회사의 탄생'이었다. 1973년 불황이 닥치면서 미디어 기능이 본사로 다시 합쳐질 것을 우려한 잉그램은 회사를 떠나 자신의 미디어 기획 및 구매 숍, CIA를 설립한다. 아이러니컬하게도 더 미디어 디파트먼트는 훗날 캐럿에 인수되었다.

전문성과 서비스 범위라는 측면에서 CIA는 이 분야 선구자였다. CIA는 1998년 주식시장에 상장됐고 템퍼스 그룹Tempus Group에 인수되었다가 2001년, 마침내 기나긴 인수전 끝에 4억 3천5백만 파운드에 WPP로 다시 인수되었다.

또 다른 획기적인 사건으로는 독립 미디어 운영업체인 레이 모건 & 파트너스Ray Morgan & Partners의 설립을 들 수 있다. 1985년 벤튼 & 보울즈 산하의 머큐리 미디어Mercury Media사 수장이었던 레이 모건Ray Morgan은 벤튼 & 보울즈에서 끌고 나온 직원과 고객을 기반으로 레이 모건 & 파트너스를 설립했다. 3년 뒤, 광고 컬렉션의 증가에 따라 미디어 부문을 관리할 필요성을 느낀 사치 형제가 레이 모건 & 파트너스를 인수했고, 이 회사는 정상이라는 뜻의 제니스Zenith로 이름을 바꾸었다. 사실 1990년대에는 광고 회사의 미디어 회사 이름 바꾸기가 유행처럼 번져나갔다. 미디어컴MediaCom, 마인드쉐어MindShare, 스타컴Starcom 등 어리둥절할 정도로 이름을 바꾼 회사들이 많았다.

미디어 독립사들의 탄생은 부분적으로는 다음 장에서 다룰 광고 산업의 통합, 즉 단일 광고 회사들이 대형 커뮤니케이션 그룹으로 통합되는 현상에서 비롯되었다. 독립 미디어 전문사는 그룹에 소속된 모든 광고 회사를 위해 미디어 구매를 진행할 수 있기 때문에 미디어사에 강력한 협상력을 발휘한다. 동시에 자사 그룹 광고사에서 크리에이티브 작업을 하지 않은 고객이라 하더라도 이들을 대상으로 사업을 전개할 수도 있다. 이외에도 추가적인 수수료를 받고 미디어 관련 전 방위 컨설팅 서비스도 실시한다. 결국 이들의 활약은 모기업의 매출 증가라는 결과로 이어지고 있다.

## 시계를 늦추다

크리에이티브 전문 회사 입장에서는 자신들에 대해 왈가왈부하는 것이 마음 편치 않겠지만, 미디어 기획 기능을 따로 가도록 한 것이 잘못이었다는 의견들이 대두되고 있다. 이러한 의견들을 뒷받침하는 첫 번째 증거로는 2000년에 설립된 네이키드Naked를 들 수 있다. 광고업 업무가 분야별로 분산되다 보니 고객의 입장에서는 각 분야를 전체적으로 조정하는 일이 점차 어려워지고 있다. 이러한 환경에 대처해 네이키드는 고객이 분야간 조정을 원활히 할 수 있도록 지원한다(20장을 참조). 이처럼 최근 수많은 광고 회사들이 미디어 기능과 크리에이티브 기능을 밀접히 연관시키는 방안들을 강구하고 있다. BBH는 이러한 새로운 영역을 '참여 기획 engagement planning', TBWA는 이를 '연결 기획 connection planning'이라 부른다.

그렇다고 해서 종합 광고 서비스로 회귀하는 것이 좋겠다고 업계 내에서 합의가 이루어진 것도 아니다. 종합 광고 서비스가 지배했던 시대 동안 기업의 실적을 올리는 데 텔레비전 광고가 최선이라는 생각을 고객들에게 강요해 왔다고 미디어 전문가들은 주장한다. 텔레비전 광고가 광고상을 탈 기회나 상금이 많다는 점도 그 증거라는 것이다. 가끔 미디어 플래너들이 지나치다 싶을 정도로 주장하는 '미디어 중립성 media neutrality'이란 철학도 사실 알고 보면 저렴하면서도 목표 대상이 되는 미디어 블록이 고객의 필요에 더 적합하다면 고객이 돈을 내서 사야 할 것이 바로 이런 것이라는 점을 의미하는 것이다.

레오 버넷Leo Burnett의 독립 미디어사인 스타컴Starcom을 설립한 잭 클루즈Jack Klues는 미디어 부문의 분리가 사실은 고객의 필요에 따른 것이라고 강력히 주장한다. '고객은 변화를 강요합니다. 우리는 고객들과 보조를 맞추기 위해 혹은 그들이 무엇을 원하는지 이해하고 그들보다 한발 앞서 있기 위해 노력하고 있죠. 하지만 광고 환경은 결국 고객들에 의해 결정되는 것입니다. 누군가 크리스 잉그램이나 나 같은 사람들이 자존심을 세우기 위해 미디어 사업이 생겨난 것이라고 말한다면 정말 실망스러울 것 같아요. 우리가 우리 일에 최선을 다했던 것이 결국 이렇게 되었지만, 그래도 우리는 어떤 누구의 희생을 대가로 하지는 않았습니다. 크리에이티브 전문 회사에 있는 내 친구 몇몇이 농담 삼아 "너희들이 우리 세계를 접수하려고 하잖아!"라고 말하기도 합니다. 나는 대답하죠. "글쎄, 그런 일이 일어날지도 모르겠지만, 어쨌든 내 관심사는 아닌데"라고요.'

직설적인 화법으로 유명한 사치 & 사치Saatchi & Saatchi의 회장 케빈 로버츠Kevin Roberts는 옛날로 돌아가려는 생각이 조금도 없다고 말한다. '이게 초미의 관심사긴 하지만, 정말 잘못된 질문입니다. 이제 예전의 낡은 미디어 개념은 더 이상 통하지 않아요. 내 생각입니다만, 미디어라는 것은 더 이상 존재하지 않아요. 다시 말해서, 우리가 가진 것은 오로지 소비자와 커넥션뿐입니다. 사실 고객들이 필요로 하는 것도 각 분야의 전문가 그룹이 참가하는 회의입니다. 설사 이들이 브리핑조차 하지 않고 앉아만 있어도 말입니다. 사실 고객 자신이 무엇을 원하는지 스스로 알지 못하면 전문가들의 브리핑도 소용이 없어요. 그러니까 소비자들의 요구가 무엇인지 아는 사람들을 내게 달란 말입니다. 이런 전문가들이 모두 같은 회사 사람이어야 합니까? 물론 그렇지 않거든요.'

어떤 경우에도 과거로 돌아가는 일은 없다. 과거로의 복귀가 무의미하다는 것이 아니라 오늘날 복합 마케팅 거대 기업을 과거 단일 세포 형태의 광고 회사와 비교하는 것이 불가능하다는 점, 바로 그것 때문이다.

# 11 통합 기업

옴니컴 : 빅뱅*WPP : 세계를 묶어내다*인터퍼블릭 : 사다리를 옆으로 놓다*퓌블리시스 : 나침반을 재조정하다*아바스 : 정보시대의 소년

광고업계 종사자 대부분은
대형 커뮤니케이션 그룹 5개사 소속이다
**Almost every one is advertising
works for one of five different
companies**

## 옴니컴 : 빅뱅

메가급 합병을 조율한다는 건 보통 스트레스를 받는 일이 아니다. 키스 레이너드Keith Reinhard는 저녁마다 사무실 창가에 서서 매디슨 가Madison Avenue에 있는 성 패트릭 대성당St. Patrick's Cathedral을 바라보며 스스로 되묻곤 했다. '도대체 내가 왜 이걸 하고 있는가?' 레이너드는 새로운 지주 회사 옴니컴Omnicom 하에서의 DDB와 BBDO 합병 조율 지원을 막 끝낸 참이었다. 그는 이와 동시에 자신의 광고 회사 니드햄 하퍼Needham Harper와 DDB의 합병도 진행했다. 매디슨 가의 절반을 차지하고 있는 광고 회사와 시카고에서 꽤 큰 광고 회사가 한 지붕으로 모이게 되었다. 레이너드의 사무실에는 다소 무거운 기운이 감돌고 있었다.

키스 레이너드는 자신이 도일 데인 번버크Doyle Dane Bernbach, DDB를 운영하게 되었다는 사실이 도대체 실감나지 않았다. 도일 데인 번버크는 인디애나 주 베른에서 고등학교를 졸업하고 광고계에 첫발을 들여놓기 전부터 그가 존경해온 광고 회사였다. '아주 일찍부터 빌 번버크Bill Burnbach와 그의 혁명군에 푹 빠져 있었어요. 내가 특별히 광고 교육을 받은 것도 아니고 경험도 없었고, 또 내게 어떤 재주가 있다고 생각도 못했었는데도 말이죠. 당시에 『라이프』라고 매주 발행되는 잡지가 있었어요. 그 잡지 나오는 날을 얼마나 기다렸는지……. 거기에 매번 폴크스바겐Volkswagen

광고가 실렸거든요. 그 광고를 오려서 방 벽을 도배하다시피 했죠.'

원래 레이너드는 아트 디렉터가 되고 싶었다. 오랜 시간 '아트 스튜디오 주변을 배회했고 광고 회사 문을 두드려보기도 했'지만 그가 원하던 광고 회사에는 쉽게 들어가지 못했다. 그러던 어느 날 드디어 니드햄 루이스 & 브로비Needham Louis & Brorby라는 시카고의 광고 회사에서 면접 기회를 얻었다. '그 사람들이 내 아트 북을 보고 "카피라이터는 어때요?"라고 하더라고요.' 그가 웃으며 말했다. '그래서 내가 그랬지요. "아, 그거 좋겠는데요." 내 아트 북에 썼던 몇 개의 스크립트가 그들 마음에 들었나 봐요. 이렇게 해서 나이 스물아홉 살에 그 회사에서 가장 나이가 많은 신입 카피라이터가 됐습니다.'

이 광고 회사는 장기간에 걸쳐 니드햄 하퍼 월드와이드Needham Harper Worldwide로 발전해나갔다. (니드햄 루이스 & 브로비는 1965년에 뉴욕의 한 광고 회사인 도허티 클리포드 스티어스 & 셴필드Doherty Clifford Steers & Shenfield를 합병해 니드햄 하퍼 & 스티어즈Needham, Harper & Steers로 바뀌면서 사장으로 폴 하퍼Paul Harper가 취임했다. 이 회사는 1984년에 니드햄 하퍼 월드와이드로 이름이 바뀌었다.) 레이너드의 경력도 쌓여갔고 크리에이티브 팀에서 한 계단 한 계단 승진을 해 마침내 이 회사의 회장 겸 CEO 자리에 올랐다. 이 정도면 중서부 광고업계에서 '촬영용 대지나 나르던 사환'으로 출발한 그에게 나쁘지 않은 경력이었다. 또한 그는 합병사 경영을 위해 시카고에서 지금의 본사가 있는 뉴욕으로 자리를 옮겼다.

레이너드가 니드햄 하퍼에서 일했다고 해서 번버크를 존경하는 마음을 잃은 것은 절대 아니다. 그의 존경심이 있었기 때문에 니드햄 하퍼와 빌 번버크 간의 연결이 이루어질 수 있었던 것이다. 번버크는 폴 하퍼(훗날 레이너드가 폴 하퍼의 뒤를 이어 회장이 되었다)를 몇 차례 회의에서 만났다. '경력상 하퍼가 번버크보다 한참 뒤지기는 했지만, 두 사람은 서로를 존경했습니다. 두 회사의 합병이 가능한지 의논하기 위해 하퍼와 빌이 만난 건 1978년이었죠. 그때 그들은 이미 글로벌 광고 산업의 출현을 예견해 최소 서류상으로라도 합병하는 것이 좋겠다고 합의했습니다. 왜냐하면 서로의 영향권에 있는 해외 지역이 달랐기 때문이죠. 물론 시카고에서는 DDB보다 니드햄이 강했죠.'

게다가 그들은 크리에이티브에 전념해야 한다는 가치관도 비슷했다. 하지만 두 회사 회장도 절대 합의할 수 없는 조건이 있었다. 바로 합병되는 회사에 어떤 회사의 이름을 걸 것인가 하는 점이었다. 레이너드는 이 문제와 관련해 두 회장의 자존심이 부딪혔을 것이라 생각하고 있다. 결국 이 두 회사의 합병은 무산되었고, 빌 번버크가 사망한 1982년까지 합병 논의는 다시 이루어지지 않았다.

같은 해 레이너드는 니드햄 하퍼의 사장으로 취임했다. '전 직원을 모아놓고 이렇게 말했습니다. "자 이제 무엇인가를 해야 할 때입니다. 우리는 세계 16위 광고 회사예요. 앞으로 광고업계는 두 층으로 나뉠 겁니다. 아래층에서는 부티크 광고 회사들이 살아남을 것이고 위층에서는 아마도 6-7개 거대 광고 회사만이 남을 것입니다. 중간층은 없어질 거예요. 불행히도 지금 우리 회사는 중간층에 있습니다. 방법을 찾아내야만 합니다."'

사실 니드햄 하퍼가 자력으로 상층에 오를 수 있는 방법은 없었다. 이 간극을 메우려면 매년 40%의 성장이 필요했기 때문이다. 다른 가능성이 모색되었지만 레이너드는 DDB가 해결책이라는 확신을 버릴 수가 없었다. 당시 DDB는 과거의 영광을 뒤로 하고 업계 13위로 니드햄 하퍼와 비슷한 위치에 있었다.

'개인적인 일로만 몇 차례 정도 빌을 만났고 그와 통화를 한 것도 몇 번 되지 않았던 것 같아요. 하지만 나는 우리 두 회사가 같이 할 수 있을 것이라고 항상 생각하고 있었죠. 빌이 해외 시장에 대해 난감해한다는 보고도 있었고, 회사일이라면 아주 사소한 것까지 관여하고 싶어한다는 보고도 있었죠. 인성이나 커뮤니케이션에 관한 그의 통찰력을 취해서 이전에 그가 비즈니스를 창조했던 세계와는 다른 지금의 세계에 적용해보자는 것이 내 생각이었습니다. 다시 말해, 그가 가졌던 창조성의 원칙을 새로운 미디어와 글로벌 시장에 적용해보자는 열정이 내게 있었던 겁니다.'

레이너드는 번버크 후임 회장에게 합병건 검토를 요청했지만 별 성과를 보지 못했다. 이 문제를 질질 끌어오던 레이너드는 1985년 가을 BBDO의 회장이자 CEO인 앨런 로젠샤인Allen Rosenshine을 만나 니드햄 하퍼와 BBDO의 합병을 신중히 논의하기 시작했다. 레이너드와 로젠샤인은 스탠호프 호텔Stanhope Hotel에서 만나곤 했는데, 그 이유는 '광고업계 사람들이 이 호텔에는 절대로 가지 않기 때문'이었다고 한다. 처음엔 업계 현황에 대한 의견을 주고받다 결국 이야기는 합병으로 이어졌다. 레이너드는 '나는 앨런에게 내가 진짜 애착을 가지고 있는 곳은 도일 데인 번버크라고 인정하고 말았습니다. 그러자 그가 "잠깐만요, 우리가 DDB와 이야기를 진행하고 있거든요" 하더라고요. 갑자기 모든 것이 진지해지는 순간이었습니다. 우리는 생각했지요. "좋아, 3사 합병처럼 이렇게 대단한 생각이 변호사나 다른 회사 때문에 방해받아서는 안 되지"라고 말이에요.'

레이너드와 로젠샤인은 번버크의 아들 존 번버크 그리고 DDB의 회장이자 CEO인 배리 러프레인Barry Loughrane과 비밀리에 회동했다. '스탠호프Stanhope'라는 코드명을 사용해 그들은 금융부 기자들이 합병의 낌새를 알아채지 못하도록 매일 호텔방을 바꿔가며 회의를 진행했다. 이 3개사 중 2개사는 당시 주식시장에 상장되어 있었기 때문에 이 소식이 새어나가면 주가에 영향을 미칠 수 있기 때문이었다. 1986년 4월 25일 금요일 그들은 마침내 서명을 했고, 그 다음 주 월요일 합병이 발표되었다.

이 합병 과정 막판에 사치 & 사치가 더 많은 돈을 제시하며 협상 테이블에 끼어들면서 최대 위기를 맞았다. 그러나 DDB 이사회는 허세가 심한 이 영국 형제들에게 경계의 눈초리를 보냈고 진통을 거듭한 끝에 니드햄 하퍼와 합병하는 것으로 결정을 보았다. 4월 25일 『월 스트리트 저널Wall Street Journal』이 합병 루머를 접했다는 소식이 전해지면서 한때 긴장감이 고조되기도 했으나, 그들이 기사를 쓰기에는 신뢰성이 충분치 않다고 판단했다는 소식이 다시 전해졌다. '한편에서는 3개사 관리자와 고객들에게 전화로 합병 상황을 전할 젊은이들을 월요일 아침 전에 준비시켜야만' 했다.

월요일인 4월 28일 『뉴욕 타임즈』는 '3개 합병으로 대형 광고사 탄생하다' 라는 헤드라인을 실었다. 전 세계 20위에 드는 3개 광고사가 합해짐으로써 연간 취급고 50억 달러, 직원 1만 명의 대규모 광고사가 탄생한 것이다. 당시 『뉴욕 타임즈』 기사를 읽어보자. '광고가 막대한 지위에 오르고 있다. …… 기술 진보로 인해 실제로 상품간 차이가 거의 사라지게 되면서 상품에 대한 인식 차이가 승부수로 떠올랐기 때문이다. 광고 회사를 국제적 확장으로 몰아가는 또 다른 압력 요인은 바로 고객사들이 세우고 있는 다국적 시장 목표 때문이다. 이러한 배경 때문에 몇몇 산업 분석가들은 광고업계가 곧 몇몇 거대 다국적 광고 기업과 다수의 소규모 지역 크리에이티브 전문 회사들로 나뉘게 될 것이라고 확신하고 있다.' 이것이 20년도 넘은 기사라는 점을 고려할 때 그 내용은 가히 예언적이라 할 수 있다.

그리고 이 합병을 계기로 광고 산업의 통합이 더욱 가속화되었다. 즉 단순한 광고를 넘어서 광범위한 마케팅 서비스의 보급창으로서 글로벌 커뮤니케이션 그룹이 생겨났다. 글로벌 커뮤니케이션으로의 융합이 가능해졌기 때문에 전통적인 광고와 관련이 없었던 직접 마케팅, 홍보, 판촉 등의 '비매체 광고below-the-line' [다이렉트 메일이나 판매시점(POS) 광고, 경품 등과 같이 광고 회사를 통하지 않고서 행해지는 광고나 판촉 활동을 일컬음] 서비스 제공을 목적으로 설립된 다이버시파이드 에이전시 서비스Diversified Agency Services, DAS 와 같은 회사들이 글로벌 커뮤니케이션 그룹에 속할 수 있었던 것이다.

3사의 합병으로 개인 재산이 불어나거나 한 것은 아니었다. 점점 탐욕스러워지는 시장 환경에 맞서 자신의 정체성을 지키고자 크리에이티브 에이전시 3개사가 뭉친 것이 전부였다. 합병은 주식 교환을 통해 이루어졌다. 3개사 각각은 동등한 지위에서 각 사의 가치에 따라 지주 회사로부터 새로운 주식을 교부받았다. 언론에서는 이 합병을 '빅뱅Big Bang' 이라 불렀다.

합병 규모가 워낙 컸기 때문에 고객과의 분쟁이 어쩌면 당연한 결과였는지도 모른다. 『캠페인』은 3개사를 합해 연간 2억 5천만 달러의 취급고 손실을 입었다고 밝혔다. 이 중에는 혼다Honda의 취급고 8천 5백만 달러도 포함되어 있었다. DDB가 그 유명한 폴크스바겐 광고를 맡고 있었고 BBDO는 크라이슬러 닷지의 일을 하고 있었는데, 혼다가 이를 문제 삼으면서 결국 광고 제작이 중단되었다. 다른 손실로는 RJR 나비스코RJR Nabisco, IBM, 프록터 & 갬블 등을 들 수 있다('대규모 합병 비용, 얼마나 되나?What cost the mega-mergers?' 1986년 9월 26일자).

DDB 니드햄의 새로운 수장인 레이너드에게는 해결해야 할 또 다른 문제가 놓여 있었다. 즉, 두 광고사의 문화를 어떻게 수렴할 것인가 하는 문제였다. 레이너드가 '창조적인 사람' 이고 번버크의 팬이라는 사실을 DDB 직원들도 이해하고 있었지만, 새로운 조직에 대해서는 과민해져 있는 상태였다. '상상조차 하기 힘든 "우리 아니면 그들"이라는 태도나 "우리는 그런 방식으로 일을 하지 않습니다"라는 이야기가 수도 없이 나왔습니다. 뉴욕에서는 이게 충분히 나쁜 정도에 그쳤지만 우리가 문화적 통합 작업이 원활히 진행할 수 없었던 해외에서는 사실상의 내란이 일어났지요. 양쪽 회사 책임자들이 각각 지역 언론과 만나 "네, 합병이 단행된 건 사실입니다. 제가 그 담당입니다"라고 했어요.'

한편, 언론은 압도적으로 비판적 자세를 취했다. '오로지 『애드 에이지』만 우리에 관해 긍정적이었죠. 우리의 용기를 칭찬했어요. 고객사에서 어떻게 나오든 우리가 옳다고 생각하는 것을 실천했기 때문이었습니다. 하지만 다른 모든 사람들은 우리를 너무나 부정적으로 보았어요.'

일부 기자들은 합병 3개사가 이전에 지지부진한 상태에 있었다는 점을 지적하면서 과연 옴니컴 사의 합병이 실제로 해결한 것이 무엇인지 의문을 표하기도 했다. 매디슨 가의 한 논평자는 옴니컴Omnicom의 철자를 따 '우리의 합병을 참작하면 회사가 진보하지 않을 수도 있다(Operations May Not Improve Considering Our Merger)'고 비웃기도 했다.

DDB 인수에 실패했던 사치 & 사치가 5억 7백만 달러에 테드 베이츠Ted Bates를 인수해 75억 달러 규모의 거대 기업으로 부상하면서 업계에서 합병 분위기가 과열되었다. 사치 & 사치는 테드 베이츠 인수로 이제 막 세계에서 가장 큰 광고 그룹으로 발돋움했던 옴니컴의 왕좌를 탈환하기에 이른다. '언론은 일련의 대규모 합병이 고객 서비스 때문이 아니라 우리의 탐욕 때문이었다고 보았다' 고 레이너드는 말했다.

이것이 바로 그가 한때는 빌 번버크가 사용했던 이 사무실 창가에 서서 언제 산더미 같은 일들을 해결할 수 있을 것인가 생각하며 밤하늘을 응시하곤 한 이유다. 그러나 장기적으로 볼 때 합병이 정답일 것이라는 그의 굳은 믿음으로 일시적인 불안 요인들이 극복될 수 있었다. '앨런[로젠샤인]과 나에게는 오직 창조성에 몰두할 수 있는 지주 회사를 만들 것이라는 확신이 있었죠. …… 하지만 업계에서는 규모가 태생적으로 크리에이티브의 적이라는 인식이 팽배해 있었습니다. 그러나 중요한 건 규모가 아니라 네트워크의 문화와 철학입니다.'

타고난 크리에이티브의 소유자였던 앨런 로젠샤인은 BBDO 회장 및 CEO 직에서 승진해 옴니컴 경영을 맡게 되었다. 그러나 1999년 그는 자신이 선호하던 BBDO로 다시 돌아왔고, 옴니컴 경영 후임자로는 브루스 크로포드 Bruce Crawford가 선정되었다. 전 BBDO 회장 크로포드는 로젠샤인이 농담반 진담반으로 BBDO 회장직을 제안했을 당시 뉴욕 메트로폴리탄 오페라 New York Metropolitan Opera의 책임을 맡고 있었다. 로젠샤인은 BBDO의 정체성 상실을 크게 우려하고 있었다. 게다가 그가 2006년 퇴임 전 『애드위크』에 간단히 설명한 바에 따르면, '옴니컴 경영은 내게 맞는 옷이 아니었습니다. 상장 기업 관리 경영, 산업 분석가들에 대한 대처, 주식 발행뿐만 아니라 그 외의 모든 것에서 내 경험이 일천했지요.'

사실 로젠샤인의 각성은 옴니컴의 미래에 결정적인 역할을 한 것으로 입증되었다. 크로포드 경영체제 하에서 옴니컴은 크게 번창했다. 크로포드가 시도한 첫 사업은 DAS를 날렵한 마케팅 사업 컬렉션으로 만들어 나가는 것이었다. 크로포드를 도와 이 사업을 진행한 존 렌 John Wren이 1996년 최고 경영자 자리에 올랐다. 현재 DAS는 옴니컴 계열사 중 가장 매출이 많은 것으로 나타나고 있다.

이 글을 쓰고 있는 현재 옴니컴은 1백 개국에서 5천여 고객에 서비스를 제공하고 있으며 연간 이익이 약 8억 달러에 달하는 것으로 나타나고 있다('옴니컴 20년사 Omnicom at 20', 『캠페인』, 2006년 2월 24일자). 옴니컴의 자회사로는 BBDO와 DDB뿐만 아니라 TBWA, 미디어 전문사인 OMD, PHID도 포함돼 있다. 그룹의 규모가 이렇게 방대함에도 불구하고 레이너드와 로젠샤인이 갈망했던 '크리에이티브'의 정체성이 용케 유지되고 있다는 점은 매우 놀랍다. 이러한 크리에이티브의 정체성을 유지하기까지는 옴니컴의 무간섭주의 경영 정책 hands off management policy이 큰 힘을 발휘했고, 또 이 정책을 바탕으로 AMV.BBDO, TBWA, 굿비 실버스타인 & 파트너스Goodby Silverstein & Partners 등 자신들만이 가진 크리에이티브를 실행에 옮기는 그룹사들이 생겨난 것이다.

옴니컴은 세계에서 가장 큰 마케팅 커뮤니케이션 그룹이다. 그러나 다른 기업들 역시 옴니컴의 왕좌를 찬탈하기 위해 주변을 배회하고 있다는 사실을 잊으면 안 된다.

## WPP : 세계를 묶어내다

'마흔 살, 위험한 나이예요'라고 마틴 소렐 경Sir Martin Sorrell은 말한다. '남자 중역이 마흔 살을 넘어가면 컴퓨터에 빨간 깃발을 꽂아야 합니다. 이 나이가 남자에게는 폐경기, 또는 갱년기구요. 예기치 못했던 일을 해야 하는 경우가 항상 생기더라고요.'

혜성과 같이 대형 마케팅 커뮤니케이션 그룹으로 부상한 한 회사가 있다면? 그것은 소렐의 회사다. 넘치는 활력, 적극적 태도 때문에 언론에게 '공격적'이란 오해를 받기도 하는 그는 어두컴컴한 지하 사무실에서 시작해 제국을 건설한 사람이다. 그리고 그가 위험하다고 한 남자 마흔 살 폐경기는 오히려 그에게 생기를 더하는 계기가 되었다. '내 사업에 뛰어들면서 이게 마지막 기회가 아닐까 그런 생각을 했어요'라고 그가 말했다. '30대 중반이 가장 적정한 시기인 것 같아요. 서른 살은 경험이 너무 없고 마흔 살은 내가 그동안 이루어놓은 것을 돌아보고 앞으로 무엇을 할 것인지 결정하는 시기니까요.'

마지막 기회라 생각하며 세운 회사는 20년 뒤 다수의 비매체 광고 회사뿐만 아니라 광고사에서 중요한 위치를 점하는 네 개의 회사, J. 월터 톰슨, 오길비 & 매더, 영 & 루비컴, 그리고 그레이 사를 보유한 그룹으로 발돋움했다. 소렐은 자회사간 연계가 없기 때문에 누군가 그들을 '재벌'

이라 부르는 것이 정말 싫다고 했다. 하지만 WPP는 고객들에게 자회사 어디에나 혹은 모든 자회사에 접근할 수 있도록 하고 있다. 이러한 점 때문에 『포춘』지는 WPP를 '마케팅 머신'이라고 표현한 바 있다.

소렐의 성공 스토리는 결단력, 재능, 운을 갖춰야 하는 기업가들에게는 성서와 같다. 통신산업에 기여한 공로로 2000년 기사 작위를 수여받은 마틴 소렐은 평범한 중산층 유태인 가정에서 자라났다. 그의 할아버지는 나치의 억압을 피해 동유럽에서 망명했다. 아버지 잭 Jack은 전자 소매 무역에서 성공한 기업가였다. 소렐의 아버지가 돌아가신 지도 벌써 몇 년이 흘렀지만 아버지는 아직도 WPP 최고 경영자인 마틴의 영원한 영웅으로 남아있다. '무엇보다도 아버지는 인내의 가치를 가르쳐주셨어요. 아버지는 인생에서 성공의 열쇠는 하나의 생각, 하나의 회사를 찾아내고 거기에 집중하는 것이라고 말씀하셨죠. 포트폴리오와 같은 아이디어는 말도 안 된다고요.'

그의 아버지는 열세 살에 학교를 그만 두었지만, 소렐은 최상의 교육으로 무장했다. 헤이버대셔즈 애스크스 보이즈 스쿨 Haberdashers' Aske's Boy's School을 졸업한 후 캠브리지 대학의 크라이스트 칼리지 Christ's College, Cambridge에서 경제학을 전공했다. 이후에는 하버드 대학의 비즈니스 스쿨에서 수학했다. 그가 사회 초년생으로 시작한 직장은 글렌다이닝 어소시에이츠 Glenndinning Associates(현재 WPP가 지분의 절반을 소유하고 있는 마케팅 컨설팅 회사다)와 스포츠 마케팅 회사인 마크 맥코맥 Mark McCormack이었다. 그 다음으로는 투자 관리 자문사 제임스 걸리버 James Gulliver에서 일을 했는데, 이때 사치 & 사치 Saatchi & Saatchi를 담당하게 되었다. 걸리버는 사치 & 사치에 풀타임 금융 관리자의 채용을 권했고, 소렐이 이 금융 관리자 자리를 수락했다.

1970년대 런던에서 광고에 종사했던 많은 사람들과 달리 소렐은 광고의 '황금시대'였던 이 시기를 추억하지 않는다. '그런 건 옛 시절을 그리워하는 노인의 태도에 불과하다고 생각합니다'라고 그는 말했다. '오히려 지금의 광고업계가 전보다 훨씬 흥미롭죠. 1970년대는 크리에이티브 브랜드들이 글로벌 진출 기회와 막 사투를 벌이기 시작한 때였잖아요.'

1977년부터 소렐은 사치 & 사치의 글로벌 진출에 노력했고 1985년 그가 말한 '위험한 나이'가 되었다. 스스로를 위해 무엇인가를 해보고 싶다는 생각이 들었고 그때가 아니면 영원히 기회가 없을 것 같았다. 주식 중개인인 프레스톤 라블Preston Rabl과 함께 자금을 대출받아 시장바구니 제조업체인 와이어 & 플라스틱 프로덕츠Wire & Plastic Products, WPP 사를 인수했다. 와이어 & 플라스틱 프로덕츠는 장차 비매체 광고사들을 모아놓을 그릇이 될 터였다. 소렐은 그동안 마케팅에서 비광고 요소들이 너무 낮게 평가되었다고 생각했다. 신중하게 결정된 일련의 인수가 이어진 후 소렐의 관심은 J. 월터 톰슨으로 기울었다. 그는 이것이 기회주의적인 움직임이었다고 인정하고 있다. '그 당시 누군가가 J. 월터 톰슨은 다른 대부분의 회사에서는 문제도 되지 않는 그런 부분에서조차 문제점을 가지고 있는, 문제투성이 회사라고 썼습니다.'

이 전설적인 미국 광고 브랜드를 인수하기 위한 작전은 런던에 있는 소렐과 라블의 링컨즈 인 필즈Lincoln's Inn Fields 지하 사무실에서 이루어졌다. 과연 이런 장소에서 이런 인수가 이루어질 것이라 생각이나 할 수 있는가. '거기가 그래 뵈도 현대적이고, 꽤 최신식이었죠. 과장이 아니라니까요. 물론 지하실이 도로보다 낮아서 비오는 날에는 빗물이 흘러들기 일쑤였지만요. JWT 입찰 와중에도 기둥 사이 벽이 계속 젖어서 미장공을 불러다 수리를 했다니까요.'

소렐은 J. 월터 톰슨에 대한 검토를 통해 이 회사의 잠재성이 무엇인지 알아냈다. J. 월터 톰슨은 여전히 굉장한 브랜드 네임이었다. 아시아의 문을 두드려 WPP를 진정으로 글로벌화 시킬 수 있을 것이었다. 게다가 이 회사는 런던과 뉴욕에서 크리에이티브쪽으로 강력한 영향력을 가지고 있었다. 하지만 수익률 하락, 주요 고객인 버거킹Burger King의 거래 재검토 입장 표명 등으로 어려움을 겪고 있었다. 처음에 WPP는 이 회사의 주식 5%를 사들였다. 주식 매입이 단계적으로 확대되면서 결국 광고업계 최초의 적대적 인수전이 시작되었다. JWT의 주식을 사들이기 시작한 지 13일만인 1987년 6월 소렐은 마침내 5억 6천6백만 달러에 JWT를 인수할 수 있었다.

그런데 이 인수에는 예기치 않았던 호재가 있었다. J. 월터 톰슨의 대차대조표상 절반쯤 묻혀 있던 자유보유재산freehold property이 바로 그것이다. 소렐은 이 회사의 버클리 스퀘어Berleley Square 본사 건물이 자유보유재산권에 해당될 것이라 추정했으나 뜻밖에도 도쿄에 있는 건물 하나가 자유보유재산권에 해당하는 것으로 드러났다. 소렐은 이 건물을 2억 달러에 매각하고 세후 1억 달러를 남겼다.

JWT 인수로 경험을 쌓은 소렐은 2년 후 다음 광고사, 오길비 & 매더에 주목한다. 앞서 말했던 대로 데이비드 오길비David Ogilvy는 WPP로 인수될 가능성에 전혀 기뻐하지 않았고, 심지어는 소렐을 '광고 한번 써보지 않은', '기분 나쁜 하찮은 놈'으로 폄하했다. 그때까지 그들은 단 한 번도 만난 적이 없었다. WPP가 오길비 & 매더를 아예 없애지 않을까 하는 우려로 데이비드 오길비의 마음이 상할 수도 있겠다고 생각하던 소렐에게 이 광고계 베테랑의 반응은 어느 정도 예상된 바였다. 데이비드 오길비에게 새로운 합병사의 비상임 회장직 제안을 생각해오던 소렐은 오길비의 모든 저서를 읽고 그의 광고 작품 전부를 검토해 인용함으로써 결국 오길비의 승복을 받아냈다. 오길비는 소렐을 맹렬히 비난했던 점을 사과했고 이를 계기로 이 둘의 관계는 쭉 균형을 유지했다.

그러나 WPP는 전리품을 너무 많이 실은 갤리온 선[15-16세기 스페인에서 군함이나 상선으로 사용했던 3-4층 갑판의 대형 범선]처럼 갑자기 기울어졌다. 소렐은 오길비 & 매더 합병 비용에 8억 6천만 달러를 썼고, 인수자금의 조달방법으로는 보통주의 교환 보다는 은행 차입과 우선주 발행을 이용했다. 이 합병의 결과 오길비 & 매더는 일부 고위 관리직과 주요 고객을 잃었다. 그리고 1991년 불황이 닥쳤다. 산업 분석가들은 투자 경고라는 의견을 내놓았고 WPP의 주가는 곤두박질 쳤다. 소렐의 회사는 거의 파산 지경에 이르렀다. 소렐이 『캠페인』에 말했던 바에 따르면, 그가 파산을 모면할 수 있었던 것은 '그에게 은행을 어떻게 이용해야 하는지와 관련된 법정 지식이 있기' 때문이었다( 'WPP 20년사 WPP at Twenty' 2005년 4월 29일자).

내가 소렐에게 사업을 해나가려면 이렇게 파산 지경에 이르렀던 경험이 필수불가결한 것이냐고 물어보자, 전화기 너머에서는 그가 두 주먹을 불끈 쥐고 있는 것처럼 느껴졌다. '아니에요, 절대로 그렇지 않습니다. 내가 꼭 그러한 방법을 통해서 오길비 & 매더를 인수하려고 했던 건 아닙니다. 그건 단지 실수였어요. 만약 내가 절반은 부채로, 절반은 주식으로 인수했다면, 회사가 파산 지경까지 이르지는 않았을 겁니다. 우리 회사 주가가 한번에 30 포인트나 빠졌지요. 정말 힘든 시간이었죠.'

그러나 오길비 & 매더가 그랬던 것처럼 WPP도 1994년 IBM과의 거래 관계가 한층 두터워지면서 어려운 고비를 넘겼다. 이후 WPP는 착실하게 성장해나갔고, 한동안 드라마틱한 인수전도 벌어지지 않았다. 대신 소렐은 마케팅 서비스를 밀착시킬 원칙을 세우는 데 집중했다. '고객들은 문제의 해결을 원하죠'라고 소렐은 말했다. 자신도 모르는 사이 그도 사치 & 사치의 케빈 로버츠 회장이 한 말을 되풀이했다. '그리고 고객들은 그들이 가지고 있는 문제에 대해 가능한 한 여러 가지 해결책을 생각해보고 싶어 합니다. 결론적으로 말해 고객들은 광고 회사 브랜드에 크

게 개의치 않는다는 거죠.'

소렐은 1997년 JWT와 O&M 양사의 미디어 부문을 합해 그 당시로는 유일한 회사였던 마인드셰어MindShare를 설립해 그의 해결책 제시 능력을 유감없이 드러냈다. 2000년 그는 더 큰 물고기 잡을 준비를 마쳤다. 그리고는 영 & 루비컴을 47억 달러에 인수하고, 곧 템퍼스 그룹The Tempus Group(전 CIA)를 4억 파운드에 사들였다. 인수 협상 막바지인 2001년 9.11 사태가 발생하며 시장이 요동치자 소렐은 인수 건에서 손을 떼려고 했었다. 그러나 이미 건실한 대형 합병 미디어 구매 기업, 즉 마인드셰어를 만들어놓았기 때문에 위기는 곧 기회가 되었다. 가장 최근인 2005년에는 17억 5천만 달러에 그레이 글로벌 그룹Grey Global Group을 인수했다.

규모가 규모를 부르는 걸까? 그렇게 생각할 수도 있을 것이다. 그러나 지난 몇 년 동안 WPP는 HSBC, 삼성, 보다폰Vodafone 등과 대형 거래를 성사시켜왔다. WPP는 많은 자회사들을 보유하고 있기 때문에 유니레버Unilever와 프록터 & 갬블 같은 경쟁사들의 광고를 동시에 유치할 수 있다. 게다가 WPP의 포트폴리오 다각화는 경기 순환의 대비책이 되기도 한다. 소렐이『비즈니스 투데이Business Today』에 '경기 후퇴기에는 파동 현상이라는 것이 있습니다. …… 불황에 가장 처음으로 영향을 받는 것은 광고와 미디어 관리죠. 그 다음으로는 홍보PR & PA, 브랜딩의 순입니다. …… 이렇게 각 기능이 산재되어 있기 때문에 전체적으로 통일된 이미지를 가지지 못하고 약간은 편협해지는 경향이 있는 것 같습니다.' ('광고는 지역, 지방, 세계적 사업이다Advertising is local, regional and global' 2003년 12월 21일자)라고 밝힌 바 있다.

2006년 WPP는 세계에서 두 번째로 큰 마케팅 커뮤니케이션 그룹으로 성장했다. 2006년 현재 거래금액 5백억 달러, 총수익 1백10억 달러, 전 세계 1백여 개국 직원 9만 7천명, 지사 2천개라는 실적을 나타내고 있다. WPP는 광고 이외에도 리서치, PR, 브랜딩, CI(Coporate Identity) 전문, 직접 마케팅, 의료 전문 홍보 대행 관련 회사들을 보유하고 있으며, 인터넷 전략에서부터 스폰서십까지 존재하는 모든 마케팅 요소들을 혼합하는 전략을 펴고 있다.

60번째 생일이 지났지만 소렐은 여전히 회사의 많은 부분을 챙기고 있다. 이 때문에 종종 그에게 '마이크로 매니저'라는 별칭이 붙어 다니지만, 그는 이것이 모욕이라고 생각하지는 않는다. '이게 사업적인 측면은 아니지 않습니까. 이건 개인적인 거예요' 라고 그는 말했다. '나는 정말 아무것도 물려받은 게 없어요. 내 앞에는 마르셀 블뢰스탱-블랑쉐 Marcel Bleustein-Blanchet 같은 사람이 없었어요. 나는 바닥부터 시작했습니다. 그래요, 내가 이것저것 관여하는 일이 많다는 것이 맞습니다. 생각해보세요. 일을 제대로 하려면 청부살인업자[hired gun], 신생 기업이나 경영상 어려움에 처한 기업들을 정상화시킨 뒤 인센티브나 스톡옵션을 행사하고 다른 기업으로 옮기는 전문 경영인들을 일컬음]처럼 해서 되겠습니까?

가장 깨어있는 광고업계 사정에 밝은 고객들조차도 WPP와 같은 거대한 조직을 대면할 때 그들이 중점을 둘 수 있는 무엇이 있어야 한다는 점을 소렐은 당연히 여겼다. 그래서 그는 얼굴, 즉 BI(Brand Identity)를 내세운다. 해외 시장에 대한 이야기가 오고 가는 동안 그는 알렉산더 대왕의 초상이 새겨진 동전을 인도에서 찾아냈다고 했다. '브랜딩의 최초 사례로 알렉산더 대왕을 들 수 있지요.' 소렐은 알렉산더 대왕처럼 그 자신의 제국을 통일시키는 역할을 하고 있다. 내가 마지막으로 그와 개인적 만남을 가졌을 때 유니레버 관계자가 자리를 함께했다. 그는 고객들이 개인적인 접촉을 매우 고마워한다는 점을 익히 알고 있다. 사실 많은 고객들이 광고를 '쇼 비즈니스의 확장' 정도로 여기는 점에 대해 그가 매우 안타까워하고 있기는 하지만, 소렐 역시 데이비드 오길비가 존경을 표한 바대로 업계에서 몇 안 되는 진정한 정치적 인물이다.

그가 단 한 번도 광고를 써보지 않았다고 비난했던 데이비드 오길비의 지적은 더 이상 그에게 의미가 없는 것 같다. '모든 직업에는 창조성이 있어요' 그가 말했다. '창조성이 크리에이티브 감독의 전매특허라고 생각하면 안 됩니다. 예를 들어 다이렉트 마케팅에도 풍부한 창조성이 있죠. 창조적인 금융 전문가들도 있고요. 나도 어떤 때는 광고를 제안해 볼까 하는 막연한 충동을 느낍니다. 하지만 모든 사람을 생각해서 참지요. 나는 사업가입니다. 창작 작업을 하는 사람들이 들으면 좀 불편하겠지만, 광고도 사업이거든요.'

유니레버 이벤트가 진행되는 동안에도 소렐은 블랙베리Blackberry[휴대전화와 PDA를 합친 개인통신기기. 이메일의 송수신과 첨부파일의 열람이 가능하며 효율적 입력을 위해 컴퓨터 키보드와 동일한 QWERTY 자판이 달려 있다] 단말기를 통해 바깥세상과 끊임없이 접촉하고 있었다. 그가 바깥세상과 접촉하는 능력에 감탄이 나왔다. '지금이 몇 시냐 이런 것은 중요하지 않습니다' 라고 전 비아컴Viacom CEO 멜 카머진Mel Karmazin이 『포춘』과의 인터뷰에서 말했다. '만약 마틴이 15분 내에 내게 다시 답신을 하지 않으면 그가 어디 다치지 않았나 전화를 해보곤 했죠' ('규모의 확대Bigger and bigger', 2004년 11월 29일자).

소렐이 돈을 위해서 일을 하는 것이 아니라 돈을 좋아하기 때문에 일하는 것은 분명하다. 그에게서는 특별히 업계의 거물이라는 인상을 느끼지 못한다. 일 이외에는 가족이나 크리켓 경기에 열정을 다하는 인물이 그이기도 하다. WPP 런던 본사는 메이페어Mayfair[런던 도심 서쪽에 위치한 고급 주택가]에 위치해 있는 타운하우스로 품위가 느껴지는 건물이다. 보는 사람으로 하여금 건물 자체에서 어떤 경외심을 느끼게 하는 그런 초고층 건물과는 거리가 멀다. 그 역시 사람들이 생각하는 그런 엄숙함과도 거리가 먼 사람이다. 대신 깜짝 놀랄 정도로 태평한 사람이 바로 그다. 한때 그는 '일을 즐기는 한 고된 업무도 별로 스트레스가 되지 않는다'고 한 적이 있다. 그럼에도 실수를 하지 않는 것, 바로 이것이 소렐이 매우 진지하게 생각하는 재미다. '빌 섕클리Bill Shankley 리버풀FC Liverpool Football Club 감독이 축구에 대해 느꼈던 것처럼 나도 똑같이 WPP에 대해 그렇게 느끼고 있습니다. "죽느냐 사느냐 그것이 문제가 아니다. 죽느냐 사느냐 보다 더욱 중요한 게 축구다."'

## 인터퍼블릭 : 사다리를 옆으로 놓다

맥캔-에릭슨McCann-Erickson의 전임 회장이었던 매리언 하퍼Marion Harper는 다른 광고사 회장들과는 사뭇 다른 인물이었다. 1960년대 광고업계가 인수전이라는 격동에 휩싸였을 때도 하퍼는 큰 침대, 서재, 큰 욕조가 딸린 DC-10 전용기를 타고 다녔다. 이 비행기는 마치 날아다니는 프랑스풍 대저택 같았고, 『시대의 거울을 만들었던 사람들』의 저자 스티븐 폭스에 따르면, 이 비행기에 '하퍼의 에어 포스Air Force'라는 별명이 따라다녔다고 한다.

그가 가졌던 나폴레옹식 야망이 결국 그를 망치기는 했지만, 하퍼는 업계에서 처음으로 마케팅 커뮤니케이션 기업 통합의 토대를 마련한 사람이다. 오늘날 광고업에 종사하는 대부분 사람들이 궁극적으로는 대형 커뮤니케이션 그룹 5개사 소속이라는 점에서 하퍼가 취했던 혁신을 인정할 수 있을 것 같다. 1954년 하퍼는 마스쵸크 & 프랫Marschalk & Pratt이라는 작은 광고 회사를 인수했다. 당시 하퍼가 판단하기로는 맥캔-에릭슨이 이미 효율적인 조직을 갖추고 있었기 때문에, 이 조직 틀이 깨져 혼란이 야기될 수도 있는 합병은 썩 내켜하지 않았다. 때문에 그는 마스쵸크 & 프랫을 별도의 사무실과 직원을 가진 독립 광고 회사로 만들었다.

이후 몇 년 동안 다양한 마케팅 분야에서 많은 회사들을 인수하면서도 하퍼는 같은 기조를 유지했다. 1960년 그는 지주회사인 인터퍼블릭Interpublic을 설립했다. 당시 인터퍼블릭은 4개 부문으로 나뉘어져 있었다. 국내 광고를 관리하는 맥캔-에릭슨, 제2선에서 고급 광고주를 전담하는 맥캔-마스쵸크McCann-Marschalk, 전 세계 50개 이상의 지사를 관리하는 맥캔-에릭슨 코퍼레이션 인터내셔널McCann-Erickson Corp International, 비매체 광고 컬렉션을 담당하는 커뮤니케니션스 어필리에이츠Communications Affiliates가 그것이다. 하퍼는 기업의 사다리 구조를 선택하고 '사다리의 위치를 구름다리처럼 수직에서 수평으로 바꾸'었다.

1961년 런던 소재 광고 회사인 프리처드 우드 Pritchard Wood를 인수한 후 인터퍼블릭은 세계 최대의 광고 회사라는 목표 하에 J. 월터 톰슨에 대한 조사에 들어갔다. 그러나 하퍼의 구름다리 구조는 경영상 세심한 균형을 필요로 했다. 1960년대 인터퍼블릭의 타 광고사 인수가 이어지면서 이 구름다리 구조는 위험할 정도로 흔들리기 시작했다. 인터퍼블릭의 자회사 독립 유지 정책이 모든 고객들에게 확신을 심어준 것은 아니었다. 예를 들어, 콘티넨탈 항공사Continental Airlines는 브래니프 항공사Braniff Airlines와 경쟁 관계라는 점을 들어 맥캔-에릭슨과의 거래를 끊어버렸다. 당시 브래니프 항공사는 인터퍼블릭 계열사인 잭 팅커 & 파트너스Jack Tinker & Partners에 광고를 맡기고 있었다.

에소Esso 사의 광고 '당신의 차에 호랑이와 같은 힘을 넣어 보세요 Put a tiger in your tank'와 같이 맥캔-에릭슨이 이루었던 일련의 크리에이티브 성공 사례들은 모기업의 불안정성으로 기반이 무너져갔다. 그 당시 인터퍼블릭은 24개 부문과 수취고 7억 1천1백만 달러에 이를 정도로 성장해 있었다. 그러나 하퍼는 자신의 권한을 어느 곳에도 위임하려 하지 않았고, 계열사들도 서로 거의 협력하지 않는 지경에 이르렀다. 인터퍼블릭의 부채는 1962년 1백만 달러에서 1967년 9백만 달러로 불어났다(2006년 3월 애드브랜즈-WARC^AdBrands-WARC 공동 조사 자료). 체이스 맨해튼 뱅크 Chase Manhattan Bank가 하퍼의 사퇴를 조건으로 1천만 달러를 대출해주면서 인터퍼블릭은 일단 급한 불을 끌 수 있었다. 이어 인터퍼블릭 이사회는 하퍼 회장의 사퇴를 결정했다. 몇 년 뒤 (그가 작은 광고 회사를 설립하려는 아이러니한 시도가 잠깐 있은 후) 그는 광고업계에서도 사라졌고 1989년 일흔셋으로 생을 마감했다. 그러나 죽기 전까지 그는 아마도 방관자로서 다른 광고 그룹이 자신이 처음으로 만들어놓은 구조를 채택하거나 갈고 닦는 과정을 지켜보았을 것이다.

인터퍼블릭은 하퍼 시대의 침체에서 벗어나 1980년대 다시 기업 인수에 나서면서 로우 그룹 Lowe Group과 린타스 인터내셔널 Lintas International을 흡수했다. 1990년대에는 미국 독립 광고 회사인 애미러티 & 퍼리스 Ammirati & Puris를 린타스와 합병해 새로운 회사인 애미러티 퍼리스 린타스 Ammirati Puris Lintas를 만들었다.

린타스와 애미러티 & 퍼리스, 이 두 회사는 꽤 재미난 역사를 가지고 있었다. 1929년에 설립된 린타스는 생활용품 제조업체인 유니레버 Unilever의 사내 광고 부문이었다(Lintas는 Lever International Advertising Services의 약자다). 1960년대 린타스가 유니레버 이외의 고객들을 받아들이면서 독립 광고 회사로 분리되었다가 결국 인터퍼블릭에 흡수되었다. 애미러티 & 퍼리스는 1974년 마틴 퍼리스 Martin Puris, 랠프 애미러티 Ralph Ammirati, 줄리앤 애브러틱 Julian AvRutick이 뉴욕에 세운 크리에이티브 전문 회사였다. 애미러티 & 퍼리스는 자사의 가장 유명한 고객인 BMW에 '궁극의 자동차 the ultimate driving machine'이라는 슬로건을 제작해준 바 있다. 1980년대 런던 BMP에 인수되었다가 다시 인터퍼블릭에 인수되어 린타스와 합병될 때까지 독립 기업으로 유지되었다.

현재 인터퍼블릭은 업계에서 많이 취해지고 있는 3개사 구조three agency structure를 유지하고 있다. 그러나 로우나 애미러티 퍼리스 린타스 양사 중 어느 쪽도 맥캔-에릭슨의 현실적인 대안이 될 정도는 아니었다. 이에 따라 인터퍼블릭은 다른 방법으로 로우와 APL을 통합해 로우 린타스 Lowe Lintas를 설립했다. 그리고 나서 다시 기업 사냥에 나서는데, 이번에는 DMB&B 네트워크의 지주회사인 맥마너스MacManus가 사정권에 잡혔다. 그러나 눈앞에서 이 회사를 레오 버넷에게 빼앗기고 말았다. 마지막으로 2001년 3월 FCB 월드와이드FCB Worldwide의 모기업인 트루 노스True North를 12억 달러에 인수했다.

FCB하면 광고 사상 가장 유명한 이름 두 개가 떠오른다. 바로 로드 & 토머스Lord & Thomas와 앨버트 래스커Albert Lasker다(1장 참조). 1942년 앨버스 래스커가 광고계에서 은퇴하면서 시카고 소재 광고 회사였던 로드 & 토머스를 세 명의 고위 경영진, 즉 뉴욕의 에머슨 푸트Emerson Foote, 시카고의 페어팩스 콘Fairfax Cone, 로스앤젤레스의 돈 벨딩Don Belding에게 매각했다. 이듬해 로드 & 토머스는 푸트, 콘 & 벨딩Foote, Cone & Belding이라는 이름으로 재탄생했다. 이후 수십 년 동안 이 회사는 광고계에서 정말 유명한 몇 개의 슬로건을 만들어냈다. 클레롤Clairol 염색약 광고인 '그녀는 했을까 안했을까? 오직 헤어드레서만 알고 있지Does she or doesn't she? Only her hairdresser knows for sure', 펩소던트Pepsodent 치약 광고인 '펩소던트로 닦으면 누런 치아가 어디로 갔는지 궁금하실 겁니다You'll wonder where the yellow went when you brush your teeth with Pepsodent', 항공사 WTA 광고인 '올라가, 올라가 그리고 TWA와 함께 가는 거야Up, up and away with TWA' 등이 바로 그것이다. 인터퍼블릭이 트루 노스를 인수할 당시 이미 창업자들은 이 세상을 떠났지만, FCB의 명성은 그대로 유지되고 있었다.

그러나 불행히도 인터퍼블릭이 트루 노스를 인수했을 때는 시기가 좋지 않았다. 2001년 닷컴 붕괴와 9.11 사태는 광고 시장을 불황으로 몰아갔다. 이미 비대해질 대로 비대해진 인터퍼블릭 그룹에 트루 노스를 끼어 넣기 위해서는 구조 조정이 필요했지만, 시장이 불황에 빠지면서 이마저 여의치 않았다. 게다가 1억 1천5백만 달러에 달하는 광고비를 지출하던 다임러크라이슬러가 FCB와의 광고를 막 끊었던 터였다. 엎친 데 덮친 격으로 맥캔에서 가장 중요한 고객이었던 코카콜라[1970년대 맥캔은 코카콜라 광고로 '이 세상에 노래를 가르치고 싶어요I'd like to teach the world to sing(in perfect harmony). 힐사이드 싱어즈Hillside Singers란 미국 포크그룹이 1971년 코카콜라 TV 광고를 위해 부른 곡이다. 비슷한 시기 영국 팝 그룹인 뉴 시커즈New Seekers도 이 곡을 불러 큰 인기를 모은 바 있다]가 맥캔과의 거래를 중단하고 규모가 좀 작은 광고 회사와 손을 잡았다. 인터퍼블릭이 완전히 안정을 되찾기까지는 수개월 혹은 수년이 걸릴지도 모를 일이었다. 2006년에는 다른 대기업이 인터퍼블릭을 인수할 것이라는 추측이 무성했었다.

그럼에도 불구하고 인터퍼블릭은 전 세계 1백30여 개국 종업원 4만 3천 명, 총수익 60억 달러로 세계 3위의 마케팅 커뮤니케이션 네트워크 자리에 올라선 바 있다.

## 퓌블리시스 : 나침반을 재조정하다

마르셀 블뢰스탱-블랑쉐가 모리스 레비Mausice Lévy에게 바란 것 중 하나가 바로 회사의 세계화였다. 세계화는 그가 처음 생각했던 것보다 빠른 속도로 진행되었다. 1988년 레비는 푸트, 콘 & 벨딩이 유럽과 아시아에서 사세 확장을 위해 국제 협력사를 찾고 있다는 정보를 접했다. 리바이스Levi's와 캘리포니아 레이즌California Raisons 광고 캠페인으로 1986년 『애드버타이징 에이지』가 선정한 올해의 광고사를 수상한 FCB가 레비에게는 매력적인 대상으로 부각되었다. 그는 당시 상황을 이렇게 말했다. '애당초 FCB쪽에서 먼저 접근을 해왔어요. 그들이 이렇게 말하더군요. "당신 회사를 사고 싶다"고요. 그래서 내가 그랬죠. "그리 나쁜 생각은 아니네요. 하지만 내가 당신네 회사를 사는 편이 더 좋을 것 같군요." 그러고 나니까 누가 누구를 사느니보다 아예 대등하게 합병하는 게 낫겠더라고요. 그래서 그 자리에서 같이 판을 짜기 시작했죠.'

상호 출자가 이루어지고 협력체가 구성되면서 양사의 제휴관계가 신사협정 이상으로 순조롭게 진행되었다. 이 제휴관계가 그 힘을 제대로 발휘했던 절정기에는 두 회사의 거래금액을 합친 금액이 무려 60억 달러에 이르기도 했다. '두 회사가 함께 한 몇 년 동안의 경영 실적은 매우 훌륭했습니다.' 레비가 말했다. '이 기간 동안 우리가 많은 것을 배운 것도 사실이고요.'

그러나 양사의 제휴 관계에는 형식적 측면이 없는 게 아니었기 때문에 양사의 의지에 따라 이 관계가 유지될 수도 그렇지 않을 수도 있었다. 레비와 함께 제휴를 성사시켰던 FCB의 CEO 노먼 브라운Norman Brown이 은퇴하면서 브루스 메이슨Bruce Mason이 후임 CEO로 선임되었다. 메이슨이 퓌블리시스와의 제휴에 우호적이지 않다는 이야기가 새어나오면서 두 회사 사이에 긴장감이 고조됐다. 퓌블리시스가 미국에서 작은 광고 회사를 인수하자 FCB는 프랑스 회사인 퓌블리시스가 FCB의 홈그라운드인 미국에서 경쟁을 시작했다는 이유를 들어 협정 위반을 주장했다. 법정 공방 끝에 양사의 제휴 관계는 1996년 와해됐다. FCB는 지주 회사 트루 노스의 자회사로 자신의 행보를 자유롭게 지속하다가 앞서 설명한 바대로 2001년 인터퍼블릭에 인수되었다.

반면 퓌블리시스는 1993년 프랑스 네트워크 FCA-BMZ를 인수하면서 한 단계 성장을 했다. FCA-BMZ 인수를 통해 프랑스에서의 입지가 강화되는 한편 독일, 영국, 네덜란드, 벨기에, 이탈리아 지사도 얻을 수 있었다. 그러나 트루 노스와의 협약 때문에 퓌블리시스는 미국에서 철수할 수밖에 없었다. 이는 퓌블리시스가 더 이상 글로벌 기업으로서의 이미지를 가질 수 없다는 점을 의미했다. '아기의 절반은 임신할 수 없는 여자 같았죠. 글로벌 기업도 아니고 글로벌 기업이 아닌 것도 아니었고요' 라고 레비가 털어놓았다. '만약 여러 지역에서 사업을 하고 있는 고객들을 위해 일을 하려면 우리도 여러 지역에서 활동을 해야만 하는 거 아니겠습니까.'

그동안 시간을 허비했기 때문에 퓌블리시스는 레비도 인정하듯이 '인수를 향한 광란의 질주' 를 시작했다. 그는 '그 당시 우리는 매주 새로운 국가에 진출했다' 고 회고했다. 그때 거두었던 귀중한 소득으로는 샌프란시스코에 소재한 크리에이티브 전문 회사인 핼 라이니 & 파트너스Hal Riney & Partners를 들 수 있다. 이 회사는 이미 옴니컴, WPP, 인터퍼블릭을 퇴짜 놓은 바 있었다. 그러나 레비는 창업자인 핼 P. 라이니의 크리에이티브 작업을 높이 평가하고 회사 차원에서보다는 개인적으로 이 거래에 접근함으로써 핼 라이니 & 파트너스를 인수할 수 있었다. '냉소적으로 말하자면, 이러한 사적인 관계가 샌프란시스코에서부터의 긴 여정을 큰 마찰 없이 함께 하는 데 도움을 주었죠. 그 인수 건으로 우리가 크리에이티브 업계에서 그리고 광고주들 사이에서도 상당히 많은 관심을 받게 되었어요. 그 이유는 다름 아니라 우리가 창조성을 약속할 수 있게 되었다고 생각했던 거죠.'

퓌블리시스는 곧바로 팰런 맥엘리고트Fallon McElligott을 인수했다. 그리고는 사치 & 사치가 수면으로 떠올랐다.

1980년대에 큰 상처를 입은 거인 사치 & 사치는 제너럴 밀스General Mills에 이어 밥 시러트Bob Seelert 회장과 케빈 로버츠Kevin Roberts CEO 하에서 새로운 이미지 구축에 매진하고 있었다. 사치 & 사치가 과거와 단절하기 위해서는 로버츠처럼 색깔 있는 인물이 필요했다. 로버츠는 1960년대 런던 패션 디자이너 메리 콴트Mary Quant에서 일하면서 브랜드의 힘이 무엇인지를 깊이 각인한 바 있다. 그리고 1997년 사치 측의 영입 제안을 수락하기 전까지 COO(최고 업무 책임자)로 일했던 질레트Gillette, 프록터 & 갬블 P&G, 펩시Pepsi, 뉴질랜드의 라이온 네이던 양조회사Lion Nathan Breweries에서 자신의 생각을 펼쳐왔다.

영국 북부도시에서 뉴욕, 뉴질랜드로 그리고 다시 영국으로 돌아다니면서 외국 말투가 입에 붙은 로버츠는 광고계의 최첨단 세계 시민 중 한 명이었다. 그는 영감과 논란을 동시에 불러일으키는 사람이었다. 펩시 광고를 맡고 있는 동안 열린 한 컨퍼런스에서 코카콜라 자판기를 기관총으로 난사한 퍼포먼스는 매우 유명한 일화다. 최근 그는 이성을 넘어선 충성도를 고취하는 브랜드란 의미의 '러브마크Lovemarks' 개념을 만들어 내기도 했다.

다시 2000년으로 돌아가자. 로버츠와 시러트는 대규모 자금이 투입되지 않고서는 더 이상 성장 불가능할 부채 덩어리 신용불량 기업을 맡고 있다는 점에 인정하고 있는 터였다.(당시 사치 & 사치는 베이츠Bates와 함께 사치 & 사치를 소유하고 있던 지주 회사 코디언트Cordiant에서 별개 회사로 분리된 상태였다. 코디언트와 베이츠는 훗날 WPP에 합병되어 이 그룹의 각 계열사로 분리 흡수된다.) 사치는 WPP의 인수 제안을 거절하는 한편 일본 광고 회사인 덴쓰와 인수 논의를 지속하고 있었다. 사치 & 사치가 WPP의 인수 제안을 거절한 것은 WPP가 계열사를 너무 많이 통제한다고 판단했기 때문이다. 이렇게 되자 해답은 퓌블리시스에 있는 듯했다.

퓌블리시스, 사치, 베이츠가 미디어 부문 합병 논의를 개시할 무렵 레비의 생각은 다른 방향으로 나아가기 시작했다. 레비는 이 합병 건에 대해 침착하게 대응하는 한편 사치 & 사치의 미래에 관해 밥 시러트와의 막후 협상을 추진하였다. 이 협상은 런던 콘노트 호텔Connaught Hotel 조찬 모임에서 조심스럽게 시작되었다. 비공식적으로 진행된 합병 논의는 영 & 루비컴이 레비에게 접근한 당시에도 지속되었다. 영 & 루비컴은 WPP에 흡수되지 않기 위해 사투를 벌이고 있었고, 이 때문에 퓌블리시스에 운명을 같이 할 수 있는지 알고 싶어 했다. 그러나 퓌블리시스는 영 & 루비컴을 위한 백기사가 아니었다. 당시 영 & 루비컴은 포드의 광고를 맡고 있었기 때문에 만약 퓌블리시스가 영 & 루비컴과 운명을 함께 한다면 퓌블리시스의 주요 고객인 르노Renault와 마찰을 일으킬 것이 뻔하기 때문이었다. 그 당시 레비는 사치와의 협상에 더욱 진지하게 임한 것으로 보인다. '(영 & 루비컴과) 논의를 진행중이라는 뉴스가 일단 보도된다면 사치 & 사치와 이야기가 좀 더 구체적으로 진행될 것 같았어요. 결국 사실로 증명되었죠.'

레비는 케빈 로버츠의 지원도 얻어냈다. 케빈 로버츠는 회의를 거친 후 이 프랑스인에게 사치 브랜드와 직원들을 맡겨도 좋겠다는 결정을 내렸다. 2000년 6월 20일 퓌블리시스는 사치 & 사치를 19억 달러에 인수했다. 현재 퓌블리시스 그룹이 글로벌 광고사라는 점에 누구도 이견을 달지 않는다. '사치 & 사치는 창조성으로 이름이 자자한 브랜드였습니다. 나는 밥 시러트와 케빈 로버츠에게 상당한 존경심을 가지고 있었고요. 사치 & 사치가 우리를 순식간에 글로벌 기업으로 만들어주었습니다. 사치 & 사치라는 이름은 전 세계 어디에서나 잘 알려져 있잖아요.'

그로부터 1년 반 후 레비는 그 스스로가 아직도 굶주리고 있다는 사실에 적잖이 놀랐다. 점차 두 층으로 나뉘고 있는 글로벌 커뮤니케이션 업계에서 퓌블리시스가 하위 층에 속한다는 언론 보도를 몇 달 동안이나 접하게 되었다. '이러한 보도가 저한테는 "일류", "이류"란 분류로 들리더군요.'라고 레비가 말했다. '만약 우리가 상층, 다시 말해 "일류"가 되려면, 또 다른 기업들을 인수해야만 했어요.'

레비는 이전에 Bcom3의 CEO인 로저 하우프트Roger Haupt와 비공식적인 접촉을 가진 바 있었다. 앞으로 기억하게 되겠지만 Bcom3는 레오 버넷Leo Burnett과 맥마너스 그룹MacManus Group의 지주회사다. 그럼에도 불구하고 그 이름은 참 어색하게 들렸다. 당시 덴쓰는 맥마너스 그룹의 주식 22%를 인수한 상태였다. 레오 버넷의 많은 직원들은 Bcom3를 일시적인 지주회사, 즉 다른 곳으로 옮겨가는 일시적 과정으로 여기고 있었다. 결국 그 다른 곳은 퓌블리시스임이 드러났다.

2001년 9.11 사태가 발생한 얼마 후 레비는 합병을 논의하기 위해 하우프트와의 접촉을 재개했다. 그 당시 그들은 '히드로 공항 힐튼 호텔Heathrow Airport Hilton Hotel과 같은 낯선 장소에서 변호사도, 재무 전문가도 없이' 만났다. 얼마 후 이 계획이 덴쓰에 보고되었다. 일본 광고 회사 덴쓰는 합병안에 합의했고 2002년 3월 30억 달러 규모의 합병이 발표되었다. 몇 차례에 걸친 직원과의 회의에서 레비는 자신의 매력과 기지를 다해서 레오 버넷 종업원들에게 레오 버넷만이 가지고 있는 전통에 대립하지 않겠노라 안심시켰다.

이 인수로 인해 퓌블리시스는 전 세계 4위, 연간 총수익 50억 달러 규모의 광고 회사가 되었다.

## 아바스 : 정보시대의 소년

아바스의 현대 역사는 이사회 전투로 끝이 났다. 그러나 이 회사의 고대 역사는 비밀 임무로 시작되었다.

샤를르 루이 아바스Charles Louis Havas는 1783년 7월 5일 프랑스 북부 루앙에서 헝가리 출신의 부유한 유태인의 아들로 태어났다. 그의 아버지는 지역 소규모 신문사를 포함해 많은 사업 이권을 가지고 있었다. 자크 세귀에라Jacques S gu la는 아바스의 역사에 관한 그의 저서 『총체적 자아Tous Ego』(2005)에서 샤를르 역시 유명한 상인, 은행가, 신문업자이자 책략가였지만 돈을 벌자마자 손실을 봤던 것 같다고 전한다.

1861년 샤를르는 수수께끼 같은 여행을 떠났다.[샤를르는 1783년에 태어나 1858년에 죽은 것으로 알려져 있다. 결국 샤를르가 죽은 뒤에 떠난 것으로 해석될 수밖에 없는 이 1861년 여행은 저자의 실수이던 아니면 실제이건 그 자체로도 수수께끼가 아닐 수 없다] 그 누구도 그가 어디로 갔는지 왜 갔는지는 알지 못한다. 당시 프랑스 왕이었던 루이 필립을 대신해 첩보나 외교적 임무 혹은 이 둘을 섞은 임무를 띠고 어디론가 갔을 것이라는 추측만이 가능할 뿐이다. 샤를르는 처제에게 남긴 편지에서 '나는 길고 위험한 여행을 가려고 한다. 내가 이 여행을 성공적으로 마친다면 모든 사람들이 행복할 것이고, 만약 그렇지 못하면 우리가 어떻게 될지는 신만이 아실 것이다' 라고 썼다.

그 여행의 자세한 사항들은 여전히 안개 속에 있지만 아마도 그 임무는 그가 소유한 초기 형태의 통신사에 자금을 조달하려는 것이 아니었을까 한다. 그는 또한 그 여행 동안 외국 통신원 몇몇을 모집했다. 여행에서 돌아오면서 그는 해외 언론의 뉴스를 번역하고 증시 속보를 모으기 시작했다. 그리고 사업가나 정치인들과도 서서히 접촉해나갔다. 아바스는 전형적인 프리랜서 기자 그 이상이었다. 그가 이렇게 출세한 배경에는 언론의 팽창이 있었다. 당시 왕이었던 루이 필립은 자유 언론을 조심스럽게 견뎌내고 있었다. 1835년까지 프랑스에 6백 개 신문사와 잡지사가 생겨났고, 이들은 모두 아바스가 제공하는 형태의 정보에 굶주려 있었다. 게다가 정치적 커넥션 덕에 아바스는 프랑스 정부의 정보를 거의 독점적으로 보급하게 되었고 언론과 정부 사이를 편하게 때로는 어색하게 만들어 놓았다.

1835년 아바스의 통신사는 현재 장-자크 루소Jean-Jacques Rousseau 51번가에 있는 80입방제곱미터 크기의 사무실 3개에 자리를 잡았다. 이 통신사의 속보는 비트 에 비앵VITE ET BIEN('신속하고 좋은'이라는 뜻의 프랑스어)이란 영예를 지니게 되었다. 이는 아바스가 자기 홍보에 천부적인 재능을 지녔음을 의미했다. 그는 속보라는 약속을 지키기 위해 통신용 비둘기에서부터 새로 나온 전신기까지 가능한 한 모든 형태의 정보 기술을 이용했다. 1840년경 이 통신사는 정치인, 은행가, 기업가들을 위한 뉴스 속보를 발간했을 뿐만 아니라 이러한 부류의 많은 사람들을 위해 선전 서비스를 제공했다.

1858년 5월 21일 아바스가 사망했고 그의 회사는 두 아들이 승계했다. 샤를르 오귀스트 아바스Charles Auguste Havas가 통신사 대표를 맡게 되었다. 샤를르 오귀스트 아바스는 아버지가 돌아가신 후 곧바로 신문 광고 판매사인 소시에테 제네랄 데 자농스Société Générale des Annoces, SGA의 지분을 사들였다. 이 회사는 1914년 아바스의 완전 소유가 되었다. 이를 계기로 아바스는 점차 통신업에서 광고업으로 관심을 옮기게 되었다.

그러나, 보불 전쟁(1870-1871) 동안 뉴스는 여전히 아바스의 심장 역할을 했다. 파리가 포위 공격을 당하는 동안 오귀스트 아바스는 프랑스 전역으로 파리의 소식을 전하기 위해 투르Tours에 자리를 잡고, 통신용 비둘기를 이용해 파리 사무실과 연락을 취했다. 프러시안 측에서 이를 막기 위해 매를 풀어 이 통신용 비둘기를 잡아들이기도 했다.

오귀스트가 사임을 할 무렵 그는 회사 주식을 국제 금융가인 에밀레 데르랑제Emile d'Erlanger에게 매각했다. 다른 주식은 이미 영향력 있는 정치인, 기업가, 사업가들의 손에 들어간 상태였다. 이러한 사실로 미루어 보아 아바스가 프랑스 산업 및 정치 엘리트들의 정보기관 역할을 했던 것 같다. 오귀스트는 1889년 사망했고 마지막 아바스(샤를르 루이 아바스의 또 다른 아들)가 회사 대표를 맡았다. 에두아르드 르베이Edouard Lebey, 레옹 레니에L on R gnier가 그 뒤를 이었다.

레옹 레니에는 아바스가 찾던 새로운 인물이었고 그가 아바스를 이끌었던 1916년부터 1944년까지 이 회사는 괄목할 만한 성장을 이루어냈다. 회사를 국제 광고로 다각화하는 한편 북유럽 및 미국과의 전신선 연결 사업에 투자했다. 또한 파리 지하철과 뉴스 키오스크에 광고 공간을 제공하는 사업 계약을 따냈다. 1920년에는 광고 판매사 SGA와 합병했다 (SGA와의 합병사는 아바스 퓌블리시테Havas Publicit 라는 독립사로 아직도 남아있다). 이 회사는 현재 프랑스 5대 신문사의 광고 판매를 관리하고 있다.

1940년 나치 군이 프랑스에 진입한 이후 아바스의 사무실은 점령군 정부에 의해 강제 사용되었다. 아바스는 잠시 동안 이상한 번영기를 맞았다. 소유권은 세 갈래로 나뉘어졌다. 32.4%는 기존 주주들에게, 47.6%는 독일인에게, 나머지 20%는 프랑스 정부의 소유가 됐다. 그리고 아바스는 점령군과 비시Vichy 정부[2차 대전 중 독일이 프랑스를 점령하면서 휴양도시인 비시에 세운 프랑스 괴뢰 정부를 의미]의 선전 도구가 되었다. 전후에 독일인들이 보유하고 있던 주식이 프랑스 정부 관리 하에 들어가면서 아바스는 국영화되었다.

1947년 아바스는 몇 백만 프랑에 달하는 부채, 부활에 성공한 퓌블리시스와의 경쟁이라는 두 가지 어려움에 봉착했다. 그러나 통신사가 AFP(Agence France Presse)라는 새로운 기치 하에서 들어가게 되자 최소한 광고 부문과 통신 부문을 분리해내야 했다. 아바스는 사업을 여행업으로 다각화하면서 다수의 여행사를 설립했다. 광고 매출이 정점에 다다랐고 1957년에는 총수입의 80% 이상이 광고 판매에서 나왔다(애드브랜드와 WARC의 공동 조사 자료, 2006년 10월). 이 기간 동안 표면상 최대 라이벌이었던 아바스와 퓌블리시스는 국제적 경쟁 압력에 대처해 프랑스 국내 광고 이권을 두 회사가 똑같이 나누는 암묵적 합의에 들어갔던 것으로 전해졌다. 이것이 공식적으로 사실임이 드러나지는 않았지만, 사업적 그리고 정치적인 네트워크를 고려해볼 때는 가능했던 일이었던 것 같다.

1959년 자크 듀스Jacques Douce가 상업 광고 이사 자리에 앉으면서 아바스는 우리가 오늘날 알고 있는 아바스와 비슷한 모습을 갖춰가기 시작했다. 기존 크리에이티브 무기인 아바스 콩세이유Havas Conseil에 대한 제2선으로 자크 듀스는 그가 주식을 인수했던 벨리에B lier를 분사시킨다. 1972년 아바스 광고 관련 부문이 유로컴Eurocom이라는 새로운 이름 하에 모두 결합했다. 유로컴은 해외 개척에 나서 미국의 마이너급 광고 회사 몇 곳을 인수하고 영 & 루비컴의 자회사인 마스텔러 애드버타이징Marsteller Advertising과 합작 투자 계약을 맺었다. 그러나 이 관계는 1990년대 초 와해되었다.

새로 취임한 CEO 알랭 드 푸지락Alain de Pouzilhac 하에서 유로컴은 영국 광고 그룹 WCRS의 주식 60%를 사들였다. 이후 이 회사의 주식 보유 비중을 높여가면서 완전 소유하기에 이른다. 다음으로는 이미 서술한 바대로 RSCG를 인수해 유로RSCG Euro RSCG의 기치 하에 아바스의 크리에이티브 조직을 모두 결합시켰다. 새로운 유니콤은 사실상 아바스로부터 독립적으로 운영되었다. 아바스는 그동안 텔레비전(1984년 카날 플뤼Canal Plus를 설립했다), 미디어 판매, 출판, 여행 등으로 사업을 확장하면서 규모가 비대해진 상황이었다.

1997년 유로 RSCG는 꽁파니에 제네랄 데조Compagnie G n ral des Eaux로

흡수되었다. 꽁파니에 제네랄 데조는 원래 프랑스 공익사업체로 이 회사 장-마리 메시에Jean-Marie Messier 회장은 회사를 미디어 재벌로 키우기 위해 노력했고 얼마 후 비방디Vivendi라는 새로운 이름으로 재탄생했다. 비방디의 무용담이 펼쳐지면서 한때 제국의 위치에 올랐던 아바스는 해체되어 팔려나갔다. 아바스의 해체가 불과 몇 년 전에는 생각도 못할 일이었지만, 샤를르 루이 아바스가 세운 거대한 기업에서 남은 것이라고는 현재 아바스라고 다시 이름이 붙은 광고 부문 독립 사업체뿐이다.

그러나 아직 막이 내린 것은 아니었다. 새 천년에 들어서면서 아바스는 두 가지 중요한 인수합병을 단행했다. 1999년 아바스는 자사에서 별 윤곽을 드러내지 못했던 미디어 부문을 스페인 거대 기업인 미디어 플래닝 그룹Media Planning Group의 미디어 부문과 이 부문에서 베테랑인 뉴욕 미디어 구매업체 SFM와 합병했다. 2000년에는 미국 그룹인 스나이더Snyder를 21억 달러에 사들이면서 최상위 커뮤니케이션 그룹으로 단숨에 뛰어올랐다.

그 이후 나쁜 소식이 이어졌다. 2001년 시험 삼아 진행했던 영국 템퍼스 그룹 입찰에서 WPP에 완패를 당했다. 경제 불황이 닥쳐왔고 이것이 구조조정 비용과 합해지면서 그 해에만 5천8백만 유로의 손실을 기록했다. 이후 몇 년 동안 이 회사는 흑자와 적자 사이에서 널뛰기를 했다. 이러한 취약성이 프랑스 사업가 뱅상 볼로레Vincent Bollor 의 주목을 끌었다. 결국 그는 이 회사의 주식 20%를 인수했다. 제지, 면, 선적, 미디어 등을 포함해 다양한 관심을 가지고 있던 볼로레는 언론들이 지칭하는, 그야말로 기업 사냥꾼이었다. 아바스 CEO인 알랭 드 푸지락은 이 '서서히 치고 들어오는 인수'에 반감을 드러내며 격렬히 반대했다.

2004년 초 아바스는 그레이 글로벌 그룹Grey Global group에 대한 입찰을 고려해보겠다는 입장을 확정했다. 그동안 사업이 너무 확장되고 있다고 느껴왔던 주주들 사이에서 이로 인한 불안감이 확대되었다. 이 상황은 결국 아바스가 마틴 소렐Martin Sorrell과 WPP의 먹잇감이 되면서 종결되었다.

한편 드 푸지락과 볼로레 사이의 적개심에 언론의 부추김이 더해지면서 결국 이 둘의 관계는 전쟁으로 치달았다. 볼로레는 아바스 이사회의 4석을 요구했고, 드 푸지락은 이를 매우 불쾌하게 여겼다. 드 푸지락은 아바스 CEO로서 회사의 미래를 매우 우려하고 있었다. 이 브렌튼 출신 악덕 사업자가 회사를 약탈해 팔아먹는 것이 아닐까를 심히 걱정했던 것이다. 그렇다면 볼로레는 왜 그의 의도를 명확히 설명하지 않았을까? 최후 대결을 위해 2005년 6월 9일 이사회 정기 총회가 개최되었다. 주주와 기자들이 파리 세느강의 좌안[Left Bank (la Rive Gauche, 세느강 서쪽강변으로 화가 등 자유분방한 예술가들의 거주지로 유명한 지역]에 위치한 18세기 건물인 메종 드 라 쉬미Maison de la Chimie의 대회의실을 꽉 메웠고 이런 건조한 회의에서 찾아보기 힘든 흥미진진함이 번지고 있었다.

단상에 오른 볼로레는 자신이 '(스타워즈의) 다스 베이더Darth Vader,' 즉 기업 사냥꾼이 아님을 주주들에게 주장했다. 그리고 그는 아바스의 미래에 대한 계획을 제시했다. '나는 아바스를 발전시키기 위해 투자해왔고 이러한 나의 의지는 앞으로도 오래도록 계속될 것입니다. 이러한 점을 여러분들 앞에서 약속합니다. …… 오로지 나의 바람은 지난 2년 동안 잃었던 입지를 조금이라도 되찾는 것입니다.'

투표 결과 볼로레는 이사회 4석을 모두 차지할 수 있었다. 2주 후 알랭 드 푸지락은 CEO를 사임했다. 2005년 7월 벵상 볼로레는 아바스의 회장이 되었다. 혼란이 정리된 이후 아바스는 여섯 번째 큰 마케팅 커뮤니케이션 그룹으로서 총수익은 81억 달러 규모에 달하게 되었다.

이 대목에서 당신은 아마 혼자말로 묻고 있을 것이다. '여섯 번째? 다섯 번째가 아니고?'

다섯 번째 기업은 상위층에 속한 다른 기업들과는 사뭇 다른 특징들을 가지고 있다. 그래서 이를 따로 떼어내서 특별히 다루어보도록 하겠다.

지금부터 다룰 기업은 바로 덴쓰다.

# 12 일본의 거인

덴쓰의 간략한 역사 * 하이쿠 스타일을 광고하다 * 축구와 시세이도 * 도전자

15초를 세다
**Fifteen seconds and counting**

47층짜리 덴쓰Dentsu **빌딩은** 마치 유리를 두른 상어 지느러미를 연상케 하면서, 도쿄 스카이라인을 가르듯 솟아있다. 매일 6천 명의 사람들이 세계 제5위의 광고 회사인 이곳에서 일을 한다. 20억 달러 이상의 순이익 대부분도 일본 국내에서 나온다. 프랑스 건축가인 장 누벨Jean Nouvel이 설계한 이 빌딩에 들어서면 마치 미래에 나오는 우주 공항 1등석 라운지에 들어선 착각을 일으킨다. 대리석과 강철이 줄을 선 로비는 끝이 보이지 않는 무도회장 같다. 둥근 안내 데스크는 부드럽게 타오르는 벽으로 둘러싸인 조용한 섬을 연상케 한다. 윤기 나는 머리에 은회색 유니폼을 입은 안내원이 흠잡을 데 없이 깨끗한 시세이도Shiseido[일본의 대표적인 화장품 브랜드] 미소를 짓고 있다. 밖이 훤히 내다보이는 유리 엘리베이터가 올라가자 발아래 저만치로 보이는 도시, 도쿄로 내 몸이 쑥 빨려 내려갈 것만 같다. 그 사이 엘리베이터는 강철 톱니 사이를 미끄러지듯 움직이며 올라간다.

거의 일주일 동안 덴쓰를 방문했지만, 나는 마지막까지 그 빌딩 안에서 제대로 길을 찾지 못했다. 빌딩 안 통로가 휘어진 것 같기도 하고 혹은 통로가 없는 것 같기도 했다. 전체가 식당인 층들도 있었다. 경영진이 쓰는 층은 벽에 값을 매길 수 없을 정도로 귀중한 예술품들이 걸려 있어 마치 박물관을 방불케 했다. 다른 층에는 책상이 줄지어 놓여 있었는데, 어찌나 넓은지 중간부터는 책상이 작아 보일 정도였다. 회사 관계자들은 내게 덴쓰가 얼마나 활기차고 분주하게 돌아가는지 보려면 덴쓰 웹사이트로 들어가 보면 된다고 했다. 덴쓰의 웹 사이트에서는 알록달록한 색깔의 수직선이 위 아래로 쉴 새 없이 움직이고 있는데, 이것은 이 덴쓰 빌딩 엘리베이터의 실시간 궤적을 나타내는 것이다.

당시 나는 이 회사의 손님이라는 영예를 얻었고, 이는 매우 유용한 지위였다. 일본 사람들은 방문객을 대하는 방법을 알고 있었다. 내가 알아야 할 것을 다 알기 전까지 그들은 나를 놔주지 않았다. 우선 나는 덴쓰에 관한 약간의 배경부터 들어야 했다.

## 덴쓰의 간략한 역사

덴쓰를 방문하면 이 회사의 역사를 참 쉽게 알 수 있다. 덴쓰 시오도메汐留 본사 건물 바로 옆에 도쿄 광고 박물관이 있기 때문이다. 이 박물관은 덴쓰의 제4대 회장이자 일본 현대 광고의 아버지로 널리 알려진 요시다 히데오吉田秀雄의 탄생 100주년을 기념하기 위해 2002년 설립되었다. 여기서 잠깐 요시다 히데오에 대해 알아보자.

덴쓰의 모태가 된 회사는 1901년(덴쓰의 라이벌인 하쿠호도博報堂는 1985년 설립되었다)에 설립되었지만, 사실 일본에서 광고 형태가 나타난 것은 그보다 오래전 일이다. 일본 사람들은 에도江戸 시대(시작은 1603년이다) 초기부터 광고 전단을 신토神道 신사나 절 기둥 혹은 담장, 문기둥에 부쳐왔다. 그 당시 신문이 아직 등장하지 않았기 때문에 광고는 종종 책에 끼워지기도 했다. 쇼군의 쇄국정책, 즉 일본인의 출국 금지 및 외국인의 엄격한 입국 제한[일본은 1640년부터 2백 년 이상 쇄국정책을 유지했다. 서양과의 접촉과 기독교를 금하는 한편 대양으로 나아갈 수 있는 배의 건조 역시 금했으며 이를 어길 시에는 사형으로 다스릴 정도로 강력하게 쇄국정책을 시행했다. 대신, 외국 문물은 나가사키 만의 데지마

섬을 통해서만 들어올 수 있었는데, 지도제작, 광학, 기계공학과 같은 지식들은 이러한 경로를 통해 받아들였다] 때문에 외부 세계의 소식은 네덜란드 신문의 형태로 일본에 전해졌고, 일본과 무역이 허락된 외국 회사로는 네덜란드 동인도 회사 Dutch East India Company가 유일했다.

메이지明治(메이지는 개화 군주를 뜻하며 본명은 무쓰히토 睦仁이다) 천황 하의 메이지 시대(1868-1912년) 동안 일본은 외국에 문호를 개방했다. 통신, 철도, 의복과 같은 서구 문명을 따라 신문과 잡지가 일본에 당도했다. 청일전쟁이 끝난 1895년 이후 일본의 근대화는 더욱 가속화되었다. 언론이 광고 수입에 대한 의존도를 높여가면서 미디어 공간을 거래하는 첫 번째 광고 회사가 생겨났다.

1901년 미쯔나가 호시로光永星不郞라는 기자가 당시 격변하는 정치 사건들을 다루기 위해 전보통신사電報通信社, Telegraph Service Co.를 세웠고 이것이 덴쓰의 모태가 됐다. 많은 신문사들이 마치 물물교환처럼 기사에 돈을 지불하는 대신 광고 공간을 제공하였고 미쯔나가는 자회사 니폰 광고日本廣告를 통해 이를 판매하였다. 그리고는 1907년 이 두 회사를 합병해 니폰 덴포쓰신사日本 電報通信社를 만들었다. 이를 줄여 덴쓰라고 부르게 되었다. 덴쓰는 일본에서의 UP 통신 배급 독점권을 확보했고, 이 독점권을 이용해 광고 공간을 더욱 싼 가격으로 협상할 수 있었다. 페이지 양면을 이용한 전면 광고가 출현하고 여성 잡지의 수가 현격히 증가하면서 광고 그 자체가 주목받기 시작했다. 덴쓰는 제1차 세계 대전까지 급성장했고, 긴자銀座 이외의 지역에서도 사무실을 운영하게 되었다.

혹독한 전쟁 탓에 일본의 광고 지출은 전반적으로 하락세를 나타냈다. 1936년에는 덴쓰의 뉴스 서비스 부문이 국영화되었고 덴쓰는 광고에만 집중하게 되었다. 전시에 광고업계가 어쩔 수 없이 선전 유포 역할을 담당하기는 했지만, 이로 벌어들이는 돈은 가혹할 정도로 적었다. 덴쓰의 어두운 시절이 끝나갈 무렵인 1946년 덴쓰의 설립자 미쯔나가 호시로가 사망했다.

1947년 덴쓰의 제4대 회장으로 요시다 히데오가 취임하면서 이 회사는 전환점을 맞게 되었다. 요시다 히데오 회장이 취임하던 때는 일본 중산층 확대, 대중 소비 출현이 맞물린 시기였다. 요시다는 '대마왕', 그의 직원들은 '소마왕'으로 불렸다. 전후 시기에 요시다는 정부와의 커넥션을 유지하기 위해 전직 장군이나 관료들을 채용하는 방식을 이용했다. 덴쓰의 고위 간부는 일반 직원보다 한 시간 일찍 나와 먼저 담당 부문에 대해 매일 보고해야 했다. 매년 열리는 직원 단합대회에서는 원기 회복 차원에서 후지산을 등반하기도 했다.

장차 어떤 일이 어떻게 전개될 것인가를 즐겨 생각하던 요시다는 1950년대 상업 방송 출범을 강력히 주창했다. 라디오에 투자한 이후 덴쓰는 사실상 텔레비전 도입 비용을 부담했을 뿐만 아니라 광고 지원도 보장하였다. 일본 TV에 등장한 첫 광고는 세이코Seiko 시계의 시보였는데, 이는 당연히 덴쓰의 작품이었다. 덴쓰와 미디어의 공생 관계는 곧 텔레비전 광고 공간에서 사자의 몫, 즉 프라임타임의 60%까지 잡을 수 있다는 점을 의미했다. 덴쓰는 또한 언론에도 많은 투자를 단행해 신문 공간을 대규모로 구매할 수 있는 계약을 성사시켰다. 1960년대 즈음 덴쓰는 일본 미디어에서 성공을 확신하게 되었다. 1974년 드디어 『애드버타이징 에이지』가 선정한 세계 최대의 광고 회사에 이름이 올랐다.

70년대 일본 경제가 베트남전 패배와 두 차례의 오일 쇼크로 인해 극심한 불황에 빠졌지만 광고 지출은 지속적으로 늘어났다. 대미 수출 증가로 인한 무역 불균형이 1980년대 초 경제 불안의 원인으로 작용했다. 그러나 1980년대 중반 위성 TV 개발로 인해 광고 지출은 다시 증가하기 시작했고, 1981년부터 이후 10년 동안 총 광고 지출은 두 배로 증가했다.

덴쓰는 현재까지 총수익의 90%를 일본 내 거래에 의존하고 있다. 그러나 이것이 앞으로 취약한 포지션이 될 수 있다는 점을 깨닫고, 지역적 편협성 타파에 노력을 기울였다. 이에 따라 1981년에는 영 & 루비컴과의 합작투자사인 DYR을 설립했다. 이는 미국 광고 회사의 일본 진입이 가능해짐과 동시에 덴쓰가 미국과 유럽에 접근할 수 있는 길을 열어준 것이었다. 또한 같은 해 덴쓰는 중국 상하이에 지사를 개설함으로써 상당한 선견지명이 있음을 입증했다. 이 덴쓰 상하이 지사는 현재 13개 사무소, 1천여 명의 종업원을 가진 중국에서 가장 잘 나가는 해외 광고 회사로 자리 잡았다. 게다가 덴쓰는 유럽 및 북미 네트워크인 DYR과 더불어 아시아 전역에 걸쳐 강력한 자회사 네트워크를 확립하였다. 1990년에는 영국의 콜레트 딕켄슨 피어스Collett Dickenson Pearce를 인수했다.

1991년 일본 '버블 경제' 붕괴와 그에 따르는 소비 지출 감소는 일본 광고 회사들의 사업 방식 변화를 예고했다. 그 당시 일본 광고 회사는 본질적으로 미디어 중개자였다. 크리에이티브를 개발하려고 했지만, 광고 시간에 되도록 많은 광고를 내보내야 하기 때문에 압축된 15초짜리 광고가 장애가 되었다. 그러나 허리띠를 꽁꽁 묶은 일본의 새로운 소비자들이 지갑을 열기까지는 보다 많은 설득이 필요했다. 소비자들에게 확신을 주기 위해선 광고주들이 매력적인 브랜드를 구축해야 했고 이는 일본 광고 회사들의 취약 분야인 창조성에 더욱 주목해야 한다는 것을 의미했다. 일본 광고 회사들이 상품 공급자에서 크리에이티브 자원으로 진화하는 과정은 여전히 현재진행형이다. 게다가 위성 TV와 인터넷의 도입은 미디어 시장에서 덴쓰의 지위를 위협했고, 광고주들뿐만 아니라 봉쇄망을 뚫고 진입해오는 소규모 민첩한 광고 회사들에게도 새로운 길을 열어주었다.

덴쓰는 고객 서비스를 더욱 강화하는 동시에 해외 시장 선점을 가속화하기 위해 일련의 파트너십을 체결하였다. 2000년 덴쓰는 레오 버넷이 포함되어 있는 Bcom3에 투자하였다. 이듬해에는 덴쓰가 도쿄 주식시장에 상장되었다. 퓌블리시스가 Bcom3를 인수하게 되면서 덴쓰는 퓌블리시스의 주식 15%를 보유하게 되었다.

덴쓰는 세계에서 가장 큰 단일 광고 회사다. 전 세계적으로 6천 개 이상의 고객사와 1만 6천 명의 직원을 보유하고 있다. 전통적인 광고 서비스를 제공할 뿐만 아니라 판매 촉진, 기업 커뮤니케이션, TV 프로그램 방영권, 이벤트 마케팅, 인터넷 솔루션 관련 부문도 보유하고 있다. 일본의 전통적인 미디어 공간 전체 중 약 3분의 1이 아직까지도 덴쓰의 관리 하에 있다.

## 하이쿠 스타일을 광고하다

일본 광고들은 그 내용을 거의 난도질해 몇 초로 줄여내기 때문에, 갑작스럽게 팡 터지는 현란한 불꽃놀이처럼 화면에 불쑥 나타나는 느낌을 준다. 광고를 '작은 영화' 같이 생각하는 서구 크리에이티브의 입장에서 보면 조롱거리가 될 수도 있겠지만, 사실 이러한 형식은 일본 문화를 완벽히 파고들었다.

덴쓰의 크리에이티브 최고 책임자인 타이나카 쿠니히코田井中邦彦는 '일본에서 TV 상업 광고는 빠른 충격 그리고 감정적 충격이라는 점을 강조해왔습니다. 잘 살펴보면 단순한 단어, 어구, 노래, 비슷한 소리의 반복이나 기억하기 쉬운 캐릭터를 찾아내실 수 있을 겁니다. 이러한 단순성이 가지는 목적은 다른 광고들보다 더 빨리 쉽게 시청자의 눈에 띄고자 하는 것이죠. 서구 광고들이 매우 이성적이라는 점에는 물론 동의합니다. 다시 말해, 마케팅 지향적이고 전략적이란 거죠. 반면 우리 일본 광고는 미디어 지향적이고 직관적입니다.'

이렇게 압축된 형식은 부분적으로 일본의 전통에 뿌리를 두고 있다. TV 광고 출범 초기의 TV 광고는 브랜드의 위신을 높이는 도구였기 때문에 15초면 전달하고자 하는 것을 다 표현하기에 충분한 시간이었다. 또 시청자입장에서 보더라도 짧은 광고는 부담 없이 쉽게 삼킬 수 있는 한 입 거리 정도였던 것이다. 타이나카는 일본 광고가 하이쿠俳句라는 일본의 오래된 전통문학과도 관련이 있다고 설명했다. 서양 사람들에게 하이쿠는 바쇼(마쓰오 바쇼松尾芭蕉)가 쓴 한 줄짜리 시로 잘 알려져 있다. '하이쿠는 상징에 기반을 둔 예술입니다. 일본 사람들은 행간을 읽는 데 능하죠. 그래서 일본 시청자들은 하나의 이미지에서도 어떤 것을 추론해낼 수 있는 겁니다.'

내러티브를 고집하지 않는, 즉 말이 없는 세계를 감상하는 능력은 아마 비디오 게임 분야에서 일본이 두각을 나타내는 이유를 설명하는 요인이 될 것 같다. 일본을 유명하게 만든 망가漫画[만화를 의미함] 역시 줄거리에 대한 비선형적 접근 방식을 보여주고 있다. 크리에이티브 디렉터인 카가미 아키라鏡明는 '일본 이외의 지역에서 만화책은 일반적으로 스토리 지향적인 데 반해 망가의 경우 상황을 지향하고 있거든요. 다시 말해, 망가의 접근이 더욱 추상적이라는 겁니다. 네 개의 패널로 된 연재 망가도 있고요, 어떤 경우에는 패널 두 개도 충분하죠.'

그는 일본 상업 광고의 특징인 간결성이 창조성 부족에서 기인한 것이라고 보는 것은 공정하지 못하다고 지적했다. 15초 안에 상품을 파는 것은 그 자체로 기술이며, 시간 때문에 표현할 수 있는 단어 수에 제약을 받는 경우 정확성은 생명이 될 수밖에 없다.

카가미는 다음과 같이 덧붙였다. '참 이상하게도 15초라는 시간이 충분해지고 있는 것 같아요. 디지털 미디어가 뿌리를 내리고 주의 지속 시간이 점차 짧아지면서 다른 시장의 광고도 일본 광고와 비슷해지고 있다는 느낌을 받습니다. 70-80년대에는 서구 광고가 큰 주목을 받았고 아시아 광고는 그렇지 못했어요. 물론 이는 우리가 국제적 크리에이티브 경쟁에서 성과를 별로 거두지 못했기 때문이에요. 그렇지만 1990년대 이후에는 아시아 크리에이티브가 환영받고 주목받기 시작했죠.'

어쨌든 일본 광고를 극단적으로 단순한 잡동사니 자루라고 접근하면 안 된다. 일본 광고에는 각 지역에 맞는 스타일이 있다. 관동 지방의 중심인 메트로폴리탄, 즉 도쿄 시민들이 보는 광고는 그럴싸하면서도 또 현대적이어야 한다. 오사카를 중심으로 한 중남부 관서 지역의 광고 역시 도쿄와 마찬가지로 보기 좋아야 하며 현대적이어야 한다. 하지만 관서 지역은 사무적인 도쿄보다는 문화적으로 독특한 지역으로 다른 지역 광고보다 냉소적인 측면이 부각되기도 한다. 때문에 관서 지역에서 제작된 광고 작품은 종종 칸Cannes에서 좋은 성과를 낳기도 한다.

즉각적인 영향력 발휘 역시 일본 광고의 잘 알려진 특성이다. 예를 들어 맥주, 위스키, 음료수, 자동차 광고에 할리우드 스타를 기용한다든지 하는 것들이다. 그러나 카가미는 이러한 종류의 광고 역시 점진적인 변화를 겪을 것임을 시사했다. '일본 시청자들은 더욱더 섬세해지는 한편 견문은 점차 넓어지고 있어요. 이제 서구 스타들은 일본 사람들에게 예전만큼 이국적이지 않습니다. 사실상 일본적 아이콘을 향한 움직임이 있다고 말하고 싶네요. 시간이 15초밖에 없는 경우 유명 인사나 연예인들은 즉각적인 관련성을 만들어내죠. 그들의 백그라운드가 이미 확립되어 있기 때문입니다. 이렇게 되면 캐릭터를 개발해야 할 필요가 없죠.'

과거에는 다른 광고 회사들도 마찬가지였기 때문에 놀라운 일이 아니었지만, 덴쓰는 지금까지 미디어를 크리에이티브와 분리시켜 생각한 적이 단 한 번도 없다. 사실 미디어가 크리에이티브를 추동하는 것이지 크리에이티브가 미디어를 추동하는 것은 아니기 때문이다. 덴쓰는 미디어와 크리에이티브의 결합을 통해 'TTL(through the line, TV, 신문, 라디오, 잡지 등의 4대 미디어를 포함해 케이블 TV, 인터넷, 위성 TV, 옥외 매체 등을 중심으로 하는 매체 광고 ATL(above the line)과 전시, 이벤트, 홍보, DM 등 고객 체험과 커뮤니케이션을 중심으로 하는 비매체 광고 BTL(below the line)이 결합된 통합적 마케팅 커뮤니케이션을 의미)' 광고 캠페인을 보다 쉽게 만들어낼 수 있다고 말했다. 다시 말해, 하나의 아이디어로 상이한 미디어들, 특히 인터넷과 휴대폰에 대응할 수 있다는 것이다. '이미 라인을 구분하는 것은 의미가 없어졌습니다. 서구 광고업계가 미디어를 크리에이티브에서 분리한 것은 큰 실수였다고 봅니다'라고 카가미는 지적했다. '일본의 크리에이티브는 광고 제작 시작부터 매체 선택이 옳았는지 판단할 수 있습니다.'

덴쓰에는 TVC 기획이라는 특이한 부서가 있는데, 다르게는 'TV 전문가(TV specialist)'로 잘 알려져 있다. 이 부서는 미디어 기획하고도 좀 차이가 있다. TV 전문가의 역할은 TV 상업 광고를 위한 독창적인 아이디어를 짜고 전체 광고 제작 과정을 감독하는 것이다.

덴쓰에서는 크리에이티브 담당자가 어디 출신인지 별로 상관하지 않는다. 정말 다양한 배경을 가진 사람들을 채용하고 있는데, 이는 사내에 크리에이티브 계발을 지원하는 교육 시스템이 정교하게 갖추어져 있기 때문이다.

그렇다면 이 일본 광고계 거인 기업에서 크리에이티브가 된다는 것은 어떤 것일까?

## 축구와 시세이도

일본의 크리에이티브 스타가 된 오카무라 마사코(岡村政子)는 덴쓰의 첫 번째 여성 크리에이티브 디렉터 중 한 명이다. '사람들이 가끔씩 날 남자로 착각했나봐요.' 가냘프지만 말괄량이 같기도 한 그녀가 농담을 던졌다. 오카무라가 축구 광팬이며 가끔 첼시나 레알 마드리드 팀 티셔츠를 입고 다닌다는 점 때문에 아마도 남자로 착각하는 일이 있는 것 같았다.(그녀는 스트레스를 풀기 위해 멋진 축구 골 장면이 담긴 비디오테이프를 보기도 한다.) '중요한 모임이 있을 때, 내가 프라다 드레스를 입고 나타나면 사람들이 그러더라고요, "오, 결국은 여자네!"'

오카무라는 PR 부문에서 일을 시작했고 1992년 카피라이터가 되었다. 그녀는 일본 크리에이티브 거장 중 한 명이며 현재 오길비 & 매더 재팬Ogilvy & Mather Japan의 크리에이티브 부문을 이끌고 있는 오다기리 아키라小田桐昭와 함께 일했다는 사실을 매우 자랑스럽게 생각하고 있었다. 2001년 그녀는 크리에이티브 디렉터로 승진하면서 덴쓰에서 일하는 약 8백 명 가량의 크리에이티브 스텝 중 가장 높은 자리에 올랐다. 덴쓰는 고객사 명단의 공개를 정중하게 거절했지만, 조금만 찾아보면 덴쓰가 보유한 가장 큰 고객사는 시세이도Shiseido 화장품과 도요타Toyota인 것을 알 수 있다.

오카무라의 하루 일과는 9시에 시작되고 퇴근 시간은 오후 4시부터 다음날 새벽 4시 사이로 딱히 정해진 시간은 없다. '크리에이티브하는 사람들이면 전 세계 어디서나 다 그렇죠, 뭐.' 그녀는 이렇게 대답했다. 덴쓰의 크리에이티브 디렉터들은 저마다 개인 사무공간을 가지고 있지만, 그녀의 책상은 후지산이 보이는 곳에 자리를 잡고 있었다. '제 책상에는 세계 각지에서 온 재미있는 장난감이랑 해외 제조업체들이 보내온 다양한 제품 사진도 있지요. 젊은 직원들은 그런 것들에서 영감을 얻나 봐요. 가끔씩 제 책상에 와서 보고 가고 그래요.'

크리에이티브 과정은 정기적인 브레인스토밍과 같이 팀 전체의 노력을 필요로 한다. '우리 팀에는 엄격한 규칙이 하나 있는데 회의가 90분을

넘지 않아야 한다는 거예요. 마치 축구 경기처럼 말이죠.'

오카무라는 일본 광고가 유명 인사나 연예인에 의존하는 등 창조성을 방해하는 요인들을 가지고 있다는 점을 인정했다. 그러나 그녀는 이러한 제약 속에서도 크리에이티브를 발휘할 수 있는 방법들이 있다고 말했다. 최근 스탠딩 코미디가 붐을 이루고 있는 가운데 15초짜리 시세이도 남성용 화장품 브랜드 우노Uno 광고 캠페인에 젊은 인기 코미디언 50명을 등장시킨 것을 그 예로 들 수 있다. 이 광고는 우노를 기네스북에 오르게 하는 기염도 토했다. 그녀는 일본의 짧은 광고 스팟에 대해 이렇게 지적했다. '10대나 20대 청년들은 몇 초 안에 시각적인 아이디어를 잡아낼 수 있어요. 이러한 종류의 광고는 모바일 폰에서 잘 통합니다. 지금은 서구에서도 채택되고 있지만 사실 이 분야의 개척은 일본에서 이루어진 거죠.'

창조성을 향한 질주가 지속되면서 대안적인 접근도 부상하고 있다. 2005년 '허스키 걸Husky Girl'이라 불린 광고는 대안적 접근의 중추적인 어떤 것으로 볼 수 있다. 도쿄 교외 지역에 위치한 아지노모토 스타디움 선전인 이 광고는 길이가 90초나 된다. 이 광고에는 여러 명의 예쁜 소녀들이 등장하는데 이들의 목소리는 하나같이 줄담배를 피우는 트럭 운전사처럼 걸걸하다. 광고의 거의 끝 부분에서 그녀들이 가진 목소리의 비밀이 무엇인지 드러나는데, 이유인즉슨 아지노모토 스타디움에서 축구 경기를 관전하며 소리를 지르고 응원을 했기 때문이었다. 친절한 유머가 곳곳에 배어있는 이 광고는 일본 광고가 나아가야 할 새로운 방향을 제시하고 있다.

스팟이 길어지고 서구 스타일의 스토리 주도적 광고들이 그 모습을 드러내기는 했지만 아직 일본에서는 영국 광고와 같이 신랄한 톤을 가진 광고를 찾아보기 어렵다. 일본에서는 성, 정치, 종교가 엄격히 금기시 되고 있다. 정치적 공정성은 일본 광고들이 지켜야 할 규칙이다.

하지만 살아남은 광고들은 그 진가가 인정되고 있다. 오카무라는 다른 시장의 소비자들은 광고를 의심스럽게 보지만, 일본 사람들은 광고 팬이라고 했다. 일본에서는 『CM 나우 CM Now』(여기서 CM은 'commercial'의 약자다)처럼 광고를 다루는 소비자 잡지까지 있다. 앵글로 색슨 계인 나에게 서구 미디어 문화는 '처음부터 감동은 없다, 모든 것을 다 보기 전까지는'이라는 일종의 아이러니로 가득 차 있다. 하지만 일본 광고는 서구 미디어 문화가 잃어버린 낙천주의와 풍성함 그리고 거의 어린 아이 같은 천진난만함을 가지고 있다.

일본 사회는 변화하고 있다. 소비자의 대응도 이에 따라 변화하고 있다. 남성 우월 사회에서 살아가는 여성으로서 오카무라는 최근 이루어지고 있는 진보를 감지하고 있었다. '1990년대 거품 경제가 붕괴된 이후 남성과 여성을 규정하던 행동 양식에서 경계가 사라지고 있죠. 남자들은 출세에 대한 집착에서 조금 벗어나게 된 대신 전보다 훨씬 정신적인 존재가 되었지요. 여자들은 훨씬 독립적이 되었고요. 여자들은 자기 재산을 보유하고 이를 훨씬 자유롭게 쓰고 있지요. 그래서 광고 속 여성들이 감성적 측면에서나 경제적 측면에서 독립적으로 그려지고 있습니다.'

일본인들의 TV 시청 습관 역시 변화하고 있다. 일본 사람 대부분이 인터넷을 사용하며 양 방향이 완전히 구현되는 휴대폰을 구비하고 있다. 당연하게도 여전히 TV가 선도적인 매체긴 하지만, 가정에서의 TV 점유율이 약간씩 감소되고 있다. '제가 생각하기에는 지난 10년 동안 매일 저녁 TV를 시청하는 시간이 줄어드는 것 같아요'라고 오카무라가 말했다. '이는 TV의 성격이 변화하기 때문에 나타나는 현상이고요. 지금은 컴퓨터나 휴대폰을 통해서도 TV를 볼 수 있잖아요. 우리가 상업 광고를 새로운 미디어로 옮기고 있는 것도 바로 이 이유지요.'

그렇다고 해도 일본 소비자들이 광고 회사에 사냥당하는 것 같이 느끼지는 않는다고 오카무라는 주장했다. '광고는 젊은 세대가 누리는 문화의 한 형태입니다. 오늘날 젊은이들은 광고를 다른 형태의 엔터테인먼트와 다르다고 생각하지는 않습니다.'

## 도전자

일본에서 덴쓰가 가지는 지배적 지위 때문에 다른 광고 회사들은 생존조차도 힘겨운 상황이다. 일본 제2위의 광고 회사는 거래금액 14억 달러 규모의 하쿠호도博報堂다. 이 회사는 1895년 교육 출판 분야에서 광고 공간을 제공하던 세키 히로나오瀬木博尚에 의해 설립되었다. 일본이 근대화를 서두르고 지식을 갈망하던 메이지 시대 동안 출판 부문은 과잉 지경에 이를 정도로 번성했다. 하쿠호도는 곧 유수의 신문사에 대한 서적 광고 독점 제공자가 되었고 이를 통해 이 회사는 일본에서 가장 큰 광고 회사로 발돋움했다. 그러나 제2차 세계 대전 이후 출판 부문이 쇠퇴하면서 하쿠호도는 덴쓰에게 제1위 광고 회사 자리를 내주게 된다. 그 이후로 지금까지 이 두 회사는 라이벌 관계를 유지하고 있다.

그럼에도 불구하고 하쿠호도는 몇 가지 유리한 고지를 점해왔다. 우선 일본에서 미국 스타일의 조사 테크닉을 개발한 첫 번째 회사가 하쿠호도이기 때문이다. 이 회사는 1981년 하쿠호도 생활총합연구소博報堂生活總合研究所, Hakuhodo Institute of Life & Living를 설립했다. 이 연구소에서는 일본 소비 경향에 대한 보다 심도 있는 통찰력을 제시하고 있다. 또한 하쿠호도는 해외 진출에 있어 경쟁사인 덴쓰보다 발 빠르게 움직여 이미 1960년에 맥캔-에릭슨McCAnn Erickson과 제휴 관계를 맺은 바 있다. 맥캔-에릭슨이 1990년대 초 그 대가를 치루고 이 제휴 관계를 중단했지만 하쿠호도는 그 대신 TBWA와의 합작 투자를 단행하고 해외 시장에서 닛산Nissan 광고를 관리했다. 이 합작 투자사는 2000년 G1 월드와이드 G1 Worldwide라는 이름으로 설립되었다.

수많은 서구 광고 회사들이 합작 투자나, 최근에는 단독으로 일본에 진입하고 있지만, 자리를 잡는 데는 여전히 어려움을 겪고 있다. 이들은 고객사와 함께 일본 시장에 진출하기는 했으나 일본 기업주에게서 의미 있는 광고를 따는 데는 고전을 면치 못하고 있다. 거래금액 역시 하쿠호도나 덴쓰에 비해 미미한 수준이다. 일본 10대 광고 회사가 모두 일본계(제3위는 아사츠旭通信이다)라는 사실에 대부분이 동의하고 있다. 팰런, 위든 & 케네디 Fallon, Weiden & Kennedy, BBH와 같이 탄탄한 소형 서구 네트워크들이 덴쓰나 하쿠호도의 크리에이티브 결과물에 아주 작은 영향을 미치고 있을 뿐이다.

일본계 독립 부티크[다양한 광고 기능 중 일부 기능에 특화된 업체] 역시 극히 드물다. 하지만 몇 안 되는 부티크 중에서도 면밀히 고찰해볼 필요가 있는 것이 터그보트 Tugboat [예인선]다.

대여섯 명이 일하는 소규모 크리에이티브 전문 회사와 덴쓰를 비교하기에는 무리가 있다. 터그보트 사무실은 오모테산도表参道에 있는 웅장한 빌딩지하에 있다. 오모테산도는 도쿄에서 가장 세련된 거리로 일본 젊은이들이 카페 테라스에서 매무새를 가다듬고 큐빅처럼 생긴 울퉁불퉁한 유리로 외관을 장식한 프라다 매장 주변을 어슬렁거리며 돌아다니는 곳이다.

아이러니컬하게도 터그보트의 사장 오카 야스미치岡康道는 19년 동안 재직했던 덴쓰를 떠나 1999년 자신의 광고 회사를 시작했다. 그는 덴쓰를 떠날 당시 그의 크리에이브 팀에서 세 명의 직원을 데리고 나왔다. 오카는 '그 때문에 덴쓰가 불쾌해했다는 건 정확히 맞는 이야기는 아닌 것 같아요. 사실 당황했다는 게 맞죠. 왜냐하면 일본에서는 아무도 직장을 중간에 그만두지 않습니다. 특히 일본에서 제일 큰 광고 회사에 근무하고 있다면요.' 라고 말했다.

그러나 오카의 출발에 불을 붙인 것은 다름 아닌 바로 덴쓰였다. 오카는 덴쓰 재직 시절 회사 업무차 소규모 크리에이티브 핫 숍들의 동향을 살펴보기 위해 영국과 스웨덴으로 출장을 떠났다. 그가 귀국길에 가지고 온 것은 출장 보고서가 아닌 광고에 대한 새로운 비전이었다. '덴쓰가 제게 출장을 다녀오라고 했던 것은 덴쓰도 새로운 형태의 크리에이티브를 모색하겠다는 의미였습니다. 하지만 제 스스로가 개척자가 되고 싶었습니다.'

터그보트라는 이름은 그의 철학을 반영하는 것이기도 했다. 일본이 섬나라인 것과 마찬가지로 일본 광고 역시 섬이다. 오카는 새로운 아이디어와 영향력을 향한 긴 여정을 택했다.

'고객들이 과연 우리의 철학을 지지하겠는가가 문제였죠.' 라고 그가 털어놓았다. '사실 우리 고객들은 자의적으로 터그보트를 선택한 겁니다. 전통적인 접근을 원하는 고객들은 대형 광고 회사로 가면 됩니다. 기꺼이 위험을 감수하고 새로운 길을 가보겠다고 결심한 고객들이 우리에게 온다는 거죠.'

이 회사의 출범 이후 대형 텔레콤사인 NTT, 음료계의 거인 산토리Suntory, 일본 철도Japanese Railways, 후지 제록스Fuji Xerox, 스카이 퍼펙TV Sky PerfecTV와 심지어는 버버리Burberry까지도 이 회사에 광고를 맡기고 있다. 터그보트는 POP 광고, 패키지 디자인, 이벤트 조직 등도 담당하고 있다. 또한 많은 국제 광고 대회에서 수상하는 쾌거를 이루었다. 이 회사는 30초짜리 혹은 1분 분량의 TV 광고를 만드는 데 별 주저함이 없다.(TV 방송국 스타 채널Star Chennel 광고 중 하나는 분량이 2분에 달하기도 했다.)

오카는 광고가 보는 사람의 감정을 흔들어 놓아야 하며 광고를 본 이후 몇 시간 동안 뇌리에 남아있어야 한다고 믿는다. 터그보트 스타일은 과감하면서도 낙천적이고 알게 모르게 장황한 측면을 가지고 있어서 마치 망가적 요소를 앵글로 색슨계가 가진 초현실적인 유머와 함께 으깨놓은 듯 한 느낌을 준다. 예를 들어, 일본 철도의 스키장 여객 서비스 광고에서는 스키 타는 타조가 등장한다. 퍼펙트TV의 야구 경기 방송 광고에서는 비이성적인 '낭인 투수Ronin Pitcher'가 등장해 오우삼John Woo 감독의 영화에서나 볼 수 있는 슬로우 모션 폭력 장면이 작렬한다. 이 낭인 투수가 광속으로 공을 던질 때 그의 손톱은 갈기갈기 찢어지게 되고, 시청자들은 클로즈업된 피투성이 장면을 목도하게 된다. 이 회사의 또 다른 광고인 후지 제록스 사진복사기 선전에서는 뻔뻔한 판매원이 목욕하는 사람들을 놀라게 하거나 공공 화장실에 들어가 있는 사람들에게 화장실 문 밖에서 말을 거는 광고 시리즈를 만들었다. 이러한 것들은 모두 금기로 얽매인 일본에서는 위험한 소재들이다.

'일본에서 우리의 궤적을 따르는 광고 회사들의 수를 살펴보면, 일본 광고주들이 얼마나 엄격한지를 알 수 있죠' 라고 오카가 말했다. '우리를 따르는 광고 회사 수는 0입니다. 다시 말해 우리 같은 광고를 만드는 광고 회사는 우리뿐인 거죠. 저는 혁명이 시작되기를 바라는데, 아직까지 혁명은 일어나지 않고 있네요.'

이러한 점 때문에 터그보트는 해외로 눈을 돌리고 있다. 이 회사는 일본 이외의 지역에서 사업을 진지하게 모색하기 시작했고, 유럽이나 미국의 핫 숍들과 비공식적인 네트워크를 구축하고 있다. '지금 제 목표는 신뢰할 만한 국제적 명성을 얻은 일본의 첫 번째 소형 광고사가 되는 것입니다' 라고 그가 포부를 밝혔다. '[영국의] 마더(Mother)나 [암스테르담 광고 회사인] 180 같은 광고 회사들과 나란히 서는 게 제 바람입니다.'

오카는 성공을 위한 재능과 결단력을 갖춘 것 같다. 이제 낭인 투수는 잊어버리자. 그리고 이 낭인 광고인을 기억하자.

# 13 대안

암스테르브랜드 * 프로페셔널 급진파 * 매디슨에서 벗어나다 * 브랜드 콘텐츠의 추진

## 주류로부터의 탈출
**Exiles from the mainstream**

암스테르담 헤렌흐라호트Herengracht에 자리 잡은 이 좁다란 건물은 한때 돈 많은 상인의 집이었을지도 모른다. 운하를 끼고 있어 한 폭의 그림 같은 이 거리의 다른 집과 마찬가지로 이 건물로 들어서기 위해선 화려한 돌계단을 반드시 지나야 한다. 입구에 들어서면 집사가 나와 나의 코트를 받아주고 벽마다 책이 둘러 차 있는, 그리고 벽난로가 활활 타고 있는 방으로 나를 안내할 것만 같은 생각이 절로 든다. 사실 이곳은 21세기의 광고 회사가 자리 잡은 건물이다. 어디선가 나타날 것 같은 집사는 쌀쌀맞은 안내원으로 바뀌었고, 활활 타던 벽난로는 PDP 화면과 초승달 모양의 가죽 소파로 바뀌었다.

암스테르담에 군집해 있는 잘나가는 광고 회사들 중 가장 성공한 180의 본사가 바로 이곳이다. 커셀즈크라머KesselsKramer와 같은 회사들은 네덜란드에 뿌리를 두고 있지만, 180, 위든 & 케네디Wieden & Kennedy, 스트로베리프로그StrawberryFrog 등은 주류에서 탈출한 망명자들이다.

광고계를 지도로 비유해보자면 이 암스테르담 패거리들은 분명 변방에 자리 잡고 있다. 하지만 우리가 '대안'을 이야기할 때 꼭 빠지지 않는 집단이 바로 이 암스테르담 패거리들이다. 이러한 회사들은 부티크 형태로 극소형 네트워크를 보유하고 있다. 또한 주류와 마찬가지로 대규모 글로벌 아이디어 공장을 향해 전진하지만 주류와는 다른 방식을 선택한 자들이다. 1980년대부터 생겨나기 시작한 이 패거리들은 1990년대에는 더 많은 수로 늘어났다. 세계의 부러움을 사는 창조성으로 무장한 이들은 초기 인터넷 채택자로도 잘 알려져 있다. 이들 중 몇몇은 회사 이름에서 성(姓)을 빼버리고 독창적인 브랜드 네임을 만들어낸 바 있다.

암스테르담파의 특징 중 하나는 운동화 브랜드 전문이라는 점이다. 180은 아디다스Adidas, 위든 & 케네디는 나이키Nike, 스트로베리프로그는 오니츠카 타이거Onitsuka Tiger 광고를 담당하고 있다. 이는 친구를 가까이 두되 적은 더 가까이 두라는 격언과 관련된다고도 할 수 있다. 나이키 유럽 본사가 암스테르담 근처로 자리를 옮긴 얼마 후 아디다스 커뮤니케이션 부문이 같은 궤적을 밟았다. 아디다스는 나이키의 홈그라운드인 미국 오레곤 주 포트랜드Portland에 미국 지사를 세우는 수완을 발휘한 바 있다. 그러나 이 암스테르담 광고 회사들은 이보다 훨씬 가깝게 연결되어 있다.

## 암스테르브랜드

1992년으로 되돌아가보자. 스코틀랜드 출신 광고인 알렉스 멜빈 Alex Melvin은 런던에 있는 여러 광고 회사에서 10년 동안 전략 기획 업무를 담당했다. 그는 기네스Guinness, 브리티시 철도British Rail, 미들랜드 은행Midland Bank 등의 광고를 전담했다. 또한 멜빈은 스포츠 광으로 축구와 요트 경기에 열정이 대단했다. 1992년 그는 스포츠에 더 많은 시간과 노력을 쏟기로 결심하고 광고계를 떠나 스톡홀름에서 요트 세계 일주 선수인 러드 잉밸Ludde Ingvall과 함께 요트 경주 팀을 창설했다.

그는 우선 요트에 집중하고 축구는 다음 차례로 생각하고 있었다.

이듬해 멜빈은 헤드헌터로부터 뜻밖의 전화 한 통을 받았다. 이야기를 들은 그는 귀를 쫑긋 세웠다. 나이키 광고를 관리하기 위해 암스테르담에 막 지사를 연 위든 & 케네디에서 일을 해보지 않겠냐는 제안이었다. '그 쪽에서 축구에 대해 잘 아는 사람을 필요로 하네요', 헤드 헌터의 말이었다.

미국 오레곤 주 포트랜드에 본사를 둔 위든 & 케네디는 10년 전 댄 위든Dan Weiden과 데이비드 케네디David Kennedy가 설립한 회사이다. 이 둘은 맥캔- 에릭슨 포틀랜드 지사에서 같이 근무했다. 그러나 이들이 당시 세상에 알려지지 않은 나이키라는 운동화 브랜드 사장 필 나이트Phil Knight를 만난 건 맥캔-에릭슨이 아닌 윌리엄 케인William Cain이라는 작은 광고 회사에서였다. 필 나이트는 이 두 사람이 차린 독립 회사 위든 & 케네디의 첫 번째 고객이 되었다. 위든은 나이키 광고 '그저 한번 해보자Just do it'을 만들었으며, 이 회사는 나이키와의 밀접한 파트너십을 기반으로 번성하게 되었다. 나이트가 대부분의 광고 시안에 불만을 드러낸 것도 도움이 되었다. 그는 이 광고 회사에 혁신을 집요하게 요구하면서 자신에게 감명을 주는 광고를 만들어달라고 주문했다. '나이키는 우리에게 자신들을 놀래키라고 끊임없이 주문했죠.' 위든이 말한다. 열 단어 이내로 굉장한 광고가 될 수 있도록 독특한 고객 관계를 정의하라는 것이었다.('나이키 광고가 짧은 이유What makes Nike's advertising tick', 『가디언』, 2003년 6월 17일자)

나이키의 광고는 모래를 씹는 듯 까칠까칠한 극적 요소에서부터 자연의 힘과 같은 절대적인 요소 그리고 인간적인 요소까지 다양한 모습을 나타내고 있다. 예를 들어, 나이키 에어 레볼루션Air Revolution 운동화 광고는 비틀즈Beatles의 노래 '레볼루션Revolution'에 맞춰 아마추어나 프로 운동선수들의 흐릿한 흑백 이미지를 8밀리 필름으로 담아냈다. 비틀즈가 이 음반의 사용을 두고 법적 조치를 취하면서 나이키 광고는 주목을 받게 되었다. 이 광고에 대한 열광적인 반응은 없었지만, 락 음악을 광고에 적용한 가장 효과적인 사례로 손꼽히고 있다. 1988년 나이키의 'Just do it' 광고에는 샌프란시스코에 사는 여든 살의 경주자가 주역으로 기용됐다.

이 노인은 '나는 매일 아침 17마일을 뜁니다. 사람들은 묻지요. 겨울에는 추워서 이가 딸각거릴 텐데 어떻게 하냐고요. 그래서 나는 이(의치)를 락커에 두고 뜁니다' 라고 말한다.

위든 & 케네디는 매디슨 가의 헤게모니에 도전한 첫 번째 광고 회사가 되었다. 그리고 이 회사는 지금 유럽으로 건너와 있다.

알렉스 멜빈은 그저 한번 해보기just do it를 잘했다고 생각한다.

그는 1993년 위든 & 케네디의 첫 번째 유럽 기획 디렉터로 이 회사에 첫 발을 들여 놓았다. 그리고는 그가 이야기하듯 '개인적으로나 직업적으로나 생애 최고의 5년' 을 보냈다. 그는 나이키 글로벌 축구 전략 개발의 주역이었을 뿐만 아니라 마이크로소프트(윈도우 95 출시 당시), 코카콜라와도 일했다. 위든 & 케네디에서 그는 자신이 뛰어난 사람들과 일하고 있다는 사실을 깨달았다. '그 회사에는 전 세계 광고업계에서 크리에이티브 계통의 난민들이 다 모여 있었어요. 위든 & 케네디 사무실 하나가 국제 광고업계의 방식을 변화시켰다고 생각해요. 극소 네트워크, 디지털 미디어도 이용했어요. 온갖 재료로 실험을 했죠.'

그러나 멜빈의 입장에서 미국 광고 회사의 해외 지사가 가지는 문제점 중 하나는 미국 광고 스타일을 유럽으로 도입하는 데 해외 지사가 별 도움이 되지 못한다는 점이었다. 가이 헤이워드Guy Hayward, 크리스 멘돌라Chris Mendola 등의 동료 몇 명과 함께 순수한 국제적 광고 회사는 어때야 하는지를 고심했다. 마침내 글로벌 브랜드는 문화적 관습을 담으면 안 된다는 결론에 도달했다. '글로벌 브랜드는 기원이 절대 없는 그런 광고 회사여야 합니다. 결국 어떤 특정 지역의 문화적 유산이 하나도 없어야 한다는 이야기죠. 우리 중 네덜란드 말을 할 수 있는 사람이 없었기 때문에 암스테르담에 자리를 잡았을지도 모르는 일입니다.'

불행히도 알렉스 멜빈, 가이 헤이워드, 크리스 멘돌라가 회사를 그만

둘 계획이며 회사를 제치고 그들끼리 아디다스의 광고 피치를 하고 있다는 야비한 소문이 암스테르담에 돌았다. 멜빈은 아디다스 광고 피치에 대해 알고 있기는 했지만 아디다스와 절대 접촉하지 않았다고 지금도 주장한다.(그들은 이와 관련된 법적 분쟁이 종결된 후에야 이 혐의에서 공식적으로 벗어날 수 있었다.) 그들은 격분했지만, 결국 위든 & 케네디에서 버림을 받았다. 나이키와 아디다스 양사의 경쟁은 상상하기조차 힘들만큼 그 정도가 심하기 때문이다. '우리가 말 한 마디 할 줄 모르는 낯선 도시의 거리에 서 있다는 사실을 절실히 깨달았죠. 결국 결정을 내릴 수밖에 없었어요. 어쨌든 아디다스 광고 피치를 해보기로 말이죠.'

아디다스와의 짧은 통화를 통해 그들은 아디다스의 피치를 추진하는 광고사 명단에서 한 회사가 빠졌다는 뜻밖의 좋은 정보를 얻어냈다. 하지만 시간은 이틀밖에 없었다. 광고 회사 180의 모태를 이룬 그들이 아디다스 광고를 맡을 만한 가치가 있는지 48시간 안에 증명해야 하는 것이었다. 위든 & 케네디 미국 본사와 일본 지사와 함께 일했던 크리에이티브 감독 레리 프레이Larry Frey의 적극적인 도움으로 그들은 '작은 아파트에 모여서 방 벽에다 아이디어를 빼곡히 써넣었다.'

아디다스 브랜드 분석을 통해 그들은 다음과 같은 두 가지 때문에 아디다스가 부활할 수 있었다는 결론에 도달했다. 즉, 아디다스의 프리데이터Predator 축구화 출시 그리고 아디다스 오리지널Adidas Originals이 주도한 길거리 패션 현상의 확대, 이 두 가지였다. 젊은 소비자 세대들은 아디다스를 스포츠 용품 브랜드뿐만 아니라 길거리 패션으로도 인식하고 있었다. '우리가 아디다스에 제안했던 바는', 멜빈이 말을 이어갔다. '아디다스가 스포츠를 근간으로 하는 기업이라는 점이었습니다. 아디다스가 변덕이 심한 패션 세계에 뛰어드는 것은 피해야 한다는 생각이었죠. 우리의 생각은 두 단어로 정리되었습니다. "스포츠여 영원하라Forever Sport",

이 정책은 4년 동안 아디다스 전체 커뮤니케이션에 적용되었습니다. 소비자들의 마음에 완전히 각인될 때까지 말이죠.'

실제 광고 피치는 런던에서 이루어졌다. 예상한 바대로 그들이 아디다스의 광고를 따냈다. 그러나 '당신이 소원하던 것을 조심하라' 는 격언이 현실로 다가왔다. '[아디다스는] 3개월 동안 35개 국에 방영될 광고를 원했습니다. 당시 우리는 회사를 차리지도 못했는데 말이죠' 라고 멜빈이 말했다.

180은 몇 년 동안이나 정말 눈이 튀어나올 정도로 놀라운 광고를 만들어냈다. 그리고 다른 전통적인 광고 회사와는 달리 디지털 환경이 시작되는 바로 그 순간부터 디지털 광고에 뛰어들었다. 2000년 시드니 올림픽 준비 기간이었던 1999년에 180은 코미디언 리 에반스Lee Evans를 단편 영화 시리즈 주인공으로 기용했다. 12분짜리 이 영화 시리즈에서 에반스는 여러 운동선수를 방문해 그들이 가진 운동 장비를 시험하기도 하고 어릿광대 놀음을 하기도 한다. 이 운동선수들은 모두 아디다스의 후원을 받았고, 이 영화 시리즈는 아디다스 브랜드 이미지를 가볍지만 확실히 각인시켰다. 애초 이 영화 시리즈는 인터넷 상영을 위해 만들어진 것이었다. 그러나 TV 방송국들이 영화 방영을 요구했고, 상업 광고를 절대 허용하지 않는 영국 BBC 방송국에서 방송되는 성과를 얻었다. '그래서 우리가 곤란하게 됐어요.' 라고 멜빈이 키득대며 말했다. '그 광고가 사람들에게 너무 즐거움을 주었기 때문에 광고처럼 보이지 않았다는 거죠.'

180은 2004년 '불가능은 아무것도 아니다Impossible is Nothing' 라는 최고의 광고 캠페인을 만들어냈다. 이 광고에서는 젊은 과거의 모습으로 부활한 권투 선수 무하마드 알리Muhammad Ali가 현재를 살고 있는 딸 라이라Laila와 권투 시합을 벌이는 내용을 담음으로써 특별한 효과를 가진 기이한 이야기가 만들어졌다.

'훌륭한 광고를 만드는 마법 공식 같은 것은 없어요.' 라고 멜빈이 말했다. '그러나 훌륭한 광고를 만드는 첫 번째 요소는 세계적 수준의 재능입니다. 이러한 의미에서 암스테르담은 좋은 조건을 갖추었습니다. 우선 암스테르담은 재능을 가진 사람들을 쉽게 끌어들이지요. 또 낙천적이고 다문화적이죠. 창조성으로 명성도 높고 유럽의 중심이기도 하고요.'

2003년에 180의 공동 최고 크리에이티브 책임자가 된 리처드 불럭 Richard Bullock도 이에 동의하는 것 같다. '예를 들어 런던 광고업계 문제점은 광고업계가 마치 하나의 거대 광고 회사같이 움직인다는 것입니다. 특정한 준거 틀과 어둡고 부조리한 유머만이 있죠. 그러나 국제 광고는 큰 비주얼 아이디어와 글로벌한 상징을 갖추어야 합니다. 예를 들어 무하마드 알리처럼요.'

암스테르담의 또 다른 광고 회사 스트로베리프로그도 180과 많은 유사점을 가지고 있다. 양사 모두 운하를 끼고 있는 이 타운하우스에서 시작됐다. 스트로베리프로그의 회의실은 사실 활활 타오르던 벽난로가 있던 자리며 지금은 그 대신 전자 불꽃이 깜박이고 있다.

1999년 2월 14일에 설립된 스트로베리프로그는 1990년대 등장한 가상 네트워크에 맞아 떨어지는 회사이다. 세계화가 급속히 진행되면서 유럽의 통신 산업이 자유화되었으며 인터넷보급이 급속히 확대되고 이동전화가 거의 어디에서나 사용가능하게 되었다.

창립자인 스콧 구드슨 Scott Goodson과 브라이언 엘리옷 Brian Elliott은 둘 다 캐나다 출신이다. 구드슨은 스웨덴에서 통신망 세계가 가지는 잠재성을 깨닫게 되었다. 그는 사실 약혼녀를 만나기 위해 스웨덴에 왔다가 결국은 크리에이티브 전문 회사인 웰린더 Welinder의 공동 소유자가 되며 그곳에 자리를 잡았다. 당시 웰린더의 가장 큰 고객은 스웨덴 통신 기업 에릭슨Ericsson이었다. 스웨덴 사람들은 유럽에서 가장 기술 지식이 높다. 구드슨도 스웨덴에 거주하면서 1989년부터 이동 전화를 사용했으며 1992년부터는 인터넷 광고 개발에 착수했다. 그는 이 회사에서 전략 기획 담당 엘리옷을 만났다.

몇 년 후 퓌블리시스가 웰린더를 인수하자 구드슨은 회사를 나와 캐나다 토론토의 J. 월터 톰슨으로 자리를 옮겼다. 그러나 엘리옷과의 전화 통화에서 그가 언급했던 것처럼 J. 월터 톰슨의 분위기는 사뭇 달랐다. 당시 엘리옷은 암스테르담에 있는 더 작은 광고 회사로 자리를 옮긴 터였다. 엘리옷은 '웰린더에 있을 때 우리가 전통적인 광고 회사와 종류가 다른 회사를 만들 수도 있겠다는 점을 알아버린 게 문제였죠. 스콧은 좌절감을 느끼고 있었어요. 왜냐하면 …… 대형 국제 광고사가 어떤 곳이란 걸 이미 잘 아시잖아요. 전화 회의에는 많은 수가 참가할 수 없지만, 웹에서는 규모가 무의미하죠. 몇 명만 있어도 전 세계와 의사소통할 수 있죠. 그래서 우리는 생각했습니다. "충분해, 우리가 할 수 있겠어."라고 말이죠.'

비용이 싸고 매력도 있고 게다가 연고도 있다는 점에서 암스테르담이 선택되었다. 세금 혜택이 있다는 점을 차치하고서라도 암스테르담은 무역 도시이자 문화의 교차로였다. 구드슨은 '공룡'(이 대목에서 구드슨이 매디슨 가의 전통적인 광고 회사들을 어떻게 생각하고 있는지 알 수 있다)에 반대되는 뜻을 지닌 것이 무엇이 있을까 찾던 차에 우연히 스트로베리프로그라는 이름을 생각해냈다. 그가 처음에 '도마뱀'을 내놓자 다른 누군가가 양서류에 대한 의견을 내놓았다. '하지만 회사이름을 "프로그(개구리)"라고 짓고 싶지는 않았습니다. 좀 심심하잖아요. 그래서 좀 더 자료를 뒤지고 찾고 했죠. …… 드디어 아마존에 서식하는 스트로베리프로그[딸기 독 개구리 혹은 딸기 독화살 개구리로 불리는 양서류]를 찾아냈습니다.

이 개구리는 사실 몸통은 빨갛고 다리는 파랗지요. 펑키한 빨간색에 블루진을 입은 개구리라고나 할까요. …… 스트로베리프로그는 우리가 하는 일이 무엇인지를 설명해주는 좋은 상징이라고 생각합니다. 우리는 매우 신속하고 효율적으로 움직이는 사람들로 이루어진, 작지만 고도로 집중화된 정열적 집단입니다' ('준비, 제자리, 뛰어!Ready, set, leap!, 『리버리즈Reveries』, 2002년 10월호).

이 회사는 출발과 동시에 사람들로부터 호기심을 자극하면서도 영리한 기업이란 인식을 얻었다. 엘리옷은 당시를 이렇게 설명했다. '우리가 와일드카드로 대형 광고 피치에 초대받았습니다. 사실은 "스트로베리프로그 미친 녀석들을 한번 불러보자"는 것이었죠. 우리는 웃기는 심심풀이 땅콩이었던 거예요. 그렇지만 결국 그 피치를 따낸 것은 우리였습니다.'

스트로베리프로그는 엘르 닷 컴Elle.com, 제록스Xerox, 스왓치Swatch, 하이네켄Heineken, 비아그라Viagra 광고도 따냈다. 크레디 스위스Credit Suisse의 2천6백만 달러짜리 광고를 거머쥔 것도 전환점이 되었다. 이 회사는 더 이상 웃기는 심심풀이 땅콩이 아니었던 것이다. 이후 그들은 뉴욕에 두 번째 '허브'를 열었다.

오늘날 이 회사는 옥외 광고나 이벤트에서부터 웹 기반 사업에 이르기까지 소비자와 광범위하게 접촉하는 '대중 운동popular movements'의 전문가이다. 건축을 전공한 마크 찰머스Mark Chalmers가 이 회사의 크리에이티브 디렉터를 맡고 있다는 것도 크게 놀랄 일은 아니다. '우리는 브랜드 환경을 설계합니다.'라고 그가 말했다.

2006년 1월 오니츠카 타이거Onitsuka Tiger '온라인 가라오케' 광고를 전형적인 예로 들 수 있다. 새로운 축구화 출시를 기념하기 위해 만들어진 이 광고에서는 87세의 오니츠카 타이거 회장을 포함해 22명의 직원들이 모여 어설프지만 귀엽고 작은 노래 '사랑스런 축구Lovely Football' [오니츠카 타이거의 Injector DX 신발 광고 테마 곡 이름]를 부른다. 스트로베리프로그는 이 광고를 '오니츠카 타이거 국립 합창단The Onitsuka Tiger National Choir'이란 이름으로 온라인에 띄웠고 이 광고는 친구, 이웃을 통해 들불처럼 퍼져나갔다. 이 광고를 본 사람들은 노래 따라 부르기에 초대되거나 축구화를 타기 위해 자신들이 노래하는 모습을 디지털 기기로 찍어 콘테스트에 내보내기도 했다. 기지가 넘치면서도 재미나고 동시에 어느 정도 최신 유행을 갖춘 이 광고는 오니츠카 타이거를 엄숙한 일본 스포츠웨어 제조업체에서 안아주고 싶은 브랜드로 만들어주었다.

이것은 바이러스성 마케팅의 완벽한 사례다. TV 광고로는 아무것도 할 수 없지만 어린 소비자들의 행동을 이해할 때 이러한 책략이 가능한 것이다. 이는 또한 이 새로운 종류의 광고 회사를 위한 무기로 자리 잡았다.

## 프로페셔널 급진파

1990년대 말 『캠페인』은 90년대의 광고 회사Agency of the Decade로 하웰 헨리 찰데콧 & 러리Howell Henry Chaldecott & Lury를 선정했다. 1987년에 설립된 HHCL은 대안적인 광고사의 영국적 전형라고 할 수 있다. 도일 데인 번버크Doyle Dane Bernbach가 1950년대 뉴욕에서 그랬던 것처럼 1990년대 런던에서 HHCL은 가히 혁명적이라고 할 수 있었다.

로버트 하웰Robert Howell, 스티브 헨리Steve Henry, 악셀 찰데콧Axel Chaldecott, 애덤 러리Adam Lury가 HHCL의 창립자들이다. 하웰은 영 & 루비컴 런던 지사의 광고주 전담 관리, 러리는 BMP의 기획, 헨리와 찰데콧은 WCRS의 소문난 크리에이티브 팀이었다.

이 회사의 개막 축하포는 업계 신문에 게재한 광고로 터졌다. 텔레비전 앞 소파에서 사랑을 나누는 남녀의 모습을 담은 광고가 바로 그것이었다. 고객사를 대상으로 한 이 광고에는 '현재 시청자 조사에 따르면, 이 남녀는 당신의 광고를 보는 것으로 나오고 있습니다. 그렇다면 진짜로 낭패를 본 것은 누구일까요?According to current audience research, this couple are watching your ad. So who's really getting screwed?' 라는 카피를 써넣었다. 이 광고를 게재한 결과, HHCL이 처음으로 맞아들였던 고객사인 템즈 텔레비전Thames Television은 광고 거래를 취소해버렸다. 지옥 같은 데뷔가 되어버린 것이었다.

  HHCL 직원들은 프로페셔널 급진파professional radicals라는 명칭을 명함에 새기고 다녔다. 이 회사는 '크리에이티브'나 '간부'와 같은 낡은 개념을 버리고 회사 사람이면 누구나 아이디어를 제출할 수 있도록 했다. '티슈 회의(tissue meeting-이 회사에서는 광고주에게 가능성 있는 솔루션을 개략적인 초고, 즉 티슈로 제출한다)' 동안 고객사도 크리에이티브 과정에 참여할 수 있도록 했다. 그리고 광고 회사 치아트/데이Chiat/Day와 같이 이 회사는 개방형 사무실과 직원들이 앉고 싶은 곳에 앉을 수 있도록 한 '핫 데스킹hot desking'을 운영했다. 『가디언』이 뒤늦게 지적한 대로, 중요한 것은 '그들의 불손하고, 날카로울 정도로 이지적이며, 가끔 모순된 광고는 보다 현명하고, 보다 광고에 정통한 소비자들에 대한 묵례다' (탄산음료가 터졌을 때When the fizz went pop, 2002년 4월 1일자)라는 점이다.

  HHCL이 만든 신선하고 재미있는 저예산 TV 광고는 80년대의 한껏 과장된 서사시와는 반대였다. 이 회사가 많은 혁신적인 광고 캠페인들을 내놓았지만 TV 광고 역사상 불후의 명작은 바로 탄산음료 브랜드 탱고Tango 광고다. 이 광고의 시작은 단순하다. 어떤 남자들이 모여서 탱고 음료수를 홀짝거리고 서 있다. 그런데 난데없이 몸 전체를 오렌지색으로 칠한 뚱뚱한 대머리 남자가 나타나 주인공 남자의 얼굴을 찰싹 때리고 없어진다. 그 내용이 놀랍고 부조리하며 또한 매우 영국적이다. 광고 마지막에는 '당신은 알고 있습니다. 탱고를 마셨던 때를You know when you've been Tango'd'라는 자막이 나온다. 『캠페인』은 이 광고를 90년대의 '독창적 광고 캠페인' 이라 칭했다.

그렇다고 해서 HHCL이 부조리한 유머에만 집중하는 것은 아니다. 이 회사가 만든 후지Fuji 카메라 광고에서는 인종이나 장애 그리고 나이 때문에 주류 사회에 끼지 못하는 사람들의 초상화를 흑백으로 담고 있다. 각자 특유의 억양을 지닌 흑인계 배우와 아시아계 배우라는 다민족적 캐스팅을 통해 HHCL은 아마도 광고 사상 처음으로 영국의 실상을 보여준 광고사가 되었다. '90년대 초 잠깐 동안이나마 [HHCL은] 변화하는 영국 사회상을 그려냄으로써 TV, 신문을 포함해 최신 유행잡지에 이르기까지 미디어 전체를 주도했다.' ('스티브 헨리 : 위대한 유산Steve Henry : Great expectations', 『가디언』, 2006년 7월 31일자)

이 기사가 지적하고 있듯이, 스티브 헨리는 그 당시 '상업적 이득을 위해 사회적 이슈를 탈취했다'는 비난에 시달렸다. '음, 사실 그렇죠. 그건 제가 뛰어든 게임입니다. 그러나 만약 제가 30초 광고로 인종주의와 관련된 이슈를 부각시킬 수 있다면 그건 제가 30분짜리 프로그램을 만드는 것보다 사람들에게 훨씬 강한 인상을 줄 수 있을 겁니다.' 채널 4Channel 4 다큐멘터리와 같은 것은 부처님에게 설법하는 꼴이라고 그는 주장했다. '(대신) 축구 경기 중간에 30초짜리 광고를 끼어 넣어 보세요. 어떤 사람이건 모두 다 그 광고를 볼 수 있잖아요.'

HHCL에서 진짜로 중요한 것은 이 회사가 21세기 이후 광범위하게 사용되기 시작한 첨단 광고 기술 분야에서 일종의 연구소의 역할을 했다는 점이다. HHCL의 목표는 '3D 마케팅'을 제공하는 것이었다. 3D 마케팅은 '통합' 혹은 '360도' 마케팅으로 불리기도 한다. 이 회사는 디자인과 PR을 활동의 중심으로 삼았다. 이에 따라 홍보 회사를 인수해 본사와 합병했다. HHCL은 많은 닷컴 광고주들의 고향이 되었고, 1994년 TV 광고에 웹 사이트 주소를 내보낸 첫 번째 광고사가 되었다. 또한 '아이덴츠idents' 브랜딩의 개척자가 되었다. 아이덴츠란 광고 시간 시작과 끝에 프로그램의 정체성을 알리기 위한 짧은 플래시 광고를 말한다.

『캠페인』이 HHCL을 90년대의 광고사로 선정한 지 얼마 되지 않아 불행히도 일이 잘못되기 시작했다. 닷컴 기업들의 파산으로 타격받은 것도 있지만 자기만족에 안주했던 점도 문제로 작용했던 것 같다. 이 회사는 탱고를 비롯해 중요한 광고주를 연속으로 잃었다. 스티브 헨리는 다음과 같이 회고했다. '[바틀 보글 헤가티Bartle Bogle Hegarty의] 나이젤 보글 Nigel Bogle은 광고 회사에 (거래를 끊겠다는) 전화가 세 통 연속으로 오면 끝이라고 항상 말했죠. 근데 우리도 그런 전화 세 통을 연속으로 받았어요.'

WPP가 사업 위기에 처했던 1997년으로 돌아가보자. WPP는 HHCL의 목숨을 구해줄 수가 없었다. 결국 HHCL이 모멘텀 회복에 실패하자 그 이름조차 명맥을 유지 못하고 WPP의 국제 크리에이티브 전문회사라는 극소 네트워크로 편입되어 버리면서 유나이티드 런던United London이 되었다. 그러나 HHCL은 아직까지도 영국 광고사를 빛낸 기업으로 남아있다.

HHCL의 팬들 가운데는 광고업의 변형을 꾀한 런던의 또 다른 광고 회사 창립자들도 있었다. 그 이름은 마더Mother이다.

마더는 2000년 전후로 급부상한 런던의 핫 숍이다. 최근 들어 약간 주류로 편입된 느낌이 있지만, 이 회사는 당시 업계 카피라이팅에 상당한 영향력을 행사했다.

마더는 1996년 12월 영국의 다섯 번째 지상파 텔레비전 채널인 채널 5Chasnnel 5 출범을 위해 세워졌다. 마더가 광고업계의 '바보 같은 이름'을 추종하는 집단들의 개척자로 종종 비난을 받지만 당시 이 회사는 회사 이름에서 창립자가 누구인지 알 수 있는 어떤 단서도 보여주지 않는 신선함을 주었다. 이 회사 창립자들은 GGT에서 크리에이티브 디렉터를 지냈던 로버트 새빌Robert Saville, 뉴욕 소재 맥캔- 에릭슨의 크리에이티브 독립사인 암스터 야드Amster Yard에서 일했던 마크 웨이츠Mark Waites, 바틀 보글 헤거티의 고객 담당자였던 스테프 캘크래프트Stef Calcraft, GGT 출신의 아트 디렉터 리비 브록호프Libby Brockhof가 그들이다.(AdBrands-WARC 공동 수행 조사 자료, 2006년 10월) 여기에 글락소 웰컴Glaxo Wellcome과 코카콜라의 고객 파트에서 일했던 앤디 메드Andy Medd와 재정 담당 매튜 클락Matthew Clark이 합세했다.

마더는 회사 위치에서부터 시작해 여러 가지 측면에서 80년대의 전통과 단절했다. 소호Soho나 코벤트 가든Covent Garden이 아닌 런던 동부 클러큰웰Clerkenwell[젊은 고객 연봉자의 주거지와 화려한 나이트 클럽, 식당과 아트 갤러리가 밀집한 런던 도심 지역]에 사무실을 연 것도 이 회사가 단행한 첫 번째 크리에이티브 작업 중 하나였다. 이 회사의 본사는 방 하나에 커다란 작업대들을 배치해놓고 직원들이 둘러 앉아 일하는 개방형 구조로 마치 화가의 아틀리에를 연상시켰다. 다시 말해 '간부'는 없었다. 광고 기획 및 고객 관리 대신에 이 두 가지 기능을 '전략 부서strategist'로 묶었다. 이 관리를 '마더mother'가 하는데 이는 행정 부서에서 하는 보통의 조정 역할이다. 한편 직원들은 각자의 진짜 어머니 사진을 명함 뒷면에 붙였다. 1층에는 '커다란 싸구려 포장마차가 공간의 대부분을 차지하고 있고 …… 샹들리에가 불을 밝히고 있었다.' ( '마더는 당신을 사랑한다Mother loves you', 『크리에이티버티Creativity』, 2002년 3월 1일자) 이후 이 회사는 쇼어딧치Shoreditch[이전에는 극장과 공연장이 밀집했던, 현재는 런던의 광고와 패션 중심지]의 멋진 사무실로 이사를 했지만 아직도 작업대를 중심으로 둘러 앉아 일하는 구조는 계속 유지되고 있다.

어머니는 누구나 의지할 수 있는 존재라는 점에서 회사 이름이 마더로 선택되었다. 마더는 또한 어드벤저스Advengers라는 컬트 TV 시리즈에서 명령을 전달하는 정부 관리의 암호명이기도 하다. 이 컬트 TV 시리즈는 마더의 일부 저급한 작품과 어느 정도의 조화를 이루어냈다. 마더의 초기 광고 중 많은 수가 70년대 텔레비전의 모습을 참고해서 만들어졌다. 유행을 쉽게 따르는 런던 광고계였던 만큼 다른 광고사들이 마더의 스타일을 흉내 내기 시작하자 이번에는 마더가 그 스타일을 버렸다.

밖으로 드러내놓지 않는 전략을 통해 신비주의를 만들어내는 고급 패션 브랜드와 비슷하게 마더도 어느 정도는 이러한 전략을 유지하고 있다. 언론과의 접촉을 매우 엄격히 통제하고 있고, 회사 웹사이트도 보는 사람에 따라 미니멀한 취향이라고 생각하거나 아니면 실망할 수도 있다.

몇 안 되는 네트워크(마더는 뉴욕과 부에노스아이레스에 지사를 가지고 있다)를 가진 독립 광고 회사가 유니레버나 코카콜라와 같은 다국적 광고주를 위해 수준 높은 크리에이티브 작업을 할 수 있다는 점을 마더가 입증했다는 측면에서 광고 역사에 적잖은 영향을 주었다. 마더가 성공할 수 있었던 이유 중에는 광고주의 변화를 꼽을 수 있다. 현재 일반 기업에서도 대중문화를 본능적으로 이해하고 있는 젊은 세대가 고위직의 상당 부분을 점하고 있다. 이들은 이전의 과장된 광고보다는 소비자의 입장에서 따뜻하고 마음을 끄는 광고에 더 관심을 기울이고 있다.

스테프 캘크래프트는 『캠페인』에 '우리가 광고 피치를 준비할 때는 항상 광고주들이 이미 우리와 함께 일하고 있는 것처럼 준비한다.' 고 말한 바 있다. '레드 카펫도 없고 스턴트도 없고 보통 하는 잡담도 없지요. 최고의 광고주들은 이런 것에 신경 쓸 시간이 없고 관심도 없다고 믿습니다.' ('마더는 어떻게 성장했는가How Mother grew up', 2006년 11월 17일자) 크리에이티브 과정 동안 광고주 역시 마더 팀의 두꺼운 나무판으로 짜여진 작업 테이블에 합류해야 한다.

광고는 진실을 단순하게 보여줄 때 효과를 거둘 수 있다고 마더는 믿는다. 이를 가장 잘 보여주는 광고로는 인스턴트 누들 브랜드인 슈퍼 누들스Super Noodles를 예로 들 수 있다. 이 광고는 소비자를 게으르고 바보 같은 굼벵이처럼 묘사했다.(물론 그런대로 어리석은 매력은 있었다.) 마더의 철학을 간파할 수 있는 『마더 바이블Mother Bible』에서는 '가장 정직해지자', 수퍼 누들스 한 그릇은 '아이들이 엄마를 좋아하는 이유와 같은 것' 이 될 수 없다고 설명하고 있다. '따라서 슈퍼 누들스 하나는 당신이 너무 나른하거나 혹은 너무 바빠서 아니면 술이 취해서 적당한 음식을 준비할 수 없을 때 한 끼의 식사 혹은 간식이 되는 것이다. 이러한 경우 고객들은 자신이 어떤 처지에 놓였는가를 간파하고, 의심은 가지만 일단 광고주들을 믿게 되는 것이다.

『마더 바이블』이 출판되었을 무렵 마더는 거대 국제 광고 회사에 매각되는 것을 완강히 거부하고 '순수' 하게 남기를 원했다. 이 작고 유연하며 정직하고 또 단호하기도 한 독립사는 얼마만큼이나 급진적으로 나갈 수 있을까?

## 매디슨에서 벗어나다

너무 영국 이야기만 하고 있다는 비난을 면하려면 화제를 미국으로 돌려야 할 것 같다. 세계에서 가장 큰 광고 시장인 미국에서도 대안적 접근을 가능하게 하는 발 빠른 광고 회사들(이들 중 많은 수가 대형 광고기업과 동맹관계에 있지만)이 존재한다.

생각해보니 어떤 광고 회사를 뽑아야 할지 매우 난감하다. 샌프란시스코의 굿비 실버스틴 & 파트너스Goodby, Siverstein & Partners는 어떨까? 제프 굿비Jeff Goodby와 리치 실버스틴Rich Silverstein이 대표를 맡고 있는 이 회사는

1983년 설립되었고 디지털 시대를 맞아 재편에 성공한 곳이다. 『크리에이티버티Creativity』에 따르면, 이 회사는 '현대 광고를 정의'하는 데 기여한 크리에이티브 핫하우스creative hothouse이다. (크리에이티버티 50The Creativity 50, 2006년 3월 1일자) 뉴욕 TBWA로 자리를 옮기기 전 GSP에서 크리에이티브 감독으로 일했던 게리 그래프Gerry Graf는 같은 기사에서 대안적 광고 회사의 역할을 다음과 같이 요약했다. '그들은 다른 사람들보다 많이 영리하고 재미있었습니다. 또 그들은 뉴욕의 대형 광고 회사를 낡고 어리석다고 생각했죠.'

이 회사의 작품은 과연 무엇일까? 모른다면 그건 농담이다. …… '우유 드셨어요?Got Milk?', 이것이 바로 굿비 실버스틴 & 파트너스가 제작한 광고다. 1993년 당시 캘리포니아 유가공 위원회California Milk Processor Board 상무 이사였던 제프 매닝Jeff Manning은 우유를 단순히 콜라나 스프라이트와 비슷한 단순 음료수의 이미지에서 탈피시키기 위해 이 굿비 실버스틴 & 파트너스에 광고를 맡겼다. 이 회사는 소비자 조사를 통해 쿠키나 브라우니와 같이 음료수 없이 먹기가 좀 뻑뻑한 간식들과 우유가 밀접히 관련되어 있다는 결론을 내렸다.

'애런 버Aaron Burr[1756-1836, 미국 제3대 부통령으로 토머스 제퍼슨 행정부의 부통령을 지냈대]'로 첫 번째 방아쇠를 당겼다. 이 광고에서는 라디오 퀴즈쇼 진행자가 임의로 뽑은 퀴즈 전화에 갑자기 당첨된 한 역사광이 등장한다. 이 퀴즈 전화가 생방송으로 진행되는 것을 알고 있는 주인공은 1만 달러가 걸린 퀴즈 게임의 답이 미국 부통령 애런 버 임을 이미 알고 있지만 제대로 대답을 할 수가 없다. 그가 땅콩버터 샌드위치를 한가득 입에 물고 있었기 때문이다. 게다가 팔을 뻗으면 닿을 거리에 있는 우유팩도 텅 비어서 메인 목을 해결할 수 없음을 깨닫고 눈알을 부라린다. 할 수 없이 우물거리는 소리로 대답하자 진행자는 알아듣지 못하고 전화를 끊어버린다.

엉뚱한 유머가 넘치는 이 광고는 우유를 재미난 것으로 만들어주었다. 그리고 'Got Milk?'라는 슬로건은 고객들의 뇌리 속에 땅콩버터보다도 더 끈끈하게 달라붙었다.

이 슬로건은 광고 대상을 수상한 이후 먼 은하계의 우유 부족 행성 광고를 포함한 여러 후속 광고에서 사용되었다. 우유 부족 행성 광고를 위해서 제작진은 마치 예전 스타 트렉Star Trek 에피소드를 연상시키는 우주 세계를 완벽히 창조해냈다.

크리에이티브 전초 기지를 둘러면서 크리스핀, 포터 & 보거스키 Crispin, Porter & Bogusky를 빼놓을 수는 없다. 이 회사는 혼자 힘으로 마이애미를 크리에이티브 광고의 수도로 탈바꿈시켰다. 크리스핀, 포터 & 보거스키는 1965년 샘 크리스핀Sam Crispin에 의해 설립되었으며 1987년 척 포터 Chuck Porter가 들어와 크리에이티브 부문의 전환을 시도할 때까지 그렇게 주목을 끄는 회사는 아니었다. 2년 후 포터는 알렉스 보거스키 Alex Bogusky를 크리에이티브 디렉터로 채용했다. 이와 거의 비슷한 시기에 멀리 암스테르담에서는 180과 스트로베리프로그가 국제 광고 사업을 하는 데 반드시 전 세계적 네트워크가 필요한 것은 아니라는 주장을 펴고 있었다. 마이애미의 크리스핀과 보거스키 역시 마이애미에서도 전 세계적으로 영향을 미칠 수 있는 작업이 가능하다는 점을 깨달아가고 있었다. 미래에 무슨 일이 일어날 것인가를 남들이 알아채기도 전에 그들은 미래의 광고 회사를 만들었다.

포터는 『애드위크』와의 인터뷰에서 이렇게 말하고 있다. '우리는 항상 우리 회사가 앞으로 무엇이 될 것인지에 대해 거의 정확한 비전을 가지고 있었습니다. 마이애미 소재의 세계적 광고 회사를 만드는 게 그것이었죠. 이런 비전에 기반해 모든 결정을 내렸습니다. …… 만약 여러분이 정말 굉장하고 흥미로운 일을 하게 된다면 아마 다른 모든 일을 제쳐

둘 겁니다. 우리는 항상 그렇게 생각했고 그리고 여전히 그렇게 생각하고 있죠.' ('마이애미에 있는 작은 크리에이티브 숍은 어떻게 커왔는가, 그들은 더 이상 나이 먹기를 거부한다How the little creative shop in Miami grew up, but refuses to grow old', 2006년 1월 9일자)

이 회사가 처음으로 주목을 받은 것은 금연 운동과 관련한 '진실Truth' 광고 캠페인이었다. 청소년 시청자에게 다가가기 위한 비설교적 전략이 채택되었다. 청소년들을 담배에 물들게 하는 대형 담배회사들의 전략을 신나게 떠들면서 폭로하였다. 지옥에서 열리는 시상식 광고는 1년 동안 흡연으로 사망한 사망자를 가장 많이 낸 담배회사 경영진에게 시상을 한다는 내용을 담았다.

이 광고 이후 담배 판매율이 하락하는 성과를 거둔 크리스핀 포터는 미니 쿠퍼Mini Cooper 광고로 다시 주목을 받았다. 미니 쿠퍼[1959년 영국 BMC가 출시했다]는 영국에서 탄생한 작고 귀여운 차로 그 초기 모델은 미국에서 별 인기를 끌지 못했다. 크리스핀 포터는 '자동차를 타자Let's motor'는 슬로건과 함께 이에 어울리는 재치 있는 묘기를 선보이는 방식으로 이 차의 원기 왕성한 영국적 모습을 담아냈다. 예를 들어, 기름을 마구 먹어치우는 SUV 차량 위에 주차를 하는 것이다.

이와 같이 크리스핀 포터는 주목을 끌면서 버거 킹Burger King 광고를 따내는 예상치 못한 쾌거도 이루었다. 그러나 다른 광고 회사들은 이를 두고 '업계에서 가장 나쁜 광고 거래'라며 독이 든 성배로 간주했다(성공은 기고만장한 광고 회사를 타락시키는가?Will success spoil a cheeky agency?, 『뉴욕 타임즈』, 2005년 11월 7일자). 크리스핀 포터는 '시키면 시키는 대로 하는 닭The Subservient Chicken'이라고 불리는 인터넷 홍보를 시작해 맥도날드의 행진을 가로막았다. 이 닭 사이트에 방문한 사람들은 웹캠에 보여지는 닭 한마리를 발견하게 된다.(사실은 닭이 아니라 닭 분장을 한 남자다.) 그리고 이 닭에게 명령해 볼 것을 권유받는다. 사실 이 동영상은 푸시 업, 맥주 마시기 등의 다양한 명령어에 맞춰 사전에 녹화된 것이다. 만약 이 닭이 이해할 수 없는 명령어가 입력되면 이 닭은 카메라로 다가와 손가락을 흔들며 훈계를 한다. 이 사이트가 온라인에 올라왔을 때 20만 명이 넘는 사람들이 이 사이트를 찾았다. 이 사이트의 인기가 상승하면서 마침내 방문자 수는 몇 백만에 이르게 되었다. 이 홍보 사이트는 '마음 내키는 방법으로 드세요 Have it your way' 라는 버거킹 광고와 연계되어 지금도 진행되고 있다.

지금까지 소개한 광고사들은 대안으로서 훌륭한 회사들이긴 하지만, 매디슨에서 탈출한 가장 특출한 광고 회사는 미니애폴리스에 소재한 팰런 Fallon 이다.

## 브랜드 콘텐츠의 추진

팰런은 상당히 오랜 기간에 걸쳐 형성된 회사이다. 마틴 윌리엄스 Martin Williams 에서 일하던 팻 팰런 Pat Fallen 과 보젤 & 제이콥스 Bozell & Jacobs 에서 크리에이티브 디렉터로 일하던 토머스 맥엘리고트 Thomas McElligott 이 회사일과 관계없이 개인적인 프로젝트를 맡아하면서 맺게 된 비공식적 협력에서 이 회사는 시작됐다. 이 둘은 7년 동안이나 이러한 사적 프로젝트를 함께 해왔고 1981년 자신들의 광고 회사를 세우기로 한다. 여기에 프레드 센 Fred Senn, 어브 피쉬 Irv Fish, 낸시 라이스 Nancy Rice 가 합류했다.

회사 출발 당시부터 팰런 맥엘리고트 라이스 Fallon McElligott Rice (팰런의 원래 이름)는 매디슨 가에 대안을 제시하고자 했다. 그들의 작업이 고스란히 담겨 있는 책 『오렌지 즙 짜기 Juicing the Orange』(2006)에서 팻 팰런과 프레드 센은 빌 번버크 Bill Bernbach 의 영혼을 불러내고 있다. '사람들이 하나의 광고에 반복적으로 노출되는 것에 심리적인 저항을 가지고 있다는 조사 결과가 나왔음에도 불구하고, 매디슨 가는 소비자들에게 폭격을 가하다시피 하고 있으며 이를 성공이라 부르고 있다.' 면서 '참신하고 재치 넘치며 사람의 마음을 끄는 방식으로 소비자와 의사소통하게 될 새로운 류의 광고 회사'를 그리고 있다. 무엇보다도 이러한 새로운 류의 광고 회사는 '제멋대로며 …… 예술을 위한 예술 광고가 광고 대상을 받을 수는 있어도 광고주의 실적에는 영향을 미치지 못하는' 그런 창조성이 아닌 번버크나 데이비드 오길비David Ogilvy 같은 사람들이 보여준 그런 근면한 창조성이어야 한다고 주장한다.

이런 주장은 이전에도 있었고 너무나도 쉽게 이야기 할 수 있는 것이었다. 그러나 팰런은 이를 정말로 해냈다. 팰런의 첫 번째 고객은 광고 경비도 제대로 대지 못하는 아주 작은 지역 이발소였다. 팰런은 이 이발소를 위해 '머리 모양이 엉망인 유명인'을 포스터 광고에 등장시켰다. 자연 그대로 방치한 듯한 앨버트 아인슈타인Albert Einstein의 이미지와 함께 다음과 같은 헤드라인이 등장했다. '머리를 잘 못 자르면 누구나 바보 같아 보일 수 있습니다A bad haircut can make anyone look dumb.' 이외에 베티 붑Betty Boop[미국 맥스 플레이셔Max Fleischer와 데이브 플레이셔Dave Fleischer 형제가 1931년 만들어낸 만화 캐릭터로 삐쭉빼쭉한 머리 스타일을 가지고 있다. 지나치게 선정적이란 이유로 1933년 미국 공연윤리위원회로부터 경고를 받은 바 있다]와 무 하워드Moe Howard[1897-1975, 쓰리 스투지스the Threee Stooges라는 슬랩스틱 코미디언 팀의 일원이었다. 헬멧을 뒤집어쓴 것 같은 독특한 머리 스타일로도 유명하다]도 이 광고에 차례로 등장했다. '그 이발소 광고 타깃이 되었던 사람들이 이 광고를 너무 좋아해서 버스 정류장에서 그 광고 포스터를 떼어갈 정도였죠' 라고 팰런과 센은 말했다.

지역의 작은 고객에서 시작했지만, 팰런은 마침내 롤링 스톤Rolling Stone, 월 스트리트 저널, 리 진스Lee Jeans와 같은 전국적 규모의 광고를 따내게 된다. 연이은 합병과 인수를 거친 이후 결국 팰런은 WPP 그룹의 일원이 되었다. 그러나 WPP가 불황의 늪에서 허덕이게 되자 1992년 팻 팰런은 WPP에 1천4백만 달러를 내고 팰런을 다시 사와(AdBrands-WARC 공동 수행 조사 자료, 2005년 12월) 회사를 바꿔나가기 시작했다. 이런 노력은 1995년 BMW 광고 수주라는 결실을 맺게 되었다.

팰런은 BMW를 위한 최고의 광고 캠페인 '하이어<sub>The Hire</sub>'를 만들었다. 이 광고 캠페인은 단편 액션 영화 시리즈로 할리우드 최상급 감독들이 만들었으며 인터넷에만 상영되었다. 2001년 당시 이러한 광고는 주류 브랜드에게 극단적으로 위험한 선택이었다. 그러나 BMW는 제임스 본드<sub>James Bond</sub> 영화 시리즈 중 한 편인 「골든아이<sub>GoldenEye</sub>」에 자사 차를 등장시킨 데 고무되어 있었던 데다 고급 자동차 고객들이 관심 있는 자동차를 찾아보기 위해 인터넷을 이용한다는 조사 결과도 확보한 상태였다. 게다가 25세에서 35세 사이의 젊은 남성들이 온라인에서 사치를 하는 경향을 이미 보였다는 사실도 조사되었다.

『오렌지 즙 짜기』에서 팰런과 센은 다음과 같이 설명한다. '이러한 단편 영화들이 정당성을 얻기 위해선 유명 감독들을 섭외해야 한다고 생각했다. 할리우드 시나리오 작가들의 도움으로 우리는 열다섯 편의 대본을 완성할 수 있었고 영화를 맡을 감독들에게 한 편씩 선택하라고 했다.'

웹의 가능성에 흥미를 느낀데다 또 경험이라는 차원에서, 영화 「로닌<sub>Ronin</sub>」의 존 프랭켄하이머<sub>John Frankenheimer</sub>, '와호장룡<sub>Crouching Tiger, Hidden Dragon</sub>'의 이안<sub>Ang Lee</sub>, '화양연화<sub>In The Mood For Love</sub>'의 왕가위<sub>Wong Kar-Wai</sub>, '락 스탁 앤드 투 스모킹 배럴스<sub>Lock, stock, and two smoking barrels</sub>'의 가이 리치<sub>Guy Richie</sub> 등 일군의 감독들이 영화 제작을 기꺼이 승낙했다. '크루피어<sub>Croupier</sub>'에 출연한 이후 급부상한 배우 클리브 오웬<sub>Clive Owen</sub>이 주인공으로 발탁되었다. 그가 맡은 역할은 다양한 사람들에게 고용되어 위험에 빠져들

수밖에 없는 운전사로 그를 구하는 것은 오직 그의 용기와 BMW뿐이다.

길거리에 대형 포스터를 붙이고 TV에서 예고편처럼 광고를 함으로써 이 영화는 진짜 블록버스터같이 홍보되었다. 팰런은 『버라이어티Variety』나 『할리우드 리포터Hollywood Reporter』와 같은 업계 잡지에도 광고를 게재했다. 첫 번째 영화는 2001년 4월 25일 온라인에 올려졌다. 이후 9개월 동안 이 사이트 bmwfilms.com에 2백13만 명이 방문해 영화를 1천만 회를 본 것으로 집계되었다. 유력한 감독들과 마돈나Madonna, 미키 루크Mickey Rourke, 포레스트 휘태커Forest Whitaker과 같은 스타 캐스팅 그리고 할리우드의 제작비용을 생각한다면 이러한 숫자들은 별로 놀랄 만한 일도 아니지만, 이 영화들이 미래의 광고가 나아갈 길을 제시했다는 점에서 중요성을 가진다고 하겠다. 물론 이러한 광고를 뒷받침할 만한 예산이 있다면 말이다.

BMW 웹사이트 bmwusa.com에 따르면, 2005년 10월까지 8편의 영화가 총 1억 회의 조회수를 기록한 것으로 나타났다. 물론 아직까지도 이 영화들은 다양한 비공식 웹사이트에서 찾아볼 수 있다. 이 영화들은 팰런과 BMW에게 승전보를 안겨주었다. 그러나 이러한 승전보보다 더욱 의미가 있었던 것은 인터넷이 마침내 주류 브랜드를 위한 본격적인 매체로 인정되었다는 점이었다. 브랜드 콘텐츠branded content가 드디어 나타난 것이다.

그러는 동안 팰런은 다시 한번 인수되는 운명을 겪었다. 이번 인수자는 퓌블리시스 그룹Publicis Groupe이었다. 퓌블리시스는 팰런과 효과적으로 경쟁해오던 뉴욕 지사를 폐쇄할 수밖에 없었지만, 팰런은 1998년 런던 지사의 문을 열었고 소규모 국제 네트워크 설립을 간절히 바라고 있었다. 퓌블리시스를 뒤에 업은 팰런은 소규모 국제 네트워크를 설립할 수 있는 영향력을 갖추기 시작했다. 그리고 얼마 지나지 않아 싱가포르, 상파울로, 홍콩, 도쿄에 지사를 설립했다.

팰런의 또 다른 혁신적 광고 캠페인으로는 소니Sony의 브라비아Bravia LCD TV를 들 수 있다. '색깔, 다른 것들과 다른colour, like no other'이라는 소니의 아이디어를 끌어내기 위해 팰런은 밝은 색깔의 고무공 25만 개를 샌프란시스코의 한 언덕에서 굴리면서 이를 영상에 담았다. 경사가 급한 언덕을 튀며 구르며 내려오는 고무공들은 오색찬란하게 쏟아지는 우박 같았다. 당시 이 광고를 맡았던 크리에이티브 디렉터 주안 카브랄Juan Cabral은 미디어 그리고 광고가 나아가야 할 방향을 다음과 같이 말했다. '그 광고를 찍고 있는 동안 나는 우리의 아이디어를 온라인에서 보았다는 이메일을 여러 통 받았습니다. 누군가가 유리창 너머에서 모바일 폰으로 그 고무공들을 찍어서 온라인에 올린 것이죠. 그 동영상이 전 세계로 퍼지는 과정에서 우리에게도 도착한 것입니다.' (『샷츠Shots』 컨퍼런스, 2006년 3월 21일)

그러나 열광적인 아마추어들에 의해 이 광고가 전유된 것이 이번만은 아니었다. 산뜻한 아이디어에 기반했던 이 광고는 사용한 고무공이 특수효과가 아닌 진짜 공이었다는 점에서 보는 이들에게 높은 평가를 받았다. 이 광고가 인기를 얻으면서 히트송과 수많은 패러디를 낳았다. 더욱 흥미로운 것은 다른 음악을 사용한 비공식 버전들이 웹에 무더기로 등장하기 시작했다는 점이다. 주안 카브랄은 '미디어는 이제 세계화가 되었다. 더 이상 내가 아니라 나와 모든 사람이다.'라고 지적한 바 있다.

BMW 광고 캠페인과 마찬가지로 소니 광고는 소비자들이 웹에서 브랜드와 상호작용하는 방법과 관련해 통찰력을 제시했다고 할 수 있다. 광고 회사들은 조금씩 인터넷을 길들여 갔다. 비록 그들 중 많은 수가 지난날 지나치게 서두르면서 생긴 상처를 여전히 간직하고 있지만 말이다.

# 14 닷컴 붐과 몰락

**우리는 지금 막 2백만 달러를 썼습니다**
**We just wasted two milloon dollars**

1999년 12월, 나는 뉴욕의 한 호텔방에서 거리의 눈이 녹기를 기다리며 하릴없이 이리저리 텔레비전 채널만 돌리고 있었다. 그 겨울 동안 텔레비전 채널은 닷컴 광고로 도배되다시피 했다. 우연히 한 채널에서 직원 여러 명이 산타 모자를 쓰고 캐럴을 부르는 아마존 닷컴 Amazon.com의 광고를 보게 되었다. 그들이 무엇을 하는 회사인지, 무엇을 파는 회사인지 정확히 설명하고 있는 것은 하나도 없었다. 다른 닷컴 기업들도 마찬가지로 이런 '이상한' 광고 방식을 따르고 있었다. 그로부터 1년 후 내가 다시 뉴욕으로 돌아왔을 때 그 닷컴 기업들 중 대부분이 화면에서 영원히 사라졌다.

광고 회사들에게도 닷컴 몰락의 책임이 있는 것일까? 광고 회사들이 닷컴 붕괴를 앞당겼다는 주장에는 그럴 만한 이유가 있다. 광고 회사들은 면전에서 왔다 갔다 하는 벤처 캐피탈 자금에 홀려서 브랜드 구축에 관해 그들이 배워왔던 모든 것들을 내팽개쳤다. 그들은 오로지 광고주들에게 최고로 빨리 다가간다는 목표 하에 천박한 광고를 만들었다. 물론 그중에 가끔씩 기지 넘치는 광고 있었다. 반면 전통적인 광고주들은 투박한 배너와 팝업을 가지고 온라인으로 돌진했다.

이러한 현상이 지속되는 동안은 재미도 있었다. 1999년 9월 10일 『캠페인』은 '닷컴 전쟁 The dotcom wars' 이라는 기사를 게재했다. 첫 번째 문장은 이렇게 시작됐다. '만약 누군가 닷컴 시대를 위한 광고 게시판을 만들

예정이라면, 아마 몇 백 피트 높이가 되는 광고판을 실리콘 밸리Silicon Valley 101번 도로U.S. Highway 101[미국 캘리포니아 주, 오레곤 주, 워싱턴 주를 남북으로 관통하는 서부 해안 고속도로다] 노면에 눕혀놓고 "새로운 골드러시에 오신 것을 환영합니다"라고 써야할 판이다.'

1998년 미국 상위 50대 인터넷 광고주들이 오프라인 광고에 지출한 돈은 고작 4억 2천만 달러에 불과했다. 그러나 불과 몇 달 뒤인 1999년 1~2월 동안 닷컴 기업들은 광고 지출을 280% 이상 확대했다. 영국에서도 유사한 상황이 전개되었다. 1999년 말 영국 총 광고 지출은 1백50억 파운드 장벽을 처음으로 넘어섰다. 영국 광고 협회Advertising Association 의 대변인은 전통적인 매체의 성공에는 닷컴 기업의 광고 활동이 있었다고 전했다. '수평선 위로 구름 한 조각 찾을 수 없을 만큼 화창하다.' 고 덧붙였다('닷컴 붐으로 영국 광고 지출, 1백50억 파운드를 넘어서다Dotcom boom helps propel UK ad spend beyond £15 billion mark' 2000년 5월 26일).

이해하기도 어려운 회사 로고를 닷컴 기업들이 도시 여기저기에 도배를 하면서 옥외 광고업계도 닷컴 붐의 수혜자가 되었다. 광고 게시판은 실리콘 밸리 101번 도로를 따라 난립했다. 영국에서는 닷컴 기업에 의한 옥외 광고 지출이 1998년 1백만 파운드에서 1999년 말 2천3백만 파운드로 믿기지 않을 만큼 폭발적 증가세를 나타냈다. 사실 이러한 광고 포스터들의 목적은 브랜드 구축이 아닌 투자자들을 끌어들이기 위한 것이었다. 금융기관들에게 자신들의 프로필을 인식시킬 목적으로 시내 특정 지역에 집중적으로 광고 포스터를 설치해 줄 수 있냐는 닷컴 기업들의 문의를 받았다는 영국 미디어 구매사들의 보고도 있었다.

포스터 계약업체인 모어More 사의 최고책임자인 스티비 스프링Stevie Spring은 『마케팅Marketing』에 다음과 같이 이야기했다. '우리가 본 것은 빠른 시간 내 명성을 얻어내기 위해 돈을 쏟아 붓는 닷컴 기업들이었습니

다. 그런 기업들 대부분이 이제부터 진짜 브랜드 구축을 해야 하겠죠.'
('닷컴 기업, 옥외 광고에서 돋보이다Dotcoms gain real presence outdoors', 2000년 3월 30일자)

　　닷컴의 광란은 1999년 하반기와 2000년 첫 주까지 최고조를 이루었다. 미국 광고 회사들은 1999년 4/4분기까지 광고를 띄우고 싶다는 닷컴 기업들의 전화를 하루에 5통씩 받아 처리했다. 일부 광고 회사들은 브랜드 구축에는 시간이 걸린다는 조언을 하기도 했고 다른 광고 회사들은 수백만 달러짜리의 고객들을 내칠 수 없다는 점을 이유로 그들을 받아들였다.

　　『뉴 미디어 에이지New Media Age』의 기사는 이러한 상황을 제대로 요약하고 있다. '반바지를 입고 다니는 얼간이들과 일본 출신의 조련사들이 팀을 이뤄 투자자들의 돈을 광고사에 마구 뿌리는 것을 본 광고사 중년 간부들은 황당해 입만 벌리고 앉아 있었다. …… 고작 나이트 클럽 전단지 정도나 만들어본 경험이 전부일 것 같은 스무여섯 살 먹은 젊은 마케팅 디렉터들에게 광고사의 중년 간부들이 지시를 받아야 했다.'('닷컴은 광고사를 어떻게 전멸시켰는가How dotcoms killed off the ad agencies' 2001년 9월 13일자)

　　그들이 합당한 경험을 가지고 있는 경우조차도 광고가 별나지 않으면 아무것도 되질 않았다. 영국에서는 레디투샵닷컴ready2shop.com의 설립자이자 패션 전문가인 트리니 우돌Trinny Woodall, 수잔나 콘스탄틴Susannah Constantine이 상반신을 드러낸 모델로 인쇄 광고에 등장했다. 최근에 생겨난 게릴라 광고 스타일도 있었다. 여성 사이트인 행백닷컴Hangbag.com은 회사 로고와 URL을 런던 패션 주간London Fashion Week 행사장인 자연사 박물관Natural History Museum 측면에 투사하였다. 행백닷컴 대변인은 '우리는 행백 브랜드를 창공에서 가져와 도시적이며 도시 생활에 익숙한 개성을 주입하고 싶었다.'고 전했다. 그는 아마도 처음은 '행백' 그리고 마지막은 '도시 생활에 익숙한' 이라는 말을 강조하고 싶었던 모양이다.

닷컴 붐의 극치는 2000년도 슈퍼볼Super Bowl of 2000이었다. 수십 개의 닷컴 기업이 현기증이 날 정도로 비싼 30초짜리 슈퍼볼 광고 스팟에 수백만 달러를 쏟아 부었다. 최고의 오만함에게 줄 수 있는 최고의 상이 있다면 그것은 춤추는 원숭이가 등장한 이트레이드닷컴E-Trade.com의 정신 나간 광고이다. 이 광고 마지막에는 다음과 같은 자막이 떴다. '우리는 지금 막 2백만 달러를 썼습니다. 당신은 당신의 돈으로 무엇을 하고 있습니까?We just wasted US $2 million. What are you doing with your money?'

그렇다면 닷컴 기업들을 돈을 위해 무엇을 했는가? 살롱닷컴Salon.com은 슈퍼볼 경기가 끝난 후 이렇게 지적했다. '이 광고가 이-트레이드 닷컴에 남긴 이익이라고는 멍청한 언론 보도와 일시적인 사이트 방문자 수 급증이 전부였던 것 같다. "브랜드 구축"이라고 불릴 만한 것도 없었으며 반박이 불가능할 정도로 그 기업에 가치가 남긴 것은 더더군다나 없었다. …… 아마도 남긴 것이 있다면 돈도 벌지 못하는 일군의 기업들이 엄청난 돈을 지출하는 것을 정당화하는 정도일 것이다.' ('펌블 닷컴Fumble.com' 2000년 5월 3일)

슈퍼볼에 광고를 내었던 한 광고주는 닷컴 붕괴의 상징이 되었다. 펫츠 닷컴Pets.com이 바로 그 기업이다. 이 회사는 재미난 양말 인형 마스코트로 전국적 인기를 얻었지만 끝내 회사는 파산했다. '70년대에 나팔바지가 있었다면 닷컴 시대에는 양말 인형이 있다.' 고 『와이어드Wired』가 지적('1999년 그들은 무엇을 생각했는가?1999-What were they thinking?', 2005년 8월호)할 정도로 펫츠 닷컴은 인기를 끌었다.

하지만 펫츠 닷컴Pets.com은 2년 만에 수백만 달러를 불쏘시개로 만들었다. 또 다른 닷컴계 유명한 사상자로는 패션 사이트인 부 닷컴Boo.com을 들 수 있다. 이 회사는 관리, 재고, 선적, 마케팅 등에 소요되는 비용이 수입을 엄청나게 초과하는 결과를 낳았다. 부 닷컴이 슈퍼볼 광고를 준비할 때인 1999년 12월말 매출 5백80만 달러에 손실은 6천1백80만 달러를 기록하고 있었다. ('펫츠 닷컴, 인형에게 볼을 입히다Pets.com to put puppet on Bowl', 『USA 투데이』, 2000년 1월 25일자)

펫츠 닷컴의 양말 인형 마스코트는 샌프란시스코의 TBWA/치아트/데이TBTW/Chiat/Day에 의해 만들어졌다. 기본적으로 이 마스코트에는 보풀 같은 흰색 스포츠 양말에다 이와는 잘 어울리지 않는 펠트천의 눈, 갈색 얼룩무늬, 빨간 혀, 핀으로 꽂은 양쪽 귀가 달렸다. 옷깃은 손목시계 모양이며, 항상 마이크를 가지고 다녔다. 펫츠 닷컴 광고는 일부러 아마추어 같은 냄새가 풍기도록 했다. 이 인형의 재치 있는 말투도 소비자들에게 호소력을 발휘했다.(펫츠 닷컴의 크리스마스 광고에서 이 인형은 벽난로에 쭉 걸려 있는 크리스마스 스타킹들을 보고 있다가 카메라로 몸을 돌려 읊조리며 이렇게 말한다. '공포the horror!') 이 회사의 각 광고는 항상 '…… 애완동물은 운전을 할 수 없으니까…… because pets can't drive'라는 말로 끝났다.

펫츠의 마스코트 양말 인형은 신문에도 기사화되고 토크쇼에 초대받기도 했다. 마스코트의 인기에 힘입어 수익을 위한 다양한 상품이 출시되었다. 그러나 광고의 성공에도 불구하고 소비자들을 끌어 모으는 데는 실패했다. 소비자들이 온라인으로 개와 고양이 사료를 주문하고 기다리느니 애완동물 가게에 가는 편이 낫다고 생각했기 때문이다. 펫츠 닷컴은 닷컴 열풍의 전형적인 연구 대상이었다. 『파이낸셜 타임즈Financial Times』가 설명한 바대로 '투자자들은 즉각적으로 전 세계에 닿을 수 있는 인터넷 기반 상업 시장을 감히 꿈꾸었던' 것이다. 닷컴 기업들은 이러한 열광에 도취되어 '그들의 아이디어가 실제로 작용하는지에 대해 증명할 필요가 없었고, 오로지 칭찬하지 않을 수 없는 비전이 있다는 것만 보여주면 됐다.' ('혼란에 휩싸인 기술주 Tech stocks in turmoil', 2000년 12월 23일자)

닷컴 기업들이 이익을 실현하기까지 여러 해가 걸릴 것이라는 점을 투자자들이 깨닫게 되면서 닷컴 열기는 급속히 냉각되었다. 2000년 겨울 투자자들의 반응은 얼음장처럼 차가왔다. 『파이낸셜 타임즈』는 기사에서 대형 첨단 기술 기업들의 고향인 나스닥 시장이 2000년 3월 최고점에 다다른 이후 2000년 말까지 3조 달러 이상을 날렸다고 보고했다. '올해 주식시장 가치가 이전 어떤 때보다도 심각하게 붕괴되면서 주가 하락은 지속될 것'이라고 전망했다.

전통적인 광고 시장마저 얼어붙으면서 온라인 관련 지출 역시 급격히 냉각되었다. 미국 인터넷 광고 협회 Internet Advertising Bureau는 인터넷 지출 증가율이 매년 150%의 성장세를 보였으나 2000년 3/4분기에는 6.5%로 하락했다고 발표했다. 이 협회가 증가율 수치를 발표하기 시작한 1996년 이래 처음으로 하락한 수치였다. 아이러니컬하게도 이는 부분적으로 인터넷이 매체로서 성공을 거둔 데서 기인했다. 광고주의 수가 줄어드는 것만큼 빠른 속도로 웹사이트 페이지 수가 증가했다. 없어진 광고주 중 많은 수가 파산한 닷컴 기업이었지만 사실 웹에 진저리를 내는 전통적인 브랜드들도 있었다.

『이코노미스트』의 한 기사에서는 이러한 상황이 매우 잘 요약되고 있다. 신문이나 잡지 인쇄광고에서는 독자들이 광고를 보든 안 보든 상관없이 광고주들이 미디어 공간에 대한 동일한 가격을 지불했기 때문에 상당히 높은 손실이 있다. 반면 인터넷의 경우는 배너 광고에 대한 페이지 뷰나 클릭수로 광고비를 지불할 수 있어 광고를 보지 않는 사람들을 위해 광고비를 쓸 필요가 없게 되었다. '온라인 매체들은 사실상 매체의 효율성 때문에 응징을 당하고 있는 것이다.' ('배너 광고 블루스 Banner ad blues', 2001년 2월 24일자)

상황이 정상화되었을 때 모든 사람들은 인터넷이 연기 속으로 사라지지 않은 사실을 알고 그저 놀랄 뿐이었다. 닷컴 기업들도 여전히 존재하고 있었다. 정말로 좋은 콘텐츠를 가지고 있거나 유용하고 전달 가능한 서비스를 제공하는 업체들은 살아남았기 때문이었다. 웹 역시 정보와 오락을 위한 강력한 매체로 그 지위를 유지하고 있었다. 하지만 웹 광고는 더욱 정교한 접근을 요구했다. 또한 통합된 광고 캠페인의 한 구성요소로서 웹 광고가 배치되는 경우도 늘어나고 있었다. 최근 블로그나 온라인 커뮤니티의 열기가 처음 인터넷 붐이 일었던 당시와 비슷하게 고조되자 과거의 실수를 반복하지 않으려는 반성으로 이 열기가 진정되고 있다.

그럼에도 불구하고 사람들이 다 같이 받아들이고 있는 사실 하나는 웹이 광고의 방정식을 지속적으로 바꾸고 있다는 점이다. 이러한 점을 확인하고 싶다면 자신에게 이러한 질문을 던져보라. TV 없이 사는 게 쉬운가, 아니면 컴퓨터 없이 사는 게 쉬운가라고.

# 15 라틴의 영혼

브라질에서 온 소년들 1 : 워싱턴 올리베토 * 브라질에서 온 소년들 2 : 마르셀로 세르파 * 스페인의 지배

축구 팬들이 테라스에서 광고 노래를 흥얼거리다
**Football fans chant advertising jingles on the terraces**

내가 광고제 참석을 위해 칸으로 출발하기 직전, 누군가가 내게 이렇게 말해주었다. '만약 칸에서 스페인 광고업계 사람들을 찾으려면 남미 사람들을 먼저 찾아보세요. 두 나라 사람들은 항상 왕래가 있거든요.'

현지에 도착했을 때 이러한 조언은 정확하게 들어맞았다. 그리고 이 조언 때문에 스페인과 라틴아메리카를 이번 장에서 동시에 다룰 수 있게 되었다. 스페인과 라틴아메리카는 역사적, 문화적, 상업적으로 뿐만 아니라 광고 분야에서도 상당히 강한 유대를 형성하고 있다. 자크 세귀에라Jacques Séguéla는 이를 두고 '심장의 광고the advertising of the heart'라고 부른 바 있다. 즉, 익살스러운 영국인, 재치 있는 미국인 그리고 유쾌한 프랑스인들의 광고에서는 잘 나타나지 않는 따뜻함과 관능적인 무엇이 있다는 것이다.

운 좋게도 내가 마주친 첫 번째 라틴 아메리카 광고계 사람들은 스페인 마드리드 소재 회사인 퓌블리시스 라도 CPublicis Lado C에서 온 두 명의 아르헨티나인들이었다. 크리에이티브 듀오인 파비오 마지아Fabio Mazia와 마르셀로 베르가라Marcelo Vergara는 80년대를 풍미했던 아르헨티나의 유명 광고 회사인 아굴라 이 바세티Agulla y Bassetti에서 일했다. 그러던 중 BBDO가 르노Renault 광고 제작을 위해 이 두 사람을 영입하면서 그들은 스페인으로 직장을 옮기게 되었다. 이후 르노가 퓌블리시스로 광고 제작을 옮기자 퓌블리시스는 르노 광고 담당을 위해 마지아와 베르가라에게

BBDO에서 나와 퓌블리시스 그룹 내 독립 에이전시를 하는 것이 어떻겠느냐고 제안했다고 한다.

'전에는 나라를 옮겨서 일한다는 생각을 한 번도 해본 적이 없었어요. 그러나 언어가 같다는 점 때문에 결정을 내리기가 쉬웠습니다.' 라고 마지아가 말했다. 오로지 크리에이티브들만이 입어낼 수 있는 너덜너덜한 최신 유행 패션으로 차려입은 그들은 호텔 바에서 쉬고 있던 중이었다. '물론 스페인에서 남미까지는 비행기로 12시간이 걸릴 정도로 멀리 떨어져 있습니다. 또 비슷한 점이 있는 만큼 다른 점도 있고요. 우리가 한 때 일했던 아굴라 이 바세티는 아르헨티나 광고업계의 한 세대를 배출해낸 광고사입니다. 아굴라 이 바세티 출신들 중 국제적으로 주목받는 인물도 많고요. 대표적으로 팰런Fallon의 후안 카브랄Juan Cabral을 들 수 있죠.'

아굴라 이 바세티 이외에 다른 아르헨티나 광고 회사들도 영향력을 인정받고 있다. 특히 사바글리오/TBWA Savaglio/TBWA를 이야기하지 않을 수 없다. 에르네스토 사바글리오Ernesto Savaglio는 아르헨티나의 유명 광고인 중 한 명이다. 그는 1990년대 초 아르헨티나의 살인적인 인플레에 저항하는 광고 캠페인으로 까르푸Carrefour의 이미지 전환을 꾀한 바 있다. 그는 풍자와 논쟁거리를 광고에 담았고 '대중의 목소리'를 채택했다. 당시 광고에서는 친숙하지 않은 풍조였다.

나는 아르헨티나 특유의 광고 '스타일'이란 것이 있냐고 마지아에게 물었다. '아르헨티나에는 여러 문화가 섞여 있고 그 결과 문화적으로 매우 특이합니다.' 라는 대답이 돌아왔다. '예를 들어, 아르헨티나에는 아이러닉한 유머 감각이 있는데, 이는 격한 감상적 사랑과는 대조를 이루죠. 스페인 문화, 이탈리아 문화, 미국 문화 그리고 탱고를 연상시키는 애수가 섞여 있다고나 할까요. 또 우리가 제3세계 규모의 예산을 가지고서도 용케 세계적 수준의 광고를 만들어내는 것도 감탄스럽죠. 적은 예산

으로도 창조적인 광고를 만들어내려면 가진 재능을 바닥이 나도록 써야 하니까요.'

베르가라가 덧붙였다. '유럽 광고와의 차이점 중 하나는 아르헨티나 사람들이 광고를 사랑한다는 점입니다. 축구 팬들이 테라스에서 광고 노래를 흥얼거리고 시트콤이 인기 있는 광고 캠페인을 참고할 정도니까요.'

축구 이야기는 자연스럽게 칸으로 옮겨졌다. 칸은 수년 동안 인상적인 광고 수상작을 배출했다. 그 수상작은 바로 브라질에서 나왔다.

## 브라질에서 온 소년들 1 : 워싱턴 올리베토

'1960년대에는 아르헨티나 광고가 우리보다 훨씬 좋았죠.' 라고 브라질 광고 권위자 워싱턴 올리베토Washington Olivetto는 말했다. '몇몇 선도적인 아르헨티나 크리에이티브 회사들이 브라질로 옮겨와 우리 브라질의 광고 발전에 공헌을 했습니다. 80년대 이후에는 오히려 브라질이 크리에이티브 측면에서 아르헨티나를 능가했죠. 최근에 이 격차가 다시 좁혀지고 있습니다만.'

올리베토는 브라질 광고의 슈퍼스타다. 그리고 여느 락 뮤지션만큼이나 인기가 높다. 이러한 이력 때문에 그는 2001년에 납치를 당해서 당시 경찰의 급습으로 풀려나기까지 53일이나 잡혀 있던 경험도 있다. 이 사건이 있기 전 올리베토는 수많은 칼럼 광고를 만들어냈다. 그가 제작한 광고 중 우선적으로 꼽을 수 있는 작품이 바로 가정 청소용 제품업체 봄브릴Bombril 광고다. 이 광고는 세계에서 가장 오랜 기간 동안 게재된 광고 캠페인으로 기네스북에 올랐다. 단순한 아이디어가 적중한 결과였다. 이 광고 캠페인에서 코미디언 카를로스 모레노Carlos Moreno는 체게바라Che Guevara에서부터 모나리자까지 그리고 가끔씩은 정치인으로 분하기도 했다. 이 광고 캠페인은 현재 3백 개 이상의 버전이 나와 있다.

'사실 이 광고 캠페인이 2004년에 중단되었는데, 다시 보기를 원하는 사람들이 너무 많아 2006년 5월 다시 광고가 시작되었죠.' 라고 올리베토가 말했다. '캐릭터가 시사적인 경향을 가지고 있기 때문에 광고에 뉴스나 풍자적 요소를 담았습니다. 이 때문에 시대에 뒤떨어지지 않는 장점을 지녔던 거죠. 게다가 주인공 카를로스 모레노가 재능이 뛰어난 코미디언이라 작업이 더 쉬웠고요.'

올리베토는 작가 정신과 세일즈맨의 매력을 동시에 가졌다. 그에 따르면, 그는 다섯 살 때부터 읽고 쓰는 데 뛰어났다고 한다. 커서는 저널리즘의 미래를 생각했다. 또한 그는 세일즈맨이었던 아버지를 존경했다. '내가 가장 존경하는 세일즈맨 직업과 내가 하고 싶은 글쓰기를 같이 할 수 있는 것이 광고라는 점을 발견했을 때 너무 기뻤습니다. 카피라이터가 되기로 결심했죠.'

그는 브라질의 본격적이고 현대적인 광고는 1960년대부터 시작되었다고 말했다. 그러나 '70년대가 되어서야 대중의 눈에 띄었고 또 힘을 얻을 수 있었습니다. 광고가 인기를 얻게 된 것은 80년대죠. 또 이때부터 우리가 국제적인 주목을 받기 시작했구요. 브라질 텔레비전, 특히 TV 글로보TV Globo[브라질 최대의 지상파 방송]의 영향력과 수준이 토대가 되었죠.' 1965년에 출범한 글로보 네트워크는 세계에서 가장 인기 있는 TV 채널 중 하나며 매일 8천만 명의 시청자가 이 TV 채널을 보고 있다. 또한 황금시간대 방영되는 연속극 혹은 텔레노벨라스telenovelas로도 유명하다. 글로보의 모기업은 전 세계에 포르투갈어 위성 프로그램을 방영하고 있다.

올리베토는 HGP라는 작은 광고 회사에서 인턴으로 일을 시작했다. 린스 프로파갠더Lince Propagada로 옮긴 그는 데카Deca라는 디자이너 욕실 브랜드 광고로 칸 국제광고제에서 동사자Bronze Lion상을 수상했다. 그때 그의 나이는 고작 열아홉 살이었다. '그 상을 통해 나는 많은 주목을 받게 되었고 당시 브라질에서 가장 빛나는 광고 회사였던 DPZ에서 제의가 들어왔습니다. 나는 크리에이티브 디렉터가 되었고 15년 동안 DPZ에서 일했지요.'

1986년 스위스 광고 그룹 GGK(9장 참조)가 폴크스바겐Volkswagen광고를 담당할 브라질 전초 기지 설립을 위해 올리베토를 영입했다. W/GGK라는 명칭으로 이 회사는 3년 만에 거래금액이 8배로 증가했다. 1989년 7월 올리베토와 그의 사업 파트너들이 브라질 자본으로 이 회사의 스위스 본사 주식을 사들였고 회사 이름을 W/브라질W/Brasil로 바꿨다.

W/브라질은 실제로 잡지 공간보다 가격이 싼 TV에서 눈길을 끄는 광고로 명성을 얻어갔다. 브라질 사람들은 TV를 열중해서 보는 편이다. 텔레노벨라 한 편을 전체 가구의 90%가 시청한 경우도 있다. 고급 잡지에서 2페이지에 걸친 전면 광고 가격이면 TV 뉴스 중간의 30초짜리 스팟을 살 수 있었고, 이를 통해 4천5백만 명의 사람들에게 다가갈 수 있었다. 당시 혼란스러운 브라질 경제와 살인적인 인플레 때문에 올리베토가 광고하는 제품을 살 사람들이 몇 되지 않는다는 점을 그도 인정하고 있었다. 그러나 아르헨티나 시청자들과는 달리 '브라질 사람들은 텔레비전을 통한 즐거움 얻기를 좋아했고 또 광고를 매우 잘 받아들였다.'

페르난도 콜로르 데 멜로Fernando Collor de Mello 브라질 대통령이 1990년 반인플레 정책으로 개인과 기업 저축의 상당 부분을 동결시켜 버리자 올리베토는 재빨리 대응책을 마련했다. 손님들이 하룻밤에 다 사라져버린 타이어 소매업체 자카리아스Zacharias를 위해 W/브라질은 다음과 같은 광고를 만들었다. '만약 뭘 해야 되는데 돈이 없다면, 들어와보세요. 우리가 길을 찾아드릴게요.If you have anything which needs doing but no money, come in and we'll find a way.' 기업은 불황 중에도 광고를 계속해야만 경기가 회복되었을 때 강력한 지위를 점할 수 있다는 이론을 극단적인 환경에서 실천한 것이다. 그렇다고 해서 올리베토가 모든 고객사에 이렇게 한 것은 아니었다. 그는 『파이낸셜 타임즈』와의 인터뷰에서 '우리는 회전율이 높은 소비재를 파는 고객들에게만 집중했습니다. 그리고 다른 기업들에는 광고를 하지 말라고 조언했지요. 경기가 완전 바닥을 치고 있는데 신제품 세탁기를 살 사람은 없으니까요.' 라고 언급했다. '우리는 고객의 사업이 3개월이 아닌 20년 동안 이어가기를 바랐어요. 그랬기 때문에 우리가 그들의 사업 전망을 제대로 보았는지도 모르죠.' ('광고계 락 스타 생애 최고의 순간Finest moment of adland's rock star', 1990년 7월 19일자)

이 기사는 그렇게 어려운 상황에도 굴하지 않는 올리베토의 화려한 스타일을 인정하는 듯 보인다. '그는 여직원한테 정기적으로 꽃을 보냈고, 업무상 자축할 일이 생기면 술을 한 순배 돌렸다. 격주 금요일마다 TV 명사에서부터 축구선수, 화가에서부터 가수까지 인기 스타를 초대했다.' 고 이 신문은 열광했다.

물론 오늘날 브라질은 러시아, 인도, 중국과 함께 전도유망한 BRICs 국가 중 하나가 되었다. 브라질 경제가 일부 애널리스트들이 전망한 것과 같은 호황을 아직까지 누리지 못하고 있지만, 현재 W/브라질은 따뜻하고 재기 발랄한 광고로 수많은 소비자들과 만나고 있다. 또한 브라질 광고계는 국제 광고전에서 계속적으로 좋은 성과를 내고 있다. 그렇다면 올리베토는 이러한 성공을 어떻게 설명하고 있을까?

'광고, 음악, 축구, 건축, 패션 등과 같은 분야에서 브라질이 엄청난 크리에이티브 국가가 된 것은 우리가 혼혈적 요소를 가지고 있기 때문입니다. 브라질에는 많은 인종들이 섞여 있고, 그것이 우리를 창조적, 관능적, 음악적으로 만들었고 또 선천적 재능과 훌륭한 유머 감각을 갖게 했죠.'

그는 이러한 문화적 메티사쥬^m tissage[혼혈, 섞임을 나타내는 프랑스어]에 대해 높이 평가하고 있음에도 불구하고 스페인과 남미를, 사실은 브라질과 나머지 지역을 관련지어 생각하는 나의 입장에 대해 동의하지 않았다. 그는 브라질을 독립된 장으로 다루어야 한다고 했다. '브라질은 라틴아메리카가 아닙니다. 지리적으로도 다른 라틴아메리카 국가들과 약간 떨어져 있고, 언어도 다르며, 특징이나 개성도 다릅니다. 물론 라틴아메리카, 이탈리아, 스페인 형제들이 우리에게 영향을 주고 있다는 점은 분명합니다. 그러나 우리의 개성은 절대적으로 그들과는 구분되지요. 물론 우리의 개성이 더 좋다거나 더 나쁘다거나 하는 이야기는 아닙니다. 이것은 우리의 존재 방식이고, 우리의 행동과 또 우리의 광고 속에서 반영되는 것입니다.'

## 브라질에서 온 소년들 2 : 마르셀로 세르파

올리베토가 추천한 광고 회사 중 하나가 알맵/BBDO^Almap/BBDO다. 이 회사는 정기적으로 칸을 습격하는 선봉장이다. 이 광고 회사 크리에이티브 분야의 권위자는 마르셀로 세르파^Marcello Serpa로 각종 광고제에서 수상한 덕에 사십대 초반에 이미 광고계의 전설이 되었다. 인상적인 외모만큼이나 성격도 좋은 그는 새로운 인쇄 광고의 개척자로도 평가받고 있다.

스스로 지적하듯 그는 '100퍼센트 브라질 사람' 이지만 그의 이력은 독일에서 시작되었다. 그도 그럴 것이 세르파는 열여덟 살부터 독일 뮌헨에 있는 그래픽 디자인 및 상업 미술 학교에서 공부했다. 이후에는 당시 크리에이티브 전문 회사로는 독일에서 최고였던, 뒤셀도르프에 소재한 GGK에서 일했다. 1987년 브라질로 완전히 귀국한 그는 리우데자네이루^Rio de Janeiro, 나중에는 상파울로^S o Paulo에 있는 광고 회사 DPZ에서 일했다. 다음으로는 DDB의 월드와이드 네트워크인 DM9으로 회사를 옮겼다. 이 회사에서 세르파는 다이어트 음료수 구아라나$^{Guarana}$ 광고를 가지고 라틴아메리카 역사상 처음으로 1993년 칸 그랑프리를 차지했다. 이 광고는 검게 그을린 완벽한 몸매의 신체와 팽팽한 배꼽에서 막 따낸 듯한 병마개가 있는 두 개의 단순한 이미지를 보여주었다. 더 이상의 설명이 필요 없는 광고였다.

'독일에서 받은 교육 때문에 이러한 접근이 가능했던 것 같아요.' 라고 세르파는 설명했다. '브라질 사람들은 창조적인 것에 접근할 때 매우 아나키스트적입니다. 반면 독일 사람들은 훈련을 바탕으로 해서 접근하죠. 독일에서의 교육은 나에게 단순화의 개념을 심어주었습니다. 여기서 단순화라는 것은 가장 단순한 조건에서 아이디어를 표현하는 것을 말하죠. 비본질적인 요소는 모두 제거되어야 합니다. 당시만 해도 직설적이며 순수하게 비주얼한 아이디어가 보기 드문 때였죠.' 라며 미소를 지었다. '유명 카피라이터인 닐 프렌치$^{Neil French}$가 그러더라고요. 장문의 카피를 죽인 책임이 내게 있다고요. 그렇다고 해서 나 때문에 장문의 카피가 완전히 사라진 건 절대 아닙니다.'

새로운 세계화 시대에 광고가 나아가야 할 방향을 보여주었다는 점에서 세르파의 접근은 주목받았다. 세계 각국의 젊은 세대를 겨냥한 브랜드들은 최소한의 번안을 통해 각 시장에 내보낼 수 있는 광고 캠페인을 필요로 했다. 이런 상황에서 이들의 광고에서는 장문의 카피나 만담 투의 문안이 끼어들 여지가 없었다.

세르파는 이러한 최소한의 접근이 브라질 시장에 잘 들어맞는다고 했다. '브라질에서는 항상 넉넉한 예산으로 광고를 만들 수 있는 게 아니거든요. 가끔 10만 달러 정도로 TV 광고를 만들어야 할 때도 있어요. 미국의 거대 제작 환경에 비하면 새 발의 피죠. 때로는 단순한 아이디어가 저

15. 라틴의 영혼_ **359**

렴한 아이디어가 되기도 합니다.'

　1993년은 세르파에게 중요한 한 해였다. 그가 호세 루이즈 마데이라 Jos Luiz Madeira와 알맵/BBDO의 공동 CEO로 취임했고 이 둘은 회사를 바꾸어나가기 시작했다. 당시 마데이라는 기획 경력 소유자였다. 1960년대 알렉스 페리시노토Alex Periscinoto가 설립한 알맵은 1998년 옴니컴에 의해 인수되었으며 BBDO 네트워크의 한 회사가 되었다. 당시 이 회사 상황은 딱할 정도로 좋지 않았지만, 세르파와 마데이라가 CEO로 취임하면서 다시 활기를 띠었다. 그들은 아우디, 폴크스바겐, 펩시, 바이엘Bayer 등의 광고를 통해 광고전에서 수상을 거듭했고, 이 회사는 세계 최다 수상 광고 회사 명단에 이름을 올렸다. 이 때문에 브라질이 세계 광고 크리에이티브로서 명성을 얻을 수 있었다는 것은 의심할 수 없는 사실이 되었다.

　세르파는 브라질 고객들이 불황과 맞닥뜨리면서 한풀 꺾였지만, 지금도 그들은 광고와 친화적인 브라질의 문화라는 이득을 보고 있다는 견해도 피력했다. '브라질에서는 광고주 역시 소비자입니다. 광고주들은 상아탑에 묻혀 손가락이나 세면서 앉아있지 않습니다. 그들은 집에서 가족들과 함께 광고를 보지요. 그러면서 사람들이 무엇을 생각하는지 신경을 씁니다. 자신의 자녀들의 눈에 띄거나 깊은 인상을 줄 수 있는 광고 스팟을 원하지요. 고객들은 제게 이렇게 말합니다. "모든 사람들이 이야기하게 될 그런 광고를 좀 만들어줄 수 없나요?" 참 산뜻한 접근이죠.'

## 스페인의 지배

　내가 스페인 광고에 대해 알아보기 위해선 마누엘 발모리스코Manuel Valmorisco에게 의지를 해야만 했다. 이 친절한 곰 같은 남자는 뛰어난 크리에이티브 능력의 소유자다. 그는 자신의 광고 회사로 이름을 날렸고 마드리드와 파리에서 로우Lowe의 책임 크리에이티브 디렉터로도 일했다. 그는 아르헨티나, 마이애미, 쿠바까지 아우르는 히스패닉 광고 문화가 있다는 나의 가설을 확증해주었다.

'쿠바의 크리에이티브 인력 중 많은 수가 쿠바 혁명 이후 이곳으로 왔고, 그들과 함께 미국의 마케팅 스타일이 들어왔습니다. 물론 우리들은 오랜 기간 동안 아르헨티나와 관계를 맺어왔죠. 아르헨티나 독재 정권 기간 동안 그리고 그 뒤를 이어 여러 차례의 금융 위기를 겪으면서 아르헨티나의 인재들이 조금씩 조금씩 대서양을 건너 이주했죠. 이들이 스페인 크리에이티브 작업의 밑거름이 되었고요.'

스페인 광고 역사는 바르셀로나와 마드리드의 크리에이티브 패권 다툼 과정이라고 해도 과언이 아니다. '70년대, 80년대, 90년대 초까지 바르셀로나가 마드리드보다 훨씬 혁신적이었다는 데는 의심의 여지가 없죠.'라고 발모리스코가 의견을 내놓았다. '바르셀로나에는 영화 산업이 발달해 좋은 감독들이 많이 있었습니다. 많은 사람들이 핫 숍을 창업했지요. 마드리드보다 스타일이 훨씬 자유로웠습니다. 물론 다국적 광고 회사와 고객들은 모두 마드리드에 주둔해 있기는 했습니다. 바르셀로나 광고 회사들은 최첨단 디자이너와 아트 디렉터들과 밀접한 관계를 맺고 있었습니다. 하지만 요새는 마드리드 쪽의 거래금액이 아마 바르셀로나의 두 배 정도에 달할 겁니다. 그리고 크리에이티브 작업도 바르셀로나를 따라잡았고요.'

스페인에서 크리에이티브 혁명은 바르셀로나 광고 회사인 MMLB와 밀접한 연관이 있다. 1970년대 중반 마샬 모리네Mar al Molin, 미겔 몬트포트Miguel Montfort, 호아킨 로렌테Joaqu n Lorente, 에디 보스텐Eddy Borsten이 세운 이 회사는 스페인에서 미국의 DDB, 런던의 CDP와 같은 존재였다. 번성하는 미디어와 함께 새로이 시작된 민주적 시장에서 MMLB는 최초의 순수 크리에이티브 부티크였으며 미디어 부문 없이 운영된 회사였다.

MMLB는 테크니미디어Tecnimedia라는 독립 숍과 함께 자신들의 미디어 기획이라는 개념도 만들어냈다. 이러한 아웃소싱 위주의 접근은 1978년 스페인의 미디어 플래닝 그룹 탄생에 영감을 주었다고 평가되고 있다. 이후 유럽에서 가장 큰 미디어 기획 및 구매 회사로서 이 미디어 플래닝 그룹은 1999년 프랑스 아바스Havas의 미디어 부문을 합병했다.

MMLB 제1선 크리에이티브 카피라이터 호아킨 로렌테는 스페인 현대 광고의 아버지로 불린다. 그는 1930년대 클로드 홉킨스Claude Hopkins와 유사한 과학적 광고 이론을 발전시킨 페드로 프라트 가발리Pedro Prat Gaball 에 견줘지는 인물이다. 2006년 제네랄리타트 데 카탈루니아Generalitat de Catalunya에서 열린 호아킨 로렌테 헌정 전시회에는 '로렌테가 바로 광고입니다'라는 카피가 등장했다. 'MMBL은 학교였고, 로렌테는 선생님이었습니다. 도제들을 거느린 명인처럼 그의 주변에는 학생들이 모여들었죠.'

여기서 중요한 점은 따뜻한 카탈루니아 스타일이 음악, 패션, 디자인에서의 혁명과 융합되면서 MMLB에 바르셀로나 광고학파가 만들어졌다는 점이다. 이전까지만 해도 광고를 선전 활동과 연관 지어 생각하던 스페인 국민들이 처음으로 광고를 높이 평가하기 시작했다.

이미 언급한 바 있지만 광고사 한 곳이 혼자서 혁명을 일궈내는 것은 아니다. 그러나 두 명의 MMLB 출신은 자신들의 숍을 내세워 대변혁을 꾀한 바 있다. 1977년 크리에이티브인 에르네스토 릴로바Ernesto Rilova와 루이스 카사데발Luis Casadevall은 고객 담당이자 전략 담당인 살바도르 페드레노Salvador Pedre o와 함께 한 팀이 되었다. 살바도르 페드레노는 다소 보수적인 광고 회사인 유니트로스Unitros에서 하인켈Heinkel, 브라운Braun과 같은 대형 고객과 함께 일한 경력이 있다. 이들이 함께 RCP를 만들었다. 이 회사는 창조성과 빈틈없는 마케팅 전략의 융합을 내세웠다. 물론 이 아이디어는 통했다. 1981년 여름 RCP는 실내 냄새제거제인 앰비 퍼^Ambi Pur 광고로 칸에서 금상을 수상했다. 이 광고에 등장하는 주인공 고양이는 눈이 가려져 있다. 그래서일까? 바로 코 밑에 있는 생선을 그냥 지나친다. 사실은 생선 바로 옆에 앰비 퍼 탈취제가 있었다. 이 탈취제를 치우자 고양이는 생선을 향해 와락 달려든다.

예산 제약 때문에 높은 제작비보다는 단순한 아이디어에 꾸준히 매달렸던 RCP의 미니멀 스타일은 스페인 광고계에서 10년 동안이나 본보기가 되었다. 1987년 사치 & 사치가 RCP를 인수했다. 그러나 RCP 설립자 중 두 명이 3년 뒤 새로운 광고 회사를 앞세워 다시 등장했다. 그들의 솜씨는 전혀 녹슬지 않았다. 1992년 카사데발 페드레노^Casadevall Pedre o는 칸에서 '수녀^Nuns'라 불리는 광고 동영상으로 그랑프리를 차지했다. 초강력 접착제 브랜드를 선전하는 이 광고에서는 수녀 두 명이 수녀원에 있는 아기천사 석상을 지나치는 장면으로 시작된다. 이때 석상의 성기 부분이 떨어져 있는 것을 발견하고 매우 놀란다. 이들은 성기 조각을 손수건에 곱게 싸 원장 수녀에게 가지고 간다. 원장 수녀는 두 수녀와 조각상으로 가서 접착제로 떨어진 조각을 붙여 놓지만 거꾸로 붙이게 된다. 원장 수녀가 돌아간 후 어린 수녀가 잘못 붙여진 부분을 제대로 돌려놓는다. 이 광고는 스페인 광고가 가지고 있는 '아름다운 단순성'을 보여주는 전형적 사례라고 할 수 있다.

1970년대 바르셀로나에서 높이 평가된 또 다른 인물로는 루이스 바사트^Luis Bassat가 있다. 세일즈맨으로 출발한 바사트는 1965년 벤디토르^Venditor라는 광고 회사를 세웠다. 그는 1973년 이 회사를 매각했고 좀 더 국제적인 이미지의 다른 광고 회사를 세울 수 있으리라 확신했다. 당시 그는 이미 국제적 파트너를 물색하고 있었고, 그러던 중 데이비드 오길비의 『어느 광고인의 고백』을 읽고 오길비 & 매더와 함께 일하리라고 결심했다. 1975년 그의 새 회사인 바사트 아소시아도스Bassat Associados가 번창하게 되자 오길비 & 매더에 접근해 바사트의 절반을 오길비 & 매더에 팔겠다고 제안했다. 당시 오길비 & 매더의 회장이었던 조크 엘리옷Jock Elliott는 그에게 '우리는 이 제안을 받아들일 수 없다.' 고 잘라 말한 것으로 보고된 바 있다. ( 'O&M 마에스트로의 마음을 바꾼 바르셀로나 소년의 올림픽 묘기Olympic feats of the Barcelona boy turned O&M maestro', 『캠페인』, 1998년 1월 30일자)

그러나 5년 후 오길비 & 매더는 마음을 바꿨다. 바사트 아소시아도스의 주식 25%를 매입하고 바사트를 이사로 임명했다. 1992년 그는 바르셀로나 올림픽의 개막식과 폐막식을 조직했다. 많은 스페인 광고인들이 어떤 방식으로든 바르셀로나 올림픽에 참여하겠다고 나섰지만, 주된 역할은 바사트에게 맡겨졌다.

스페인이 유럽 공동 시장Common Market에 참가한 1986년과 바르셀로나 올림픽이 열린 1992년 사이 두 번째 크리에이티브 혁명의 파도가 몰아쳤다. 루이스 바사트는 '어떤 회사를 사야 하는지 조언을 부탁한다는 전화를 작년처럼 많이 받아본 적이 없었다.' 고 1989년 『파이낸셜 타임즈』와의 인터뷰에서 말한 바 있다. ( '몰아치는 호황의 파도에 올라타기riding high on an economic surge', 1989년 12월 28일자) 그리고 진짜로 파도의 꼭대기를 타는 광고 회사도 있었다. 바로 마드리드의 광고 회사 콘트라푼토Contrapunto였다.

이 회사는 1974년 수석 크리에이티브 디렉터 호세 루이스 자모라노Jose Luis Zamorano를 포함해 여섯 명의 광고 회사 전문가들이 모여서 설립한 기업이다. 콘트라푼토가 1970년대 가장 크리에이티브한 회사 중 하나로 평가되긴 했지만, 국제적 주목을 끌기 시작한 건 주안 마리아노 만세보Juan Mariano Mancebo와 호세 마리아 라페냐Jos Maria Lape a가 크리에이티브의 새로운 세대로서 이 회사에 합류한 1980년 초부터다. 사실 콘트라푼토는 1989년 칸에서 그랑프리를 수상한 스페인의 첫 번째 광고 회사다. 그리고 2년 후 바르셀로나의 라이벌인 카사데발 페드레뇨 역시 칸에서 수상했다.

칸에서 수상한 콘트라푼토의 광고는 가슴 따뜻한 메시지와 단순성을 동시에 유지하고 있는 스페인 광고의 능력을 보여주었다. TV 채널인 TVE를 홍보하기 위한 이 광고에는 피핀Pippin이라고 불리는 작은 강아지가 등장한다. 이 강아지는 TV에 몰두해 있는 주인인 작은 소년을 TV에서 떼놓기 위해 안간힘을 쓴다. 그러나 TVE 프로그램에 푹 빠져 있는 소년을 움직일 수 있는 방법은 아무것도 없다. 벽난로 선반에 있는 소년의 사진을 만지작거리며 슬퍼하던 피핀은 결국 가방을 싸서 입에 물고 집을 나가 버린다.(그 후속편에서는 이 강아지가 크리스마스이브에 혼자 외롭게 술집 바에 앉아 있다는 내용이다. 물론 가방을 옆에 놓고서 말이다.)

현재 BBDO에 소속된 콘트라푼토에서는 제3세대 크리에이티브 인재들이 모여 영향력 있는 작품들을 내놓고 있다.

물론 마드리드의 콘트라푼토만 있는 것이 아니다. 바르셀로나의 SCPF를 예로 들어보자. 1996년 광고 회사 델비코 바테스Delvico Bates 출신인 크리에이티브 디렉터 토니 세가라Tony Segarra, 경영 책임자 루이스 쿠에스타Luis Cuesta, 이그나시 퓌그Ignasi Puig, 펠릭스 페르난데즈 데 카스트로Flix Fernndez de Castro, 이 네 명이 모여 만든 회사가 바로 SCPF다. 이들은 이케아Ikea, 보다폰Vodafone, BMW 뿐만 아니라 최근 부상하고 있는 음식점 브랜드 엘 부리El Bulli를 위해 훌륭한 광고를 만들었다. 또한 이 회사는 마드리드와 마이애미에 각각 지사를 낸 바 있다. 특히 마이애미 지사는 미국 히스패닉 시장과 라틴 아메리카 양 시장을 노리고 출발했다.

마드리드의 크리에이티브 횃불은 세뇨라 러쉬모레Se ora Rushmore로 향해가고 있다. 2000년 티엠포 BBDO<sup>Tiempo BBDO</sup>의 임원이었던 미겔 가라시아<sup>Miguel Garac a</sup>가 세운 이 회사는 양 방향 광고 캠페인의 캐릭터 이름을 땄다.(이 역할은 영화 '그리스<sup>Grease</sup>'의 미스 블랑슈<sup>Miss Blanche</sup> 역으로 잘 알려진 돌로레스 굿맨<sup>Dolores Goodman</sup>이 맡았다.) 이 회사는 동네 할머니가 사는 오래된 벽지를 바른 구닥다리 아파트의 평면도를 보는 듯한 놀라운 자사 웹사이트[세뇨라 러쉬모레 사의 웹사이트인 www.srarushmore.com을 방문하면 놀라운 아이디어로 가득 찬 홈페이지의 새로운 전형을 발견할 수 있다]를 제작했을 뿐만 아니라 유럽 전역의 유명 축구 선수들을 주인공으로 삼은 코카콜라의 유로 2004 광고 캠페인도 제작했다. 세뇨라 러쉬모레가 제작한 첫 번째 광고가 다름 아닌 축구팀 아틀레티코 데 마드리드<sup>Atl tico de Madrid</sup>였다는 점에서 이러한 코카콜라 광고도 가능했던 것 같다. 당시 이 팀은 계속된 불운을 겪고 있어 '지옥의 해'라는 꼬리표가 따라다녔다.[아틀레티코 데 마드리드는 2000-2001년 시즌 세군다 A리가로 강등된 바 있다]

아르헨티나의 부에노스아이레스가 강한 매력으로 다가오는 반면, 스페인의 역동성은 아직까지도 그 바닥을 알 수 없을 정도로 풍부하다 할 수 있겠다.

# 16 국제적 전초 기지들

호주에서 가장 인기 있는 광고인

만약 당신이 길 한가운데 서 있다면
양 방향 모두에서 차에 치일 수 있다
**If you stay in the middle of the road,
you get run over both ways**

광고 회사들이 선거 캠프에 참여하는 경우가 가끔 있다. TBWA/헌트 라스카리스TBWA/Hunt Lascaris를 제외하면 넬슨 만델라Nelson Mandela 선거 캠프에서 일한 광고 회사가 거의 없었다는 점도 이 회사를 군계일학으로 부각시킨 한 이유가 되었다. 이 광고 회사는 문화적 사조로서의 장르를 초월한 책이나 영화와 비슷하다. 1990년대 헌트 라스카리스는 남아프리카 공화국이라는 나라의 국경을 넘어 전 세계에 깊은 인상을 남겼다.

'출발부터 우리는 아프리카를 넘어서 세계 최고의 광고 회사가 되겠다는 사명을 가지고 일했습니다.' 라고 존 헌트John Hunt는 말한다. 존 헌트는 1983년 레그 라스카리스Reg Lascaris와 함께 요하네스버그에서 회사를 차렸다. '사람들은 자기가 속한 지역에 집중하는 동안에도 우리는 뚜렷한 국제적 목표를 가지고 임했습니다.'

원래 헌트와 라스카리스는 한 지역 광고 회사에서 만났다. 라스카리스는 고객 담당자였고 헌트는 카피라이터였다. 헌트는 야심찬 작가이자 임시 기자로 사회생활을 시작했다. 그러나 광고계에서 일하던 지인 중 한 명이 신문에서 그의 기사를 보고 좋은 카피라이터가 될 수 있을 것 같다고 조언을 해주었다.(하지만 그는 병행 경력으로서 글쓰기를 계속하고 있다. 그는 반검열제도에 관한 희곡으로 수상을 한 적도 있다.) 그는 라스카리스와 함께 사업에 뛰어들 때까지 '2-3개의 지역 광고 회사에서 일했고 그 이후 세계 각지를 돌아다녔다.' 그는 '내가 세계 각지에서 일했기 때문에 남아프리카 공화국 광고계 최고의 순수 혈통이 아니라고 할 수도 있어요. 하지만 세계 각지에서 일했던 것이 내게 유리하게 작용했을 것이라는 생각이 듭니다. 왜냐하면 내가 고치고 다시 배워야 할 것들을 이미 많이 배웠기 때문이죠.' 라고 덧붙였다.

헌트와 라스카리스는 말 그대로 바닥부터 시작했다. '첫 번째 광고는 차 뒷좌석에서 팔았죠. 우리가 지역 광고주를 끌어들이는 데 4~5년이 걸렸습니다. 그리고 나서 1985년 TBWA의 자회사가 되었지요. 이것은 우리가 TBWA의 국제 컨퍼런스에 참여할 수 있고 또 이 회사의 전 세계 네트워크에서 만들어진 광고들과 비교해 우리 광고의 우열을 가려볼 수 있다는 것을 의미했습니다. 사람들은 말했죠. "이거 상당히 좋은 소재인데요." 라고 말이죠. 이러한 말들이 우리에게 많은 자신감을 심어주었습니다.'

이 회사는 1990년 BMW 광고로 돌파구를 마련했다. 특히 두 편의 BMW 광고가 미디어의 주목을 받았다. 첫 번째 BMW 광고는 경쟁사인 메르세데스 벤츠Mercedes Benz 광고를 조롱하는 내용을 담았다. 원래 메르세데스 벤츠 광고에는 급커브 도로로 악명 높은 남아프리카 공화국 케이프타운 근처 채프만스 피크Chapman's Peak의 해안 도로를 달리다 충돌 사고를 당한 벤츠차가 등장한다. 차가 완전히 파손되었음에도 불구하고 운전자가 다치지 않고 차에서 빠져 나온다. 이 광고는 실제로 발생한 사고를 근거로 하고 있었다. 헌트 라스카리스의 BMW 광고는 벤츠 대신 BMW가 같은 급커브 해안도로를 별 힘들이지 않고 쉽게 달리는 모습을 담았다. 그리고 '급커브를 극복하자Beat the bends' 라는 슬로건을 사용했다. 이 슬로건을 큰소리로 읽어 보면[bends는 채프만스 피크의 급커브를 지칭하는 말이나 발음이 벤츠와 비슷하기 때문에 '벤츠를 격파하자' 라는 의미를 가질 수도 있다], 확실히 벤츠사의 기분을 나쁘게 하는 것임이 분명하다. 이 광고로 말미암아 비교 광고 논쟁이 불붙었으며 헌트 라스카리스는 대중의 주목을 받게 되었다.

또 다른 BMW 광고는 파워 핸들의 성능을 보여주는 내용이다. BMW 차 내부에 들어온 쥐 한 마리가 계기판을 지나 핸들에 올라탄다. 그리고는 부지런히 핸들을 이쪽저쪽으로 돌리기 시작한다. 광고 마지막에 이 쥐가 우뚝 일어서자[마치 지휘자가 지휘를 마치고 청중에게 박수를 받듯] 큰 박수 소리가 난다.

'기자들이 갑자기 우리한테 전화를 걸어서 "이것과 비슷한 광고를 더 가지고 계십니까?"라고 물어보더라고요.' 헌트가 말했다. '세이셜Seychelles 아프리카 인도양 서부 마다가스카르 북동쪽의 섬나라. 공식명칭은 세이셸 공화국] 관광 협회와 같은 광고를 따내면서 우리가 순수한 남아프리카 공화국 광고 회사에서 벗어나 아프리카 지역으로 뻗어나가고 있다는 것을 확인했죠. 세계로 뻗어나가겠다는 우리의 야망이 현실이 될 수 있다는 확신을 가지게 되었습니다.'

1992년 후반 헌트 라스카리스는 남아프리카 공화국 최고의 광고 업무를 따냈다. 남아프리카 공화국 최초의 다민족 선거에서 넬슨 만델라의 아프리카 민족회의African National Congress 광고를 제작하게 된 것이다. 헌트와 라스카리스가 회사 대표였기 때문에 사운을 위해 정치적 견해를 바꾸거나 할 필요는 없었다. 이들은 이미 자유주의자이자 개혁가들이었다. 1980년대 초 라스카리스는 『제3세계의 운명Third World Destiny』라는 책을 통해 세계 각국의 시장에서 벌어지는 인종차별을 지적하고, 광고에서는 사람이 목표가 되어야지 색깔이 목표가 되어서는 안 된다고 주장했다. 라스카리스는 남아공의 인종차별정책이 모순됨을 확실히 인식하고 있었지만, 그의 주장은 부분적으로 실용주의적 입장을 취하고 있다. '나에게 중요했던 건, 시장의 80%가 흑인일 때 인종차별에 대해 이야기하면서 빈둥거릴 시간이 없다는 거죠' ( '세계에서 가장 뜨거운 숍The World's hottest shops', 『캠페인』, 1992년 9월 25일자) 이 책은 베스트셀러가 되었다.

아프리카 민족회의가 이 광고사를 지명했을 당시 이 회사 직원 중 흑인은 30%였다. 게다가 백인과 흑인이 함께 술집에서 술을 마시는 그런 광고를 만들어야 했다. 이러한 광고들은 현실을 반영한 것이 아니라 그렇게 되어야만 하는 남아공을 그려낸 것이었다. 1990년에 출간된 라스카리스의 또 다른 책 『제3세계에서의 커뮤니케이션Communications in the Third World』에서 그는 광고가 '꿈과 염원을 반영하는' 것이며 효과적인 커뮤니케이션은 '현실을 바라던 대로 만들어갈 수 있는 것'이어야 한다고 주장한 바 있다. 당시 그들이 희망하던 미래가 가시권 안에 들어온 것처럼 보였고 헌트 라스카리스는 그 열망을 현실화하는데 중요한 역할을 하게 되었다. 헌트 라스카리스가 아프리카 민족회의의 편에 서게 되자 국민당National Party의 후보 F. W. 드 클레르크F. W. de Klerk의 광고를 맡은 사치 & 사치와 대립하는 양상이 벌어졌다.

1993년 초 헌트 라스카리스는 어플라이드 마케팅 & 커뮤니케니선스Applied Marketing and Communications라는 통합 마케팅 커뮤니케이션through-the-line 부문을 아프리카 민족회의 전용 사업 부문으로 전환시켰고, 이를 교대제로 24시간 운영했다. 헌트 라스카리스는 광고로 적을 공격하는 전술을 폈다. 예를 들어, 국민당이 유류 가격을 인상하면, 연료통이 텅 비었다는 것을 나타내는 유량계 이미지를 담고 이와 함께 '국민당은 우리 머릿속이 이렇게 텅 비었다고 생각한다This is what the NP thinks of your brains'는 글귀를 넣어 포스터를 제작했다. 선거 준비 기간에 이 회사는 좀 더 많은 사람들에게 다가갈 수 있도록 라디오 선거 캠페인으로 방향을 전환했다. 총투표인 2천3백만 명 중 1천8백만 명은 전에 한 번도 투표를 해보지 않은 사람들이었다. 또 이 중의 절반은 글을 읽고 쓸 줄 모르는 문맹이었고, 남아공은 지리적으로도 광대했다. 또한 TV 광고 가격은 매우 비쌌지만 TV는 라디오만큼 널리 전파되지 못한 상태였다.

캠페인 슬로건은 노예제 폐지를 암시하는 '국민의, 국민에 의한, 국민을 위한 정부'라는 에이브러햄 링컨Abraham Lincoln의 명언을 다시 사용했으며 보다 직접적으로 '일자리, 평화, 자유를 위한 아프리카 민족회의'를 슬로건으로 내걸었다. 만델라 진영에서 일을 했다고 해서 이 회사가 남아공 사람 누구에게나 환대를 받은 것은 아니었다. 헌트의 전화는 도청을 당했고 회사는 무수한 폭탄 테러 협박을 받았다. 선거 운동이 절정에 다다랐을 때는 결국 회사 건물에 철조망을 둘러야 했다.

이와 동시에 '우리의 광고가 CNN에 보도되면서 우리 프로필이 급부상했습니다.'라고 헌트는 말했다. 그리고 그는 만델라에 대해 이렇게 회고했다. '만델라 대통령을 실제로 만나보면 홍보물에서 보는 것보다 훨씬 더 감명을 받게 됩니다. 그분과 함께 일하면서 인간으로서의 내가 변했습니다. 사물을 전체적으로 보는 시야를 얻었다고나 할까요. 내가 그분을 만난 건 그분이 28년 동안의 옥살이에서 풀려난 지 겨우 6개월이 지난 시점이었습니다. 하지만 만델라 대통령은 옥살이를 억울해하지 않으셨죠. 선거전에 대해 우리에게 어떤 지시를 할 때는 항상 과거에 대해 언급하지 말라고 하셨죠. "우리의 마음을 미래로 돌리자"고요. 또한 그분은 정치적으로 곤란한 문제들을 뚫고 나가는 것, 그리고 요점을 끄집어내는 것이 가지는 유용성을 잘 이해하고 계셨지요. 그래서 우리가 일을 더 쉽게 할 수 있었습니다.'

만델라 대통령은 선거가 끝난 후 열린 행사에 헌트 라스카리스를 초대했고 헌트는 이를 두고 '생애 가장 멋졌던 순간'이라고 표현했다. 이 선거에 참여했던 19개 정당 중 주요 3개 정당, 즉 아프리카 민족연합, 국민당, 민주당Democratic Party이 선거전 총 광고비용 약 4천만 달러 중 90%를 쓴 것으로 나타났다.('남아프리카 투표에서 대성공을 거둔 광고Ads bonanza in South Africa poll', 『캠페인』, 1994년 4월 29일자)

헌트는 남아공에만 존재하는 특수한 혼합성 때문에 자신의 신랄하면서도 유머 넘치는 접근이 탄력을 받을 수 있었다고 생각한다. 남아공에서는 문화, 사고방식, 교육 수준이 너무 다양해 광고에서 복합성을 내세울 여지가 너무 적다. 지역 광고주들 역시 예산 때문에 보다 직접적인 접근을 선호하고 있다. 헌트가 가장 좋아하는 말은 '평범하게 살기에는 인생이 너무 짧다'는 것이다. 또한 '만약 당신이 길 한가운데 서 있다면 양쪽 방향 모두에서 차에 치일 수 있다'고 말한 것도 잘 알려져 있다. 이와 함께 이 회사의 광고에는 어떤 신비감도 존재한다. '상당히 많은 우리의 광고 속에 빈정대는 미소가 있습니다. 이것은 영국식 유머도 아니며 얼굴에 파이 던지기[pie-in-the-face, 얼굴에 파이를 던져 웃음을 유발하는 일종의 슬랩스틱 코미디]와 같은 미국식 버라이어티도 아닙니다.' 라고 그는 말했다.

헌트는 1990년대 중반 이 회사가 이름을 날리기 시작한 때를 회고했다. '선거가 끝나자 남아공은 유해한 독소를 가진 나라에서 모든 것이 낭비에 가까울 정도로 풍성한 나라로 탈바꿈했습니다. 전환 국면에 있었다고 해야 할까요. 외부인들에게는 이러한 점이 매우 매력적으로 보였던 것 같습니다. 이상하고 신랄하고 재미있어서 말이죠.'

선거가 끝난 다음 해인 1994년 헌트 라스카리스는 녹여 먹는 두통약 아스프로 클리어Aspro Clear 광고로 칸에서 황금사자상을 수상했다. 이 광고에서는 침대에서 한 남자가 옆에 누워 있는, 아내로 추정되는 여자에게 아스프로 클리어를 녹인 물 한 컵을 건네준다. 그러자 '하지만 ······ 나 머리 안 아픈데.' 라고 여자가 말한다. 이 남자는 '좋았어.' 라고 말하며 회심의 미소를 짓는다. 아마도 이 장면을 보면서 전 세계 광고계 사람들은 '나는 왜 이런 생각을 못했을까?' 라고 아쉬워했을 것이다.

그러나 이 회사의 명성도 다른 남아공 광고 회사들처럼 하락세를 타게 되었고, 남아공의 인재들을 영국이나 미국에 빼앗겼다. 또한 국제적 요구와 국내 고객들 사이에서 균형을 맞추어야만 했다. 헌트 라스카리스의 지금 이름 TBWA\사우스 아프리카TBWA\South Africa[2005년 TBWA\Hunt Lascaris와 TBWA\Gavin Reddy가 합병해 지금의 TBWA\South Africa가 되었다]는 아프리카가 첫 번째, 세계가 두 번째라는 정책을 유지하고 있다. 아프리카 대륙과 그 소비자들은 야심찬 광고주들에게 커다란 잠재력으로 다가오고 있다. 그리고 TBWA\사우스 아프리카는 아프리카에서 그들을 안내할 완벽한 지위를 점하고 있다.

## 호주에서 가장 인기 있는 광고인

남아프리카 공화국이 유럽 사람들의 사고방식과 엄청나게 떨어진 것으로 보이겠지만 유럽 지역 저녁 뉴스에 남아프리카 공화국이 정기적으로 등장하는 것을 보면 이상한 친밀감을 가지게 된다. 반면 호주는 영국, 미국과 문화적으로 많은 유사점이 있음에도 불구하고 상당히 소외된 것처럼 느껴진다.

서른 살 넘게 먹은 '폼[pom, 새로 이주해온 영국인 이주자를 호주나 뉴질랜드 등에서 부르는 속어인 포미pommy, pommie의 줄임말]'들은 호주의 광고하면 배우 폴 호간Paul Hogan과 라거 맥주 회사 포스터즈Foster's의 1980년대 광고 캠페인을 떠올린다. 광고 회사 헤저 미첼 스타크Hedger Mitchell Stark가 만들어 많은 인기를 모았던 이 광고 시리즈를 통해 호간은 영화 「크로커다일 던디Crocodile Dundee」(1986)에서 그가 맡았던 캐릭터, 즉 말을 막하긴 하지만 나름대로 귀여운 구석도 있는 캐릭터를 다시 그려냈다. 이 광고에서 호간은 영국으로 건너갔는데, 그곳에서 영국 사람들의 기괴하고 거만한 기질때문에 계속 어쩔 줄 몰라 한다. 운 좋게도 그가 '당신의 혀에서 울부짖는 천사와 같은' 맛이 느껴진다고 하는 호주 맥주회사 포스터즈의 '황색

음료'를 홀짝 마시며 자신을 위로한다. 광고에서 호간은 호주 인사법인 'G' 데이 'G' day를 영국에 소개하며 다닌다.

아이러니컬하게도 호주의 진정한 광고왕인 존 싱글턴 John Singleton은 폴 호간과 다르지 않은 대중적 페르소나를 가진 인물이다. 호주 언론에게서 '싱고 Singo'라는 별명으로 불리는 그는 재능 있는 카피라이터이자 버릇없는 영혼, 억제할 수 없는 타고난 반역자로 평가받고 있다.

그가 1993년 존 싱글턴 애드버타이징 John Singleton Advertising을 호주 증시에 상장하자 기자들은 성차별적 내용을 버젓이 담았던 이글 비어 Eagle Beer 광고 캠페인을 예로 들며 싱글턴 비판에 나섰다. 이 광고에서는 '비어 맨 Beer Men'이라고 불리는 몇몇 캐릭터가 등장하는데, 이들은 모두 남성성을 과시하는 캐릭터들이다. 심지어는 젊은 여자의 청바지를 찢는 개가 이 캐릭터들 중 하나로 등장하기도 한다. 페미니스트들이 이 광고를 문제 삼았을 때 싱글턴은 '신경 쓰지 않는다. 고작 페미니스트 8명의 불만 아니냐. 게다가 그들은 술도 안 마실 텐데.' ('상장을 앞둔 호주 최대의 광고 회사 Australia's biggest shop goes public', 『애드위크』, 1993년 12월 6일자)라고 답한 바 있다. 그는 비어 맨의 철학을 발전시켰다. 그 중 하나를 살펴보면 다음과 같다. '비어 맨은 이 사회가 여자들을 더 이상 단순히 섹스의 대상으로 여기지 않는다는 사실을 깨닫고 있다. 요즘과 같은 세상에서 여자들은 음식도 잘 만들 수 있어야만 한다.' 싱글턴의 의견이 담겨 있는 글을 모아본다면 아마 그가 어떤 사람인지 금방 알 수 있을 것이다.

싱글턴은 1941년 태어나 시드니 도심에서 자랐다. 어려서부터 매우 총명했고 명문 포트 스트리트 고등학교 Fort Street High School을 졸업했다. 그는 1960년대 광고업계에 뛰어들어 시드니 광고 회사 스트라우스, 팔머 & 싱글턴, 맥앨런 Strauss, Palmer and Singleton, McAllen, SPASM이라는 광고 회사를 설립했으며 후에 이 회사를 DDB에 매각했다. 이 회사는 미국 광고를 모방하지 않고 TV 광고에서 호주스러운(Aussie, 혹은 말이나 행동이 거친 호주 사람 같은Ocker) 캐릭터를 사용한 호주 최초의 광고 회사 중 하나였다. 한 기사는 싱글턴을 '슬로건과 이미지의 부캐니어[buccaneer, 17세기 서인도 제도의 스페인령 연안을 휩쓴 해적을 일컫는 말]'라고 묘사하면서 그의 화려한 이미지가 부단한 노력의 대가임을 시사한 바 있다. '열심히 일하고, 시장 조사와 전문적 자문을 얻는 데 게으르지 않았기 때문에 오늘날의 그가 있을 수 있었다.' ('오커, 좋아, 그러나 싱고에게는 고정된 틀이 없었다Ocker, yes, but Singo doesn't fit the mould', 『캔버러 타임즈Canberra Times』, 2002년 4월 8일)

1980년대 싱글턴은 DDB 네트워크를 떠나 자신의 이름을 딴 광고 회사를 설립했다. 이 회사는 훗날 싱글턴, 오길비 & 매더Singleton, Ogilvy & Mather, 월터 톰슨 호주 지사 등을 포함해 50개 이상의 마케팅 서비스 사업 부문을 보유한 STW 그룹STW Group으로 발전했다.

그러나 싱글턴이 호주에서 가장 인기 있는 광고인이긴 하지만 그를 호주 광고계의 개척자라고 말할 수는 없다. 호주 광고의 개척자라는 이름은 조지 허버트 패터슨George Herbert Patterson에게로 돌아가야만 한다.

조지 허버트 패터슨은 1968년 사망했지만 그의 유산은 조지 패터슨 Y&RGeorge Patterson Y&R에 고스란히 남아있다. 패터슨은 광고계에서 일한 지 20년 이상이 된 마흔네 살에 자신을 이름을 딴 광고 회사를 세웠다. 그는 1890년 8월 24일 사우스 멜버른에서 코미디언과 여배우의 넷째 아이이자 외아들로 태어났다.(호주 인명사전Australian Dictionary of Biography-Online Edition) 1905년 어머니가 돌아가시자 누이들과 함께 친척집에 맡겨졌고 그는 누이들을 부양하기 위해 일찍부터 직업을 가지게 되었다. 기계상인 토머스 맥퍼슨 & 선스Thomas McPherson & Sons 사무실에서 잔심부름꾼으로 일을 시작한 그는 부모님에게서 연기 재능을 물려받은 데다가 물건을 파는 데도 소질이 뛰어나다는 점을 깨닫고 서서히 마케팅으로 방향을 잡아갔다. 그리고 1908년 그 회사의 광고 매니저로 승진했다.

패터슨은 인생을 다소 거칠게 살았다고 한다. 1912년에는 호주를 떠나 영국과 미국을 돌아다녔고 한동안 뉴욕에서 일했다. 제1차 세계 대전이 발발하자 그는 고향인 호주로 돌아왔다. 처음에는 병력 때문에 군입대가 거부되었다가 나중에 호주제국군Australian Imperial Force에 입대해 이집트와 서부 전선에서 복무했다.

1920년 패터슨은 시드니 노만 캣츠Norman Catts와 합세해 광고 회사 캣츠-패터슨 주식회사Catts-Patterson Co. Ltd.를 설립했다. 이 회사의 고객으로는 팜올리브Palmolive, 포드Ford, 던롭Dunlop, 펩소던트Pepsodent, 질레트Gillette 등이 있었다. 그러나 캣츠와 사이가 틀어진 패터슨이 회사를 그만 두었고 1934년 그는 거의 파산 지경에 이른 광고 회사 한 곳을 인수해 조지 패터슨 주식회사George Patterson Ltd.로 이름을 변경했다. 그는 이전에 다니던 회사에서 어떤 광고주도 빼오지 않겠다고 맹세를 했지만 콜게이트-팜올리브Colgate-Palmolive와 질레트가 그의 새로운 회사에 광고를 맡기겠다고 고집을 부렸다. 일은 보기 드문 방식으로 해결되었다. 콜게이트-팜올리브와 질레트를 포함해 가장 충성도가 높은 고객사 중 많은 수가 그에게 자기 회사의 이사 자리를 내주었다. 사실상 그에게 광고를 계속 맡기겠다는 보장이나 다름없었다. 제2차 세계 대전 동안 신문 인쇄용지가 부족해지자 패터슨의 회사는 호주에서 처음으로 라디오 제작 부서를 출범시켰다. 또 호주에서 처음으로 지점 네트워크를 전국적으로 확대했으며 조사부서도 신설했다. 이러한 노력으로 이 회사는 수십 년 동안 거래금액 측면에서 업계 수위를 지켰다.

2005년 팻츠Patts(조지 패터슨의 애칭)가 WPP 제국의 일원이 되었을 때 호주 언론들은 한 시대를 풍미했던 광고사가 사라졌다고 안타까워했다. '눈길을 끄는 브랜드 중 어느 것도 팻츠의 손길이 닿지 않은 것은 없

16. 국제적 전초 기지들_ **377**

다.'고『더 오스트레일리언The Australian』은 말하고 있다. ('업계 벤치마크, 망자를 괴롭히다Industry benchmark bites the dust', 2005년 8월 25일자) '돈이 되는 대규모 광고 제작이 들어왔을 때 고객을 녹다운시키는 것이 바로 팻츠의 파워였다.' 면서 이 기사는 팻츠가 광고를 따냈을 때 고객이 팻츠의 허락 없이 거래를 저버리는 일은 거의 없었다고 전했다.

1960년대 조지 패터슨은 테드 베이츠Ted Bates 네트워크의 일원이 되었지만, 시간이 지나면서 국제 파트너 선택에 문제가 있었음이 드러났다. 베이츠는 다른 경쟁사에 비해 국제 부문이 약했고 팻츠는 대부분 국내 사업에 의존하고 있어 시너지 효과를 거두기가 어려웠다. 경쟁사인 클레멘저Clemenger에게 선두자리를 내준 2002년 이전까지 이 회사는 호주 제1의 광고 회사였다.(클레멘저는 테니스 선수였던 잭 클레먼저Jack Clemenger가 1946년 설립한 마케팅 서비스 그룹이다. 이 회사는 광고계에서 BBDO 네트워크의 호주 기지로 잘 알려져 있다) 베이츠와의 잘못된 만남에서 벗어나 제자리로 돌아오면서 팻츠는 WPP 네트워크로 흡수되었다.

다른 어디에서나 그렇듯 호주에서도 WPP는 저항에 직면했다. 그러나 얼마 후 패터슨의 이름은 조지 패터슨 Y&RGeorge Patterson Y&R으로 바뀌었고 자칭 '호주에서 가장 새로운 (그리고 가장 오래된) 광고 회사'로 홍보했다.

# 17 스타 CF 감독들

팝에서 탄산음료까지

우리는 감독을 위해서 일하고
감독은 우리를 위해서 일한다
**We work for directors and
they work for us**

**세계에서 최고로 멋진** 기업들도 파리에서는 다 똑같다. 모두가 금방이라도 우아하게 무너져 내릴 것 같은 아파트 건물 꼭대기에 빼곡히 들어찬 사무실을 쓰고, 그 사무실로 올라가는 좁고 구부러진 계단을 이용하거나 덜컹거리는 엘리베이터를 타야만 한다. 유명 영화 및 광고 제작사인 파르티잔Partizan 역시 마찬가지이다.

　내가 지금 파리에 있는 이유는 미셸 공드리의 팬이기 때문이다. 감탄사가 절로 나올 정도로 어마어마한 재능을 가진 영화감독 미셸 공드리는 파르티잔이 제작한 뮤직 비디오와 광고에서 자신의 기량을 한껏 선보인 바 있다. 이 회사의 웹사이트에서는 그를 '다른 감독들을 울게 만든 작품의 감독'이라고 칭하고 있다. 또한 리바이스Levi's의 광고 '드럭스토어Drugstore'로 세계적 광고제를 휩쓸며 한 개의 영상물로 가장 많은 상을 받은 감독으로 기네스북에 올랐다는 점도 명시되어 있다.

　그러나 나는 오늘 공드리를 만나러 온 것이 아니다. 공드리 같은 감독의 작업을 스크린에 올리는 역할을 하는 조르주 베르망Georges Bermann과의 약속이 있기 때문이다. 그는 파르티잔의 책임 프로듀서다. 오늘 그에게 광고 회사와 프로덕션 하우스의, 그리고 가능하다면, 크리에이티브 디렉터와 CF 감독film director의 미묘한 관계에 대해 질문을 할 생각이다.

　PR의 관점에서 보면 CF 감독과 영화감독은 극에서 극이다. 모두들 영화를 감독한 사람은 알아도 광고를 찍은 사람은 누구인지 거의 모른다. 광고업계 대부분의 잡지에서는 새로운 광고가 등장할 때 고객, 광고 회사, 크리에이티브 디렉터의 순서로 이름이 실리고, CF 감독과 프로덕션 하우스의 이름은 이보다 훨씬 아래쪽에 실린다. 사람들이 호기심을 갖고 그들을 인터넷에서 찾아보지 않는 한, 저녁마다 텔레비전에서 보는 그 엄청난 광고들을 누가 감독했는지 알 길이 없다. 이러한 상황은 정작 광고를 감독하는 이들에게는 큰 불명예가 아닐 수 없다. 역량이 뛰어난 감독들 중 일부만이 광고 작업을 하는 이유가 여기에 있다.

이제 그들을 호명해보자. 내 개인적으로 최고에 가까운 광고 감독은 토니 케이Tony Kaye라고 생각한다. 볼보Volvo, 기네스Guinness, 시어스Sears 등의 광고에서 예술성을 무한정 보여주었던 토니 케이 때문에 1980년대 이후 중간 광고 시간이 더욱 흥미진진해진 것이 사실이다. 거침없이 말을 뱉고 논란을 일으키는 광고 속 등장인물로 그는 경쟁사나 시청자, 미디어의 호기심을 자극한다. 그의 프로덕션 회사 웹사이트(www.supplyanddemand.tv)에서 그가 감독한 광고 중 딱 한 편을 본다면, 1995년 AMV.BBDO에서 제작한 볼보Volvo 광고 '트위스터Twister'를 권하고 싶다. 한 기상학자가 차를 몰고 토네이도가 지나는 경로로 뛰어드는 내용의 이 광고는 토네이도가 닥친 상황을 적나라하게 묘사해 광고로서 과연 타당한가라는 논란의 여지를 불러일으키기도 했다. 트위스터를 본 독자라면 그 웹페이지에 있는, 그가 만든 다른 광고들도 틀림없이 보게 될 것이다. 2002년 클리오Clio 광고 페스티벌에서는 그가 광고에 공헌한 바를 인정해 평생공로상Lifetime Achievement Award을 수여했다.

이제 런던 프로덕션 회사 고저스 엔터프라이즈Gorgeous Enterprises의 공동 창립자(이 회사에 전화를 걸면 안내원은 마치 새가 재잘거리듯 이렇게 전화를 받는다. '안녕하세요, 멋쟁이!Hello, Gorgeous')이자 수많은 블록버스터 광고의 감독인 프랭크 버젠Frank Budgen 차례이다. 수많은 사람들이 모여 거대한 인간 산을 쌓으면서 다른 사람들 위로 기어 올라가는 소니 플레이스테이션Sony PlayStation 광고를 기억하는가.

또 한 명의 유명 광고 감독인 조너던 글레이저Jonathan Glazer의 영국 갱스터 영화「섹시 비스트Sexy Beast」를 본 사람이라면 그에 대한 어떤 소개도 필요치 않을 것 같다. 그는 1999년 첫 방송을 탄 기네스 '서퍼Surfer' 광고를 감독했다. 이 광고는 파도가 부딪히는 힘을 흰색 말이라는 상징으로 풀어낸 환상적인 흑백 영상의 걸작이다.

이 대목에서 조 피트카Joe Pytka도 빼놓을 수가 없다. 미국의 영화제작자인 그는 30년 이상 IBM, 맥도널, 펩시와 같은 빅 브랜드의 광고를 찍고 있다. 미국 영화감독조합Director's Guild of America에 따르면, 피트카는 5천 편 이상의 광고를 감독했다고 한다. 1960년대와 70년대 다큐멘터리 영화를 제작한 배경을 가지고 있는 그는 용감하게도 광고에 새로운 리얼리티를 도입한 인물이다.

6피트가 넘는 키에 사자 갈기 같은 긴 흰머리를 가진 피트카는 있는 그대로를 영상에 담는 사람으로 유명하다. 다큐멘터리에 쏟아 부을 돈을 벌 요량으로 찍은 아이언 씨티 비어Iron City Beer 광고 몇 편에서 그는 실제 술집에서 실제로 아이언 씨티 비어를 마시는 손님들을 등장시켰다. DGA에서 그는 자신의 데뷔에 대해 이렇게 회고했다. '나는 감정에 호소하는 방식으로 다큐멘터리를 찍어왔는데, 내 논점을 이해시키기 위해서는 이 다큐멘터리를 교묘하게 다루어야만 했죠. 광고 작업에서도 이러한 논점에 다가가고 싶었습니다. 그래서 배우가 아닌 실제 사람들과, 세트가 아닌 실제 상황을 이용해 광고를 찍었죠. 당시 나와 같은 방식으로 광고를 찍는 사람들은 없었습니다. 광고는 연극과 같은 것이었죠. …… 피츠버그에서 일했던 2~3년 동안 나는 실제 사람들과 지역 양조장에 가서 이런 광고들을 찍었죠. 매우 성공적이었습니다.' ('조 피트카, 광고 세계의 제왕

Joe Pytka, King of the Commercial World', 월간 『DGA DGA Monthly』, 2002년 9월호)

비인습성이라는 주제와 관련해서는 트랙터Traktor에 대해 이야기하지 않을 수 없다. 스웨덴의 제작 집단인 트랙터는 멍청한 인물들인 유카 브라더스Jukka Brothers를 등장시킨 MTV 광고에서 볼 수 있듯이 새로운 초현실적 방식을 광고에 도입했다. 이 광고를 한 줄로 요약하라면 '스칸디나비아 촌놈들이 음악 TV 채널을 발견하다'라고 할 수 있을 것 같다. 이 광고는 이와 비슷한 화법으로 전개된 나이키, 리바이스, 밀러라이트Miller Lite 광고의 뒤를 이어 제작됐다. 악마 베버, 성난 닭, 춤 못 추는 사람들이 추는 사뭇 진지한 춤 등이 트랙터 광고의 소재가 되었다. 이 작품들은 트랙터 홈페이지 www.traktor.com에서 확인할 수 있다.

컬트영화 제작자로 유명한 스파이크 존스Spike Jones나 데이비드 핀처David Fincher도 광고 산업에 상당한 영향을 끼친 바 있지만, 이것은 일반 대중뿐만 아니라 그들의 영화팬조차도 잘 모르는 사실이다.

자, 이제 파르티잔의 미셸 공드리와 조르주 베르망과의 이야기로 돌아가보자.

## 팝에서 탄산음료까지

'사실은 제가 광고 제작으로 시작한 게 아니거든요.' 베르망의 스파르타 사무실에서 커피를 마시며 그는 이렇게 말했다. 사무실 벽에는 파르티잔에서 제작한 미셸 공드리의 영화 「수면의 과학The Science of Sleep」 포스터가 붙어 있었다. '파르티잔은 1986년에 설립되었지요. 뮤직 비디오가 번성하던 시기였습니다. 이 뮤직비디오가 바로 내가 하고자 했던 것이고 우리 파르티잔을 유명하게 만든 것이지요. 요즘에도 누가 직업이 무엇이냐고 물어서 광고 영화advertising film 찍는다고 하면 그게 무슨 뜻인

지 설명을 해야 합니다. 대부분의 사람들은 광고 영화 제작이라는 직업을 잘 모르지요.'

락 뮤직 비디오 제작사로서 파르티잔이 성공을 거두자 이내 광고계의 주목을 받게 되었다. 논란을 일으키는 이야기가 되겠지만, 그는 광고가 다른 크리에이티브 분야보다 항상 한 발 뒤쳐져 있다고 돌려 말했다. '광고가 새로 창조해낸 것은 거의 없습니다. 예술적으로 보면, 광고가 다른 것을 재활용하고 있다고 봐야죠. 예를 들어 우리가 뮤직 비디오에서 무엇인가를 하면 그 아이디어가 3년 후에 광고에서 나와요.' 텔레비전 광고가 대중 전달 매체가 되고 있는 이상 이러한 과정은 필연적이라고 그는 지적했다. '이런 아이디어가 광고에 효과적으로 사용될 수 있으려면 그 전에 새로운 형식이 대중의 머릿속에 자리를 잡아야 하기 때문입니다.'

파르티잔은 1990년대 중반 영국에서 첫 번째 광고를 제작했다. 파르티잔에게 광고 제작은 락 비디오의 개척자였던 이 회사가 광고주의 처분을 바라는 지경이 되었다는 것을 의미했다. 하지만 인터넷으로 인해 뮤직 비디오의 황금시대가 저물어가면서 파르티잔의 방향 전환은 현명한 선택이었던 것으로 드러났다. 물론 아직까지도 뮤직 비디오 제작이 파르티잔의 주요 사업이기는 하지만, 현재 이 회사는 뮤직 비디오보다 광고를 더 많이 제작하고 있다.

다른 프로덕션과 마찬가지로 파르티잔도 계약상 이 회사에 소속되어 있는 감독들과 함께 일을 한다. 이 회사는 감독들의 에이전트이자 매니저다. 감독들을 광고 회사에 소개하기도 하고 적절한 광고 영화 프로젝트를 연결해주기도 한다. '일종의 상호계약이라고 할 수 있죠. 우리는 감독들을 위해서 일하고 감독들은 우리를 위해서 일합니다.' 라고 베르망이 설명했다. '그렇다고 해서 우리가 단순히 감독들을 광고 회사에 소개하고 돈을 받는 것은 아닙니다. 그들에게 경력을 쌓게 하죠. 우리는 프랑스, 영국, 미국에서 광고나, 비디오, 장편 영화 등을 만들 기회를 제공합니다. 전통적인 탤런트 에이전시와 우리의 차이점이라고 한다면, 우리는 영화 제작사로서 위험을 떠안는다는 것입니다. 결과물을 내놓아야만 하기 때문이죠.'

공식적으로 파르티잔은 50명 정도의 감독과 파리, 런던, 뉴욕, 로스앤젤레스에 사무실을 보유하고 있다. '영화 때문에 미셸 공드리가 아마 대중적으로는 제일 잘 알려져 있을 겁니다.' 베르망이 미소를 지으며 덧붙였다. '그러나 걱정하지 마세요. 이 바닥이 얼마나 좁은데요. 우리가 다른 천재 감독들에게도 접근하고 있는 걸 이 바닥에서 모르는 사람은 없어요.'

그러나 그는 광고가 재능 있는 인력의 산실이 되고 있다는 내 이론에는 동의하지 않았다. 베르망은 광고를 응용 예술로 보고 있었다. '광고는 종종 감독들에게 경험이나 다른 분야에 도전해볼 기회를 제공하는 것이라고 볼 수 있죠. 그러나 사실 더 많은 경우에 감독들은 생계를 위해서나 혹은 장편 영화 제작 기회를 기다리면서 짬짬이 광고를 만들고 있어요. 혁신이라는 측면에서 말한다면 나는 뮤직 비디오가 훨씬 진보적이라고 믿습니다.'

베르망은 앨런 파커Alan Parker와 리들리 스콧Ridley Scott이 둘 다 CF 감독 출신이기는 하지만 그건 과거의 이야기라고 주장했다. '그건 뮤직 비디오 시대가 열리기 전 이야기입니다. 그리고 영화 산업 비중이 매우 적은 영국에서의 이야기고요. 영국에서 카메라 뒤에라도 한번 앉아볼라치면 광고라도 해야 합니다. 한 방편이라는 거죠. 광고 산업이 확실히 사람들의 이목을 끄는 이미지를 생산해낼 수 있기는 하지만, 그래서 앞으로 나오게 될 CF 감독들이 순수하게 광고계 출신이 될 것이냐, 저는 그렇게 생각하지 않습니다.'

화제를 돌려보자. 광고를 찍을 때 감독에게 얼마만큼의 권한이 주어질까? 암스테르담에 있는 180의 크리에이티브 디렉터인 리처드 불록Richard Bullock은 감독들 거의 대부분이 끌려 다닌다고 말한 바 있다. 예를 들어, 광고 회사가 다른 영상물에서 샘플 클립clip을 이용해 대략적인 템플릿을 제작한 다음 이를 CF 감독에게 제시한다. 모든 CF 감독에게 다 그렇게 하는 건 아니지만, 그래도 만약 누군가가 조 피트카나 토니 케이와 같은 감독들에게 창작의 욕구는 집에 두고 오시라고 말하는 것을 듣게 되면 나는 정말 화가 날 것 같긴 하다. 어쨌든 크리에이티브 회사가 만들어낸 생각대로 제작이 들어간다.

확실히 파르티잔은 다른 크리에이티브 회사와는 달리 감독에게 간섭을 잘 하지 않는다. '실제적으로 우리는 별 힘이 없습니다. 우리의 역할이라는 것은 감독을 선택하는 것과 광고 회사들의 수요에 대해 감독을 공급하는 것입니다. 물론 해당 프로젝트에 잘 들어맞는 감독을 공급하는 기술이 필요하죠. 그 이후에 일단 광고 회사가 스크립트를 이해할 수 있는 절적한 감독을 확보했다는 확신을 가지게 되면 우리의 역할은 주변적인 것으로 남습니다. 기술적 관점에서 일이 진행될 수 있도록 하지요. 그러나 우리는 이 과정에서도 전문적인 거리를 유지합니다. 사실 우리의 의견을 제시하기 시작하면 엄청나게 예의 없는 것으로 비춰질 수도 있으니까요.' 그가 미소를 지으며 말을 이어나갔다. '당연히, 광고를 찍는 동안 무엇이 잘못된다면 그건 전적으로 제작사 책임이죠.'

이러한 전체적인 조화 속에 불쑥 모습을 드러내는 것은 고객이다. 『보즈Boards』와의 인터뷰에서 프랭크 버젠Frank Budgen은 감독과 고객 사이에 넘을 수 없는 장벽 앞에서 좌절했었다고 표현한 바 있다. '고객사가 제발 처음부터 참여했으면 좋겠어요. 일이 한창 진행되고 있는데, 고객사에서 뭐가 마음에 들지 않는다고 하면 그 이전에 했던 몇 주간의 사전

작업들이 고스란히 날아갈 수도 있거든요. …… 고객들은 우리를 마치 청부살인업자처럼 여기는데, 사실 거기에도 어떤 기준이 있어야 하는 것 아닙니까. 고객들에게 이렇게 말할 기회가 있었으면 좋겠어요. "이게 내가 일하는 방식이고, 이게 내가 이 프로젝트에서 원하는 것"이라고 말입니다.' ('프랭크의 해 The Year of Frank, 2002년 12월 2일자) 버젠은 가끔 좌절도 하고 지치기도 하지만, 그럼에도 불구하고 이러한 광고 작업이 이루 헤아릴 수 없는 만족감을 주기도 한다는 점을 인정하고 있다.

그렇다면 젊은 초보 감독들은 이 광고업계에 어떻게 뛰어들 것인가? 격려라도 하듯이 조르주 베르망은 CF 감독이 어느 분야 출신이어야 한다고 정해진 것은 없다고 말했다. CF 감독은 세계 최고의 영화 학교 출신일 수도 있고 자기 집 뒷마당에서 경험삼아 8밀리 (혹은 디지털) 영화를 찍어본 사람이 될 수도 있다. 디자인 학교 학생이었던 미셸 공드리도 처음에는 자기가 드러머로 활약하던 락 밴드의 애니메이션 뮤직 비디오를 만드는 데서 출발했다. 그 중 하나가 MTV에 방영되면서 비요크 Bj rk[아이슬랜드 출신의 세계적 뮤지션. 미셸 공드리가 그녀의 1993년 솔로 첫 앨범인 Human Behavior의 뮤직비디오를 제작해 거의 모든 뮤직비디오 상을 휩쓸었다]의 눈에 띄게 된 것뿐이다.

베르망은 젊은 감독들이 TV 광고 제작을 직접 접할 수도 있지만, 사실 모든 건 광고 회사에 달려있다는 데 의견을 같이 했다. 그는 광고업계가 위험을 감수하지 않으려는 태도에 살짝 절망한 것처럼 보였다. '사실 미국에서의 광고는 위험요소가 거의 없는 zero risk 환경입니다. 영화의 가능성을 찾는 게 아니라 물건을 팔기 위해 광고를 만듭니다. 이것이 바로 미국 광고의 많은 수가 유머에 기반 하는 이유입니다. 이러한 방식은 매우 효과적이죠. 그러나 코미디 영역에서 전략을 구사할 수 있는 여지는 그렇게 많지 않습니다. 이렇게 보면 영국이 좀 더 대담한 시장이죠. 젊은 감독들이 최신 유행을 담보한다는 것 때문에 광고 회사들은 이들을 끌어들이는 데 열심이죠. 영국 광고 회사들은 폭넓은 문화에 관심이 있습니다. 광고가 그것을 반영하지 않습니까? 라고 그가 설명했다.

베르망은 훌륭한 광고를 만들려면 다른 감독의 작품이 아닌 미술, 문학, 연극, 무용과 같은 분야를 포용해야만 한다고 믿고 있다. '가장 크리에이티브한 광고일수록 멀리 떨어져 있는 많은 분야에서 영감을 얻어내죠. 그 광고의 주요 목표가 물건을 파는 것인 경우 창조성이 필요하냐 그렇지 않느냐는 별개의 논쟁거리입니다.'

# 18 칸에서의 논쟁

칸 뒤의 지휘자 * 비용 계상

햇살이나 즐기자고 온 것이 아니다
**It's not just about fun in the sun**

**칸의 밤은 언제나** 술에 취하면서 깊어지기 마련이다. 정확히 말하면 거터 바Gutter Bar[칸 광고제 동안 광고인들이 주로 모이는 술집으로 유명하다]에서 끝난다. 화려한 유럽풍의 마르티네 호텔Martinez Hotel[칸 해변에 위치한 호텔로 칸 영화제 참가한 세계적인 스타들이 머무르는 유명 호텔이다] 맞은편에 있는 이 초라한 술집으로 가는 방법은 이렇다. 우선 마르티네 호텔에서 바텐더에게 쫓겨날 때까지 술을 퍼마시다 나와서 길 건너에 위치한 이 술집으로 미끄러지듯 걸어가는 것이다. 이 술집의 진짜 이름은 72 크루아제트72 Croisette이지만 누구도 그렇게 부르지 않는다. 거터 바라는 영어식 별칭은 은유적인 표현이라기보다 이 술집을 설명하는 표현이다. 이 술집은 아침 늦은 시간까지 조그마한 매점과 같은 창구에서 술을 판다. 그래서 사람들은 길거리에서 서서 술을 마신다. 광고제를 담당하는 기자들에게도 이 술집은 핵심 장소다. 이 장소를 오랜 시간 배회하다보면 광고계 유명 인사를 접촉하게 되거나 그들에 관한 가십을 듣게 된다.

　물론 칸 영화제에 비해서 매력도 좀 떨어지고 분위기도 차분하지만, 영화제와 비슷하게 매년 칸으로 모여드는 광고계 사람들은 공식적으로는 수상자이거나, 세미나에 참가하거나 아니면 세계 각지에서 출품된 광고 영화를 볼 목적으로 이곳에 온다. 일부 사람들은 사실 진짜 목적이 네트워크 형성이나 오랜만에 만나는 친구의 목을 끌어안고 반갑게 인사하기 위해서, 아니면 샴페인을 퍼마시거나 대마초를 피우기 위해서, 혹은 해변에서 실컷 잠을 자기 위해서라고 말하곤 한다. 광고계 사람들과 교제를 할 때 좋은 점은 그들이 사교성이 매우 밝다는 점이다.

매년 6월 중순에 열리는 이 행사는 칸 리옹 국제 광고제Cannes Lions Internatioanl Advertising Festival라고 불리는 것이 아마 가장 적당할 것이다. 광고제의 이름에서 '사자Lions'이 가지는 중요성은 잠시 후에 드러난다. 일 년에 9천 명에 달하는 대표단과 1만1천 명에 달하는 방문객이 다녀간다. 또 한 해에 영상, 인쇄, 옥외, 라디오, 양방향, 직접 마케팅 등의 분야에 출품되는 광고 편수만 2만5천 편에 달한다. 각 분야의 심사는 국제 심사단이 담당한다. 이 행사의 중심은 팔레 데 페스티발Palais des Festivals로 콘크리트에 박힌 각 얼음 덩어리처럼 생긴 해안가 큰 건물이다. 여기서 광고제 참가 확인서를 받을 수도 있고, 잡지를 쭉 훑어보거나 커피를 마실 수도 있다. 또한 출품자 부스 위치를 확인하거나 어두컴컴한 극장에서 열리는 세미나에 참석할 수도 있다. 만약 일에 전념하겠다면 이웃한 극장에서 광고들을 관람할 수도 있을 것이다.

이런 일 대신 자신이 속한 광고 분야의 동료들과 아침, 커피, 점심, 차, 칵테일, 저녁을 먹으며 수다로 시간을 보낼 수도 있다. 저녁 식사 이후에는 광고 회사가 주최하는 파티에 참석하거나 아니면 라 크루아제트La Croisette에 있는 해변 클럽에 가도 된다. 그 이후에는 호텔 마르티네에서 술을 마셔도 되고 거터 바에서 한 잔을 더 해도 무방하다. 물론 술을 너무 마셔 인사불성이 될 수도 있다.

일주일 동안 수많은 시상식이 열리는데 아무래도 가장 열광적인 반응을 얻는 것은 지난밤을 강타한 광고 영상 시상식이 아닐까 한다. 시상식에서 수상작들은 황금사자상, 은사자상, 동사자상을 받는다. 황금사자상 수상작 중 최고작에 수여되는 것이 그랑프리Grand Prix다. 칸 광고제의 전통 중 하나는 관객들이 만약 심사단의 결정에 동의하지 않으면 수상작이

상영되는 동안 관객들은 휘파람으로 야유를 퍼붓는다. 이러한 전통은 광고계 종사자들이 상당히 젊은 층이라는 사실, 그리고 그들 중 일부가 정중하지 못하다는 사실을 말해주는 것에 불과하다. 시상식이 끝나면 해변가에서 종영 파티가 열린다.

칸이 광고계에서 유일한 상은 아니다. D&AD 상D&AD Awards, IPA 상Institute of Practitioners in Advertising Awards, 클리오 상Clio Awards, 크레스타 상Cresta Awards, 유로베스트Eurobest, 에피카 상Epica Awards, 런던 국제 광고상London International Advertising Awards, 뉴욕 페스티발New York Festivals, 더 원 쇼The One Show 와 같은 유수의 광고제 시상식에서부터 지역 행사까지 수많은 상이 있다. 레오 버넷에서 크리에이티브 이사를 지냈던 도날드 건Donald Gunn이 발행하고 있는 건 리포트Gunn Report는 한 해 동안 선도적인 광고 회사들이 주요 광고제에서 받은 상을 정리하고 광고 회사들의 순위를 매기고 있다. 광고 회사들이 이러한 상을 좋아하는 것은 이 상들이 하루살이 목숨과 같이 단명하고 마는 자산인 창조성을 입증해주는 유일한 실체이기 때문이다.

물론 칸에는 특별한 무엇이 있다. 칸은 크고 화려하며 약간의 과장도 있다. 광고제 위원회 측에서 밝히기를 거부하고 있기는 하지만, 1년에 대략 2천만 유로의 거래금액에 1천만 유로의 이익을 거두는 것으로 알려지고 있다. 작품 하나를 관람하는 데 입장료 5백80 유로 그리고 대표단을 파견하는 데 개인당 2천 유로가 든다는 점을 감안하면 그리 놀라운 수치도 아니다. 현재 이 광고제는 영국 출판사와 행사 전시업체인 EMAP가 운영하고 있는데, 이들은 2004년 5천2백만 유로에 칸 광고제를 인수했다.

이제 칸 리옹 국제 광고제의 역사를 들춰보기 위해 조용한 파리 16번 구에 있는 한 아파트를 찾아가야만 한다. 우아한 예술품으로 가득한 이 아파트에서 이 광고제를 변모시킨 한 사람과 차 한 잔을 할 것이다.

## 칸 뒤의 지휘자

로저 해추얼Roger Hatchuel은 거의 20년 동안이나 칸 국제 광고제의 회장을 역임했다. EMAP가 한 역외의 신탁회사에서 이 행사를 인수했지만, 이 거래가 성사되었을 때 신문 헤드라인을 장식한 것은 해추얼의 이름이었다. 그가 자세히 이야기한 바와 같이 칸 리옹 국제 광고제 는 영화광고 cinema advertising 계약업자들끼리 치루는 조용한 행사로 시작되었고, 한 해는 칸에서 다음해는 이탈리아 베니스에서 번갈아 열렸다.

'이야기는 1953년으로 거슬러 올라갑니다.' 말쑥한 모습과 정중한 태도로 설명하는 해추얼에게서 강철 같은 단호함을 읽을 수 있었다. '당시 미국 이외의 지역에서 광고주가 이용할 수 있었던 시청각 매체는 영화밖에 없었습니다. TV 광고가 아직 유럽에 도입되지 않던 시기였죠. 그럼에도 불구하고 영화 광고에 대한 투자 정도는 형편없었습니다. 업계 환경이 이러니까 독립 계약업자들이 몇 명에 불과할 수밖에 없었고, 또 업자들끼리 서로를 너무 잘 알 수밖에 없게 된 거죠. 이런 상황 속에서 그들이 함께 모여 협회를 구성하기에 이른 거구요.'

계약업자들은 스스로를 알리기 위해 매년 광고제를 열어 앞으로 고객이 될 가능성이 있는 기업을 초청하기로 결정했다. 또한 그들 자체가 영화 산업과 밀접한 연관을 가지고 있었기 때문에 영화제와 관련성을 가진 유럽의 두 도시 즉, 칸과 베니스를 행사 개최지로 선정했다. 이렇게 베니스가 연결되면서 칸 광고제 상의 형태와 이름이 사자로 정해진 것이다.(날개 달린 사자는 베니스의 수호 성인인 성 마르코St. Mark를 상징하는 것이다.) 이 광고제의 첫 번째 수상작은 이탈리아 클로로돈트Chlorodont 치약 광고였다.

세계 영화 광고 협회Screen Advertising World Association가 런던에 사무실을

두었던 것은 계약업자인 펄 & 딘Pearl & Dean의 두드러진 활약 때문이었다. 이전에 프록터 & 갬블 프랑스Procter & Gamble Frnace의 광고 책임자였던 해추얼이 프랑스 영화 광고 계약업자인 미디어비전Mediavision의 경영자로 발탁되면서 협회의 존재 사실을 알게 되었다고 한다. 미디어비전의 공동 창립자인 장 미네Jean Mineur가 그에게 이 협회장에 출마하라고 권유했고, 그는 이를 마지못해 받아들였다. '이 출마로 내 개인적 이미지가 타격을 받을 거라고 생각했어요. 당시에 내가 알기로는 나이 지긋한 사람들이 모여 아마추어 식으로 협회를 운영하고 있었으니까요. 하지만 미네 회장을 존경했기 때문에 그의 의견을 따르기로 했죠. 이때가 1985년이었습니다. 그로부터 1년 뒤 나는 협회에 말했습니다. "만약 협회가 비영리 조직이라는 아마추어적 방식을 지속한다면, 나는 이 광고제에 참여하지 않을 겁니다. 이 광고제를 실제 사업으로 육성하기 위해서는 투자, 마케팅, 그리고 인력이 필요합니다."라고요. 1980년대 초까지 이들이 텔레비전에서만 방영된 광고에 대해서는 광고제 출품 자체를 거부했다는 사실을 기억하실 겁니다. 왜냐하면 스스로를 광고 영화 기관이라고 생각했기 때문이죠.'

얼마 후 교통 관련 파업이 잦아지고 참가단을 위한 안정된 수용 시설이 부재하다는 이유로 베니스가 광고제 개최지에서 빠지게 되었다. 1987년 해추얼이 칸 광고제의 일정 지분을 취득한 이후 광고제의 영역을 넓혀가기 시작했다. '나는 이 광고제를 광고의 올림픽으로 만들고 싶었습니다. 그리고 네트워크와 세미나라는 측면에서 이 광고제를 다보스 회의[스위스 다보스에서 매년 열리는 세계 경제 포럼]로 만들고 싶었고, 학습의 기회라는 측면에서는 이를 하버드 대학으로 만들고 싶었습니다.'

해추얼의 희망 사항에도 불구하고 이 광고제의 진보는 그다지 빨리 이루어지지는 않았다. 인쇄 광고의 출품은 1992년에야 허락되었고, 인터넷, 미디어 전략, 직접 마케팅, 라디오 등의 분야가 도입되는 데도 수년이 걸렸다. 해추얼은 칸 광고제가 태양, 바다, 섹스라는 이미지에서 탈피해 진지한 이미지를 갖출 수 있도록 노력을 기울였다. 1991년 그는 '해변을 줄이고 일을 더하자' 라는 슬로건을 내걸었는데, 이는 차후에 '해변은 없고 일만이 있다' 로 바뀌었다. '이러한 전략이 100% 성공적인 것은 아니었습니다.' 라고 그가 눈을 반짝거리며 말했다. '하지만 사람들에게 칸 광고제가 진정한 가치를 지닌다는 점을 확신시켜줄 수 있었습니다. 다시 말해 이 광고제에 참가하는 것이 해변가에 누워 선탠이나 하며 놀다가는 것이 아니라는 점을 말이죠.'

그러나 해추얼은 칸 광고제로 종종 골치를 앓아야만 했다. 물밑에서 진행되는 투표 행위나 이른바 '유령' 광고, 즉 실제 광고를 목적으로 하는 것이 아니라 오로지 광고제 출품만을 위해 만들어진 광고 때문에 칸 광고제는 비난을 면치 못하고 있었다. 또한 심사 결과에 대해 크게 흥분하는 크리에이티브들 사이에서 의견 충돌이 발생하는 것도 문제였고, 심사위원회의 결정도 논쟁거리가 되었다. 해추얼은 1995년을 생각하면 아직도 몸서리가 쳐진다고 했다. 당시 심사위원 중 한 명이 싸움닭 같은 성격을 지닌 프랭크 로우Frank Lowe였는데, 그가 그랑프리를 받을 만한 작품이 없다고 생각했는지 시상식에 모인 청중들 앞에서 수상작들을 싸잡아 비난해 물의를 일으켰다.

2004년 해추얼의 아들인 로맹Romain이 칸 광고제 경영을 승계받지 않겠다고 하자 당시 71세였던 해추얼은 사퇴를 결심했다. 이렇게 돼서 EMAP가 칸 광고제를 맡게 된 것이었다. 새로운 경영 체제 하에서도 칸 광고제가 크게 바뀐 것은 없었다. 세미나가 조금 늘어났고 강의를 맡은 유명 인사의 이름이 좀 많아지면서 전문성이라는 진지한 분위기가 조성되었다. 그러나 거터 바는 하나도 변하지 않은 채 그 모습 그대로를 유지하고 있다.

## 비용 계상

광고 회사들은 칸 광고제에 출품하고 참가하는 데 수천 달러의 돈을 쓴다. 『크리에이티브 리뷰』의 한 기사에서는 2001년 한 광고사가 칸에서 수상하는 데까지 50만 달러를 썼다고 보고한 바 있다. ('칸의 가치는 무엇인가?What's Cannes worth?' 2003년 7월 1일자) 종종 광고계 사람들은 광고의 창작성보다는 판매 효과성을 기준으로 심사하는 에피 어워드Effie Awards가 산업 측면에서 연관성을 훨씬 많이 가진다고 보고 있다. 그러나 이러한 불평에도 불구하고 대부분의 광고계 유력 인사들은 창작성을 옹호하고 있다.

'이상적으로는 창작을 기준으로 하는 상과 판매 효과성을 기준으로 하는 상을 모두 받고 싶을 것입니다. 물론 나는 이 두 가지가 상호 배제적이라고 생각하지는 않습니다.' 라고 WPP의 마틴 소렐은 말한다.

BBDO 근무 당시 퇴근을 하는 차 안에서조차도 '일, 일, 일' 이라는 주문을 외우며 운전했다는 이 회사 크리에이티브의 전설인 필 듀젠베리Phil Dusenberry도 소렐의 의견에 동의하는 것 같다. 그는 '창작상은 성적표입니다. 다시 말해 내가 뭘 어떻게 해왔는지라는 궤적을 보여주는 것이죠. 그렇다고 해서 상 자체가 목적이 되어서는 안 됩니다. 광고에 대한 최고의 보상은 물건을 팔아 돈을 벌어들이는 것이니까요.'

그러나 요즘 들어서는 프록터 & 갬블과 같은 대형 고객들 역시 칸으로 향하고 있다. '시상식은 광고업계에서 중요한 문화의 일부' 라고 P&G의 대변인이 얼마 전『애드버타이징 에이지』에 밝힌 바 있다. '우리는 이런 광고제에서 우리 회사 광고 파트너들의 작업을 보면 기분이 좋죠.' 라고 맥도널드 USA의 부회장이자 최고 크리에이티브 책임자인 마레나 펠리오-라자Marlena Peleo-Lazar가 말한 바 있다. 그는 이어 '칸에서 열리는 광고 영화 상영이나 오찬에서 광고 작업에 대한 지속적인 대화가 이루어지죠. …… 이를 통해 광고업계에서 빛을 발하는 재능이 무엇인지를 깨달을 수 있습니다.' ('광고 창작상은 진정 가치가 있는가?Are advertising creative awards really worth the cost?' 2006년 6월 15일자)라고 말했다.

다수의 광고상을 수상한 TBWA/파리TBWA/Paris의 크리에이티브 디렉터인 에릭 베르브뢰장Erik Vervroegen은 광고제에 대한 태도가 변화하고 있다고 생각한다. '수백만 편의 광고가 주목을 끌기 위해 아우성을 치고 있는 세상에서 고객들은 차별화를 가져오는 유일한 방법이 창조성이라고 생각할 수밖에 없습니다. 심사위원단이 심사해야 할 작품들이 엄청나게 많다는 점을 생각해보면 사실 심사위원단은 일반인들보다 훨씬 힘든 상황에 놓여 있죠. 왜냐하면 그들이 본 것을 기초로 해서 결정을 해야만 하니까요. 산더미같이 쌓인 작품들 속에서 선택된 창조적 작품이라면 확실히 그 창조성은 유효한 것 아니겠습니까.'

그는 수상을 한 광고사라면 우수한 젊은 크리에이티브 인재를 끌어들이는 데 별 문제가 없다고 덧붙였다. '만약 수상을 하지 못한 광고사라면 젊은 인재들은 그 광고사를 재미없는 그저 그런 곳으로 생각할 겁니다.'

사치 & 사치의 케빈 로버츠 회장 역시 이러한 의견에 동의하고 있다. '칸 광고제에 대해 불평을 하는 사람들은 한 번도 수상을 하지 못한 사람들일 걸요. 크리에이티브 담당자들은 사람들의 주목을 끌 필요가 있어요. 내 생각으로 이러한 상들은 고객이나 신규 사업과는 하등 관계가 없죠. 창조적 재능을 고취하기 위한 것이 바로 이러한 상들입니다. 사치는 우리가 가진 창조적 재능에 충실하고 있습니다. 그래서 사치가 많은 광고상을 탔을 때 무슨 일이 일어난 줄 아십니까? 우리의 크리에이티브 인재들이 우리 회사에 머물기를 원했고 우리 회사 밖의 다른 인재들은 우리 회사에 들어오기를 원했습니다. 우리는 아이디어에 기반한 사업을 영위하고 있어요. 아이디어는 창조적인 사람들에게서 나옵니다. 이런 사람들은 자신이 인정받을 때 의욕을 느끼게 되죠. 아주 간단해요.'

다수의 수상 경력을 가지고 있는 런던 광고 회사 AMV,BBDO 사장 실라 스노우볼Cilla Snowball은 이렇게 말한다. '크리에이티브 측면에서는 우리가 가진 능력보다 더 많은 것을 발휘하는 것처럼 느끼는 것이 중요합니다. 그러나 창조성을 어떻게 측정하겠습니까? 칸 광고제는 창조성을 측정하는 하나의 방식입니다. …… 그리고 상은 창조성의 측량이며 지침이자 자극입니다. 사람들은 상을 받음으로써 성취감을 느끼죠. 그래서 모든 사람들이 상 타기를 바라는 것이고요.'

이러한 이유로 칸은 의심할 바 없이 막대한 영향력을 갖추고 있다. 칸에서 좋은 성과를 얻는다면 해당 광고 회사뿐만 아니라 그 광고 회사가 속한 국가 전체까지도 창조성의 명성을 얻게 된다. 1990년대 중반 스톡홀름 광고 회사인 파라다이젯 DDBParadiset DDB가 청바지 브랜드인 디젤Diesel 광고로 일련의 상을 휩쓸고 1998년 디젤에 올해의 광고주상Advertiser of the Year을 안긴 것이 바로 이런 경우였다. 파라다이젯 DDB의 수상으로 인해 한동안 스웨덴이 창조성의 산실인 것처럼 여겨졌다. 스웨덴 광고계는 여전히 날카로운 광고를 제작하고 있지만 스포트라이트는 다른 곳으로 이동하고 있다. 스페인, 브라질, 태국 등이 하나 혹은 그 이상의 광고제에서 수상하면서 그 후광 효과를 톡톡히 보고 있는 것이다.

그렇다면 칸 광고제에서 어떻게 수상을 할 것인가? 칸 광고제에 대한 비난 중 하나는 심사위원회가 여러 나라 사람들로 구성되기 때문에 특정한 문화적 기준들이 먹히지 않을 여지가 있다는 것이다. 예를 들어 어떤 나라에서는 정말 멋진 농담이 될 수 있는 것이 다른 나라에서는 썰렁해질 수 있다는 의미다. 그래서 영어 이외의 다른 언어로 구사되는 재담이 확실히 배제되고 있는 것이 사실이다. 결국 광고계 사람들이 늘 이야기하는 '전 우주적 진실'을 표현할 수 있는 대중적인 대형 비주얼 아이디어가 필요한 것이다.

광고 회사 180의 리처드 불럭Richard Bullock은 다음과 같이 조언한다. '칸 광고제는 새로운 작업을 확인하고 업계 다른 사람들과 나 자신을 비교해보기 위한 좋은 도구이지만 여기서 상을 타기 위한 지름길은 없습니다. 내가 던진 문제를 해결하는 데 매일매일 집중해야 합니다. 만약 상을 타려고 노력한다면 기회는 오지 않을 것입니다.'

## 19 새로운 개척자들

아시아의 창조성 ✽ 그래서 중국으로

베이징! 상하이!
그곳에 미래가 있다
**The future is being invented
in Beijing or Shanghai**

베를린 장벽이 무너진 이후 약속의 땅이란 것이 생겨났다. 1990년대 초 광고 회사들은 성급한 광고주들을 따라 중앙유럽과 동유럽이라는 약속의 땅으로 앞 다투어 모여들었다. 이 순수의 땅을 개척하고자 했던 광고주들 중에는 제너럴 일렉트릭General Electric, 프록터 & 갬블Procter & Gamble, 유니레버Unilever, R.J. 레이놀즈R.J. Reynolds도 섞여 있었다. 사회주의의 몰락으로 수백만 명의 잠재 소비자들이 세상으로 나오게 되었다.(예를 들어 폴란드만 하더라도 인구가 약 4천만이다.) 이 중의 일부는 그동안 서구의 물품을 줄기차게 요구해온 사람들이었다. 필립 모리스Philip Morris와 질레트Gillette의 경우 10년 전부터 이 지역에 진입했다. 맥도널드McDonald's는 1989년에 헝가리에 첫 매장을 열었고 이케아Ikea도 마찬가지였다. 플레이보이Playboy지 역시 노력 끝에 헝가리어판 출간을 인가받았다. 담배, 향수 비누, 고가 치약, 저가 가구에 성인잡지까지 순수의 세상에 온 것을 환영받았다.

그러나 일은 생각만큼 순조롭게 진행되지 않았다. 1991년에도 모스크바에서는 식료품이 여전히 배급되고 있었다. 서구 광고 회사 경영진들은 이들 국가의 후진적 통신 시스템, 닳고 닳은 부패 관행과 씨름해야만 했다. 질레트는 '인간이 얻을 수 있는 최고의 제품The best a man can get'이란 슬로건을 체코어로 번역하는 데 애를 먹기도 했다. 광고 회사들은 동유럽 시청자들이 기본적인 광고 프로에도 잘 반응하지 않는다는 것을 알게 되었다. 당국이 충치 예방 불소나 친환경 합성세제에 대해 치과의사나 과학자가 설명하는 것처럼 해왔기 때문이었다. 이러한 점 때문에 동유럽에서는 특별히 맞춤화된 광고가 필요했지만 서구 광고주들은 수익을 제대로 거둘 수 있을지 알 수 없는 시장에 큰돈을 쓰고 싶지 않아 했다. 당시 동유럽에서는 브랜드의 개념도 제대로 알려지지 않은 상태였으며, 현지 기업들은 광고를 장기적 전략이 아닌 일회성으로 생각하고 있었다.

'동유럽 시장에 지나치게 열광하는 광고 회사들이 아직도 많습니다.' 라고 영 & 루비컴 고위 간부가 『마케팅Marketing』에 털어놓은 바 있다. '소련에 진출하려면 …… 상당한 인내심과 돈줄이 필요하지요. …… 러시아 사람들은 어떤 상품에 광고가 필요하다면 그건 표준 이하의 상품이거나 아니면 공급과잉이기 때문이라고 생각합니다.' ('냉대로 좌절하는 동구 진출 광고 회사들Ignorance blunts ad firms' forays in East', 1990년 7월 12일자)

몇 년이 지난 후에도 광고 회사들은 동구를 올바로 이해하지 못해 어려움을 겪었다. 『월 스트리트 저널』은 '문화적 실수'를 지적하면서 번안된 서구 광고들이 동유럽 소비자들의 일상생활과는 전혀 관계없는 모습을 보여주었다고 비판했다. 더욱 상황을 나쁘게 만들었던 것은 소비자들이 값비싼 서구 물품에 대해 크게 반발한 데다 이제는 없어져버린 현지 브랜드에 향수를 느끼게 되었다는 점이다('동유럽에서 맥을 못 추는 광고 회사들Ad agencies are stumbling in East Europe' 1996년 5월 10일자).

그 중 그나마 어느 정도 약속된 땅 중 하나가 체코 공화국이었다. 고풍스러운 도시인 프라하가 많은 관광객들을 끌어 모으고 있었다. 『애드위크』의 한 기사에서는 프라하를 '최고의 테마 파크 …… 진정한 매직 킹덤Magic Kingdom[월트 디즈니 사의 테마 파크 중 하나]'이라고 표현한 바 있다. 이에 덧붙여 '체코로 밀려 들어오는 엄청난 서구 자금이 손실을 보지 않고 있다.'고 썼다. 마침내 돈이 벌리는 것 같았다. 현지 광고인인 지리 카르테나Jiri Kartena는 다음과 같이 언급했다. '우리는 70년대 혁명의 시대를 보냈습니다. 그리고 이제 80년대가 시작되었습니다. 누구나 사업 하기를 원하고 돈 벌기를 원합니다. 그리고 모든 것이 빨리 빨리 빨리 진행되고 있습니다.' ('80년대를 시작하자Let the 80s begin', 1994년 5월 23일자)

지난 10년 동안 이머징 마켓으로 분류되었던 동구 및 중앙 유럽 중 최소 절반 정도가 이제야 본격적인 이머징 마켓 대열에 진입했다. 이 지역에서의 광고 지출은 서구 유럽 광고 지출의 약 4분의 1 규모로 나타나고 있다. 체코 공화국과 헝가리는 유럽에서도 중간 규모에 해당하는 시장으로 평가된다. 러시아의 경우 이미 소비가 붐을 이루고 있다. '런던보다 모스크바에 롤스로이스Rolls-Royces[영국의 최고급 자동차 브랜드]가 더 많다니까요.'라고 TBWA의 페리 볼켄버그Perry Valkenburg 유럽 지역 회장이 말했다. 페리 볼켄버그는 동유럽에 이 회사 네트워크를 설립한 바 있다. 광고 회사들은 루마니아와 같이 소규모 시장에도 주목하고 있다. 루마니아는 여전히 이머징 마켓 대열에 있다. 그러나 폴란드의 경우 낮은 임금과 높은 실업률 때문에 광고 회사들이 여전히 고군분투하고 있다. 폴란드는 인구가 많기 때문에 여전히 전망이 밝기는 하지만 아직까지는 잠재적 시장으로 간주되고 있다.

## 아시아의 창조성

문화적 차이와 1990년대의 경제적 혼란으로 아시아에 진출한 서구 광고 회사들이 어려움을 겪어왔다. 그러나 2000년 이후 서구 광고 회사들이 서서히 들끓어 오르는 기미를 보이고 있다. 중국은 그들을 가장 열광시키는 국가이다. 서구 광고사들이 중국에 열광하면서 베트남이나 인도네시아처럼 보다 규모가 작은 시장도 덩달아 주목받고 있다. 베트남의 경우 경제가 성장하고 있고 호치민이나 하노이에는 브랜드에 굶주린 젊은 소비자들이 큰 집단을 형성하고 있다. 한국이나 일본과 같이 성숙한 단계에 접어든 시장들도 경제적 혼란에서 서서히 회복을 하고 있다. 한편 인도는 세계 인구 대국 중 하나로 기술 전문가를 기반으로 하는 중산층이 계속 증가하는 추세다.

대형 광고 회사들은 이미 아시아에 진출해 사업을 영위하고 있다. J. 월터 톰슨은 이미 1920년대 인도에 지점을 설립하였는데, 이 사실은 모기업인 WPP의 회장이자 아시아에 대해 열렬히 지지하는 마틴 소렐의 크나큰 자랑거리이다. 맥캔-에릭슨은 1960년대 도쿄에 지점을 설립한 바 있다. 1970년대와 1980년대 아시아로 진출한 광고 회사들도 많이 있다.

가장 연륜이 깊은 아시아 전문가는 WPP에서 '크리에이티브의 대부'로 불렸던 닐 프렌치Neil French다. 그는 종종 1980년대 극동 아시아에서 크리에이티브 혁명을 일으킨 인물로 평가되고 있다. 프렌치는 버밍엄에서 광고 일을 시작했고 1970년대 말 런던으로 이주했다. 베이티 애드버타이징Batey Advertising과 볼 파트너십Ball Partnership에서 한때 근무했고, 1983년 오길비 & 매더Ogilvy & Mather의 지역 크리에이티브 디렉터로 임명되면서 싱가포르에 왔다. 궁극적으로 그는 WPP 그룹의 전 세계 크리에이티브 책임자였다. 그러나 한 컨퍼런스에서 이루어진 광고업계의 여성 인력에 관한 발언이 물의를 일으키게 되자 회사를 그만두었다. 당시 그는 모성 본능이 여성의 커리어에 방해가 된다는 식으로 이야기를 하였고, 이 점이 업계 신문에서 크게 다루어지면서 한바탕 곤욕을 치렀다.

프렌치는 싱가포르에 도착한 당시를 이렇게 회상했다. 싱가포르 시장은 그때만 해도 단순해서 1970년대 런던의 크리에이티브 분위기에 푹 젖었던 사람에게는 거의 아무것도 그리지 않은 그림판 같이 보였다고 한다. '나는 그곳에서 일하는 동안 독특한 스타일을 찾지 못했습니다. 그저 런던에 있는 선배들을 흉내내는 것 정도였죠. 일 년쯤 지나서인가, 런던 광고를 베낀 것도 팔리는데 어느 정도의 독창성을 갖춘 광고도 팔릴 수 있지 않을까 그런 생각이 들더군요. 그리고 본격적인 레이스가 시작되었습니다.'

동남아시아 광고에서 큰 영향력을 발휘한 기업 중 하나가 프렌치의 이력서에도 적혀있는 볼 파트너십이다. 이 회사는 1986년에 마이클 볼Michael Ball이 설립했다. 볼은 싱가포르 광고 시장을 뒤흔들면서도 별로 불안하지 않았다고 한다. 볼 홍보 포스터는 '당신의 광고가 볼의 광고 같이 눈에 띄기를 바라지 않으세요?' 라는 식으로 호소를 했다. '싱가포르 광고는 아프리카를 제외하고 가장 보기 흉했습니다. 광고 포스터에서는 항상 잉크가 글자에 흘러들어가서 무슨 말인지 겨우 알아볼 수 있는 정도였지요.' ( '세계에서 가장 뜨거운 숍The world's hottest shops', 『캠페인』, 1993년 1월 22일자) 그것이 미쓰비시Mitsubishi 같은 해외 대형 고객이 되었든, 옛 콘 Yet Kon 음식점과 같은 현지의 작은 기업이 되었든 이 회사는 싱가포르의 광고에 극적이고 재치 넘치는 요소들을 집어넣었다.

그러나 이런 광고들이 항상 정부 당국에 받아들여진 것은 아니었다. 싱가포르 정부는 부적절한 서구 정서를 퍼뜨린다는 이유로 광고 포스터들을 엄하게 단속했다. 젊은이들이 기성세대에 반항하는 사진 같은 것들은 특히 더 나쁘게 받아들여졌다. 문화적 식민주의의 당연한 부산물이었다. 아시아에서 서구 광고 회사들은 많은 수의 외국인들을 고용했고 이 중 몇몇은 프렌치만큼 능력을 가진 사람들이었다. 서구 광고 회사들이 아시아에 침투시키려 했던 문화를 상세히 이해하는 아시아 사람들은 거의 없었다. 그러나 21세기 들어서면서 상황은 변했다. 아시아 지역에서 파수병 역할을 했던 나이든 경영진들이 런던이나 뉴욕의 고위직으로 복귀했고 젊은 현지 경영진들이 최고 경영을 담당하게 되었다. 2004년에 드디어 칸에서 처음으로 아시아계 심사위원장이 탄생했다. 그 주인공은 오길비 & 매더 인디아O&M India의 사장인 피유쉬 팬데이Piyush Pandey다.

창조성이란 측면에서 본다면 아시아 전체에서 가장 수준 높은 국가는 태국이다. 태국은 칸에서도 매우 좋은 평가를 받고 있다. 닐 프렌치는 이렇게 생각하고 있다. '심사위원들에게 호소력을 갖춘 광고는 일반인들에게도 호소력을 가질 수 있다. 매력적인 방식으로 유머나 일상에서 사람들이 생각하는 것을 화면으로 옮기는 능력이 바로 호소력의 중심이다.'

한편 아직까지 중국은 최소한 서구 사회에 이러한 크리에이티브 능력을 보여주고 있지 못하다. 그러나 서구 광고업계의 리더들은 광고의 미래가 중국에 있다는 점을 믿어 의심치 않고 있다.

## 그래서 중국으로

2006년 말 런던 광고 회사인 BBH는 상하이에 지사를 설립했다고 발표했다. 사실 중국에 광고 회사를 세운 서구 광고업체는 BBH가 처음은 아니다. 미국 태생으로 전직 기자이자 개척정신으로 무장한 광고인이었던 칼 크로우Carl Crow가 1918년에 극동아시아에서 순수 광고사로는 가장 큰 칼 크로우 사Carl Crow Inc를 세운 바 있다. BBH가 상하이에 지사를 연 즈음해서 폴 프렌치Paul French가 『칼 크로우 - 불굴의 중국 개척자Carl Crow - A Tough Old China Hand』라는 훌륭한 책을 펴냈다.

프렌치가 이야기한 바대로 1차 세계 대전 이후 상하이는 무역이 절정에 달하면서 호황을 맞는다. '유럽은 고무, 석탄, 식용유, 면, 실크나 담배 등 중국에서 생산되는 모든 것을 필요로 했다. ……' 부유한 서양 사람들은 중국의 신흥 부호들과의 사교를 이어나갔다. 기업들이 들어서면서 상하이 와이탄外灘, The Bund은 마치 건축물 전시회를 방불케 했고, 고급 백화점들이 들어선 난징 거리는 '동양의 옥스퍼드 거리' 라는 별칭이 붙게 되었다. '낮은 관세와 무한대의 소비 시장' 은 외국 브랜드를 끌어들이는 중요한 요인으로 작용했다. 사실 광고와 관련한 크로우의 모험은 1930년대에 그가 출판한 『4억 명의 소비자 Four Hundred Million Customers』라는 베스트셀러의 근간이 되었다.

해외 브랜드와 현지 상인들이 광고를 해야 할 필요성을 느끼고 있었고, 크로우는 그들을 도울 수 있는 완벽한 위치에 있었다. 수년 동안 중국에서 일을 했기 때문에 후에 중국 국내 고객이나 유럽 및 미국에서 진출한 신규 진입 고객 모두를 대상으로 사업을 벌여나갈 수 있었다. 프렌치도 기술하고 있지만 크로우 사는 상당히 현대적인 회사였던 것으로 보인다. 크로우는 중국 전역을 포괄하는 신문과 잡지의 공간을 구매하고 중국 출판물에 관한 첫 번째 지침서를 편찬했다. 그는 시장 조사도 실시하였으며 소비자 행태에 관해서도 연구했다. 그리고 고객의 경쟁사에 대한 정보도 제공했다. 이미 60개 도시에서 광고 전단지를 붙이는 팀을 고용하고 있었다. 당국이 광고 전단지를 몰래 붙이는 행위에 대한 단속에 나섰을 때 그는 이미 중국 전역에 광고 전단지를 붙일 수 있는 공공장소를 확보해 임대하고 있었다. 많을 때는 1만 5천여 곳이 그의 소유 하에 있었다.

칼 크로우 사는 또한 전위적인 크리에이티브를 추구했다. 크로우는 상하이 최고의 만화가와 삽화가를 고용했다. 이 중 가장 중요한 인물은 셰 지구앙 Xie Zhiguang 이라고도 알려져 있는 T. K. 지아 T. K. Zia 이다. 그는 아직은 어리지만 생기가 넘치면서도 매혹적인 중국 여인들의 그림을 담아냈다. 그 덕분에 상하이가 사악한 도시라는 그릇된 신화가 생겨났다. '셰의 관능적인 메시지는 …… 노골적이었고, 그의 모델이 된 여인들은 빨간 립스틱, 속이 훤히 비치는데다 다리 부분이 길게 터진 치파오(만다린 칼라의, 몸에 달라붙는 원피스 드레스)를 입었다. 그리고 셰의 트레이드

마크인 날카로운 눈이 소비자들의 주목을 끌었다.' 1920년 3월 셴바오Shenbao 신문에 실린 폰드 Pond의 베니싱 크림Vanishing Cream 광고는 '1920년대와 1930년대 상하이 어디에서나 볼 수 있는 근대 여성의 모습을 예견한 것이었다.' 고 프렌치는 쓰고 있다. 다른 문헌에서는 셰의 광고 이미지로 인해 중국 여성들이 바지를 벗고 치마를 입는 여성 복장 혁명이 일어났다고 평가되고 있다.

사실 따지고 보면 크로우가 해낸 일은 판매 홍보 그 이상이었다. 그는 중국 소비자들이 광고를 불신하고 있다고 생각했고, 그래서 담뱃갑이나 비누 곽에 그려진 그의 삽화는 가급적이면 정확해야 한다고 주장했다.

상하이에 소재한 국제 광고 회사는 크로우 사만이 아니었다. 중국의 광고와 미디어는 대부분 서양 사람들에 의해 만들어졌다. 19세기 외국인들은 중국 최초의 현대적 신문과 잡지를 창간했다. 1921년에는 영국 광고 회사인 밀링튼Millington Ltd. 사가 설립되었다. 광고는 1937년 청일전쟁으로 외국인 회사가 철수할 때까지 성장세를 지속했다. 현지 광고 회사들은 1960년대까지 운영되었으나 국가로 소유권이 이전되는 등 1966년부터 1976년까지 진행된 문화혁명의 피해자가 되었다.

해외 광고 회사들이 1970년대 후반 중국의 문호 개방 정책으로 다시 중국에 진출했다. 1979년 덴쓰가 중국에 진출한 이후 맥캔-에릭슨이 그 뒤를 따라 중국에 상륙했다. 맥캔-에릭슨은 유명 홍콩 무역 기업인 자딘 매시슨Jardine Matheson과 합작해 대표 사무소를 세웠다. 광고가 문화혁명에 의해 부적절하게 사용되었기 때문에 정치적으로 다시 정정되는 과정을 거쳤다. 1987년 중국의 완리萬里 부총리는 '광고는 생산과 소비를 연계하는 것으로 현대 사회에서 경제 활동의 중요한 부분을 차지한다. 광고는 경제 번영을 촉진하는 없어서는 안 될 요소다.' ( '4억 명의 소비자에서 10억 명 이상의 소비자로 : 중국에서의 외국 광고 산업의 역사400 million to more than 1 billion consumers ; a brief history of the foreign advertising industry in China', 『인터내셔널 저널 오브 애드버타이징International Journal of Advertising』, vol. 16, no.4, 1997)라고 말한 바 있다.

이 광대한 시장이 다시 한번 열린 것이다.

칼 크로우 시절의 상하이와 오늘날 붐을 이루고 있는 중국은 유사점이 많다. 중국과 인도를 중심으로 아시아-태평양 지역은 조만간 세계 제2의 광고 시장인 서유럽 시장을 추월할 것으로 전망되고 있다. 제니스옵티미디어ZenithOptimedia에 따르면, 현재 아시아-태평양 지역의 광고 지출은 9백억 달러를 넘어선 것으로 나타나고 있다. '친디아Chindia' [China와 India의 합성에]에 대한 열광으로 브라질, 러시아, 인도, 중국을 일컫는 BRICs 경제도 관심 밖으로 밀려나고 있다. WPP의 마틴 소렐은 중국과 인도가 세계 GDP에서 차지하는 위상이 2025년경이면 1825년에 이들 경제가 누렸던 호황기의 수준으로 회귀할 것이라고 보고 있다. 옴니컴Omnicom의 아·태지역 회장인 마이클 버킨Michael Birkin도 『캠페인』과의 인터뷰에서 칼 크로우를 인용해 이렇게 말했다. '중국에서는 …… 대중성을 띠지 않는 것이란 없다. 지난 20년 동안의 가난에서 막 벗어난 4억 명의 인구가 우리의 손 안에 있다고 할 수 있다.' ('아시아의 조감도Asia : the view from the top', 2006년 11월 10일자)

만약 소렐에게 향후 광고 산업에 영향을 미칠 주요 요인이 무엇이냐고 묻는다면 아마 주저 없이 이렇게 대답할 것이다. '인터넷과 중국'이라고. 그는 중국의 크리에이티브 능력을 평가절하하는 것은 바보 같은 짓이라고 한다. 고급 세공품, 예술품 등의 분야에서 광대한 유산을 보유하고 있는 중국 사람들은 창조적 유전자를 가지고 있는 것 같다. '미래는 아마도 베이징이나 상하이에서 학교를 졸업한 많은 젊은이들이 이끌어 나갈 것입니다.' 라고 소렐은 말한다. 사치 & 사치 월드와이드 회장인 케빈 로버츠 역시 같은 의견이다. '향후 10년 동안 가장 중요한 광고 시장은 중국이 될 것입니다. 그리고 그 이후에도 중국은 그런 지위를 계속 유지할 것입니다.'

BBH의 상하이 지사 책임자는 아르토 햄파트소우미안Arto Hampartsoumian으로 그는 이전에 도쿄의 위든 & 케네디Wieden & Kennedy에서 일한 바 있다. 그가 아시아에서 일한 14년 동안 '그의 눈은 항상 중국으로 쏠려 있었다.' 중국이 WTO에 가입한 이후 일련의 정책이 변화하면서 2005년 11월 외국 광고 회사가 현지 업체와의 합작 형태가 아니라도 중국에 진출할 수 있는 법적 기반이 마련되었다. 2006년 11월 마침내 BBH가 중국에 지사를 열고 조니 워커Johnnie Walker, 베일리스Bailey's, 보스Bose 음향기기, 월드 골드 카운슬World Gold Council 같은 기업의 광고를 담당하고 있다.

'가장 놀라운 것은 여기에 낙관론이 엄청나게 팽배하고 있다는 점입니다.' 햄파트소우미안이 말했다. '서구 사람들은 기본적으로 미래에 대한 불안감을 가지고 있지만 여기에서는 특히 젊은 층을 중심으로 앞으로 일이 더 잘 될 것이라는 확신이 널리 퍼져 있습니다. 한번 볼까요. 만약 80년대 초 중국에서 태어난 사람이라면 전례 없는 부의 성장 그리고 기회의 증가를 눈으로 확인했을 것입니다. 사실 인도가 중국과 비교해 훨씬 성숙한 시장이고 서구 브랜드와의 관계 역시 중국보다는 훨씬 오래전부터 형성되었죠.'

중국에서 발생하는 인권 문제 역시 지금 당장은 외국 브랜드의 진입 장벽이 되고 있지는 않다. 외국 브랜드의 과거 행태를 보면 경제적 조건이 우호적이고 언론의 접근이 가능하다면 현지 정치 문제에는 무감각해진다. 햄파트소우미안도 '중국은 여전히 동부 개척지Wild East입니다. 마지막 미개척지란 이야기죠. 사실 나는 중국에 살고 있는 것이 아니라 상하이에 살고 있는 것 같은 생각이 듭니다. 여기서는 빈부 격차가 여전히 문제가 되고 있지만, 발전 속도에 대한 사회적 의미도 굉장하다는 걸 의심할 수가 없습니다. 그러나 지금 세대는 이전 세대와는 매우 다르고 통제하기도 어렵습니다. 중국이 과거로 돌아가는 일은 없을 것이라는 게 제 생각입니다.'

그는 외국 광고 회사들이 중국 소비자들을 아직 '정의하지 못하고 있다.'고 본다. BBH는 중국 현지 조사업체와 함께 분기마다 『차이니즈 위스퍼스 Chinese Whispers』라는 분기별 보고서를 내고 있다. 이 보고서에서는 상하이, 베이징, 광저우 등의 대도시 그리고 그 뒤를 잇는 주요 중소도시에 거주하는 18-35세 소비자의 태도와 구매 습관을 다룬다. '최근 나타나는 주요 요인은 브랜드 충성도가 부재하다는 사실입니다. 중국 소비자들은 만족을 쉽게 하지 못하고 경험을 추구하는 단계에 있죠.' 그는 서구 제품에 대한 중국의 관심은 매우 높지만 다른 한편으로 '중국은 최신 시계부터 심지어는 달걀까지 어느 것이나 복제할 수 있는 나라'라고 지적했다.

그는 앞으로 중국에 진출할 광고 회사들은 선입견을 버려야 할 것이라고 덧붙였다. '판에 박힌 것 같은 광고는 여기서 먹혀들지 않습니다. 국제적으로 통하는 포인트가 없다는 거죠. 중국에서는 그런 것들이 대부분 관계가 없습니다. 조니 워커를 예로 들어보죠. 서구에서는 위스키하면 긴장 완화나 음미라는 개념을 중심에 놓습니다. 그러나 여기 중국에서는 위스키가 에너지 넘치는 파티와 어울리는 것입니다. 지역적 뉘앙스도 있어야 하구요.'

일부 분석가들은 일단 중국이 서양의 기술이나 첨단 지식을 자기 것으로 만들고 나면 중국 소비자들은 더 이상 서양 브랜드를 찾지 않을 것이라고 보고 있다. 햄파트소우미안은 이 점에 확신은 하지 못하지만 이와 함께 흥미로운 기회가 외국 광고 회사들에게 주어질 가능성이 있다고 말한다. '광고 회사들이 극복해야 할 과제가 있습니다. 아직까지 그 누구도 중국 브랜드 광고를 따내 세계적인 브랜드로 만들지 못했다는 것 바로 그 점입니다.'

## 20 미래의 광고회사

변화를 꾀하는 거대 광고사들

광고를 보고 싶지 않은 대중들에게
더 이상 광고를 강요할 수는 없다
**Brands can no longer force
themselves on an unwilling public**

광고 회사의 미래라고 할 수 있는 이곳은 외견상으로는 그다지 미래적으로 보이지 않는다. 런던 클럭큰웰Clerkenwell의 한 건물에 자리 잡고 있는 이 미래형 광고 회사로 올라가려면 히치콕Hitchcock 감독의 스릴러 영화에나 나올 법한 구닥다리 엘리베이터를 타야 한다. 사무실은 마치 보헤미아 사람들의 주거지 같다. 로코코 스타일의 가구, 잡지가 널려 있는 커피 테이블은 붉은색 칸막이, 그리고 사무실을 감싸는 심각한 분위기와 대조를 이루고 있다. 사실 이는 미래적인 모습이라기보다 얼마 전의 과거 속에 머문 광고 회사의 모습이다.

그러나 네이키드 커뮤니케이션스Naked Communications를 미래적이라고 평가할 수 있는 건 바로 이 회사를 떠받치고 있는 사업 개념이다. 네이키드에는 크리에이티브 부서도 없고 미디어, 기획, 고객 담당 부서도 없다. 이 회사는 전통적인 미디어 혹은 대안적 미디어를 믿지 않는다. 여기에는 고객의 요구를 살피고, 그것이 틀에 박힌 광고에 관련된 것이든 그렇지 않은 것이든 혁신적인 해결책을 제안한다.

지난 30년 동안 광고업계의 진화 속도는 매우 느렸다. 1950년대 빌 번버크Bill Bernbach와 일했던 사람이라면 1970년대 후반의 광고 회사에 있더라도 어울리지 않는다는 생각을 하지 않았을 것이다. 락 방송국들이 FM 라디오를 채택하면서 음색의 기술적 혁신이 있었다. 1980년대 케이블과 위성이 출현하면서 대중 소비 행태의 지각 변동이 시작되었다.

1990년대 초 TV 시청자의 세분화와 인터넷의 등장은 모든 것을 변화시켰다. 그리고 가까운 미래에 컴퓨터와 텔레비전이 합해질 것이다. '수렴'은 이미 업계 통용어가 되었다.

1994년 5월 프록터 & 갬블Proctor & Gamble의 회장이자 CEO인 에드윈 아르츠Edwin L. Artzt는 미국광고업협회American Association of Advertising Agencies에서 다음과 같이 연설한 바 있다. '광고업이 고난의 시기를 맞을 수도 있고 영광의 새 시대를 맞을 수도 있습니다. 여러분들께서 믿건 믿지 않으시건, 어디로 갈 것인가는 …… 우리의 손 안에 있습니다. 이 이유는 바로 광고에 가장 중요한 매체였던 텔레비전이 큰 변화에 임박했기 때문입니다. …… 주문형 비디오video-on-demand, 유료 채널pay-per-view, 가입형TV subscription television 등 오늘날 우리가 처해있는 현실에서 광고 후원 TV 프로그램 제작에 미래가 있을 것이라고 확신하기는 어렵습니다. 앞으로 몇 년 안에 …… 소비자들은 수백 편의 쇼 프로그램과 유료 채널 영화 중에서 보고 싶은 것을 선택할 것입니다. 그들은 수십 개의 홈 쇼핑 채널도 선택할 것입니다. 또한 몇 시간씩 양 방향 비디오 게임도 즐길 것입니다. 이러한 프로그램 중 많은 수는 전혀 광고를 필요로 하지 않을 것입니다. 만약 이러한 일이 일어난다면, 만약 광고가 지금까지 해왔듯이 홈 엔터테인먼트의 제작비용을 댈 필요가 없어진다면, 우리와 같은 광고주들은 브랜드를 선전하기 위해 요구되는 시청 범위와 빈도라는 측면에서 상당한 어려움을 겪게 될 것입니다.' ('P&G 아르츠 : 위기에 빠진 TV 광고P&G's Artzt : TV advertising is in danger', 『애드버타이징 에이지』, 1994년 5월 23일자)

광고 회사들은 그의 생각이 현실화될 수도 있다고 동의하면서 이와 관련한 백서들을 황급히 작성했지만 한 일은 별로 없다. 사실 이러한 경고는 처음이 아니다. 1960년대 초로 돌아가보자. 미 서부 광고계에 종사하던 하워드 고시지Howard Gossage는 광고업의 미래가 비관적이 될 수도 있음을 정확히 지적한 바 있다. 샌프란시스코의 소크라테스로 알려진 그는 광고업에 대한 이해력이 매우 뛰어났다. 그는 광고가 '아둔하고 지겨우며 너무 단순하다.'고 생각했다. 그는 모방에 반대하면서 코끼리를 한 방에 잡을 수 있는 그런 것이 필요하다고 보았다. 그가 소비자에 대해 냉소적인 입장을 취하지 않은 것은 아니었지만, 쥐를 잡을 때도 도망갈 구멍을 남겨놓고 쫓아야 한다는 속담을 예로 들면서 광고에 시청자가 참여할 필요가 있다고 주장했다. 그는 광고란 '재미있는 대화의 결말 같은 것이어야 한다.'고 믿었다.

그러나 고시지의 팬들은 그의 생각이 오늘날에도 타당성을 가진다면서 다음과 같은 그의 의견을 언급하곤 한다. '광고는 총으로 물고기를 한 방에 잡는 것처럼 쉬운 일로 느껴집니다. 그러나 이게 예전만큼 그렇게 쉬운 것은 아닙니다. 물고기가 총을 막는 방탄판을 개발하고 있거든요. 물고기는 당신이 어떤 종류의 무기를 가졌는지, 언제 방아쇠를 당길 것인지, 그 총알이 얼마나 빨리 날아올 것인지에 대처하고 있다는 말입니다. 오, 그래서 이제는 더 이상 물고기를 한 방에 잡을 수 없는 것이죠.' ('부자 미디어, 온라인 광고 그리고 하워드 고시지Rich media, online ads and Howord Gossage, 클릭즈 닷 컴Clickz.com, 2004년 11월 8일자)

1999년에 디지털 비디오 녹화기digital video recorder가 도입되면서 광고 회사들은 뼛속까지 얼어붙게 되었다. 이로써 시청자들은 보고 싶은 시간에 TV 프로그램을 보거나 광고를 보지 않고 바로 프로그램만 볼 수 있게 되었지만 TV 프로그램 편성표나, 30초짜리 광고가 서서히 죽음을 맞이할지도 모르게 되었다. 게다가 시청자들에게는 비디오 게임, 포터블 미디어 플레이어, 인터넷 카페, 블로그, 팟캐스트podcast[애플 사의 아이팟Ipod에 방송Broadcast를 합쳐 놓은 단어로, 웹을 통해 포터블 미디어 플레이어나 PC로 다운로드하여 즐기는 오디오나 비디오 디지털 파일에 의한 재상 방식을 의미한다. 애플 사의 대표적인 미디어 플레이어인 아이팟에서 이 개념이 구현됨에 따라 아이팟의 판매고에 큰 영향을 미쳤음. 한편으로 개인 주문형 방송personal on demand broadcast의 약어에서 연유한다는 주장도 있음], 이동전화와 같은 오락거리들이 중심이 될 수 있다. …… 사실 지금까지 광고 회사들은 어떤 것이 어디서 불쑥 나타날지 알지 못했다. 광고업계는 마치 물이 새는 배에서 황급히 구멍을 막으며 다른 곳에서 물이 새는지 찾느라 정신이 없는 만화 주인공 같았다.

사치 & 사치의 월드와이드 CEO인 케빈 로버츠조차도 일반적으로 볼 때 광고주들이 소비자들보다 더 많이 혼란을 겪고 있다는 의견을 내놓은 바 있다. '소비자들은 자신들이 무엇을 원하는지 정확히 알고 있습니다. 그들은 모든 것을 다 원합니다. 신문에서는 소비자에 관한 기사를 읽고 싶어 하고, 주간지에서는 앞으로의 전망을 알아보려고 합니다. 핸드폰 업데이트를 하고, 인터넷에서 이것저것을 확인합니다. 차 안에서는 라디오를 듣고 싶어 하죠. 저녁에는 큰 화면으로 텔레비전을 보고 싶어 합니다. 소비자들 입장에서는 도저히 헷갈릴 것이 없죠.'

로버츠에게는 바로 이것이 브랜드를 위한 노다지인 것이다. 미래에는 화면의 수가 적어지는 것이 아니라 더 많아진다. 집에서, 직장에서, 슈퍼마켓에서, 이동 전화로 …… 온통 화면으로 가득한 세상이라는 것이다. '사람들과 감정적인 연결 고리를 만들어내는 것이 바로 우리 직업입니다. 그 장소가 어디가 되었든 말이죠.'

네이키드 커뮤니케이션스는 이렇게 급속히 변화하는 환경에 딱 들어맞는 광고 회사다. 더 이상 안전이 보장되지 않는 광고계에서 네이키드는 어떤 지형에서도 운전이 가능한 4륜 구동차로 자리매김하고 있다.

이 회사의 창립자는 윌 콜린Will Collin, 존 윌킨스Jon Willins, 존 할로우John Harlow로 이들은 런던의 미디어 전문회사 PHD에서 만났다. 각각 이 회사 전략 기획, 조사, 미디어 기획 부문에서 일한 바 있다. 콜린은 그가 네이키드를 만들게 된 원동력 중 하나는 기존 광고업 모델에 대한 환멸감이 었다고 한다. '나는 PHD에서 일하는 동안 수많은 주요 대형 미디어 (기획 및 구매) 거래를 담당했습니다. 보통 이러한 대형 고객들은 가능한 한 싼 값에 미디어를 구매하죠. 당연히 우리 회사의 수수료는 가능한 가장 낮은 수준까지 떨어질 수밖에 없었습니다. 이런 식으로는 도저히 승산이 없겠다는 생각이 들더군요. 게다가 우리가 제시한 전략, 아이디어, 생각이 전혀 먹혀들지 않는 느낌을 주는 것도 문제였죠. 밀고 당기고를 하다 보면 결국 그들이 진정으로 원하는 것은 싼 가격의 미디어더군요. 다시 말하면 TV 광고를 많이 살 거니까 할인을 많이 해 달라 이런 거죠.'

콜린, 윌킨스, 할로우는 그들이 진정으로 원하는 일이 소비자와 연결하는 창조적 방식을 찾는 것이며, 이는 고객들이 미디어 전문 회사를 찾는 주된 목적과는 다른 것이라는 결론을 냈다. '우리가 해주는 이야기에 자극을 받아서 열심히 한 고객들도 있었어요. 하지만 우리가 있었던 장소가 잘못 되었던 거죠. 거기는 미디어 기획 및 구매 전문 회사였으니까요.'

이 세 사람은 창조적인 요소들을 취해 사업을 하기로 결심했다. 그들은 전략과 실행을 구분하고 가공하지 않은 날 것 그대로의 아이디어를 팔기로 했다. 마침내 2000년에 이러한 뜻을 담은 네이키드 커뮤니케이션스가 탄생했다. '네이키드가 돈을 낸 목적을 중시하라는 옛말에 귀를 기울인 것이라고 보면 됩니다. 전통적인 광고 회사들이 청구했던 돈은 사실 실행에 관련된 것들입니다. 다시 말해, 광고 제작, 웹 사이트 구축, 우편 광고 발송 …… 등과 같은 것들이죠. 전략은 돈도 못 받고 거저 줬습니다.'

마케팅 문제가 해결되면서 네이키드는 스스로가 아이디어 회사라는 사실에 절대적인 자유를 느끼게 된다. 대형 크리에이티브 팀을 보유하고 있는 전통적인 광고 회사들은 제작된 광고가 고객의 문제를 이상적으로 해결했냐를 놓고 필연적으로 논쟁을 벌이게 된다. 인터넷 광고 회사들 역시 비슷한 편향을 보인다. '우리는 제작 수단을 소유하고 싶지 않다고 늘 말해왔습니다. 그리고 우리가 항상 인용하는 말이 있습니다. "생선 장수에게 저녁으로 무엇을 먹는지 묻지 말라"는 것이죠. 이 말이 바로 우리가 하려고 하는 핵심을 나타내고 있습니다.'

'미디어 중립적'이라는 말을 의도적으로 피하는 네이키드는 스스로를 '커뮤니케이션 불가지론적'이라고 표현한다. '소매업자에게 가장 중요한 커뮤니케이션 수단은 자신의 가게입니다. 자동차 제조업체에게는 그 회사의 자동차가 길거리에 많이 돌아다니는 것이 광고보다 더 효과적입니다. 그렇다고 해서 우리가 잠재적인 해결책으로서 광고를 무시하는 것은 아닙니다. 단순히 텔레비전의 영향력이 침식되고 있기 때문에 우리 같은 회사가 존재할 수 있는 것도 아니고요. 우리가 존재하는 것은 광고 산업이 1950년대에 그려진 설계도대로 시공되었기 때문입니다.'

미디어 채널이 급격히 증가한 것은 소비자의 주목을 끄는 광고주의 능력이 소진되었다는 것을 의미한다. 압도적인 미디어 존재나 모방을 통해서가 아니라, 적절한 채널을 통해 적절한 순간에 소비자와 상호작용할 수 있는 방식으로 소비자들의 호기심을 불러일으키고 또 그들을 끌어들임으로써 광고 캠페인은 성공한다. '브랜드들은 내켜하지 않는 대중에게 그들을 인식해달라고 더 이상 억지 강요를 할 수는 없습니다.' 라고 콜린은 말한다.

그렇다면 고객들은 확신할 것인가? 결국 어느 정도까지는 네이키드가 단순히 종합 광고 회사에서 천천히 진행되는 구조 재편을 지속하고 있다고 할 수 있다. 만약 미디어 회사와 크리에이티브 회사가 서로 말조차 건네지 않는 이런 상황에 끼어서 고객이 괴로워한다면 과연 미디어와 크리에이티브의 분리 전략이 좋은 아이디어라고 말할 수 있는가? 이에 대해 네이키드는 이러한 상황을 거꾸로 돌려놓는 데 노력을 기울이고 있다고 대답했다. 즉, 네이키드는 고객에게 꼭 맞는 해결책을 모색하기 위해 그들을 대신해 모든 분야의 적절한 전문가와 의견을 주고받는다. 코카콜라, 유니레버, 존슨 & 존슨 등과 같은 대형 고객들이 네이키드의 마력에 걸려들었다. 현재 네이키드는 유럽, 미국, 호주에 사무실을 가지고 있다.

'2000년에 우리가 소비자 관리consumer control, 통합 커뮤니케이션, 크리에이티브와 미디어의 단절 극복 등에 대해 논의를 한 바 있었는데, 그때 고객들이 우리를 마치 좌파처럼 보았지요.' 라면서 '그런데 지금은 모든 사람이 이런 주제에 대해 말하지 않습니까?' 라고 콜린은 덧붙였다.

그러나 저항 세력도 있다. 네이키드가 뉴욕에 발을 들여놓았을 때 매디슨 가 한 쪽에서는 네이키드에 대해 회의적인 평가를 내렸다. 진보적인 광고 회사로 손꼽히는 크리스핀 포터 & 보거스키Crispin Porter & Bogusky 회장인 척 포터Chuck Porter도 네이키드의 뉴욕 진출에 그렇게 놀라지는 않았다. 그는 『패스트 컴퍼니Fast Company』와의 인터뷰에서 '대부분의 카피라이터와 아트 디렉터가 산타 모니카에서 TV 광고를 만들고 싶어합니다. 그게 광고인들이 자라온 문화이고 그들을 다른 방식으로 생각하기 어려운 이유입니다.' ('매디슨 가는 네이키드로 갈 준비가 되었는가?Is Madison Avenue ready to go Naked?' 2005년 10월)라고 네이키드에 대한 자신의 의견을 밝혔다.

매디슨 가에 미래형 광고 회사가 없는 것은 아니다. 어노멀리Anomaly를 예로 들어 보자. 2004년 문을 연 이 회사는 종종 '크리에이티브 핫 숍'으로 거론되지만 자체적으로는 전통적인 입장을 취하고 있다. 어노멀리 역시 아이디어를 파는 회사이다. 이 아이디어는 광고 캠페인에 관한 것일 수도 있고, 상품, 패키징, 신제품 출시 캠페인에 관한 것일 수도 있다. 이 회사는 지적재산권을 개발해 고객이 해당 지적재산을 사용하도록 하고 수익을 나누기도 한다. 어노멀리의 고객으로는 코카콜라, ESPN 모바일ESPN Mobile, 버진 아메리카Virgin America 항공사 등이 있다. 고객들이 인터넷이나 휴대폰으로 물품 구매 대금을 지불할 수 있는 온라인 지불 시스템 페이팔 PayPal도 어노멀리의 고객이다. 2006년 어노멀리는 어셈블리Assembly라 불리는 '이동 마케팅' 회사를 출범시켰다. 이 회사는 모바일이 제공하는 새로운 미디어 공간과 관련된 사업에 특화되어 있다.

이와 비슷한 시기에 호주의 크리에이티브 디렉터인 데이브 드로가Dave Droga는 새로운 광고 회사 드로가5Droga5와 관련해 비슷한 야망을 내비쳤다. 그는 아이디어 생산을 위해 드로가5를 설립했다. '무수한 솔루션을 내놓을 수 있도록, 우리에게 자유를 주는 고객을 원합니다' 라고 드로가는 『캠페인』 과의 인터뷰에서 밝혔다. '이 솔루션에는 오락, 건축, 커뮤니티, 온라인 …… 등이 포함될 수 있습니다. 나는 자동차 바퀴를 다시 고안해내려고 하는 것이 아니라 이 바퀴가 도로를 벗어나 어디든지 달릴 수 있도록 하고 싶습니다.' ('드로가가 운명 개척을 즐기는 이유Why Droga enjoys being in control of his destiny', 2006년 8월 4일자)

드로가가 패션 디자이너인 마크 에코Marc Ecko를 위해 제작한 인터넷 바이러스성 광고 캠페인은 그해 칸 광고제 사이버 부문 그랑프리에 선정되었다. 이 인터넷 캠페인은 한 그라피티 아티스트[낙서 예술가]가 미국 대통령 전용기인 에어 포스 원Air Force One에 '스틸 프리Still free'라고 써넣는 과정을 흐릿한 동영상으로 보여준다. 인터넷을 통해 전파된 이런 광고는 30초짜리 TV 광고의 미래를 보여준다고 할 수 있겠다. 사람들이 많이 다운로드하는 동영상 중 하나가 광고다. 또 광고는 모바일을 통해 간단히 즐기기에 딱 안성맞춤이다. 사실 바이러스성 광고를 성공시키는 것은 광고 회사들에게 도전 그 자체가 되고 있다. 이러한 바이러스성 광고를 보기 위해 소비자가 직접 선택하게 되면 이 광고는 성공한 것이다. 만약 이러한 광고가 별 즐길 만한 거리가 되지 못한다면 아무도 이를 다른 사람에게 전달하려고 하지 않기 때문이다. 브랜드의 입장에서는 이러한 광고에 판매 측면이 드러나지 않게 하면서도 장기적인 소득을 얻을 수 있도록 노력해야 한다. 왜냐하면 브랜드들이 일단 엔터테이너로서 신임을 쌓게 되면 앞으로 소비자들은 이 브랜드들의 이야기에 열심히 귀를 기울일 것이기 때문이다.

## 변화를 꾀하는 거대 광고사들

그렇다고 해서 전통적인 대형 광고사 네트워크가 사라지지는 않을 것이다. 그들은 새로운 세계와 맞붙어 싸우고 있다. 흥미로운 점은 드로가의 새로운 모험을 뒤에서 돌봐준 것이 퓌블리시스Publicis였다는 사실이다. 퓌블리시스는 미래에 대비해 다양한 방식으로 무장하고 있다. 2006년 퓌블리시스는 데뉴오Denuo(라틴어로 '새롭게'라는 의미)를 설립했다. 이 회사는 비디오 게임, 바이러스성 마케팅을 포함해 고객의 눈앞에 펼쳐지는 새로운 광고 방식의 가능성을 분석하는 '마케팅 미래주의자' 그룹으로 역할하고 있다. 한편 2007년 퓌블리시스는 보스턴 소재 온라인 마케팅 회사인 디지타스Digitas를 13억 달러에 인수했다. 디지타스의 고객으로는 아메리칸 익스프레스American Express, 제너럴 모터스General Motors, 하이네켄Heineken, 사노피-아벤티스Sanofi-Aventis, 델타 항공Delta Airlines, 인터콘티넨탈 호텔InterContinental Hotel 등이 있다. 퓌블리시스 그룹 회장인 모리스 레비Maurice Lévy는 온라인 광고가 곧 전체 광고 지출의 10%를 차지하게 될 것이라는 전망 하에서 이번 인수가 단행된 것이라고 밝혔다.

퓌블리시스의 프랑스 경쟁사인 아바스Havas는 오랫동안 수정구를 응시해왔다 [서양 점쟁이들이 미래를 예언하기 위해 사용하는 수정구를 바라보듯이 미래를 예측했다는 의미]. 그 결과 아바스의 광고사 중 하나인 BETC 유로 RSCG[BETC Euro RSCG]를 크리에이티브 프로세스의 중심에 미디어가 서도록 조직을 재편했다. 이 회사의 크리에이티브 디렉터인 레미 바비네[R mi Babinet]는 '그동안 우리는 미디어 부문의 분리에 반대해왔다.' 면서 '우리 회사에서는 미디어 부문을 통합하는 작업을 충분히 해왔기 때문에 지금은 크리에이티브나 제작 담당 모두가 말 그대로 서로 협력하고 있다.'고 전했다.

이는 다시 말해 고객과 크리에이티브에 관해 이야기가 시작되면 어떠한 특정 미디어도 이에 우선할 수 없다는 것이다. 이 회사는 라보[LaBo](실험실[laboratory]을 의미)라는 소규모 회사를 출범시켰다. 라보는 새로운 미디어 관련 아이디어를 찾아내고 제시하는 역할을 한다. 바비네는 '오늘날 브랜드의 입장에서 소비자 도달과 관련해 가장 중요한 질문은 "어디서, 언제, 어떻게?"라는 것입니다. 이것은 미디어와 관련되는 질문이라고 할 수 있죠. 잘못 짚은 콘텐츠는 의미를 상실합니다. 만약 사랑을 주제로 한 아름다운 시일지라도 이런 시를 그다지 좋아하지 않는 사람들의 집 창문 아래서 새벽 5시에 큰 소리로 이 시를 낭송한다면 원하는 결과를 얻을 수 있을까요?'

그럼에도 불구하고 다른 많은 광고인들과 마찬가지로 바비네도 30초짜리 광고가 풍부한 생명력을 가진다고 확신하고 있다. '광고 회사들은 단편 영화 전문가들입니다. 화면의 수가 증가하면서 이러한 전문가들이 더 의미를 가지게 될 것입니다. 모바일 미디어는 특별한 기회를 제공하고 있죠. 화면이 작아질수록 단편들이 더욱 더 매력적이 되거든요.'

전통적인 광고들 역시 텔레비전에서 탄생하고 생을 마감하는 대신 최근에는 구글[Google]의 무료 동영상 공유 웹사이트인 유튜브[YouTube]에서 목숨을 이어가고 있다. 한편 광고 회사들은 실험적이긴 하지만 소비자가 만드는 광고도 장려하고 있다. 이러한 아이디어는 사실 유튜브나 이와 비슷한 웹 사이트에서 얻은 것으로, 이러한 사이트들은 신나게 들떠서 즐기는 저속한 아마추어 비디오의 집합소라고 할 수 있다. 물론 때때로 영감을 가진 비디오들도 있다. 2006년 슈퍼볼2006 Super Bowl은 처음으로 홈메이드 광고 특집을 꾸몄다. 어쨌든 이를 통해 상당한 브랜드 홍보 효과를 거두기는 했지만, 어쨌든 결론은 전문적인 제작 기술을 사용해야 한층 더 매력적인 광고를 얻을 수 있다는 것이었다.

광고업계의 법칙을 다시 쓰게 한 사건 중 하나가 바로 2006년 6월 인터퍼·블릭 계열사인 드래프트Draft와 FCB의 합병이다. 직접 마케팅 사업을 추진하는 하워드 드래프트Howard Draft와 업계에서 높이 평가를 받던 푸트, 콘 & 벨딩Foote, Cone & Belding이 하나로 합해져 글로벌 통합 마케팅 회사 드래프트FCB DraftF FCB로 거듭났다. 고객관계관리CRM, 소매 판촉 활동retail promotion, 양방향 마케팅interactive marketing과 같은 직접 마케팅 영역이 전통적인 광고 회사에서 제공하던 모든 서비스를 강화하게 된 것이다. 간단히 말해, 드래프트FCB는 전 세계를 기반으로 광고 캠페인에서부터 매장 내 판촉 활동까지 모든 것을 일관된 브랜딩으로 관리한다고 볼 수 있다. 이는 빌 번버크가 아트 디렉터와 카피라이터를 같이 일하게 한 이후 가장 큰 사건이라 할 수 있다.

드래프트와 FCB의 합병이 발표된 이후 몇 주 동안 하워드 드래프트는 자사 직원과 업계 신문에 합병 목적을 설명하기 위해 전 세계를 돌아다녔다. 이 합병을 통해 나타난 조직적 결과는 엄청난 것이었다. 직접 마케팅 담당자와 전통 광고 회사 직원들이 같은 테이블에서, 혹은 최소한 같은 건물에서 일하게 된 것이다. 이 합병에 관계된 직원은 전 세계 110개 국가의 9천 명에 다다랐다.

그해 10월에 월마트가 수백만 달러 규모의 광고를 이 회사에 맡기면서 합병의 성과가 나타나기 시작했다. 그러나 불행히도 월마트 종업원과 관련된 내부 감사가 이 광고 수주에 찬물을 끼얹게 되었다. 드래프트FCB에는 가혹한 조치였지만 월마트는 자기 발등을 찍은 것과 다름없었다. 역사는 여전히 드래프트FCB, 인터퍼블릭의 생각이 맞았다는 것을 보여주고 있다.

다른 거대 광고사들과 마찬가지로 고객들은 인터퍼블릭에게도 그들을 둘러싸고 있는 이 난해한 세계의 암호를 풀어주기를, 또 효용성에 관한 난처한 문제들에 대처해주기를 바라고 있다. 인터퍼블릭은 로스앤젤레스에 이머징 미디어 랩Emerging Media Lab을 창립한 바 있다. 이 회사는 마치 첨단기술의 고향 같다. 거실은 최신 오디오-비디오 장치들과 여기저기에 화면들이 놓여있다. 심지어는 주방 냉장고에도 양 방향 장치들이 있다. 이 회사는 소비자들이 동시에 여러 개의 미디어를 이용할 수 있는 방법을 찾고 있다. TV 뉴스를 보면서 인터넷을 탐색하고 특별한 경우에는 문자 메시지도 보낼 수 있는 것 말이다. 그리고 이러한 것들이 광고 메시지 청취에 어떠한 영향을 미칠 것인지도 연구하고 있다. 소니Sony, 로레알L'Or al, 마이크로소프트Microsoft와 같은 이 회사 고객들이 이 랩을 이용하고 있는 것으로 전해지고 있다. 이 회사 상무이사인 그렉 존슨Greg Johnson은 『인터내셔널 헤럴드 트리뷴International Herald Tribune』과의 인터뷰에서 '어느 정도 멀티태스킹을 할 것인가가 아직 정해지지는 않았습니다. 우리 고객사들이 무엇을 알고 싶어하는가가 이 매트릭스를 결정할 것입니다. 우리 고객사들은 그들의 고객이 어디에 있는지 알지 못합니다. 우리 고객사들의 고객을 찾고 그들이 무엇을 하는지 알아내는 것이 우리의 일입니다.' ('소비자라는 암호 해독으로 광고주를 돕는 랩Lab helps advertisers decode the consumer' 2006년 5월 15일자)

이와 같은 그렉 존슨의 언급은 소비자들에게 많은 권한을 부여하는 것 같이 생각되지만 그렇다고 해서 소비자들이 빠져나가도록 광고주들이 그냥 내버려두는 것은 아니다. 소비자와 광고주의 관계는 이전에 비해 점점 더 동등해지고 있다는 이야기다.

앤드류 로버트슨Andrew Robertson은 BBDO의 월드와이드 CEO다. 현재 뉴욕에 머물고 있는 그는 영국 출신으로 데이비드 오길비David Ogilvy의 책에 나오는 대로 줄무늬 셔츠와 밝은 색 멜빵으로 사람들에게 강한 인상을 심어주었다. 40대 중반인 그는 BBDO 네트워크에서는 가장 젊은 CEO로 기술 부문에 집중하고 있다. '내가 십대였던 시절에는 모아놓은 음반을 들고 다닐 수만 있다면 아마 다 들고 다녔을 겁니다. 하지만 오늘날에는 그럴 필요가 없죠. 소비자들이 원한다면 언제든지 어느 것에든지 접근할 수 있습니다. 어떤 경우에는 돈도 거의 들지 않죠. 2시간짜리 영화를 다운로드받는 데는 편지 한 통을 부치는 우표 값 정도도 들지 않습니다. 반면 이것이 우리에게는 크나큰 위협 요인입니다. 사람들은 더 이상 우리가 이야기하는 것을 들어보려고 기다리지 않기 때문입니다. 충분히 좋은 콘텐츠를 만들어서 돈으로도 살 수 없는 소비자와의 대면 시간을 만들어낸다면 이건 기회입니다. 소비자들이 이 콘텐츠를 보는 것뿐만 아니라 "입소문"을 내면서 다른 사람들에게도 이 콘텐츠를 보라고 권할 것입니다.'

로버트슨 등이 말한 바대로 이 모든 것에 대한 대답은 훌륭하면서도 옛날 방식을 간직한 창조성이다. '우리의 일은 소비자들에게 그들의 생각을 바꾸고 느끼고 가장 중요하게는 그 제품을 고려해볼 수 있는 메시지나 전시, 경험 등을 제공할 수 있도록 오랜 시간동안 소비자들을 잡아둘 수 있는 콘텐츠를 만들어내는 것입니다.'

이 세상에서 가장 경외심을 불러일으키던 수단이 이제는 마법이 빠진 콘텐츠 때문에 진부함 그 자체가 되어버렸다. 이제는 광고 회사들에게 또 같은 질문을 해야 한다. 좋은 생각이 있어요?

# 결론

**오직 초대에 의한 광고**
**Advertising by invitation only**

**지금은 1950년대 이후** 광고업계에서 가장 흥미로운 시간이다. 나는 광고업계 동향을 알아보기 위해 오랫동안 전 세계를 돌아다녔다. 이 과정에 만난 사람들은 지금까지 광고 산업이 세 번의 혁명을 거쳤다고 말했다. 즉, 인쇄기의 발명, 크리에이티브 혁명 그리고 현재 벌어지고 있는 혁명, 세 가지이다.

　　사실 내가 보기에 크리에이티브 혁명은 다소 장기적인 사건이었다. 1950년대 도일 데인 번버크Doyle Dane Bernbach에서 창조성이 화산처럼 폭발적으로 분출된 이후 이 충격파는 맨해튼을 가로질러 마침내 1970년대 초 영국에 상륙하였다. 다시 창조성 혁명은 영국에서 서구 유럽으로 번져나가 1980년대 라틴아메리카와 아시아에 영향을 미쳤으며 1990년대에는 동구 유럽도 그 영향권 하에 놓이게 되었다. 현재 벌어지고 있는 혁명에 동력을 제공하고 있는 기술이 이미 그 즈음 모습을 드러냈다. 중국은 이 두 가지 혁명이 동시에 추진되는 첫 번째 나라가 될 것 같다.

　　지금 이 순간 광고가 '매력적인 무엇'이 될 수 있는 것은 광고가 어떻게 발전해나갈지 정말 아무도 모르기 때문이다. 이 책에 등장한 많은 광고 회사들이 여전히 역할 모델로서의 역할을 할 수도 있다. 다른 광고사들은 어쩌면 박물관에서나 찾아 볼 수 있게 될지도 모를 일이다. 광고의 미래는 과거와는 명백히 다를 것이다. 전문가들은 파악하기 어려운 소비자들의 궤적을 그려내고 그들의 행태를 면밀히 묘사하느라 바쁜 나날을 보내고는 있지만 전문가들이 얻은 결론에는 항상 물음표가 따라 다닌다. 어디에서나 이동전화, 인터넷, 스크린을 이용할 수 있는 것은 명백한 사실이다. 그러나 이러한 매체들은 어떻게 서로 교차하고 작용하는가? 이에 대한 그림은 아직 명확하지 않다.

광고 회사들은 TV, 인쇄물, 옥외 간판, 라디오라는 신뢰성 높은 매체들의 조합에만 너무 집착한다는 비난에 자주 시달린다. 그러나 그들의 이러한 신중한 행동을 비난할 수만은 없다. 새로운 매체는 매주 탄생한다. 이 중 몇몇은 내가 이 책의 마지막 문장을 쓴 이후에나 광고 현장에 등장할 것이다. 이 불안정한 미디어 환경은 수렴 현상이 아닌 일종의 회절[빛이나 소리 같은 파동이 좁은 틈을 지나면서 부채꼴처럼 확산되는 현상. 새로운 매체의 지속적 탄생으로 더욱 다양한 광고 역시 확산될 것임을 의미] 현상이다. 앞으로도 계속 미디어의 수가 증가하면서 소비자의 주목을 끌기 위해 미디어 선택 경쟁이 지속될 것이다. 광고 산업은 술래가 되어 다람쥐같이 재빠르게 도망가는 다른 아이들을 잡으러 다니는 뚱뚱한 아이처럼 위태위태하다. 이 술래잡기는 술래가 지칠 대로 지쳐 상기된 얼굴로 술래로서의 권위도 땅에 떨어진 채 끝난 것이다. 할 수 있는 건 술래한테 잡혀 놀이터로 다시 돌아갈 때까지 자리에 앉아 사탕이나 빨면서 기다리는 것이다.

기존의 확신이 무너져 새로운 기회가 창출되고 있다는 점은 앞으로 광고업계에 뛰어들고자 하는 사람들에게 좋은 소식이다. 한 번도 광고업계에서 일하지 않은 사람들 혹은 지난 10년 동안 광고업계에 종사하지 않은 사람들을 채용할 계획이라고 말하는 광고 회사들 중에는 네이키드 커뮤니케이션스나 사치 & 사치도 끼어있다. '커뮤니케이션'이란 단어에는 광대한 분야가 포함된다. 심리학자, 사회학자, 인류학자, 음악학자, 기술 전문가, 게임 광신자……. 이들 중 그 누구라도 현대적 광고 회사에서 한 역할을 담당할 수 있는 것이다.

그러나 오늘날 다채널 혁명의 최대 수혜자는 의심할 바 없이 소비자이다. 프랑스에는 광고라는 세계를 아예 몰아내고 싶어 하는 이른바 '퓌블리포베|publiphobes' [퓌블리시스 Publicis와 같은 거대 광고 회사를 싫어하는 사람들]라 불리는 사람들이 있다. 그러나 이러한 돈키호테적 생각은 미디어가 가진 다양한 본질 때문에 비현실적이 되고 있다. 우리가 반드시 광고주의 메시지에 주목할 필요는 없지만, 그들은 그들이 원하는 만큼 많은 메시지들을 만들어 내놓고 있다. 그래도 나은 것은 우리가 그들을 불러 이력을 검토한 후 그들을 만날 것인가 아닌가를 결정할 수 있다는 점이다.

우리 생활에서 광고를 완전히 없앨 수 있다고 기대하는 사람은 거의 없다. 유용하거나 매력적인 제품을 파는 방식이 좋다면 우리의 관심을 얻을 수 있을 것이다. 그러나 지금 이 판매 방식은 보기에 좋아야 하며 특정한 상황에 적절히 맞아야 하고 적절한 시간에 적절한 방식으로 전달되어야 한다. 우리가 광고 회사에 동화되기에 충분해야 한다.

한 가지는 확실하다. 광고가 사라지지는 않을 것이라는 점이다. 누군가 팔아야할 물건이 있는 한 광고 산업은 지도 어디에선가 계속 존재할 것이다.

# 참고문헌

Brierly, Sean (1995) *The Advertising Handbook*, Routledge, Abingdon.
Bullmore, Jeremy (1991) *Behind the Scenes in Advertising*, WARC, London.
Challis, Clive (2005) *Helmut Krone* (헬무트 크론), The Book, Cambridge Enchorial Press, Cambridge, UK.
Douglas, Torin (1984) *The Complete Guide to Advertising*, Chartwell Books, New Jersey.
Fallon, Pat and Senn, Fred (2006) *Juicing the Orange*, Harvard Business School Press, Boston.
Fendley, Alison (1995) *Saatchi & Saatchi: The Inside Story* (사치 & 사치: 인사이드 스토리), Arcade Publishing, New York.
Fox, Stephen (1984) *The Mirror Makers* (시대의 거울을 만들었던 사람들), William Morrow & Company, New York.
French, Paul (2006) *Carl Crow - A Tough Old China Hand* (칼 크로우 - 불굴의 중국 개척자), Hong Kong University Press, Hong Kong.
Heller, Stephen (2000) *Paul Rand*, Phaidon, London.
Hopkins, Claude C. (new edition, 1998) *My Life in Advertising/Scientific Advertising*, NTC Business Books, Lincolnwood, Chicago.
Kufrin, Joan (1995) *Leo Burnett, Star Reacher* (레오 버넷, 별을 잡는 사람), Leo Burnett Company, Inc, Chicago.
Lawrence, Mary Wells (2002) *A Big Life in Advertising*, Knopf, New York.
Levenson, Bob (1980) *Bill Bernbach's Book*, Villard Books, New York.

Loiseau, Marc and Pincas, Stéphane(editors: 2006) *Born in 1842, a History of Advertising*, Publicis Groupe.

Lorin, Philippe (1991) *Cinq Géants de La Publicité*, Asssouline, Paris.

Marcantonio, Alfredo (2000) *Remember Those Great Volkswagen Ads?*, Dakini, London.

Mayer, Martin (1958) *Madison Avenue, USA*, Harper, New York.

Myerson, Jeremy and Vickers, Graham (2002) *Rewind : Forty Years of Design & Advertising*, Phaidon, London.

Ogilvy, David (1963) *Confessins of an Advertising Man*, Southbank Publishing, London.

Ogilvy, David (1985) *Ogilvy on Advertising*, Vintage, London.

Packard, Vance (1957) *The Hidden Persuaders*, Cardinal, New York.

Pirella, Emanuele (2001) *Il Copywriter, Mestiere D'Arte*, Il Sagiattore, Milan

Pollitt, Stanley and Feldwick, Paul (editor, 2000) *Pollitt On Planning*, Admap Publications, Henley-on-Thames.

Raphaelson, Joel (editor, 1986) *The Unpublished David Ogilvy*, The Ogilvy Group, Inc..

Ritchie, John and Salmon, John (2000) *CDP : Inside Collett Dickenson Pearce*, B.T. Batsford, London.

Scott, Jeremy (2002) *Fast and Louche*, Profile Books, London.

Séguéla, Jacques (1979) *Ne Dites Pas à Ma Mére Que Je Suis Dans La Publicité … Elle Me Croit Pianiste Dans un Bordel*, Flammarion, Paris.

Séguéla, Jacques (2005) *Tous Ego, Havas, Moi et les Autres*, Editions Gawsewitch, Paris.

Souter, Nick and Newman, Stuart (1988) *Creative Director's Source Book*, MacDonald, London.

Stabiner, karen (1993) *Inventing Desire*, Simon & Schuster, New York.

Testa, Armando and Tsiaras, Philip (1987) *Armando Testa* (exhibition catalogue) Parsons School of Design, New York.

## 온라인 참고 자료

AdBrands (www.adbrands.net)
Advertising Age (www.adage.com)
Boards (www.boardsmag.com)
Brand Republic (www.brandrepublic.com)
Centre for Interactive Advertising (www.ciadvertising.org)
Clickz (www.clickz.com)
LexisNexis (www.lexisnexis.com)
Musée de la Publicité (www.museedelapub.org)
Stocks and News (www.stocksandnews.com)
Strategies (www.strategies.fr)
World Advertising Research Centre (www.warc.com)

# 색인

(ㄱ)

거품　32
게이브 마시미　157, 160, 161
고유한 판매 계획 Unique Selling Proposition (USP)　42, 91
광고　14, 17-19, 22, 29, 31
광고 메커니즘　20, 24
광고 에이전시　14, 15, 16, 18, 22, 25, 35, 46, 53
광고 캐릭터　58, 162
광고업계 전문용어　22-25
광고의 기원　29-31
광고제　182, 232, 244, 350, 354, 358, 380, 390-399, 423
국립 TV 위원회 National Television Council　71
굿비 실버스타인 & 파트너스　273, 333, 334
금융대공황　60, 127
기네스북　310, 354, 380
기획　157-159, 254, 260
꽁파니에 제네랄 데조(비방디)　295, 296

(ㄴ)

나이키　193, 247, 319-322, 383
남미 광고(라틴 광고)　352-366
남아프리카 공화국　368-374
네드 도일　96, 100, 105
네이키드 커뮤니케이션스　262, 416, 419-422, 431
넬슨 만델라(아프리카 민족회의)　368, 370-372

니드햄 하퍼(니드햄 하퍼 월드와이드)　266, 267-269

(ㄷ)

담배회사(담배시장)　59, 68, 186, 336
닷컴 붐과 몰락　344, 350
대공황　55, 59, 60, 90, 127
대니얼 M, 로드　35
대안적 광고사　310, 318, 341
데이브 드로가(데이브 드로가5)　423, 424
데이비드 애봇　185-191, 235
데이비드 오길비　16, 19, 77-79, 85, 93, 191, 209, 210, 235, 277, 280, 281, 338, 364, 428
데이비드 퍼트넘　148, 153, 165, 181
댄쓰　21, 156, 174, 289, 291, 298, 300, 301-305, 307-309, 312-314, 409
댄쓰의 역사　301-305
도일 데인 번버크DDB　93, 96, 98, 101-103, 108-113, 116, 144, 149, 179, 180, 187, 236, 266, 269, 327, 430
독일 광고　244-251
동유　402-404
드래프트 FCB　426, 427

(ㄹ)

라 가제타　31
라디오　58, 64, 68, 69, 72, 101, 128, 173, 203, 204, 214, 219, 303, 308, 334, 371, 377, 391, 395, 416, 419, 431
라인하르트 스프링거　248, 249
런던 프레스 익스체인지　139
레오 버넷　71, 124, 126, 127, 128, 130-139
레오 버넷 사　14, 60, 87, 89, 124-126, 130, 145, 184, 202, 228, 262, 285, 291, 304, 392
레오 버넷 월드와이드　125, 140
레이몬드 루비컴　61, 65, 79
로니 디킨슨　146, 152
로드 & 토머스　40, 41, 44, 46, 48, 60, 66, 69, 285
로스 크레이머　150, 151, 164-166, 181
로써 리브스　44, 79, 86, 91-93, 96
로우 그룹　238, 248, 284

로우 린타스   285
로우 피렐라   235-238
로우 하워드-스핑크(프랭크 로우)   154, 155, 238, 260, 395
로저 해추얼   393-395
루 세귀에라   213, 214
르노   204, 207, 290, 352
리 클로   194, 197
리들리 스콧 경   18, 153, 154, 194, 385
리바이스   178, 181-184, 186, 380, 383

(ㅁ)

마가렛 대처   163, 167, 168
마더   315, 330-333
마르셀 블뢰스탱-블랑쉐   202, 205, 207, 208, 280, 286
마르셀로 세르파   358-360
마르코 테스타   228, 233
마리온 하퍼 주니어   89, 90, 117, 118
마틴 메이어   74, 76, 187
마틴 소렐 경   15, 169, 186, 274, 275, 297, 396, 405, 410
말보로(말보로 맨)   124, 134-137
매더 & 크라우더   78, 80, 187, 188
매디슨 가   57, 74-93, 96-99, 101, 108, 116, 119, 129, 145, 172-175, 187, 191, 192, 245,
            266, 272, 321, 325, 337, 338, 422
매리언 하퍼   282-284
맥도널드   245, 382, 396, 402
맥마너스 그룹(시어도어 맥마너스)   40, 126, 140, 291
맥캔-에릭슨   75, 89, 139, 282, 285, 312, 320, 405, 409
머큐리 미디어   260, 261
메르세데스   249, 250, 369
메리 웰스   96, 97, 101, 107, 114, 115, 120, 223
모리스 레비   200, 202, 205, 208, 286, 424
모리스 사치   166, 174, 176
문화혁명   409
미국 '특허 의약품' 광고   34
미국 전쟁 선전   51
미니 쿠퍼   336

미디어 목록 36
미디어 에이전시 254-263
미디어 플래닝 그룹(SFM/스나이더) 296, 362
미래의 광고 회사 335, 340, 416-428

(ㅂ)

바랫 35
바사트 아소시아도스 364
바틀 보글 헤가티 489, 172, 177, 180, 260, 330
밥 게이지 96, 100, 102, 107, 108, 112
밥 레븐슨 97, 100, 102, 103, 106, 107
밴스 패커드 74, 88
베네통(루치아노 베네통) 239-244
베이츠(찰스 오스틴 베이츠) 37
벤슨 & 헷지 119, 146, 148, 152
벤튼 & 보울즈 68, 164, 178, 180, 232, 260, 261
보스 마시미 폴릿(BMP)(마틴 보스) 157, 160
볼니 B, 팔머 35
볼보 113, 114, 213, 381
브라질 234, 354-360, 398, 410
브랜드 광고 포장 박물관 28
브루스 바튼 56, 70, 71
브리티시 항공 169, 176, 177
블래킷-샘플-허머트 69, 79
빌 번버크 93, 96, 97, 158, 164, 186, 266-268, 272, 337, 416, 426

(ㅅ)

사바글리오(TBWA) 353
사진작가(사진) 66, 67, 71, 82, 99, 102, 103, 105, 106, 130, 135, 139, 145, 165, 168, 173, 179, 194, 195, 214, 229, 231, 236-242, 314, 330, 365, 406
사치 & 사치 120, 164, 166-169, 172, 174-178, 181, 191, 202, 263, 269, 272, 275, 276, 278, 288-290, 363, 371, 397, 410, 419, 431
사팽 법 Loi Sapin 257, 258
샘 스칼리 114
샤를르 루이 아바스 292, 294, 296

샤를르 오귀스트 아바스    293
새 인쇄소    33
세계 광고 지출    16
세계광고연구센터 WARC    11, 196
세뇨라 러쉬모레    366
소호    144, 172, 173, 180, 242, 245, 331
솔츠 & 프렌즈    246, 248
쉘    65, 87, 204
스칼리 맥케이브 슬로브스    144
스타컴    140, 261, 262
스탠리 레저    53, 55, 79
스탠리 폴릿    157, 160, 161, 163
스털링 게첼    66
스티븐 폭스    34, 35, 41, 51, 54, 60, 70, 71, 78, 82, 91, 113
스페인 광고 회사    352, 360-366
스프링거 & 야코비    246, 248-251
시카고 데일리 헤럴드    140, 141
시카고    124-141
싱글턴, 오길비 & 매더    376

(ㅇ)

아굴라 이 바세티    352, 353
아돌프 무롱(카상드르)    66, 229
아디다스    176, 319, 322, 323
아르만도 테스타 그룹    231
아르만도 테스타    228, 229, 231, 233-235
아바스    21, 163, 211, 213, 215, 256, 260, 291-297, 362, 424
아시아    136, 184, 222, 276, 286, 304, 307, 404-407, 410, 411, 430
아젠지아 이탈리아    237, 238
아티스트    65, 66, 423
알맵(BBDO)    358, 360
알폰스 무샤    34
암스테르브랜드    319
압솔뤼 보드카    220, 221
앙리 드 툴루즈-로트렉    134
애드버타이징 에이지    37, 56, 114, 139, 191, 192, 216, 286, 303, 396, 417

애드위크   136, 194, 195, 273, 335, 375, 403
애로우 브랜드(애로우 셔츠)   39, 40, 81, 83
애봇 미드 비커스   185, 188
애플   193-196, 209, 225, 226, 418
앨런 파커 경   18, 85, 147, 149, 152, 153, 187, 385
앨런 파커 영화사 Alan Parker Film Company   152
앨버트 래스커   40, 44, 45, 60, 285
앨버트 에릭슨   90
양방향 마케팅   391, 426
어윈, 웨이시 & 컴퍼니   127-129
에드 맥케이브   114
에마뉴엘 피렐라   235
엘리엇 어윗   116
연속극   69, 356
영 & 루비컴/제임스 오어 영   360, 62, 75, 79, 174, 217-219, 236, 237, 274, 279, 290, 295, 304, 327, 403
영국 광고   144-169
영국 디자인 및 예술감독상(D&AD)   145
영화(영화감독)   339
오길비 & 매더   88, 145, 190, 237, 249, 274, 277, 278, 309, 364, 376, 405, 407
오카무라 마사코   308-312
오피   28, 29, 31
올리비에로 토스카니   237, 239
옴니컴   197, 222, 224, 266, 272-274, 288, 360, 410
워싱턴 올리베토   354, 351
웰스 리치 그린   114, 119, 120, 152, 223
웰스 BDDP   121, 223
위든 & 케네디   313, 318-322, 411
유니레버   184, 279-281, 284, 332, 402, 422
유로 RSCG(유로 RSCG 월드와이드)   210, 216, 295
유로컴   215, 295
융 폰 마트   246, 248-250
이머징 미디어 랩   427
이코노미스트   185, 188-190, 349
이탈리아 광고   228-251
인터넷   16, 17, 21, 28, 46, 197, 280, 304, 305, 308, 311, 319, 323-325, 336, 339, 340, 341, 345, 348-350, 381, 384, 394, 410, 416, 418-420, 423, 427, 431

인터퍼블릭　87, 116, 139, 160, 238, 260, 282-288, 426, 427
일러스트레이터　23, 39, 40
일본 광고　156, 289, 291, 300-315
일본 사회의 변화　311

(ㅈ)

자동차 회사　44, 58, 61, 66, 67, 104, 106, 107, 126, 127, 146, 165, 216, 242, 245, 256, 284, 307, 336, 421
자크 세귀에라　210, 211, 216, 292, 352
장-레미 폰 마트　248, 249
장-마리 드루　17, 223, 224
잭 오키프　128, 129, 131, 139
전시 광고　69, 70
전쟁 선전　50, 51
제너럴 모터스　40, 55, 57, 58, 67, 90, 424
제임스 월터 톰슨　40, 52, 55, 57, 58, 67, 73, 80, 87, 90, 143, 146, 274, 276, 277, 283, 323, 403, 424
제프 하워드-스핑크/프랭크 로우　154, 155, 238, 395
조르주 베르망　380, 383, 387
조셉 크리스티안 레이엔데커　39
조엘 라파엘슨　83, 84, 86
조지 갤럽　63, 79
조지 로웰　36
조지 배튼(조지 배튼 컴퍼니)　57
조지 패터슨(조지 패터슨 Y&R)　376-378
조지 허버트 패터슨　376
존 싱글턴(존 싱글턴 사)　375, 376
존 에버렛 밀레이스 경　32
존 워너메이커　16, 37
존 웹스터　161
존 파워즈　37, 42
존 피어스　146, 147, 15, 152, 155, 156
존 헤가티　89, 164, 165, 167, 178, 219
줄 세레　33
줄리안 쾨니히　104, 105, 107, 112
중국(상하이)　65, 304, 407-413

즐거운 녹색거인 Jolly Green Giant    124, 134
질레트    190, 289, 377, 402
질베르 그로스    255, 256

(ㅊ)

찰스 사치    150, 164, 167, 177, 180
초기 광고사    30, 32, 34, 35
치아트/데이(제이 치아트)    191, 194, 196, 197, 209, 222, 226, 328

(ㅋ)

카로셀로 TV    232, 233
카피라이터    19, 22, 23, 36, 38, 40-44, 48, 53-55, 61, 75, 79, 83, 92, 96-101, 104, 111, 112, 114, 115, 126, 132, 140, 148, 153, 185, 187-189, 218, 236, 267
칸    14, 226, 307, 352, 354, 356, 358, 359, 363, 365, 373, 390-399, 406, 407
칸 광고제 비용    392, 393, 396-398
칸 리옹 국제 광고제 Cannes Lions Internatioanl Advertising Festival    391, 393-396, 398, 423
칼 크로우 사    407, 408
캐드버리    32, 161
캐럿(이지스)    257, 258, 261
캠페인    145, 156, 166, 167, 173, 178, 181
케빈 로버츠    263, 278, 288, 290, 397, 410, 419
켈로그    40, 132-134
코카콜라    90, 217, 257, 286, 289, 321, 331, 332, 366, 422
콘트라푼토    364, 365
콜렛 디킨슨 피어스    145, 147, 148, 155, 165, 190
콜린 밀워드    147, 151, 152, 155
콜킨스 & 홀덴(어네스트 엘모 콜킨스)    38, 39, 40
크라이슬러(월터 P, 크라이슬러)    67, 271, 286
크레이머 사치    164-167, 177
크리스 잉그램    258, 260, 263
크리스 잉그램 어소시에이츠    258
크리스핀, 포터 & 보거스키    335, 422
클로드 홉킨스    41, 42, 48, 79, 84, 91, 362
키이스 레이너드    266-268, 271-273

색인_ **443**

(ㅌ)

테드 베이츠 & Co  44, 92, 145, 175, 272, 378
테오프라스트 르노도  30
테일러 & 뉴튼(윌리엄 테일러)  31
텔레비전  14, 16-18, 21, 28, 71, 72, 88, 103, 112-115, 117-119, 124, 133, 134, 146, 151, 152, 153, 161-162, 169, 172, 173, 178, 183, 193, 194, 196, 204, 223, 232, 236, 245-248, 250, 252, 259, 262, 286, 295, 303-306, 308, 311, 314, 315, 323, 327-330, 332, 340, 344, 350, 355, 356, 365, 371, 375, 381, 383, 384, 387, 393, 394, 416-423, 425, 427, 431
톰 버나딘  125, 140
통합 마케팅(3D/360도)  371
티엠포 BBDO  364
팀(BBDO)  366

(ㅍ)

파괴  221-226
파르티잔  380, 383-386
파이낸셜 타임즈  187
판매의 과학  88
패퍼트 쾨니히 로이스(조지 로이스)  104, 107, 108, 112, 113, 145, 149
팰런 맥엘리고트 라이스  288, 337
팰런, 위든 & 케네디  313
펫츠 닷컴  347, 348
포드  58, 66, 67, 119, 131, 165, 168, 216, 217, 243, 267, 273, 290, 377
포스터  29, 33, 34, 39, 50, 51, 58, 59, 65-67, 70, 111, 120, 168, 173, 183, 190, 193, 209, 219, 229, 230, 232, 243, 338, 340, 345, 371, 374, 383, 406
폴크스바겐  104, 106-108, 144, 266, 271, 356, 360
푸트, 콘 & 벨딩  89, 113, 285, 286, 426
퓌블리시스  10, 18, 21
퓌블리시스 그룹 SA  140, 141, 200-208, 211, 213, 286-291, 294295, 305, 325, 340, 352, 424
퓌블리시스 코퍼레이션 뉴욕  204
프란시스 오길비  78, 80
프랑스  18, 21, 31, 206, 209, 211
프랑스 광고  116, 120, 163, 200-226
프랜시스 웨이랜드 에이어  36

프랭크 허머트   69
프레드 패퍼트   112
프레스톤 라블   276
프록터 & 갬블   53, 54, 119, 132, 168, 214, 215, 217, 224, 271, 279, 289, 394, 396, 402, 417
피렐라 굇체   238
피어스 비누   32
필 듀젠베리   75, 76, 172, 193, 396
필립 모리스   134-136, 402
필립 미셀   208
필스베리 도우보이   134

(ㅎ)

하워드 드래프트   426
하웰 헨리 찰데콧 & 러리(90년대의 광고 회사)   327
하이쿠 스타일 광고   305
하쿠호도   301, 312, 313
항공사 광고주   117-119, 169, 180, 223, 283, 285, 423
해더웨이 셔츠(해더웨이 캠페인)   81, 83
해리슨 킹 맥캔   90
핼 라이니 & 파트너스   288
헌트 라스카리스(존 헌트)   225, 368-373
헬렌 레저   55
헬무트 크론   104, 108
호랑이 토니   124, 134
호주 광고인(호주 광고사)   374-378, 423
휴이트, 오길비, 벤슨 & 매더   80

(ABC)

A&F 피어스   32
A. W. 에릭슨   90
AMV. BBDO   20, 185, 273, 381, 396
BBC   56, 68, 166, 323
BBDO   22, 45, 56, 57, 60, 71, 72, 75, 84, 86, 172, 190, 208, 221, 238, 246, 249, 266, 268, 270, 272, 273, 352, 358, 360, 365, 366, 378, 428
Bcom3   140, 289, 302

BDDP(BDDP&피스)   120, 121, 163, 223-225
BDO   54-57
BETC 유로 RSCG   216, 424
BMW   250, 284, 336-338, 340, 341, 364, 369
CBS   66, 109, 195
CF 감독   192, 379, 380-388
CLM/BBDO   208
M&C 사치   177
MMLB   360, 362
N. W. 에이어   58, 60, 194
NBC   66, 70, 190
R. J. 레이놀즈   56, 402
RCP   361
S. H. 벤슨   70, 80, 145, 188
SCPF   364
TBWA   22, 181, 180, 215-218, 220-224, 242, 262, 273, 312, 332, 353, 368, 369, 404
TBWA 월드와이드   16, 195
TBWA 치아트(TBWA 데이)   348
TBWA 파리   224, 397
TBWA 사우스 아프리카   374
WCRS - Wight Collins Rutherford Scott   164, 168, 260, 295, 327
WEAF(NBC)   68, 71, 191
WPP   15, 21, 88, 261, 274-282, 288-290, 296, 330, 339, 377, 378, 396, 405, 41
'1984년' 광고   193, 196, 209, 224
80년대 광고   172-197, 220, 374

(도서)

『가디언 The Guardian』   241, 242, 320, 328, 329
『광고를 위한 완벽한 길잡이 A Complete Guide to Advertising』   32
『광고업계에서의 나의 인생 My Life in Advertising』   41
『광고의 오길비 Ogilvy on Advertising』   19, 86
『뉴요커 New Yorker』   82, 136, 144
『뉴욕 타임즈』   136, 197, 270, 336
『미국, 매디슨 가 Madison Avenue, USA』   74, 187
『뷰 포인트 Viewpoint』   81, 87
『빠르고 교활한 Fast and Louche』(2002)   118

『아무도 모르는 남자 The Man Nobody Knows』 56
『애드버타이징 에이지 Advertising age』 37
『어느 광고인의 고백 Confessions of an Advertising Man』 77, 81, 85, 364
『오렌지 즙 짜기 Juicing the Orange』 337, 339
『와이어드 Wired』 347
『욕망의 발명 Inventing Desire』 192
『월 스트리트 저널 Wall Street Journal』 270, 403
『이코노미스트』 185, 188-190, 349
『인사이드 미디어 Inside Media』 259
『제3세계에서의 커뮤니케이션 Communications in the Third World』 371
『제3세계의 운명 Third World Destiny』 370
『총체적 자아 Tous Ego』 292
『칼 크로우 - 불굴의 중국 개척자 Carl Crow - A Tough Old China Hand』 407
『캠페인』 260, 271, 273, 278, 327, 329, 330, 332, 344, 364, 370, 372, 406, 410, 423
『콜렛 디킨슨 피어스 안에서 Inside Collett Dickenson Pearce』 147, 148, 155
『크리에이티브 디렉터 자료집 Creative Director's Source Book』 31, 33
『타임 Time』 67, 133, 167, 174, 177
『파리: 한 도시의 전기 Pairs: Biography of a City』 20
『파이낸셜 타임즈 Financial Times』 348, 349, 357, 364
『패스트 컴퍼니 Fast Company』 422
『활자공의 잉크 Printer's Ink』 38
『광고의 현실 Reality in Advertising』 92
『기획의 달인 폴릿 Politt on Planning』 158
『다시 감기 : 디자인과 광고 40년사 Rewind: Forty Years of Design & Advertising』 145, 153, 162
『레오 버넷, 별을 잡는 사람 Leo Burnett, Star Reacher』 126, 128, 135
『미처 공개되지 않은 데이비드 오길비 The Unpublished David Ogilvy』 79
『사치 & 사치: 인사이드 스토리 Saatchie & Saatchie: The Inside Story』 164
『숨겨진 설득자들 The Hidden Persuaders』 74, 88, 89, 92
『시대의 거울을 만들었던 사람들 The Mirror Maker』 34, 35, 41, 51, 70, 91, 113, 282
『헬무트 크론 Helmut Krone』 104